문제해결과
컴퓨팅 사고

"본 저서는 과학기술정보통신부 및 정보통신기획평가원의
SW중심대학지원사업의 연구결과로 수행되었음"(2019-0-01056)

생활속에서 함께하는 컴퓨팅 사고

문제해결과 컴퓨팅 사고

1010000111 000

COMPUTATIONAL THINKING

길준민 • 김기성 • 김대영 • 김대학 • 김미혜 • 김병창
변태영 • 서동만 • 신정훈 • 이종혁 • 피수영 공저

INFINITYBOOKS
인피니티북스

국립중앙도서관 출판시도서목록(CIP)

이 도서의 국립중앙도서관 출판예정도서목록(CIP)은 서지정보유통지원 시스템 홈페이지(http://seoji.nl.go.kr)와 국가자료종합목록 구축 시스템(http://kolis-net.nl.go.kr)에서 이용하실 수 있습니다.

(CIP제어번호 : CIP2019052314)

머리말

"따뜻한 아이스 아메리카노 한 잔 주세요~~~^^"

커피 전문점에서 듣는다면 무의식적으로 흘려버리거나 자연스럽게 이해할 수 있는 문법적으로 문제 없는 문장일 것이다. 그러나 이 문장을 자세히 살펴보면 어법과 문법적으로 아무런 문제가 없음에도 불구하고, 논리적으로 심각한 오류가 있음을 알 수 있다. 우리는 이런 논리의 오류를 가끔 무심결에 흘려버리곤 한다. 물론 가끔은 오류를 인지하여 수정하는 경우도 있다.

이렇게 우리의 일상생활은 생각과 말의 이치에 의해 움직이고, 논리적인 생각과 행동을 무의식적으로 상대방에게 원하게 된다. 물론 모든 생각에 대해 논리적이기를 강요한다는 것은 인간미가 없게 느껴지기도 한다.

본 교재는 우리의 생활 속에 널리 퍼져있는 문제들을 논리적이고 체계적으로 해결하기 위한 컴퓨팅 사고의 배양과 확장을 위해 만들었다.

본 교재에서 제시하고 있는 컴퓨팅적 사고는 우리의 생활 속에서 만나는 어렵고 난해한 문제들을 체계적이고 논리적으로 간략화하여 해결할 수 있도록 한다. 컴퓨팅 사고의 기본 지식부터 컴퓨팅 사고의 이해를 위한 배경지식까지 포함하고 있으며, 생활 속의 다양한 문제들을 실제 예를 통해 해결해 나감으로써, 독자들의 이해와 공감을 높이고자 노력하였다.

본 교재에서는 컴퓨팅 사고의 정의와 컴퓨팅 사고를 배워야 하는 이유, 문제해결을 위한 컴퓨팅 사고의 절차 등을 소개하여 복잡하고 미묘한 우리의 일상 문제를 쉽고 단순하게 해결하는 것은 물론 실제 프로그래밍 알고리즘으로 활용 가능하게 설명하고 있다. 특히, 컴퓨터에서 자주 활용되고 있는 멀티미디어 데이터의 이해를 위한 다양한 배경지식을 포함하여 독자들의 실질적인 컴퓨터 활용 능력을 배가하고자 하였다.

또한 본 교재는 컴퓨터 관련 분야의 전공자 입문 수준으로도 부족함이 없으며, 비전공자 또한 이해하기 쉽도록 다양한 예제를 통해 설명한다. 특히, 독자들이 쉽게 이해하기 어려운 내용의 경우 저자의 창의력이 포함된 다양한 이미지를 사용하여 어렵고 생소한 내용을 쉽게 이해할 수 있도록 하였다.

본 교재를 통해 여러분들은 생활 속의 다양한 문제들을 논리적으로 해결할 수 있는 컴퓨팅 사고에 관한 토대를 마련할 수 있을 것이며, 향후 4차 산업혁명 시대의 주역으로 발돋움할 수 있게 될 것이다.

논리적 사고를 체득하게 된다는 것은 여러분들을 4차 산업혁명에 대한 이해로 인도하게 될 것이며, 이는 "4차 산업혁명 따라잡기" 수준의 여러분들이 "4차 산업혁명 주역"으로 거듭날 수 있도록 도와줄 것이다.

본 교재를 집필한 저자들은 여러분들의 논리적 컴퓨팅 사고능력이 한 단계 더 향상될 수 있기를 기대하는 바이며, 본 교재가 여러분들의 앞날에 많은 도움이 되기를 희망한다.

2019년 12월

대구가톨릭대학교 SW중심대학 사업단 교수 일동

목차

CHAPTER 01

문제해결과 컴퓨팅 사고 개요

이번 장에서는 다음과 같은 내용을 학습합니다.

- 컴퓨팅 사고의 정의에 대해 설명할 수 있다.
- 컴퓨팅 사고의 개념에 대해 설명할 수 있다.
- 컴퓨팅 사고의 필요성에 대해 설명할 수 있다.
- 문제해결과 컴퓨팅 사고에 대해 설명할 수 있다.

본 장에서는 문제해결을 위한 컴퓨팅 사고의 개요에 대해서 다룬다. 컴퓨팅 사고는 컴퓨터를 이용하여 문제를 해결하기 위한 과정을 의미하며, 컴퓨팅 사고를 위해 인간과 컴퓨터의 차이를 이해한다. 또한 컴퓨터 사고 모델과 개념에 대한 학습을 통해 문제해결과 컴퓨팅 사고를 위한 절차를 이해한다. 그리고 문제해결을 위한 방법을 학습함으로써 다양한 문제에 대하여 컴퓨팅 사고를 어떻게 적용할 수 있는지 알아본다.

1.1 문제해결과 컴퓨팅 사고

COMPUTATIONAL THINKING

1.1.1 컴퓨팅 사고의 정의

(1) 인간과 컴퓨터의 차이점

우리는 컴퓨터 없이 생활하기 어려운 세상에 살고 있으며 다양한 장소와 환경에서 컴퓨터 시스템이 우리 삶에 영향을 끼치고 있다. 컴퓨터 없이 살아가기 어려운 세상에서 컴퓨터를 효과적으로 활용하기 위해서는 인간과 컴퓨터의 차이가 무엇인지 이해할 수 있어야 한다. 인간은 다양한 방법으로 학습하고 창의적으로 사고하지만, 학습한 내용을 자주 잊어버린다. 그러나 컴퓨터는 많은 작업을 동시에 그리고 빠르게 처리할 수 있고 많은 양의 데이터를 저장할 수도 있다. 또한 알고리즘이라고 하는 주어진 처리 절차에 의해서만 실행한다. 이러한 인간과 컴퓨터의 차이를 이해하면 컴퓨터를 이용하여 다양한 문제들을 해결할 수 있다. 인간이 창의적으로 문제에 대한 해결책을 만들고 컴퓨터가 이 해결책을 실행할 수 있으면, 복잡한 문제도 빠르게 처리할 수 있게 되는 것이다.

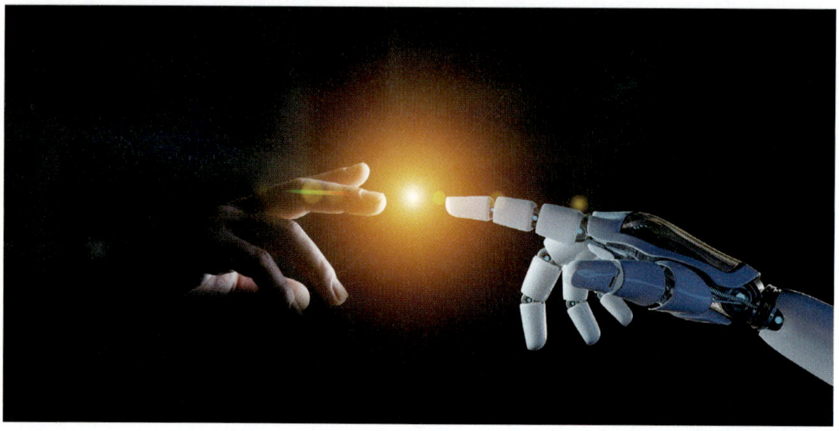

그림 1-1 인간과 컴퓨터

(2) 컴퓨팅 사고의 정의

컴퓨팅 사고(Computational Thinking)란 인간이 문제를 분석하고 컴퓨터로 문제를 해결하기 위한 절차를 만드는 것이다. 즉 인간이 문제의 해결책을 찾아 컴퓨터로 문제해결을 수행하기 위한 단계를 수립하는 과정이라고 할 수 있다.

(3) 지넷 윙의 컴퓨팅 사고

컴퓨팅 사고라고 하는 용어는 지넷 윙(Jeannette M. Wing) 교수의 논문에서 처음 등장하였다. 지넷 윙 교수가 정의한 컴퓨팅 사고의 개념은 "컴퓨터 과학자뿐만 아니라 누구나 배워서 활용할 수 있는 보편적인 사고이자 기술이며, 컴퓨터 과학자뿐만 아니라 누구나 갖춰야 할 기본 역량이다. 또한 읽기, 쓰기, 셈하기와 같이 모든 아동이 기본적으로 갖추어야 하는 분석 역량에 추가해야 한다" 라는 것이다. 지넷 윙 교수가 정의한 컴퓨팅 사고의 개념을 종합해보면 문제를 수립하고 해결책을 만들어 컴퓨팅 시스템을 통해 효과적으로 수행되도록 표현하는 사고 과정이라고 할 수 있다.

그림 1-2 지넷 윙 교수

1.1.2 컴퓨팅 사고 모델

(1) 컴퓨팅 사고 모델

지넷 윙 교수가 정의한 컴퓨팅 사고 개념을 기반으로 미국의 컴퓨터과학교사협회인 CSTA(Computer Science Teachers Association)와 국제교육기술협회인 ISTE(International Society for Technology in Education) 그리고 Google이 협력하여 컴퓨터 사고 모델을 만들었고, 이 모델을 통해 문제해결의 단계를 설명한다.

컴퓨팅 사고 개념 기반의 문제해결 단계로는 문제분석, 자료 수집 및 표현, 분해, 패턴인식, 추상화, 알고리즘, 시뮬레이션, 병렬화, 자동화가 있다. 각 단계를 통해 문제를 분석하고, 문제해결을 위한 방법을 찾아 컴퓨터에 적용하는 과정을 거치게 된다.

표 1-1 문제해결을 위한 컴퓨팅 사고 단계

문제해결 단계	컴퓨팅 사고 핵심 개념
문제분석	자료 분석(Data Analysis)
자료 수집 및 표현	자료 수집(Data Collection)
	자료 표현(Data Representation)
분해	분해(Problem Decomposition)
패턴인식	패턴인식(Pattern Recognition)
추상화	추상화(Abstraction)
알고리즘	알고리즘(Algorithm)
시뮬레이션	시뮬레이션(Simulation)
병렬화	병렬화(Parallelization)
자동화	자동화(Automation)

(2) 컴퓨팅 사고의 개념

[표 1-1]에서 9단계로 정의된 모델을 6단계로 간략화하여 "문제분석 및 표현, 분해, 패턴인식, 추상화, 알고리즘, 시뮬레이션 및 자동화"로 나타낼 수 있다.

그림 1-3 6단계 컴퓨팅 사고 개념

문제분석 및 표현의 단계에서 가장 중요한 것은 논리적 사고이다. 논리적 사고는 컴퓨팅 사고에서 가장 기본이 된다. 컴퓨터 자체가 참, 거짓의 부울 논리에 기반하여 동작하기 때문에, 컴퓨터를 이용하기 위해서는 논리적으로 문제를 분석할 필요가 있다. 문제를 해결하거나 결정을 내릴 때 이성적인 사고의 기초인 논리에 바탕을 두어야 하고, 그렇게 논리를 기반으로 하면 컴퓨터가 이해하고 처리할 수 있게 되는 것이다.

분해의 단계는 복잡한 문제를 좀 더 작고 처리가 가능한 부분으로 나누는 것이다. 정보사회에서 발생하는 문제들은 상당히 복잡하고 어려운 문제들이 많고, 복잡한 문제들은 한 번에 쉽게 풀리지 않는다. 복잡한 문제는 한 번에 해결할 수 없기 때문에, 해결하기 쉬운 작은 크기로 문제를 분해하는 것이 필요하다. 작은 크기들로 분해된 문제는 하나의 복잡한 문제보다 해결하기가 훨씬 쉽다. 작은 크기의 부분 문제들을 해결하고 그 결과를 하나로 다시 모으면 복잡한 문제를 해결할 수 있게 된다.

패턴인식의 단계는 분해된 작은 크기의 부분 문제들 사이에서 패턴이라는 유사성을 찾는 과정이다. 분해된 부분 문제들을 해결하는 과정에서 이전에 해결했던 것과 유사한 문제들이 있는지 찾아보고 유사한 문제가 있었다면 그 해결책을 가져와 알맞게 적용하는 것이다. 이렇게 유사성이 발견된 문제에 대해서는 이미 존재하는 해결책을 동일하게 그리고 반복적으로 적용할 수 있다.

추상화의 단계는 관련없는 세부 사항은 무시하고 중요한 정보에만 집중하는 단계이다. 추상화는 곧 일반화한다는 의미이다. 대상을 일반화한다는 것은 가장 특징적인 것만 나타낸다는 뜻이다. 이렇게 함으로써 중요하지 않은 부분은 과감히 무시하고 중요한 부분에만 집중하게 되어 복잡성을 줄일 수 있다. 예를 들어 컴퓨터를 사용할 때 키보드와 마우스 입력을 통해 정보를 입력하고 그에 따른 모니터 출력에는 관심을 가지지만 컴퓨터의 내부 동작에 대해서는 간과하는 것과 같다. 즉 복잡한 컴퓨터 내부 동작보다는 컴퓨터의 입력, 출력과 같은 중요한 부분에 대해서 집중하는 것이다.

이전 단계까지는 문제를 해결하기 쉬운 단계로 만드는 과정이었다면, 알고리즘의 단계는 직접적인 해결책을 단계적으로 개발하는 과정이다. 분할된 작은 크기의 부분 문제들의 해법을 찾고 모은 다음, 그 문제를 해결하는 절차인 알고리즘을 만드는 것이다. 알고리즘은 프로그래밍 언어를 사용하여 컴퓨터에 적용할 수 있기 때문에 체계적으로 만들어야 하고, 체계적인 알고리즘은 컴퓨터를 사용할 때 효율성과 생산성을 높일 수 있게 된다.

마지막 단계는 시뮬레이션 및 자동화 단계이다. 이 단계는 알고리즘을 컴퓨터에 적용하여 문제를 해결하는 과정으로 볼 수 있다. 시뮬레이션의 경우 개발된 알고리즘을 실제와 비슷한 모델을 만들어 적용한 후 실험을 통해 문제점을 발견하고 수정하는 것이고, 병렬화 및 자동화는 하나의 문제를 여러 단계로 나누어 동시에 병렬 처리하는 것으로 컴퓨터를 이용하여 반복된 일을 신속하게 처리함으로써 시간을 절약할 수 있다.

(3) 컴퓨팅 사고와 컴퓨팅 사고가 아닌 것

컴퓨팅 사고 모델을 통해 알아본 컴퓨팅 사고는 다음과 같이 정리할 수 있다. 추상화 및 패턴인식을 사용하여 새롭고 다양한 방식으로 문제를 표현하는 것, 데이터를 논리적으로 구성하고 분석하는 것, 문제를 작은 부분 문제들로 나누어서 해결하는 것, 논리 연산과 같은 프로그래밍 방식의 사고 기술을 사용하여 문제에 접근하는 것, 알고리즘적 사고와 같은 일련의 단계를 통해 문제를 재구성하는 것, 가능한 해결책을 식별, 분석, 구현하는 것 그리고 이렇게 해결된 문제의 해결 과정을 다양한 문제로 일반화하는 것이다. 이 모든 것들을 우리는 컴퓨팅 사고라고 할 수 있다.

컴퓨팅 사고가 아닌 것들은 다음과 같이 생각할 수 있다. 컴퓨팅 사고는 단순히 소프트웨어를 사용하는 방법을 배우자는 것은 아니며, 그렇다고 컴퓨터처럼 생각하자는 것도 아니다. 컴퓨터는 스스로 생각할 수 없는 장치이다. 컴퓨팅 사고는 문제해결을 위해 컴퓨터를 이용한다는 점에서 프로그래밍과 관련이 있지만, 프로그래밍이 컴퓨팅 사고는 아니다. 또한 컴퓨팅 사고는 언플러그드 활동처럼 컴퓨터가 없어도 할 수 있다. 즉 컴퓨팅 사고는 창의적인 해결책 찾아 컴퓨터를 이용하여 문제를 해결하는 것이다.

1.1.3 컴퓨팅 사고의 필요성

컴퓨팅 사고는 인간이 문제를 분석하고 컴퓨터로 그 문제를 해결하기 위한 절차를 만드는 것으로 정의되어 있다. 컴퓨팅 사고를 통해 어떤 문제에 접근하게 되면 복잡한 문제도 비교적 쉽고 신속하게 해결할 수 있게 된다. 컴퓨팅 사고를 배워야 하는 이유는 여기에 있다고 할 수 있다. 바로 복잡한 문제를 해결하기 위한 것이다.

(1) 4차 산업혁명 시대

지금까지의 산업의 발달사를 살펴보면, 우리 사회는 1차 산업혁명으로 시작하여 현재 4차 산업혁명 시기에 도달해 있다. 1차 산업혁명은 증기기관의 힘을 이용한 기계화 혁명으로 볼 수 있으며, 2차 산업혁명에서는 전기를 사용하여 대량 생산이 가능하게 되었다. 3차 산업혁명에서는 정보기술을 통해 생산의 자동화를 이끌어 내었고, 지금의 4차 산업혁명은 기계의 지능화를 통해 생산성이 고도로 향상되는 것을 의미한다. 4차 산업혁명 시대가 되면서 다양한 종류의 컴퓨터 또는 로봇과 같이 지능화된 기계의 활용이 점차 증가하고 있다. 즉 앞으로는 단순 반복적인 일들은 로봇으로 점차 대체해 나갈 것이고, 이 분야에서 인간이 할 일은 점점 줄어들 것이다.

1차 산업혁명

- 증기기관의 힘을 이용한 기계화 혁명

2차 산업혁명

- 대량 생산을 위해 전기를 사용

3차 산업혁명

- 생산을 자동화하기 위해 전자 및 정보기술을 사용

4차 산업혁명

- 기계의 지능화를 통해 생산성이 고도로 향상도는 산업혁명

그림 1-4 산업혁명

(2) 우리는 왜 컴퓨팅 사고를 배워야 할까?

4차 산업혁명 시대에서 인간은 앞으로 어떤 일을 하며 살아야 할까? 컴퓨터가 할 수 없는 창의적인 일을 하고, 단순 반복적인 일은 컴퓨터에게 맡기면 된다. 즉 4차 산업혁명 시대인 정보사회에서 우리가 경쟁력 있게 살아가기 위해서는 컴퓨터를 이용한 크고 작은 문제들을 해결해 나가야 한다. 실제로 다양한 분야에서 컴퓨터를 사용한 많은 발견과 성과들이 나타나고 있다. 생물학 분야에서 컴퓨터를 활용하여 DNA를 해독할 수 있었고, 천체물리학 분야에서는 컴퓨터를 활용하여 우주 현상에 대한 복잡한 계산을 수행할 수 있게 되었다. 또한 건축학 분야에서도 컴퓨터를 이용하여 완공되지 않은 건물의 상태를 확인해 볼 수 있게 되었다.

컴퓨팅 사고는 인문사회 분야에서도 최상의 결과를 얻을 수 있는 하나의 방안으로 사용될 수 있다. 컴퓨터가 어떻게 프로그래밍 되어 작업을 수행하는지 이해하면 효율적으로 문제를 해결할 수 있기 때문이다. 우리가 생각하는 것들을 컴퓨터가 이해하고 실행할 수 있도록 만들고, 그것을 이용하면 문제를 보다 쉽게 해결할 수 있게 된다.

1.1.4 문제해결과 컴퓨팅 사고

(1) 문제해결

문제해결이란 통상적으로 우리가 원하는 해답을 얻는 것을 말하며, 상당한 시간과 지속적인 노력이 투입되어야 좋은 결과를 얻을 수 있다. 일반적인 경우에는 하나의 해답을 구하게 되지만 열린 사고 문제의 경우에는 여러 가지 해답을 얻는 경우도 있다. 그리고 어떤 문제라도 현명하고 깔끔하게 해결되어야 한다.

(2) 문제해결 방법

주어진 문제를 해결하기 위해서 우리는 세 가지 해결 방법을 고려할 수 있다. 일반적 문제해결, 컴퓨팅 사고적 문제해결 그리고 창의적 문제해결 중에서 선택하게 된다. 일반적 문제해결은 우리가 일상생활에서 자주 접하게 되는 비교적 해결이 어렵지 않은 문제를 해결하는 방법이다. 컴퓨팅 사고적 문제해결은 분해, 패턴인식, 추상화, 알고리즘 등의 컴퓨팅 사고 요소를 활용하여 문제를 해결하는 방법이다. 창의적 문제해결은 인간이 가지고 있는 독특한 창의성을 적용하여 문제를 해결하는 방법이다.

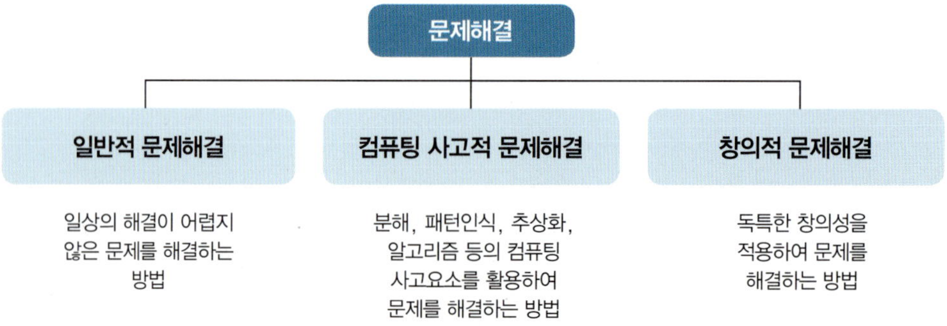

그림 1-5 문제해결 방법

문제해결을 위한 핵심적인 방안은 다음과 같다. 먼저 기본개념과 원리를 생각하며 그 문제에 적용해본다. 이미 알고 있는 유형의 문제는 같은 방법으로 적용해본다. 쉽게 해결 방법을 찾을 수 있을 것이라는 자신감을 가진다. 어렵게 보이는 문제를 단순화시킬 수 있는지를 점검한다. 한번 틀리고 난 후에는 그 원인을 철저히 분석하여 이해한다. 복잡한 문제는 여러 단계로 작게 나누어 문제를 해결한다. 다양한 관점으로 문제의 핵심을 접근한다. 틀을 벗어난 자유로운 생각으로 문제해결의 실마리를 끌어낸다.

문제해결을 위한 핵심적인 방안에 근거한 문제해결의 전략은 다음과 같다. 주어진 조건에 맞추어 다각도로 문제에 접근한다. 문제를 철저히 분석한다. 주어진 조건에 맞게 그림을 그리거나, 식을 만들거나, 규칙을 찾는다. 조건에 따라 거꾸로 생각해 본다. 단계적으로 생각한다. 이 전략에 따라 문제에 접근하고 컴퓨팅 사고를 통해 해결책을 찾아 문제를 해결할 수 있다.

(3) 폴리아의 문제해결법

주어진 문제를 해결하기 위한 방법으로 폴리아의 문제해결법이 있다. 폴리아의 문제해결법은 문제이해, 해결 계획 수립, 문제해결, 검토와 최종 점검의 4단계로 구성되어 있다. 폴리아의 문제해결법은 문제를 이해하고, 아이디어를 스케치하여 문제해결의 계획을 수립하는 과정을 통해 대부분의 문제를 해결해 나가는 효율적이고 편리한 시스템적 접근 방법을 제공한다.

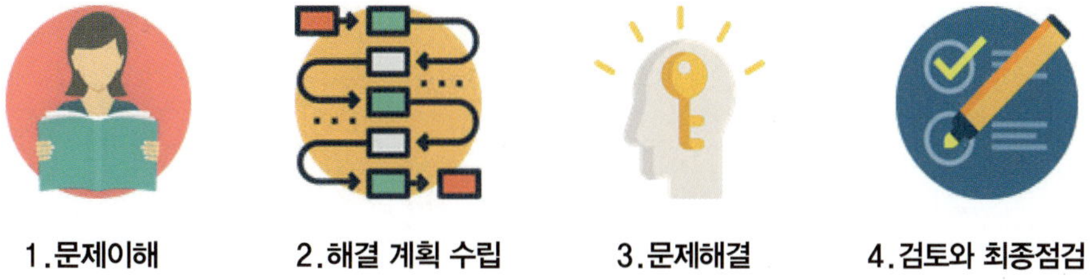

그림 1-6 폴리아의 문제해결법

문제이해의 단계는 문제의 뜻, 주어진 조건, 해결해야 할 목표, 상황 등을 파악하여 주어진 문제를 충분히 이해하는 단계이다. 컴퓨팅 사고 모델의 문제분석과 자료 수집 및 표현의 단계에 해당하며, 자료 분석, 자료 수집, 자료 표현이라는 컴퓨팅 사고의 개념이 사용된다.

해결 계획 수립 단계는 그림으로 스케치하기, 경우의 수로 나누어 생각하기, 비슷한 문제 떠올리기, 다른 사람의 해결책 생각하기, 거꾸로 풀기, 단순화하기 등 모든 지식을 활용하여 해결 방법을 수립하는 단계이다. 컴퓨팅 사고 모델의 분해와 패턴 인식, 추상화의 단계에 해당하며, 여기에는 문제를 분해하고, 유사성을 찾고, 일반화하는 컴퓨팅 사고의 개념이 사용된다.

문제해결의 단계는 수립한 계획대로 문제를 해결하고 다른 방법들도 가능한지 살펴보고 적용해보며 해결법이 타당한지 점검하는 단계이다. 컴퓨팅 사고 모델의 알고리즘 단계에 해당하며, 문제해결을 위한 절차를 수립하는 컴퓨팅 사고의 개념이 사용된다.

검토와 최종 점검의 단계는 해결법을 점검하고 검토하며 첫단계로 다시 돌아가서 다른 해결 방법이 있는지도 검토하는 단계이다. 컴퓨팅 사고 모델의 시뮬레이션 단계에 해당하며, 실제와 비슷한 모델을 만들어 적용하고 문제점이 발견되면 수정하는 컴퓨팅 사고의 개념이 사용된다. 이렇게 해서 해결책에 대한 최종 점검이 끝나면 컴퓨팅 사고 모델의 병렬화 및 자동화 단계를 통해 컴퓨터를 이용하여 신속하게 문제를 풀어나갈 수 있게 된다.

다음은 폴리아의 문제해결법 예제이다. 아래 그림과 같이 "같은 크기의 정사각형 12개로 이루어진 도형이 있을 때, 찾을 수 있는 정사각형은 모두 몇 개인가?"라는 문제에 대해서 폴리아의 문제해결법의 각 단계는 다음과 같다.

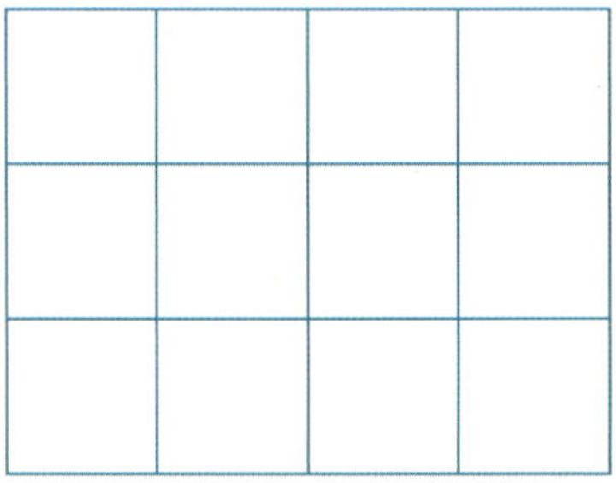

그림 1-7 폴리아의 문제해결법 예제: 정사각형 12개로 이루어진 도형

첫 번째는 문제이해의 단계이다. 문제는 주어진 [그림 1-7]에서 여러 가지 크기의 정사각형 개수를 구하는 것임을 알 수 있다. 문제를 충분히 이해하였다면 두 번째는 해결 계획을 수립해야 한다. 그림에서 주어진 도형에서 가능한 정사각형의 변의 길이를 확인하고, 변의 길이에 따른 정사각형을 계산하는 것으로 해결 계획을 수립할 수 있다. 세 번째는 수립된 해결 계획에 따라 그림을 그려가며 정사각형의 개수를 계산하고, 마지막 단계에서 풀이 방법에 오류가 없는지 검토하면 되는 것이다.

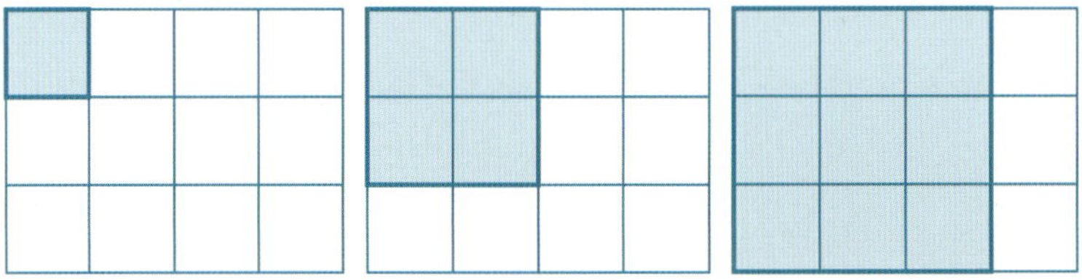

길이 1 정사각형	길이 2 정사각형	길이 3 정사각형
4 × 3 = 12	3 × 2 = 6	2 × 1 = 2

그림 1-8 정사각형 12개로 이루어진 도형 문제 풀이

[그림 1-8]처럼 주어진 도형에서 정사각형이 될 수 있는 변의 길이는 1, 2, 3이고, 4의 경우에는 정사각형을 만들 수 없기 때문에 대상이 되지 않는다. 변의 길이에 따라 그림을 그려가면서 각각의 경우에서 만들어지는 정사각형을 모두 찾으면, 총 20개의 정사각형을 얻을 수 있다.

(4) 문제해결법의 실제 예

융합을 통한 문제해결

다음의 두 문제를 직면하였을 때 어떻게 그 해결책을 찾을 수 있을지 고민해보자.

1. 아이스크림을 용기에 담아 편리하게 먹을 수 없을까?
2. 아이스크림과 와플을 한 손에 잡고 한꺼번에 먹을 수 없을까?

그림 1-9 아이스크림을 용기에 담는 문제와 와플과 함께 먹는 문제

이 문제는 융합의 과정을 통해 해결할 수 있다. 아이스크림을 용기에 담는 문제와 아이스크림을 와플과 함께 먹는 문제는 두 문제를 융합하여 와플콘을 만드는 것으로 해결할 수 있다. 즉 와플 모양을 변형하여 아이스크림을 담을 수 있는 원뿔 모양의 용기 형태로 만들고 그곳에 아이스크림을 넣으면 한 손에 잡고 아이스크림과 와플을 한꺼번에 먹을 수 있다.

그림 1-10 아이스크림을 용기에 담는 문제와 와플과 함께 먹는 문제의 해결책

모순 제거를 통한 문제해결

다음 문제해결의 예는 모순 제거를 통해 문제를 해결한 것이다. 포털 사이트의 경우 고객들은 광고가 없기를 원하지만, 이를 운영하는 회사에서는 이윤을 확보하기 위해 광고가 꼭 필요하므로 상호 갈등과 모순이 존재한다. 이러한 문제를 구글은 어떻게 해결하였을까?

그림 1-11 광고가 포함된 포털사이트 문제

구글은 회사와 사용자 사이에서의 모순을 제거함으로써 이 문제를 해결하였다. 구글은 포털의 초기화면을 광고가 전혀 없게 구성한 결과 사용자들은 광고에 방해받지 않는 단순한 화면에서 검색한 후 원하는 사이트로 접속할 수 있게 되었다. 그러나 검색한 화면에 들어가면 사용자는 자동적으로 광고를 접하게 되고, 구글은 이를 통해 광고 수익을 획득할 수 있게 되었다. 즉 상호 모순되는 부분을 제거함으로써 문제를 해결한 것이다.

그림 1-12 구글의 포털사이트

분리를 활용한 문제해결

분리를 사용하여 문제를 해결할 수도 있다. 로켓을 우주 궤도까지 진입시기키 위해서는 대용량의 연료가 필요하다. 과거에는 그것을 담기 위한 큰 연료통으로 인해 로켓이 무거워져서 우주궤도에 올라가지 못하였다. 이 문제는 연료통을 가진 추진체를 여러 단계로 분리함으로써 이 문제를 해결할 수 있었다. 로켓이 발사된 후 한 단계가 지나면 연소된 로켓 부분은 로켓에서 분리되고, 그 후 단계별로 로켓 추진체가 연료통과 함께 로켓에서 떨어져 나가게 된다. 이렇게 무게를 줄여 가벼워진 몸체가 우주궤도에 진입할 수 있게 된 것이다.

그림 1-13 로켓의 우주궤도 진입 문제

앞서 살펴본 세 가지의 문제해결은 모두 컴퓨팅 사고와 관련이 있다. 융합을 통한 와플콘 만들기는 컴퓨팅 사고의 분해를 거꾸로 적용한 사례이고, 구글 포털 사이트의 광고는 컴퓨팅 사고의 분석과 분해를 적용한 사례가 되는 것이며, 다단계 로켓의 추진체 분리 문제 역시 컴퓨팅 사고의 분석과 분해를 적용한 사례가 된다. 이렇듯 컴퓨팅 사고는 다양한 현실 문제에 적용할 수 있고 복잡한 문제의 해결책을 찾아내는 방법을 제공한다고 할 수 있다.

(5) 컴퓨팅 사고를 통한 문제해결

컴퓨팅 사고를 통한 문제해결은 일반적인 문제해결 방법과 차별성을 가진다. 컴퓨팅 사고는 일반적으로 문제의 분석, 분해, 패턴인식, 추상화 그리고 알고리즘을 거쳐 컴퓨터의 정확성과 신속성 등의 컴퓨팅 파워를 활용한 문제풀이가 주류를 이룬다. 또한 컴퓨팅 사고를 통한 문제해결 방법이 어느 경우에나 적용되지는 않는다. 이 방법은 컴퓨터 과학자들이 문제를 해결하려 할 때 흔히 사용하는 기법으로, 분해, 패턴인식, 추상화 그리고 알고리즘을 이끌어내기 위한 방법으로는 매우 유용한 것이다.

컴퓨팅 사고를 통한 문제해결 예

컴퓨팅 사고에 의한 다음의 문제를 살펴보자. 일정한 패턴이 있는 다음의 도표에서 패턴을 인식하여 물음표에 들어갈 적합한 숫자를 찾는 문제이다. 이 문제는 2차원적으로 사고하는 것이 필요하다. 패턴인식과 추상화를 통해서 중간에 위치한 네모 칸의 값은 위 칸과 왼쪽 칸의 수를 더한 값이란 것을 알 수 있다. 그러므로 물음표에 들어갈 숫자는 위 칸의 6과 왼쪽 칸의 7을 더한 결과인 13이 되는 것이다.

			1
		2	3
	1	3	6
3	4	7	?

그림 1-14 컴퓨팅 사고를 이용한 패턴인식 문제

일상생활에서 컴퓨팅 사고를 활용한 문제해결 예

컴퓨팅 사고에 의한 문제해결은 일상생활에서도 적용할 수 있다. 지하철이나 버스 등 교통수단의 가장 빠른 환승을 찾거나, 슈퍼마켓에서 적게 기다리는 줄에 줄을 서거나, 중요한 서류들을 순서대로 정렬하거나, 공간을 고려하여 가구를 배치 하는 문제에 적용할 수 있다.

그림 1-15 일상생활에서 컴퓨팅 사고를 이용한 문제들

(6) 문제해결을 위한 모델링

문제해결을 위한 모델링의 일반적인 측면은 문제에 대한 명백한 해답이나 결론을 찾아내는 것에 치중하는 것이고, 기술적인 측면은 어떤 변화를 통해 현재보다 성능

을 좀 더 개선 시키거나 발전시키는 것을 의미한다. 따라서 모델링을 활용하여 문제에 접근하면 문제를 좀 더 효과적으로 다룰 수 있다.

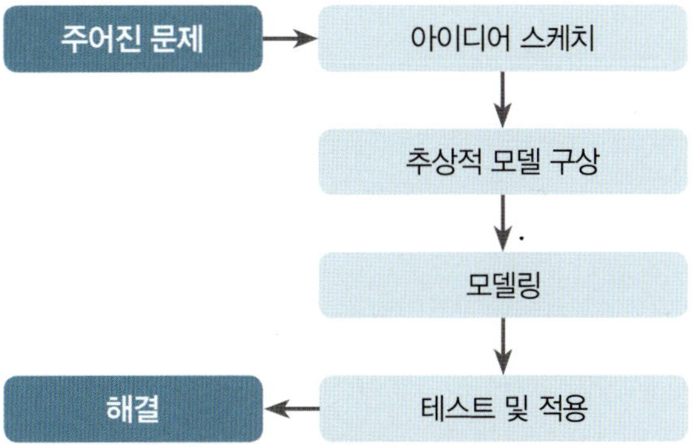

그림 1-16 모델링을 이용한 문제해결 과정

모델링을 통한 문제해결은 [그림 1-16]과 같이 4단계로 구성된다. 주어진 문제를 해결하기 위해 아이디어를 스케치하고, 추상적 모델을 구상한 후, 구상한 것을 모델링으로 연결시킨다. 그리고 마지막으로 테스트와 적용을 거쳐 주어진 문제를 해결할 수 있다.

시스템적 문제해결의 경우에는 문제 정의, 아이디어 창출, 아이디어 평가, 아이디어 선택 그리고 아이디어 실행의 과정을 거친다. 문제 정의에서는 문제의 목표를 명확하게 정의하고 제약 조건을 파악하며, 아이디어 창출에서는 여러 가지 아이디어 생성 기법을 사용하여 해결 가능성이 높은 창의적인 아이디어를 최대한 많이 생성해낸다. 그리고 아이디어 평가에서는 생성된 여러 가지 아이디어들을 종합적인 분석 과정을 거쳐 평가하고, 아이디어 선택에서는 문제해결에 가장 적합한 아이디어 하나를 최종적으로 선택한다. 마지막으로, 아이디어 실행에서 최종 선택된 아이디어를 적용하여 실행하게 되는 것이다.

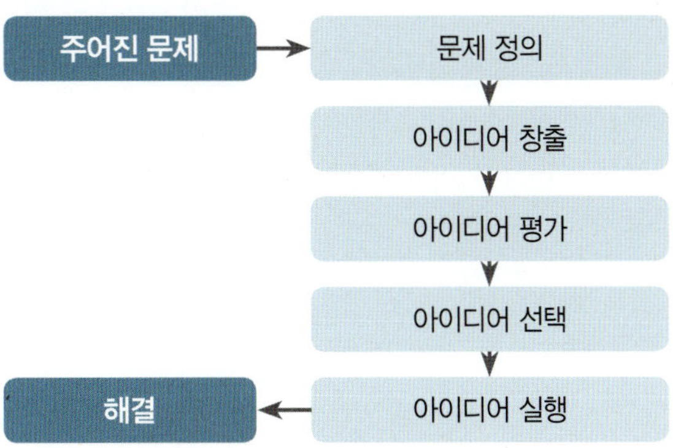

그림 1-17 시스템적 문제해결 과정

[요약]

01. 인간은 다양한 방법으로 학습하고 창의적으로 생각한다.

02. 컴퓨터는 많은 작업을 빠르게 처리하지만, 알고리즘이라고 불리는 처리 절차에 의해서만 실행된다.

03. 문제를 분석하고 컴퓨터로 문제를 해결하기 위한 절차를 만드는 것을 컴퓨팅 사고라고 한다.

04. 문제해결의 단계로는 문제분석, 자료 수집 및 표현, 분해, 패턴인식, 추상화, 알고리즘, 시뮬레이션, 병렬화, 자동화 단계가 있다.

05. 컴퓨팅 사고는 인간이 문제를 분석하고 컴퓨터로 그 문제를 해결하기 위한 절차를 만드는 것이다.

06. 컴퓨팅 사고를 통해 어떤 문제에 접근하게 되면 복잡한 문제도 비교적 쉽고 신속하게 해결할 수 있다.

07. 4차 산업혁명 시대인 정보사회에서 우리가 경쟁력 있게 살아가기 위해서는 컴퓨터를 이용하여 문제를 해결할 수 있어야 한다.

08. 문제해결을 위해 주어진 조건에 따라 문제를 분석하고 규칙을 찾아 단계적으로 생각해 나간다.

09. 폴리아의 문제해결법은 문제이해, 해결 계획 수립, 문제해결, 검토와 최종 점검의 4단계로 구성된다.

10. 컴퓨팅 사고는 일반적으로 문제의 분석, 분해, 패턴인식, 추상화 그리고 알고리즘을 거쳐 컴퓨터의 정확성과 신속성 등의 컴퓨팅 파워를 활용한 문제풀이가 주류를 이룬다.

11. 문제해결 모델링은 아이디어 스케치, 추상화 모델 구상, 모델링, 테스트와 적용의 4단계로 구성된다.

12. 시스템적 문제해결은 문제 정의, 아이디어 창출, 아이디어 평가, 아이디어 선택 그리고 아이디어 실행의 과정으로 구성된다.

[참고문헌]

01. 김대수, "소프트웨어와 컴퓨팅 사고", 생능출판사, 2016.

02. 김재현 외, "컴퓨팅사고력 향상을 위한 문제해결과 알고리즘", 성균관대학교 출판부, 2017

03. 안성진, "Computational Thinking에 대한 이해", 정보문화포럼 2015년 연구 보고서, 2015. 12.

04. 천인국, 문제해결과 컴퓨팅 사고, 인피니티북스, 2018

05. 문제해결과 컴퓨팅 사고, https://www.youtube.com/watch?v=d5nV8iz2vAk

06. 컴퓨팅 사고(Computational Thinking), https://www.youtube.com/watch?v=HfM8AB9CiBE

CHAPTER 02

컴퓨터 기초

이번 장에서는 다음과 같은 내용을 학습합니다.

- 컴퓨터의 동작 원리를 설명할 수 있다.
- 소프트웨어의 역할을 설명할 수 있다.
- 컴퓨터 구조를 설명할 수 있다.

본 장에서는 컴퓨터 기초로써 하드웨어와 소프트웨어 그리고 소프트웨어의 종류에 대하여 알아본다. 그리고 프로그램과 프로그램을 구성하는 명령에 대하여 알아본다. 또한 컴퓨터의 역사를 통해서 현대의 컴퓨터 구조를 알아보고, 현대의 컴퓨터 구조에서의 명령어 처리과정에 대해 학습함으로써 문제해결을 위한 컴퓨터의 동작 과정을 이해한다.

2.1 컴퓨터와 컴퓨팅 사고

COMPUTATIONAL THINKING

2.1.1 하드웨어와 소프트웨어

컴퓨터는 하드웨어와 소프트웨어로 구성된다. 컴퓨터를 사용한다는 것은 소프트웨어를 통해 컴퓨터의 하드웨어를 구동시키는 것이다.

(1) 하드웨어

하드웨어는 딱딱하다는 개념을 상기시키면 컴퓨터 하드웨어는 컴퓨터를 구성하고 있는 물리적 장치라는 뜻이 된다. 컴퓨터 하드웨어로는 컴퓨터 본체, 모니터, 키보드, 마우스 등이 있고 컴퓨터 본체를 열어보면 메인보드, 그래픽보드, CPU와 같은 장치들이 있다. 이것들은 모두 하드웨어에 속한다.

그림 2-1 하드웨어

(2) 소프트웨어

소프트웨어는 하드웨어에 대비되는 개념으로 생각하면 이해가 비교적 쉽다. 컴퓨터 소프트웨어는 물리적인 장치가 아니라 컴퓨터 프로그램을 일컫는 용어이며 소프트웨어를 통해서 컴퓨터를 사용하게 되는 것이다. 한글이나 오피스 프로그램으로 문서를 작업하거나 게임을 하는 경우를 생각해보면, 컴퓨터를 사용하는 대부분이 소프트웨어를 사용하는 경우가 된다. 만약 소프트웨어가 없다면 컴퓨터는 단순히 시끄러운 기계장치로 볼 수 있다. 즉 컴퓨터를 사용한다는 것은 프로그램이라고 불리는 소프트웨어가 명령을 통해서 하드웨어인 CPU, 메모리, 그래픽보드 등의 장치를 구동시키는 것이다.

그림 2-2 소프트웨어

2.1.2 프로그램과 명령어

컴퓨터 프로그램은 명령어들이 들어 있는 일종의 작업 지시서이다. 특정한 작업을 수행하는 명령어들의 집합이 되는 것이다. 프로그램을 통해서 우리가 하고자 하는 작업을 명령어 형태로 저장하고, 이 프로그램을 컴퓨터에 실행시킴으로써 우리가 지정한 작업을 컴퓨터가 신속하고 정확하게 처리할 수 있게 되는 것이다. 즉 컴퓨팅 사고에 의해 획득한 알고리즘은 문제를 해결하기 위한 절차를 표현한 것이고, 이것을 프로그램으로 옮길 수 있으면 컴퓨터 자원을 사용하여 문제를 해결할 수 있는 것이다.

그림 2-3 프로그램과 명령어

2.1.3 컴퓨터의 장점

프로그램에서 주어진 명령어 집합에 따라서 컴퓨터 하드웨어 장치들이 구동되고, 프로그램만 바꿔주면 하나의 컴퓨터를 사용하여 다양한 작업을 수행할 수 있다는 장점이 있다. 이것을 범용성이라고 한다. 하나의 컴퓨터가 특정 작업을 위해서만 사용되는 것이 아니라, 프로그램을 바꿔가면서 다양하게 사용될 수 있음을 의미하는 것이다. 즉 컴퓨터를 통해서 각각의 전문 프로그램을 이용하면 전문적인 작업을 수행할 수 있게 된다.

이미 우리는 컴퓨터의 이러한 특징을 경험하였다. 컴퓨터에서 웹브라우저를 사용하여 웹서핑도 하고 게임 프로그램을 사용하여 게임도 한다. 그리고 한글이나 오피스 프로그램을 사용하여 문서도 만든다. 이렇게 컴퓨터에서는 명령어 집합인 프로그램을 변경함으로써 다양한 작업들을 수행할 수 있다.

그림 2-4 컴퓨터의 범용성

2.2 소프트웨어의 등장

2.2.1 소프트웨어의 종류

소프트웨어는 저장장치에 저장된 특정한 목적의 하나 또는 다수의 컴퓨터 프로그램을 의미하며, 이러한 소프트웨어는 크게 시스템 소프트웨어와 응용 소프트웨어로 나뉘어진다.

(1) 시스템 소프트웨어

시스템 소프트웨어는 컴퓨터 하드웨어에 접근하여 동작시킬 수 있는 소프트웨어이다. 시스템 소프트웨어는 사용자의 문제를 직접 해결하는 응용 소프트웨어와는 조금 다른 개념이다. 사용자들이 컴퓨터를 좀 더 쉽게 사용할 수 있도록 응용 소프트웨어를 지원하는 소프트웨어이다. 운영체제, 부트로더, 장치 드라이버, 프로그래밍 도구와 같은 것이 시스템 소프트웨어에 해당한다.

우리가 사용하고 있는 컴퓨터의 운영체제인 윈도우즈, 리눅스, 맥OS가 시스템 소프트웨어이고, 스마트폰에서 사용하고 있는 안드로이드, iOS도 시스템 소프트웨어에 해당한다. 그리고 프린터와 같은 외부 장치를 사용하기 위해서 설치하는 장치 프로그램을 장치 드라이버라고 한다. 장치 드라이버도 외부 장치를 제어하는 시스템 소프트웨어이다.

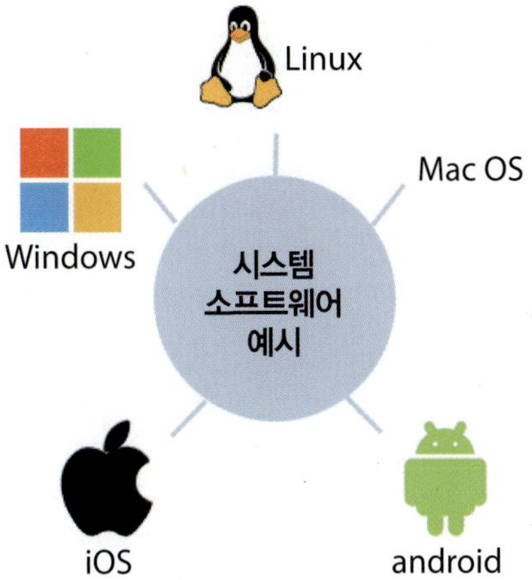

그림 2-5 시스템 소프트웨어

(2) 응용 소프트웨어

응용 소프트웨어는 운영체제 위에서 실행되는 앱과 같은 형태이며 사용자가 직접 문제를 해결하기 위해 사용하는 소프트웨어이다. 응용 소프트웨어에는 한글이나 오피스와 같은 사무용 소프트웨어도 있고 카카오톡과 같은 메신저 소프트웨어 그리고 여러 게임 소프트웨어가 있다. 응용 소프트웨어는 하드웨어 장치와 밀접한 시스템 소프트웨어의 도움을 받아 사용자의 문제를 직접 해결하기 위해 사용되는 소프트웨어라고 할 수 있다. 즉 사용자와 상호작용할 수 있는 소프트웨어가 응용 소프트웨어에 해당한다고 볼 수 있다.

그림 2-6 응용 소프트웨어

2.2.2 컴퓨터의 역사

(1) 고대 컴퓨터

고대의 컴퓨터는 주판, 계산자, 계산판 등으로부터 시작되었다. 컴퓨터의 어원은 "계산하다"라는 말에서 유래되었으며, 초기의 컴퓨터들은 단순한 계산을 목적으로 사용되었다. 정확하게 계산하기 위한 장치였다. 기계적으로 동작하지는 않지만 수동으로 동작하는 일종의 아날로그식 컴퓨터라고 할 수 있었으며, 물론 여기에는 소프트웨어가 포함되어 있지 않았다.

주판

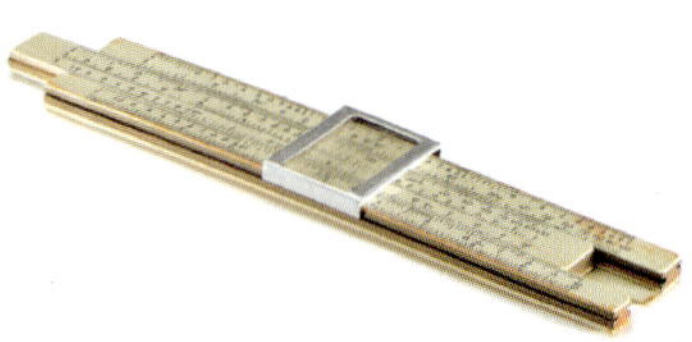

계산자

그림 2-7 고대 컴퓨터

(2) 직조기

조셉 마리 자카드(Joseph Marie Jacquard)는 1801년 기존 직물 직조기를 개량하여 천공카드에 의해 자동화된 직조기를 만들었다. 천공카드라는 것으로 원하는 직물의 패턴을 부호화 시켰고, 이것을 통해서 직조기가 동작하도록 하였다. 부호화된 천공카드는 일종의 프로그램이라고 할 수 있고 직조기는 이 프로그램을 따라 동작하는 컴퓨터와 같다고 할 수 있다. 이렇게 기계를 자동으로 동작하게 하는 프로그램을 소프트웨어라고 할 수 있는 것이다.

그림 2-8 조셉 마리 자카드와 자카드 직조기

(3) 천공카드

자카드의 직조기는 천공카드를 바꿔가면서 다른 모양의 옷감을 짤 수 있었다. 천공카드는 직사각형 모양의 구멍을 뚫어 사용하는 종이카드로 초기의 저장매체였다. 천공 위치에 구멍을 뚫거나 뚫지 않음으로써 0 또는 1의 비트 정보를 나타내었다. 즉 천공카드의 구멍을 통해서 기계의 동작을 위한 명령을 저장한 것이다. 이 천공카드를 사용한 시스템은 나중에 허먼 홀러리스(Herman Hollerith)에 의해, 인구조사의 통계처리를 위한 천공카드 기반의 기계장치에 활용되었다. 이렇게 함으로써 7년씩 걸리던 인구조사 기간을 크게 줄일 수 있었다고 한다.

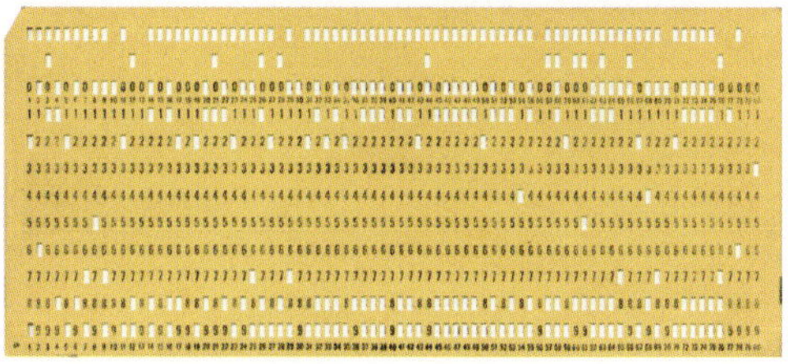

그림 2-9 천공카드

그림 2-10 홀러리스 기계

(4) 해석기관

찰스 배비지의 해석기관은 기계적 범용 컴퓨터의 설계에 해당한다. 해석기관은 중앙처리장치, 메모리, 출력장치 그리고 입력장치인 4가지 구성요소를 가진다. 이 기계적 계산 장치는 다항식을 계산하여 로그와 삼각함수를 표로 만드는 것이 가능하였고, 이것으로부터 해석기관이 좀 더 범용적으로 활용될 수 있는 가능성을 확인하게 되었다. 실제로 완성되지는 못하였지만 컴퓨터 역사에서 중요한 발전의 하나로 여겨진다.

그림 2-11 찰스 배비지와 해석기관

(5) 에이다 러브레이스

에이다 러브레이스(Augusta Ada King-Noel, Countess of Lovelace)는 세계 최초 프로그래머로 알려져 있다. 에이다 러브레이스는 찰스 배비지의 해석기관을 좀 더 효율적으로 사용하기 위해 프로그램을 만들었고, 이 프로그램이 세계 최초의 프로그램으로 인정되어 그녀는 세계 최초의 프로그래머가 되었다. 그녀는 서브루틴, 루프, 조건, 점프 등의 컴퓨터 프로그래밍의 기본 원리를 고안하였으며, 해석기관에서 처리될 목적의 알고리즘을 개발하였다. 다른 과학자들이 해석기관을 단순한 계산기 또는 수치 처리 장치로만 생각하였지만 에이다 러브레이스는 훨씬 다양한 목적으로 활용할 수 있는 가능성에 주목하였다고 한다.

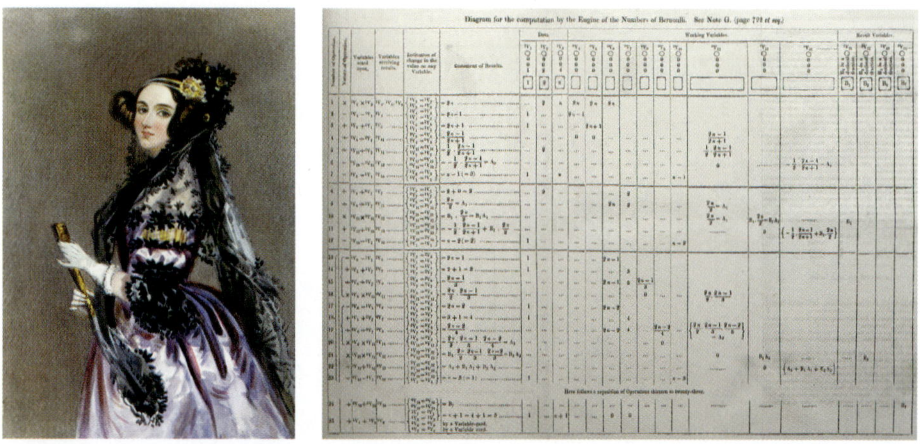

그림 2-12 에이다 러브레이스와 에이다의 베르누이 수 알고리즘

2.3 현대적인 컴퓨터

COMPUTATIONAL THINKING

2.3.1 현대 컴퓨터의 기본사항 및 형태

현대적인 컴퓨터는 전자장치, 디지털 방식, 프로그램 내장 방식의 3가지 기본사항을 가지고 있다. 현대적인 컴퓨터는 기계장치를 사용하여 계산하지 않고 전자장치를 사용하여 계산을 수행한다. 따라서 아날로그 방식이 아닌 디지털 방식으로 동작한다. 그리고 프로그램 외장 방식이 아닌 프로그램 내장 방식을 사용한다. 즉 외부에서 프로그램을 입력하여 실행하는 것이 아니라 컴퓨터 내부의 프로그램을 실행하는 방식으로 동작한다.

(1) 기계장치와 전자장치

파스칼 계산기

과거의 컴퓨터들은 기계적 장치를 사용한 수치 계산기였다. 기계적 장치는 기어, 바퀴, 레버 등의 기계적 장치를 동력으로 사용하여 움직이는 장치를 의미한다. 파스칼의 계산기는 톱니바퀴의 동력이 사용된 최초의 기계식 계산기이다. 찰스 배비지의 해석기관도 기어, 바퀴, 축, 레버가 사용되었던 일종의 기계식 범용 컴퓨터로 볼 수 있다. 그러나 현대적인 컴퓨터에서는 더 이상 이러한 기계적 동력장치를 사용하지 않고 전자장치를 사용한다.

블레즈 파스칼

파스칼 계산기(최초의 기계식 계산기)

그림 2-13 파스칼과 파스칼 계산기

에니악(ENIAC)

전자식 컴퓨터는 진공관이나 트랜지스터와 같은 고체 소자에 의해 동작한다. 전자식으로 발명된 최초의 컴퓨터로는 에니악(ENIAC)이 있다. 에니악은 프로그램을 외부에서 입력하여 실행하는 외장 프로그래밍 방식의 컴퓨터였기 때문에 현대적인 컴퓨터라고 보긴 어렵다. 그러나 진공관과 스위치로 구성되어 10진수 계산을 수행한 전자식 범용 컴퓨터였다.

그림 2-14 전자식 컴퓨터 에니악

(2) 아날로그와 디지털

아날로그

현대적인 컴퓨터의 기본사항은 아날로그 방식이 아니라 디지털 방식이다. 아날로그는 '연속적인'이라는 의미를 가진다. 따라서 아날로그 신호는 어떠한 수치가 연속되는 값으로 표현되는 데이터라고 할 수 있으며 시간의 흐름에 따라 계속 변할 수 있는 값으로 생각할 수 있다. 그래서 아날로그 데이터는 시시각각 그 세기가 변하여 미세한 차이도 나타낼 수 있다. 그리고 먼 거리로 전송될 경우 변형되기 쉽다는 특징을 가진다. 이러한 아날로그 신호는 연속된 그래프 형태의 모습을 보이며 분리된 형태의 모습을 보이지 않는다. 아날로그 데이터를 다루는 아날로그 장치에는 아날로그 라디오, LP판, 카세트테이프 등이 있다.

그림 2-15 아날로그 신호와 아날로그 장치

디지털

디지털은 '이산적인'이라는 의미를 가진다. 그래서, 연속적인 아날로그 데이터를 문자나 숫자로 수직화시켜 놓은 것을 의미합니다. 디지털 데이터는 불연속적인, 즉 이산적인 데이터를 의미하고, 먼 거리로 전송되어도 변형이 잘 이루어지지 않는다. 디지털 신호는 수직 그래프의 모습처럼 이산적인 특성을 보이고, 연속된 것이 아닌 분리된 값을 가지게 된다. 그래서 디지털 데이터를 이산적인 데이터라고 표현하는 것이다. 디지털 장치로는 TV, 모니터, 스마트폰 등과 같이 현재 우리가 사용하고 있는 대부분의 전자장치가 해당된다. 현대의 컴퓨터는 디지털 방식으로 이산적인 데이터를 처리할 수 있어야 한다.

그림 2-16 디지털 신호와 디지털 장치

(3) 프로그램 외장 방식과 프로그램 내장 방식

프로그램 외장 방식은 컴퓨터가 수행할 프로그램이 컴퓨터 외부에 저장되어 있는 방식이다. 프로그램 외장 방식의 예로는 천공카드를 사용하는 장치들을 생각할 수 있다. 수행되어야 하는 작업을 천공카드로 만들어 두고, 이 천공카드를 기계장치에 삽입하였을 때 주어진 명령을 수행하도록 하는 것이다. 그러나 현대적인 컴퓨터는 이런 프로그램 외장 방식을 사용하지 않는다.

그림 2-17 프로그램 내장 방식의 전자식 컴퓨터 에드삭(EDSAC)

현대적인 컴퓨터는 모두 프로그램 내장 방식을 사용하고 있다. 프로그램 내장 방식은 컴퓨터가 수행할 프로그램이 컴퓨터 내부에 저장되어 있는 방식을 의미한다. 즉 수행하고자 하는 프로그램을 컴퓨터 내부의 저장 위치에서 불러와 수행하는 것이다. 프로그램 내장 방식의 컴퓨터 구조는 폰 노이만 구조라고도 불리며, 현대의 컴퓨터는 대부분 이 구조를 따르고 있다. 세계 최초의 실용적 프로그램 내장 방식의 전자식 컴퓨터로는 에드삭(EDSAC)이 있다.

현대의 컴퓨터는 반도체로 알려진 집적회로의 발달로 크기가 많이 축소되었다. 그래서 아주 큰 크기에서 지금 우리가 사용하고 있는 크기가 된 것이다. 집적회로는 여러 독립된 요소를 집적해서 하나의 칩으로 만든 것으로, 손톱 수준의 크기에 수십억 개의 트랜지스터나 다른 전자부품이 들어갈 정도로 조밀하게 만든 것이다. 집적회로를 통해 지금의 컴퓨터들은 크기가 많이 축소되고 성능이 월등히 향상되었다.

2.4 컴퓨터 구조

COMPUTATIONAL THINKING

2.4.1 폰 노이만 구조

현대의 컴퓨터는 폰 노이만 구조를 통해서 발전해왔다. 폰 노이만 구조의 컴퓨터는 중앙처리장치인 CPU와 메모리 그리고 입/출력장치로 이루어진 구조이며, 프로그램 내장 방식으로 CPU는 메모리에 내장된 프로그램을 불러와 수행하는 방식이다. 존 폰 노이만의 가장 큰 업적은 바로 폰 노이만 구조를 통해 범용 컴퓨터의 구조를 확립한 것이다. 폰 노이만 구조에서 컴퓨터가 수행하는 연산은 CPU를 통해서 이루어지고, CPU는 산술논리장치와 제어장치로 구성된다. 산술논리장치는 연산을 직접 수행하는 부분이고, 제어장치는 산술논리장치를 제어하는 역할을 수행한다.

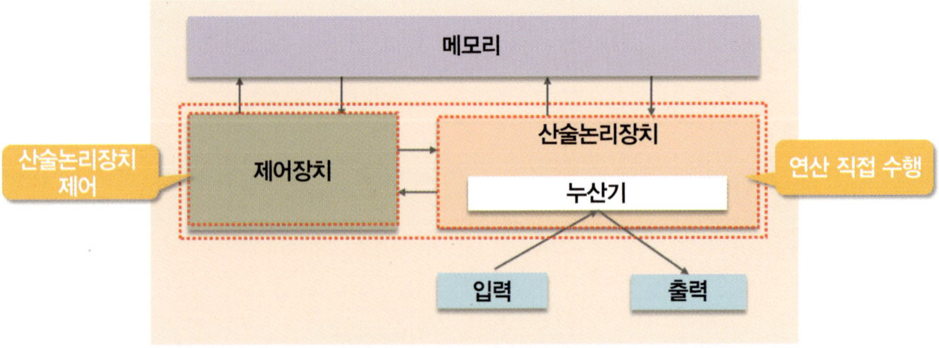

그림 2-18 폰 노이만 구조

2.4.2 컴퓨터의 하드웨어 구성

현대의 컴퓨터는 중앙처리장치, 주기억장치, 보조기억장치, 입력장치, 출력장치로 이루어져 있다. 이는 폰 노이만 구조로 되어 있다고 볼 수 있다.

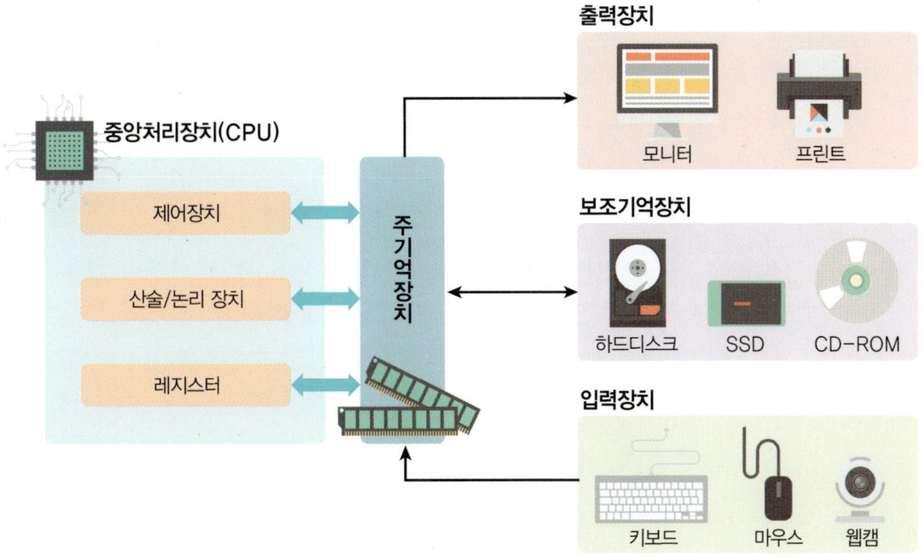

그림 2-19 컴퓨터의 하드웨어 구성

(1) 중앙처리장치

중앙처리장치는 흔히 CPU(Central Processing Unit)라고 알려져 있다. CPU는 컴퓨터 시스템을 통제하고 프로그램의 연산을 실행하는 컴퓨터의 가장 핵심적인 제어장치이다. CPU는 주기억장치에 있는 명령어를 가져와서 실행한다. 명령어는 0과 1의 비트로 이루어져 있는 기계어 형태이고, 컴파일러라는 소프트웨어가 사람이 이해하는 언어로 만들어진 프로그램을 기계어 형태로 번역해준다.

그림 2-20 중앙처리장치, CPU(Central Processing Unit)

(2) 주기억장치

주기억장치는 메인 메모리로써 CPU가 직접 접근하여 처리할 수 있는 고속의 기억장치이다. 컴퓨터에서 현재 수행되고 있는 프로그램과 데이터가 주기억장치에 저장된다. 주기억장치에는 크게 램(RAM)과 롬(ROM)이 있다.

램(RAM)

램(RAM)은 Random Access Memory의 약자로 데이터가 메모리의 임의 주소에 쓰여진다는 것을 의미한다. 임의의 주소를 가진 데이터들은 동일한 접근 시간을 가지게 된다. 램은 휘발성 메모리이기 때문에 컴퓨터의 전원 공급이 이루어져야 데이터의 저장이 가능하고 전원이 공급되지 않으면 저장하고 있던 모든 자료가 사라지게 되는 특징을 가지고 있다. 컴퓨터에서 프로그램을 실행하면 프로그램의 명령과 데이터가 램에 저장된다. 이 경우 '메모리에 적재(LOAD)되었다'라고 표현한다. 메모리에 적재된 명령과 데이터는 CPU와 상호작용하면서 프로그램의 동작을 수행시킨다. 통상적으로 컴퓨터에서 메모리가 얼마나 되는지를 얘기할 때의 메모리 장치가 바로 램에 해당한다.

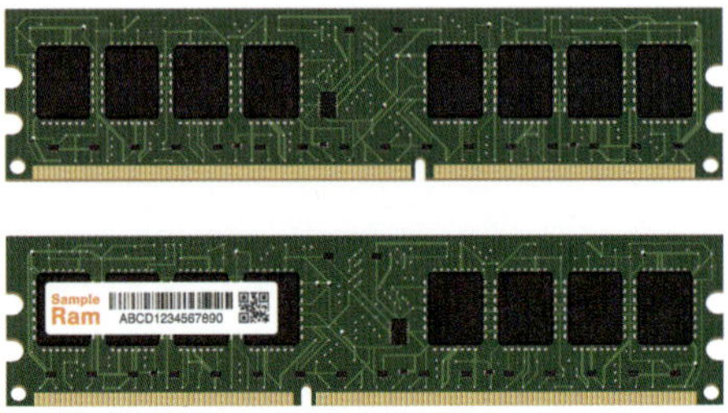

그림 2-21 RAM: Random Access Memory

롬(ROM)

롬(ROM)은 Read Only Memory의 약자로 읽기 전용 메모리라는 뜻을 가진다. 롬은 램과 달리 쓰기가 불가능하고 읽기만 가능한 저장매체이다. 또한 비휘발성 메모리장치이므로 전원이 공급되지 않아도 데이터가 보존되는 특징을 가진다. 컴퓨터에서 바이오스(BIOS)라고 알려진 것이 바로 롬에 해당한다. 바이오스는 컴퓨터가 부팅되면서 설정값들을 읽어오는 곳이다. 롬에도 다양한 종류가 있으며 쓰기가 가능한 롬도 존재한다. 우리가 쉽게 사용하고 있는 플래시 메모리 장치가 쓰기 가능한 롬으로부터 파생되었다고 볼 수 있다.

그림 2-22 ROM: Read Only Memory

(3) 보조기억장치

컴퓨터의 보조기억장치는 주기억장치의 단점을 보완하기 위한 컴퓨터 장치이다. 램의 경우 메모리에 적재되어 실행되던 데이터들은 전원 공급이 중단되면 모두 사라지는 특징을 가졌지만, 보조기억장치는 램과 달리 비휘발성 메모리로써 전원이 공급되지 않아도 데이터가 보존된다. 또한 주기억장치보다 데이터를 읽고 쓰는 시간은 더 걸리지만 훨씬 큰 저장 용량을 가지고 있다. 대표적인 보조기억장치는 하드디스크이다. 하드디스크의 데이터 접근 속도가 주기억장치인 메모리에 비해서 다소 느린 특징 때문에 이러한 단점을 보완하기 위해 SSD(Solid State Drive)가 많이 사용되고 있다. SSD의 데이터 접근 속도는 하드디스크보다 빠르지만 데이터 저장 용량은 하드디스크보다 작다고 할 수 있다.

하드디스크 SSD(Solid State Drive)

그림 2-23 하드디스크와 SSD

(4) 입력장치

컴퓨터의 입력장치는 사용자가 원하는 문자, 기호, 그림 등의 데이터 또는 명령을 컴퓨터의 메모리로 전달하는 장치를 의미한다. 대표적인 입력장치로는 키보드, 마우스가 있고 노트북의 터치패드와 웹캠도 데이터 입력장치로 볼 수 있다.

그림 2-24 다양한 입력장치

(5) 출력장치

컴퓨터의 출력장치는 사람이 인지할 수 있는 방식으로 컴퓨터의 결과물을 출력해 주는 장치를 의미한다. 대표적인 출력장치로는 모니터, 프로젝터, 프린터, 스피커 등이 있다. 그리고 스마트폰이나 태블릿 PC의 터치스크린은 데이터의 입력과 출력이 모두 가능한 입/출력장치에 해당한다.

그림 2-25 다양한 출력장치

2.4.3 컴퓨터 명령어

(1) 프로그램 내장 방식

최초의 전자식 컴퓨터로 간주되는 에니악의 프로그램은 스위치에 의하여 기억되었기 때문에 프로그램을 변경할 때마다 많은 스위치를 처음부터 다시 연결해야 했다. 이러한 에니악의 결점을 개선하기 위한 방식이 프로그램 내장 방식이다. 프로그램 내장 방식의 컴퓨터는 전자식 기억장치에 프로그램 명령어를 저장하는 컴퓨터를 의미하며, 폰 노이만 구조의 컴퓨터에 적합한 방식이다.

프로그램 내장 방식의 컴퓨터에서 하드웨어가 소프트웨어를 실행하는 순서는 다음과 같다. 첫째, 보조기억장치에 저장되어있는 프로그램의 명령어와 데이터를 모두 메인 메모리에 적재시킨다. 둘째, CPU의 메인 메모리에 적재된 프로그램에서 이진수로 되어 있는 명령어들을 순차적으로 가져와 실행한다. 프로그램은 어떤 문제를 해결하기 위해 컴퓨터에게 주어지는 처리 방법과 순서를 기술한 일련의 명령어 집합체이다. 이 명령들을 메인 메모리에 저장하고 순차적으로 명령을 처리하는 것이 현대의 컴퓨터가 동작하는 원리이다. 메인 메모리에서 수행을 완료한 프로그램은 보관이 필요한 데이터를 다시 보조기억장치에 저장한다.

(2) 명령어

컴퓨터가 이해하는 명령어는 어떤 것일까? 컴퓨터 명령어는 중앙처리장치인 CPU가 이해하는 이진 패턴이다. 컴퓨터의 명령어는 단순하며 그러한 명령어들을 조합하여 하나의 프로그램을 만들어낸다. 우리가 기계어라고 하는 것은 컴퓨터가 이해하는 이진수로 표현된 명령어라고 할 수 있다. 기계어는 어셈블리어로 1대1 대응될 수 있으며, 어셈블리어는 명령어들이 어떤 작업을 수행할지 직접적으로 보여 준다. 어셈블리어를 사용하면 컴퓨터 내부의 구조와 명령어 처리 절차를 좀 더 깊게 이해할 수 있다.

표 2-1 어셈블리 명령어

명령어	피연산자	설명
MOV	AX, 0	데이터를 이동하는 명령어
ADD	AX, 2	덧셈을 수행하는 명령어
SUB	BX, 5	뺄셈을 수행하는 명령어
CMP	AX, BX	두 개의 피연산자를 비교

프로그램 명령어 예

다음의 예제는 터틀 그래픽으로, 주어진 명령어에 따라 거북이가 이동하며 그림을 그리는 것이다. forward, left, right 3가지 명령어로 구성되어 있으며, 이 명령어들을 조합하여 그림을 그릴 수 있다. forward 명령어는 거북이를 앞으로 전진시키는 명령으로 명령어 다음에 이동 거리에 대한 인자값을 주면 그만큼 이동하게 된다. left와 right 명령어는 왼쪽으로 회전을 하거나 오른쪽으로 회전을 하는 명령어이고, 명령어 다음에 회전 각도를 인자값으로 주면 주어진 회전 각도만큼 회전하게 된다.

forward, left, right의 명령어를 조합하여 사각형을 그려보자. 컴퓨팅 사고를 적용하여 가장 먼저 문제를 분석하고 분해한다. 사각형은 4면체로 이루어져 있고 각 면은 직각으로 연결되어 있다. 따라서 거북이는 사각형의 한 변을 그리고 직각으로 이동하면 되는 것이다. 이런 작업을 4번 반복하면 사각형을 그릴 수 있다. 이 동작을 알고리즘으로 기술하고 터틀 그래픽의 명령어들을 이 알고리즘에 맞게 조합하면 원하는 해결책을 찾을 수 있다. 그러면 명령어 조합은 어떻게 나올 수 있을까? 사각형 한 변의 길이를 100이라고 한다면 명령어 조합은 다음과 같다. forward 100, left 90이 4번 반복된다.

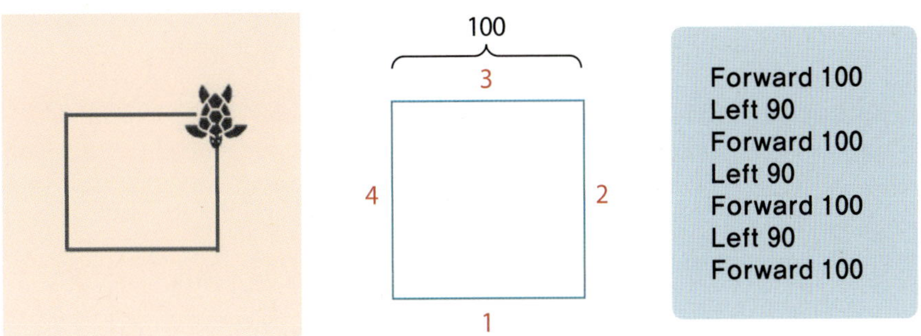

그림 2-26 터틀 그래픽 예제

[요약]

01. 컴퓨터는 하드웨어와 소프트웨어로 구성되고, 컴퓨터를 사용한다는 것은 소프트웨어를 통해 컴퓨터의 하드웨어를 구동시키는 것이다.

02. 컴퓨터 하드웨어는 컴퓨터를 구성하고 있는 물리적 장치이다.

03. 컴퓨터 소프트웨어는 컴퓨터 프로그램을 일컫는 용어이다.

04. 컴퓨터 프로그램은 명령어들이 들어 있는 일종의 작업 지시서이다.

05. 프로그램에서 주어진 명령어 집합에 따라서 컴퓨터 하드웨어 장치들이 구동되고, 프로그램만 바꿔주면 하나의 컴퓨터를 사용하여 다양한 작업을 수행할 수 있다.

06. 소프트웨어는 특정한 목적의 하나 또는 다수의 컴퓨터 프로그램을 의미한다.

07. 시스템 소프트웨어는 하드웨어에 접근하여 동작시킬 수 있는 소프트웨어이다.

08. 응용 소프트웨어는 사용자가 문제를 직접 해결하기 위해 사용하는 소프트웨어이다.

09. 현대적인 컴퓨터는 전자장치, 디지털 방식, 프로그램 내장 방식이라는 3가지 기본사항을 가지고 있다.

10. 현대의 컴퓨터는 폰 노이만 구조를 통해서 발전해왔다.

11. 폰 노이만 구조의 컴퓨터는 중앙처리장치인 CPU와 메모리 그리고 입/출력장치로 이루어진 구조이다.

12. 현대의 컴퓨터는 중앙처리장치, 주기억장치, 보조기억장치, 입력장치, 출력장치로 이루어져 있다.

13. 프로그램 내장 방식의 컴퓨터는 전자식 기억장치에 프로그램 명령어를 저장하는 컴퓨터를 의미하며, 폰 노이만 구조의 컴퓨터에 적합한 방식이다.

14. 명령들을 메인 메모리에 저장하고 순차적으로 명령을 처리하는 것이 현대의 컴퓨터가 동작하는 원리이다.

15. 컴퓨터 명령어는 중앙처리장치인 CPU가 이해하는 이진 패턴이다.

[참고문헌]

01. 김대수, “소프트웨어와 컴퓨팅 사고”, 생능출판사, 2016.

02. 김재현 외, “컴퓨팅사고력 향상을 위한 문제해결과 알고리즘”, 성균관대학교 출판부, 2017

03. 안성진, “Computational Thinking에 대한 이해”, 정보문화포럼 2015년 연구 보고서, 2015. 12.

04. 천인국, “문제해결과 컴퓨팅 사고”, 인피니티북스, 2018

05. 컴퓨터는 어떻게 동작할까(How computers work), https://www.youtube.com/watch?v=HfM8AB9CiBE

06. 컴퓨터의 내부(Inside your computer), https://www.youtube.com/watch?v=AkFi90lZmXA

CHAPTER 03

문제분석 및 데이터 수집과 표현

이번 장에서는 다음과 같은 내용을 학습합니다.

- 문제분석을 위한 문제의 현재 상태와 목표 상태를 정의할 수 있다.
- 현재 상태에서 목표 상태로 도달하기 위한 구체적인 작업 순서를 설명할 수 있다.
- 문제분석을 통해 여러 요소 중 문제해결에 필요한 핵심적인 요소를 구분할 수 있다.
- 문제해결을 위한 데이터 수집과 표현 방법을 설명할 수 있다.

본 장에서는 컴퓨팅 사고 단계 중 문제분석 단계를 먼저 다루고 다음으로 데이터 수집과 표현 단계를 다룬다. 컴퓨팅 사고의 시작인 문제분석은 문제해결을 위해 문제를 논리적으로 분석하는 것을 의미한다. 문제분석 결과로 정확한 문제 정의가 이루어지면 문제해결에 필요한 데이터를 수집하고 적합한 데이터 구조로 표현한다. 이는 나머지 컴퓨팅 사고 단계가 정확하고 효율적으로 이루어질 수 있도록 하는 기본적인 작업이다. 본 장에서는 예시를 통해 컴퓨팅 사고의 전반적인 단계를 살펴보고 문제분석 단계와 데이터 수집과 표현 단계를 자세하게 살펴본다.

3.1 컴퓨팅 사고 단계와 문제분석

COMPUTATIONAL THINKING

컴퓨팅 사고는 컴퓨팅으로 문제를 풀고자 하는 사고이다. 즉 컴퓨터의 시각으로 문제를 바라보는 것이며 컴퓨터 과학자들의 사고방식이기도 하다. 이번 절에서는 컴퓨팅 사고 개념과 단계를 다시 살펴보고 컴퓨팅 사고 단계 중 첫 번째 단계인 문제분석 단계를 알아본다.

3.1.1 컴퓨팅 사고 개념

우리는 이미 일반적 사고와 컴퓨팅 사고가 크게 다르지 않다는 점을 알고 있다. 이는 일반적인 문제의 형태가 컴퓨팅 능력이 필요한 문제와 별반 다르지 않다는 의미이다.

그림 3-1 일반적 사고와 컴퓨팅 사고

예를 들면, 특정 단어인 '컴퓨팅'의 뜻을 찾아보라는 문제가 주어졌다고 생각해보자. 국어사전이 곁에 있다면 국어사전을 펼쳐 자음 'ㅋ' 부분으로 넘길 것이고 모음 'ㅓ' 부분으로 넘어가기를 반복하여 '컴퓨팅' 이라는 단어를 찾아낸 후 그 뜻을 볼 것이다. 만약 스마트폰에 국어사전 앱이 있다면, 간단히 찾기 입력창에 '컴퓨팅'을 입력한 후 찾기 버튼을 터치할 것이다. 이때 국어사전 앱은 단어를 어떻게 찾는 것일까? 국어사전을 이용해 찾는 행동 순서와 국어사전 앱이 찾는 행동 순서는 별만 다르지 않다. 달리 설명하자면 국어사전을 이용해 '컴퓨팅' 단어를 찾는 작업 순서와 컴퓨터인 스마트폰이 대신 단어를 찾아주는 작업 순서는 거의 같다. 단지 다른 점은 국어사전에서 특정 단어를 찾는 것과 같은 우리의 일반적 사고가 컴퓨터가 이해할 수 있도록 프로그램 코드로 표현되는 과정에서 일반적 사고는 컴퓨팅 사고로 대체된다는 것이다.

그림 3-2 '컴퓨팅' 뜻 찾기 과정

3.1.2 컴퓨팅 사고 단계

컴퓨팅 사고에 대한 이론적 틀을 마련하기 위해 다양한 곳에서 컴퓨팅 사고 모델을 발표하였다. 미국 컴퓨터과학교사협회인 CSTA와 교육기술국제모임인 ISTE 그리고 구글이 대표적이다. 이를 정리하면 컴퓨팅 사고에 대한 각 단계는 [표 3-1]과 같다. [표 3-1]에서 볼 수 있듯이 컴퓨팅 사고 단계는 문제분석, 데이터 수집 및 표현, 분해, 패턴인식, 추상화, 알고리즘, 시뮬레이션, 병렬화, 자동화로 구성된다. 이번 절에서는 컴퓨팅 사고 단계 중 문제분석 단계를 설명하고 이후 데이터 수집과 표현 단계를 설명한다.

CSTA, ISTE, 구글의 컴퓨팅 사고 단계를 조금 더 간략하게 요약하면 [그림 3-3]과 같다. 문제가 주어지면 문제분석을 하고 문제해결에 필요한 데이터를 수집한 후 사고하기 쉽도록 적절하게 표현한다. 그리고 분해, 패턴인식, 추상화, 알고리즘 단계를 거쳐 최종적으로 코딩하게 된다. 특이한 것은 분해, 패턴인식, 추상화, 알고리즘과 같은 실질적인 컴퓨팅 사고를 하기 전에 우리는 먼저 문제를 정확하게 이해 및 분석해야 하고 사고에 필요한 데이터를 잘 준비해야 한다는 것이다.

표 3-1 문제해결을 위한 컴퓨팅 사고 단계

문제해결 단계	컴퓨팅 사고 핵심 개념
문제분석	데이터 분석(Data Analysis)
데이터 수집 및 표현	데이터 수집(Data Collection)
	데이터 표현(Data Representation)
분해	분해(Problem Decomposition)
패턴인식	패턴인식(Pattern Recognition)
추상화	추상화(Abstraction)
알고리즘	알고리즘(Algorithm)
시뮬레이션	시뮬레이션(Simulation)
병렬화	병렬화(Parallelization)
자동화	자동화(Automation)

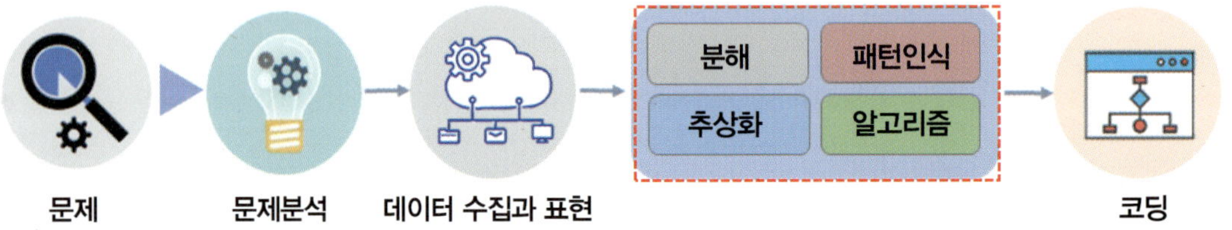

그림 3-3 구글의 컴퓨팅 사고 단계

(1) 문제분석 단계

문제분석 단계는 문제해결을 위해 문제를 논리적으로 분석하는 단계이다. 그리고 불필요한 요소를 없애고 핵심요소를 찾아내어 해결 방법을 마련하는 단계이다. 이전에 예로 들었던 국어사전에서 '컴퓨팅' 단어의 뜻을 찾는 문제는 문제를 분석할 필요도 없을 정도로 문제분석이 매우 간단하다. 하지만 '컴퓨팅' 단어의 뜻 찾기라는 문제를 정확히 이해하지 못했을 경우에는 어떤 어려움이 있을 수 있을까? 극단적인 예이기는 하나 만약 영어를 해석할 줄 모르는데 "Find the meaning of computing word"라고 문제가 주어진다면 그 다음 단계로 넘어갈 수 없다. "1부터 100까지 범위의 자연수 합은 무엇인가"라는 수학문제를 이용해 다른 예를 들어보자. 쉽게 생각하기에는 1 더하기 2 더하기 해서 100까지 더하면 될 것이라고 바로 이해할 수 있다. 그런데 문제를 잘못 이해하거나 아예 이해를 못 하면 어떻게 될까? 만약 이 문제에서 자연수를 소수로 잘못 이해했다면 이후 단계를 잘 수행하더라도 잘못된 결과가 나올 것이다.

- 문제를 논리적으로 분석
- 불필요한 요소를 없애고, 핵심 요소를 찾아내 해결방법 마련

예1) 국어사전에서 '컴퓨팅'단어 뜻 찾기
Find the meaning of 'computing' word
예2) '1부터 100까지 범위의 자연수 합은 무엇인가?'

그림 3-4 문제분석 단계

(2) 데이터 수집과 표현 단계

문제분석 단계가 잘 이루어졌다면 이후에는 문제해결에 필요한 자료, 즉 데이터를 수집한다. 데이터 수집과 표현 단계는 문제해결을 위한 데이터를 수집하고 데이터 시각화 또는 구조화를 통해 표현하는 단계이다. '컴퓨팅'이라는 단어의 뜻을 찾는 문제를 이해했다면 다음으로 단어 뜻이 있을 만한 자료를 수집하려 할 것이다. 당연히 주위에 있는 사전을 찾게 될 것이다. 이는 데이터 수집 단계에 해당된다. 국어사전에는 이미 데이터 표현이 잘 되어 있다. 국어사전은 단어와 단어 뜻이 쌍으로 표현되어 있다. 그리고 찾기 쉽도록 크게 첫 글자의 자음으로 단어가 구분되어 있고 단어들이 자음과 모음 순서에 따라 정렬되어 있다. 만약 데이터 수집이 어려울 경우 어떻게 될까? 아예 그 다음 단계로 진행할 수 없을 것이다. 만약 데이터가 사고하기 적합하지 않은 형태로 표현되어 있다면 어떨까? 예를 들어 국어사전에 단어들이 자음과 모음 순서로 정렬되어 있지 않은 상황이라면 어떨까? 아마도 찾고자 하는 단어가 나타날 때까지 사전의 처음부터 끝까지 일일이 단어를 비교해볼 것이다. 이로써 적절한 데이터가 적절하게 표현되어 있을 때 사고하기 편하다는 점을 이해했을 것이다.

- 문제해결에 필요한 데이터(지식) 수집
- 데이터 시각화 또는 구조화를 통해 표현

예)'컴퓨팅'단어 뜻이 있을 만한 자료 수집

국어사전에 데이터
표현이 잘 되어 있음

그림 3-5 데이터 수집과 표현 단계

(3) 분해 단계

분해 단계는 복잡한 문제를 좀 더 쉬운 작은 문제로 나누는 단계이다. 예를 들어 1부터 100까지 자연수의 합을 구하는 문제가 주어졌다고 가정하면 처음에는 [그림 3-6]에서 보는 것과 같이 1부터 100까지 자연수를 한꺼번에 더하는 식을 생각할 수 있을 것이다. 즉 1 + 2 + 3 + 4 + 5 + . . . + 100까지 할 것이다. 그런데 이보다 더 쉽게 문제를 풀기 위해 문제를 [그림 3-6]의 왼쪽과 같이 나누어 여러 개의 작은 문제로 분해하는 것을 생각할 수 있을 것이다. 즉 1 + 2 = 3, 3 + 4 = 7, 5 + 6 = 11, 7 + 8 = 15와 같이 두 수의 합을 더하고 마지막에는 이 모든 수를 합하여 원하는 결과를 얻을 수 있을 것이다. 그러나 이렇게 분해하면 식의 결과값이 모두 달라서 기억하기 어렵다. 그렇지만 [그림 3-6]의 오른쪽과 같이 양쪽의 숫자를 하나씩 뽑아 더하여 결과값이 모두 101로 같게 하면 계산이 용이하다.

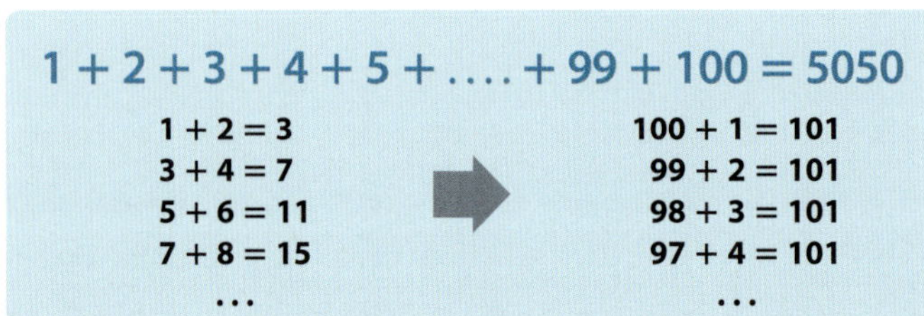

그림 3-6 분해 단계 예

(4) 패턴인식 단계

패턴은 일정한 형태나 유형이나 양식 또는 그것의 배열을 의미한다. 패턴인식 단계는 문제로부터 일정한 패턴들을 발견하는 단계이다. 다시 1부터 100까지 자연수의 합을 구하는 문제를 살펴보자. 이미 분해 단계에서 결과값이 모두 101로 같도록 여러 개의 식으로 분해하였다. 첫 번째 항의 값은 100부터 1씩 작아지는 것으로 보이며 두 번째 항의 값은 1부터 1씩 커지는 것으로 보인다. 바로 이것이 패턴에 해당한다. 그럼 이 식이 총 몇 개로 분해될까? [그림 3-7]과 같이 총 50쌍의 식이 만들어진다. 이것이 패턴인식 단계이다.

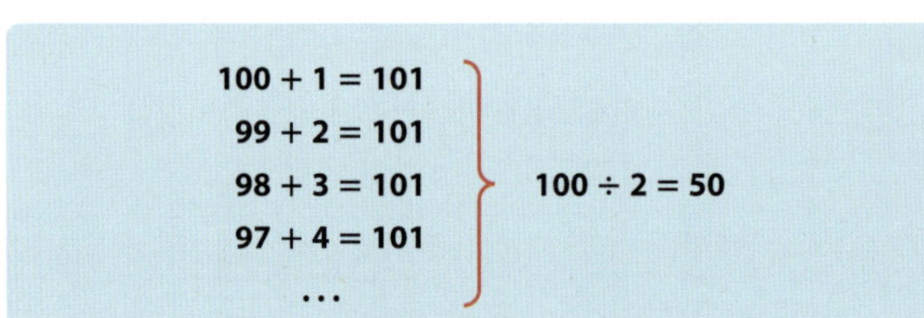

그림 3-7 패턴인식 단계 예

(5) 추상화 단계

추상화 단계는 문제에서 불필요한 부분들을 제거하고 핵심적인 부분들만 분리해내어 복잡한 문제를 단순화하여 일반화시키는 것이다. 다시 1부터 100까지 자연수의 합을 구하는 문제를 추상화 해보자. 이미 패턴인식을 통해 작은 식의 결과값은 101로 동일하며 동일한 값이 50개 만들어짐을 알고 있다. 그렇다면 [그림 3-8]과 같이 50개의 식을 하나로 단순화 해보자. 즉 (100 + 1) × (100 / 2)와 같은 식으로 추상화하여 식을 일반화시킬 수 있다. 이것이 추상화 단계이다. 추상화 단계에서 불필요한 부분들을 제거하고 핵심적인 부분들만 분리해내었다는 것을 다시 살펴보자. 이 문제를 추상화하지 않고 합을 구한다면 50쌍의 식에 대한 중간 결과값을 계산해야 하고 그 중간 결과값을 모두 합하여 최종 결과값을 계산해야 한다. 하지만 추상화한 후에는 단지 하나의 식만 계산해내면 최종 결과값을 구할 수 있다. 이렇게 문제를 단순화시켜 문제를 훨씬 빠르게 풀 수 있게 된다.

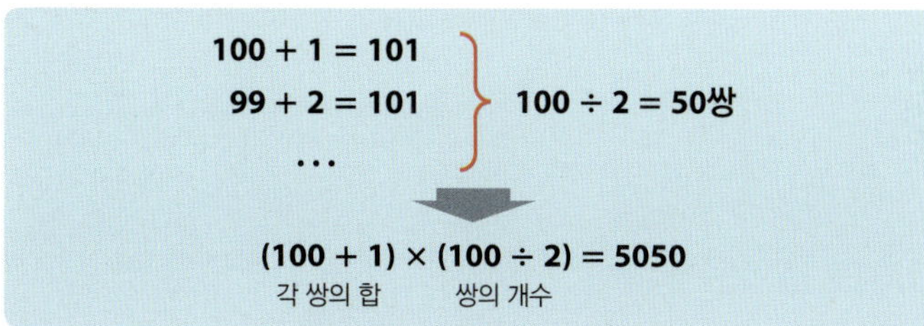

그림 3-8 추상화 단계 예

(6) 알고리즘 단계

알고리즘 단계는 문제해결을 위한 일련의 단계적 과정을 논리적 문제해결 과정 순서로 표현하는 것이다. 다시 1부터 100까지 자연수의 합을 구하는 문제로 돌아가 보자. 이미 추상화 단계에서 1부터 100까지의 자연수 합을 구하는 방법을 알아냈다. 그럼 이 식의 결과값을 구하는 절차를 단계적으로 표현해보면 어떨까? 먼저 100 + 1을 실행하여 101 값을 계산한다. 다음으로 100 / 2를 하여 50을 계산한다. 마지막으로 101 × 50을 하여 5050을 계산한다. 이렇게 문제에 대한 논리적 해결 과정을 [그림 3-9]와 같이 순서적으로 표현한 것이 알고리즘 단계이다.

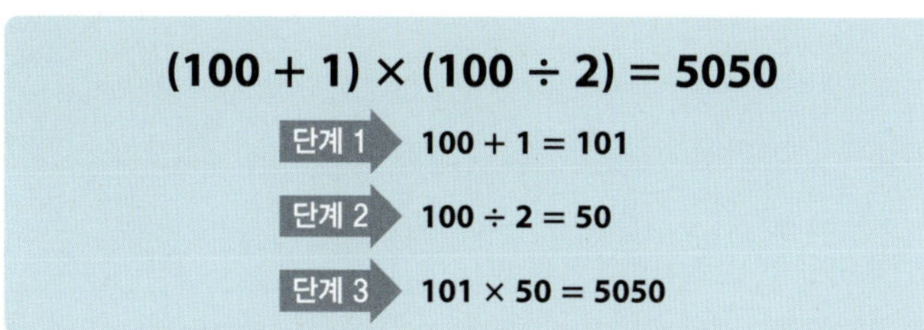

그림 3-9 알고리즘 단계 예1

이 알고리즘 단계를 통해 우리는 비슷한 형태의 문제를 이 알고리즘으로 해결할 수 있다. 1부터 100까지의 자연수 합이 아닌 1부터 1000까지의 자연수 합의 문제로 변경하면 어떻게 될까? 그렇게 되면 추상화 식은 [그림 3-10]의 식과 같이 100이 1000으로 변경이 된다. 단계별 식도 100이 1000으로 변경되며 이에 따라 중간 결과값과 최종 결과값이 변경됨을 알 수 있다. 이로써 1부터 특정 수까지 자연수의 합을 구하는 문제는 이 세 단계를 거치면 해결될 수 있다는 점을 알게 되었다. 그럼 이 세 단계를 컴퓨터가 이해할 수 있는 프로그래밍 코드로 변경하면 어떨까? 프로그래밍 코드 실행 시 마지막 범위 수만 알려주면 컴퓨터가 알아서 합을 계산해 줄 것이다.

$$(1000 + 1) \times (1000 \div 2) = 500500$$

단계 1 → $1000 + 1 = 1001$

단계 2 → $1000 \div 2 = 500$

단계 3 → $1001 \times 500 = 500500$

그림 3-10 알고리즘 단계 예2

3.1.3 문제분석

문제의 사전적 의미는 해답을 요구하는 물음이다. 우리는 평소에 주위 사람들이나 자기 자신에게 많이 묻는다. 예를 들어 옆 친구에게 강남역에서 서울역까지 어떻게 가는 것이 좋은지 물을 수 있다. 그럼 친구는 어떤 교통수단을 사용하는지에 따라 여러 가지 방법이 있음을 알려줄 것이다. 그럼 친구는 어떤 교통수단을 선택할 것인지 다시 본인에게 물을 것이다. 만약 교통수단으로 지하철을 선택했다면 어떤 역에서 갈아타는지에 따라 걸리는 시간이 다름을 알려줄 것이다. 그럼 본인은 그 중에서 한 가지를 선택할 것이다.

그림 3-11 물음의 예

여기서 알 수 있듯이 여러 방법이 있더라도 어떤 조건을 선택하느냐에 따라 최종 방법이 달라진다. 즉 우리가 문제를 알려줄 때는 상대방이 문제를 정확히 이해하고 분석할 수 있도록 해야한다는 것이다.

이제 답변자 입장에서 생각해보자. 질문자가 문제를 내면 답변자는 먼저 문제를 정확하게 이해하고 분석해야 한다. 그렇지 않으면 해결 방법에 오류가 있을 수 있다. 예를 들면, 2 + 3의 결과를 묻는 문제를 내었으나 문제를 잘못 이해하여 2 × 3의 결과를 묻는 문제로 이해했다면 결과는 5가 아닌 6으로 틀린 답을 낼 것이다. 2 + 3하면 5라고 바로 대답할 수 있을 정도로 쉬운 문제이지만 조금 더 복잡한 문제가 주어질 때는 정확하게 문제를 이해하기 위해 문제분석 요소를 이용해 문제를 분석할 필요가 있다. 보통 문제는 현재 상태, 조건, 목표 상태가 내포되어 있다.

현재 상태는 문제발생 상황으로 불안정하고 복잡한 상태이다. 반대로 목표 상태는 문제해결 상황으로 안정하고 단순한 상태이다. 현재 상태에서 목표 상태로 변경되었다는 것은 문제가 해결되었다는 것이다. 그런데 상태 변경 중에 조건 요소가 있다. 조건은 현재 상태에서 목표 상태로 도달하기 전까지 만족되어야 하는 요소이다. 즉 후보 해결 방법 중 조건을 만족시키지 않고 현재 상태에서 목표 상태로 변경되는 방법은 최종 해결 방법에서 제외되어야 한다는 것이다.

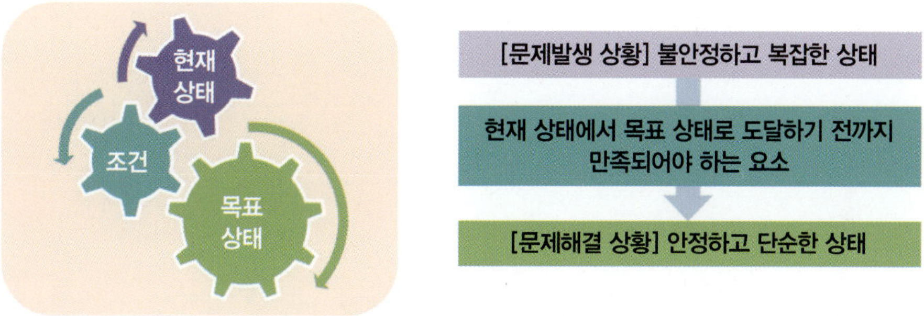

그림 3-12 문제분석 요소

문제분석 요소를 이용해 문제를 조금 더 정확하게 정의해보도록 하자. 예제 문제는 "철수는 강남역 근처에서 친구들과 모임을 가지고 있는데 서울역에서 1시간 후 출발하는 동대구행 KTX를 탑승해야 한다. 철수를 포함한 모든 친구들은 자가용이 없다."이다. 이 문제에서 현재 상태는 무엇인가? 철수는 강남역 근처 모임에 참석하고 있는 중으로 서울역으로 출발하지 않으면 KTX를 놓칠 수도 있는 불안정한 상태이다. 그 다음으로 목표 상태는 무엇인가? 서울역에서 동대구행 KTX에 탑승한 상태이다. 목표 상태가 되면 아마 철수의 마음은 안정되어 있을 것이다. 하지만 여기에 조건이 있다. 1시간 이내로 서울역에 도착해야 한다는 것이다. 그리고 추가적으로 조건을 덧붙이자면 철수를 포함한 모든 친구들은 자가용이 없으므로 대중교통을 이용해야 한다는 조건이 있을 수 있다.

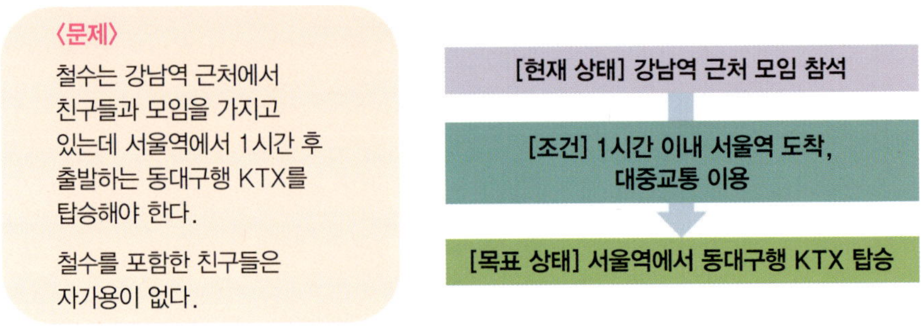

그림 3-13 문제분석 예제

현재 상태, 조건, 목표 상태를 보고 문제를 정의해본다면 어떻게 될까? [그림 3-14]와 같이 "강남역에서 서울역까지 대중교통으로 1시간 이내로 도착 가능한 경로는 무엇일까?"라고 명확하게 문제를 정의할 수 있다. 처음 문제가 주어졌을 때보다 좀 더 명확하게 이해할 수 있다. 바로 스마트폰 지도앱을 실행하고 출발은 강남역으로 도착은 서울역으로 설정하고 대중교통 탭을 눌러 1시간 이내 도착할 수 있는 경로를 살펴보는 자신을 상상할 수 있을 것이다.

그림 3-14 문제분석 요소를 이용한 문제 정의

COMPUTATIONAL
THINKING

3.2 데이터 수집과 표현

이번 절에서는 컴퓨팅 사고 단계 중 데이터 수집과 표현 단계에 대해 알아본다. 먼저 데이터 수집 방법을 알아보고 다음으로 데이터 표현 방법을 알아본다.

3.2.1 데이터 수집

우리는 문제해결책을 찾는데 필요한 데이터를 수집한다. 인터넷이 활성화되지 않았던 과거에는 보통 출판물을 통해 수집했지만 현재는 인터넷 포털 사이트에서 검색을 통해 데이터를 수집한다. 또한 빅데이터 시대인 요즘에는 컴퓨터 시스템, 각종 센서, 애플리케이션 등을 통해 직접 데이터를 생산 및 수집하기도 한다.

그림 3-15 데이터 수집 방법의 변화

(1) 빅데이터 특징

빅데이터 시대의 데이터는 어떤 특징이 있을까? 보통 크기, 속도, 다양성 관점에서 과거 데이터와 빅데이터를 구분한다. 데이터 앞에 '빅'이라는 글자가 붙었기 때문에 크기 면에서 다르다는 것은 이해할 수 있을 것이다. 빅데이터는 물리적인 크기뿐만 아니라 개념적 범위의 크기까지 포함하여 기존 방법으로는 쉽게 저장 및 처리할 수 없는 크기를 의미한다. 데이터 생성 및 이를 처리하는 속도도 과거와는 매우 달라졌다. 다양한 애플리케이션과 센서를 통해 데이터가 쉽게 생성되어 데이터 생성 간격이 매우 짧아졌으며 실시간으로 데이터 처리를 요구할 정도로 처리 속도 또한 매우 빨라졌다. 그리고 과거에는 데이터 형태가 주로 정해져 있었으나 요즘은 음성과 영상 데이터와 같이 형태가 다양해지고 있다.

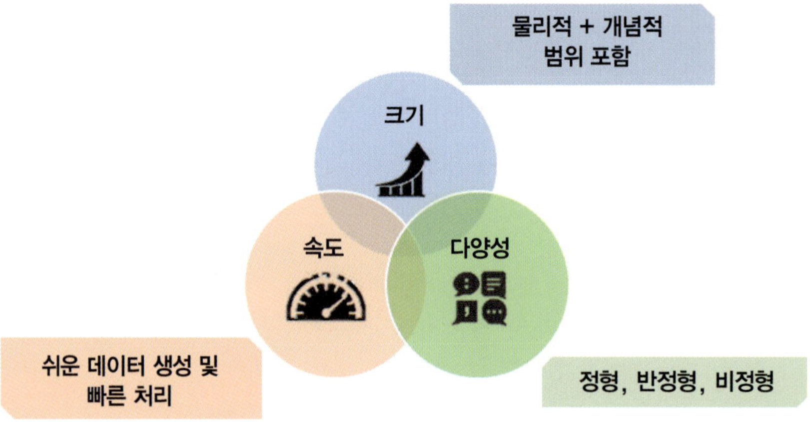

그림 3-16 빅데이터의 특징

3.2.2 데이터 표현

(1) 데이터 분류 및 가공

우리가 음식을 만들기 전에 음식 재료를 분류해 그릇에 담아 놓듯이 데이터 또한 적절한 저장소로 분류 및 저장해 놓는 것이 필요하다. 그리고 이왕이면 음식을 만들기 편하도록 음식 재료를 미리 다듬어 놓듯이 데이터 또한 이후에 사용하기 편리하도록 가공해 놓는 것이 좋다. 많은 사람들은 보고서 작성을 위해 웹검색을 사용하여 다양한 자료를 찾고 자료의 형태에 따라 문서를 작성하거나 표로 정리한 경험이 있을 것이다. 그때 어떤 프로그램을 사용했는가? 문서를 작성하거나 편집할 때는 워드프로세서 프로그램인 한글이나 워드를 사용했을 것이다. 그리고 표를 작성하거나 편집할 때는 스프레드시트 프로그램인 엑셀을 사용했을 것이다. 그리고 컴퓨터를 좀 더 배운 사람은 데이터베이스를 이용해 데이터를 저장해본 적도 있을 것이다. 이렇게 음식 재료를 적절한 그릇에 담듯 데이터 특성에 따라 적절한 응용 소프트웨어를 선택하는 것이 필요하다.

워드프로세서	• 문서 작성 및 편집	예)한글, 워드
스프레드시트	• 표 작성 및 편집	예)엑셀
프레젠테이션	• 문자와 그림 표현	예)파워포인트
데이터베이스	• 정형 및 비정형 데이터 저장 및 처리	예)오라클

그림 3-17 데이터 특성에 따른 응용 소프트웨어

(2) 데이터 전달 및 공유

데이터를 전달하는 방법은 다양하다. 과거에는 전자우편, 즉 이메일로 서로 파일을 주고 받았다. 요즘 많은 사람이 클라우드 스토리지에 파일을 업로드하여 특정인 또는 불특정 다수에게 파일을 공유한다. 또한 카카오톡과 같은 메신저로 사진과 동영상을 직접 공유하기도 한다. 그리고 페이스북과 같은 SNS에 업로드하여 자신과 관계가 있는 사람에게만 공개하거나 모든 사람에게 공개하기도 한다. 빅데이터 시대인 요즘은 오픈 API를 통해 공공기관 또는 사기업에서 수집한 데이터를 공유하여 프로그래밍할 수 있도록 하고 있다. 이처럼 데이터 특성, 공개 대상, 데이터 이용 방법에 따라 다양한 방법으로 데이터 전달 및 공유를 할 수 있다.

E-mail 이용 　 클라우드 서비스, 메신저, SNS, 오픈 API 등 이용

그림 3-18 데이터 전달 및 공유 방법

(3) 데이터 구조화

앞에서 데이터 분류 및 가공을 설명할 때 음식 재료를 음식 재료에 맞는 적절한 그릇에 담아야 한다고 하였다. 데이터 또한 마찬가지로 어울리는 저장소에 저장해 놓아야 한다. 여기서 어울린다는 의미에 대해 이해할 필요가 있다. 우리가 식사를 할 때 밥을 밥그릇에 넣어 먹지 않고 접시에 넣어 먹으면 뭔가 불편하다. 마찬가지로 데이터 또한 어떻게 구조화시키는지에 따라 데이터 이용에 대한 효율성이 달라진

다. 데이터 구조화는 데이터를 효율적으로 표현, 저장, 처리할 수 있도록 정리하는 것을 의미한다. [그림 3-19]의 왼쪽 그림과 같이 연필과 펜을 아무 구분 없이 연필꽂이에 꽂아 놓으면 다음에 원하는 색을 찾는데 시간이 걸린다. 그런데 [그림 3-19]의 오른쪽 그림과 같이 정리하여 구조화시켜 놓으면 바로 찾을 수 있다. 이렇게 데이터를 구조화시켜 놓으면 이후 데이터를 다시 가져와 처리할 때 매우 효율적이다.

그림 3-19 데이터 구조화 예

데이터 구조는 단순 구조, 선형 구조, 비선형 구조, 테이블 구조 등이 있는데 차례대로 살펴보자. 먼저 데이터 구조의 종류 중 단순 구조에 대해 살펴보면 단순 구조는 숫자, 문자 등 단일 형태로 되어 있는 구조를 의미한다. 예를 들면, 본인의 나이, 이름, 생년월일 등과 같이 숫자나 문자 한가지로 표현되는 것이 단순 구조의 예이다.

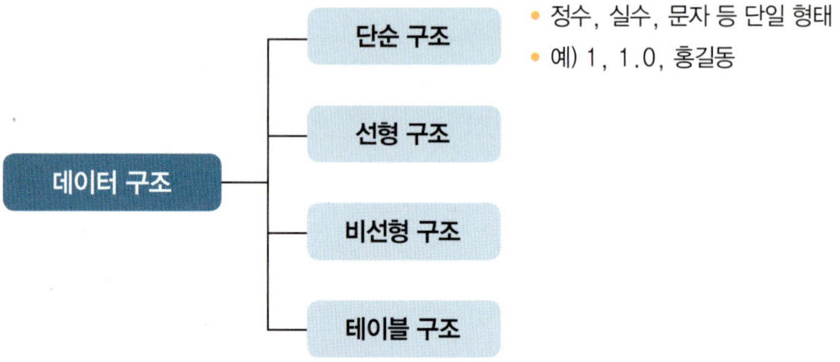

그림 3-20 단순 구조 예

선형 구조는 데이터를 일정한 기준에 따라 나열한 구조이다. 즉 데이터 관계가 1:1인 구조이다. 1:1 관계라는 것은 데이터와 데이터 간 관계가 한 가지라는 것이다. [그림 3-21]과 같이 총 6명의 사람이 줄을 서서 기다리고 있을 때 두 번째 사람 오른쪽에는 세 번째 사람 한 명뿐이다. 세 번째 사람 입장에서도 왼쪽에는 두 번째 사람 한 명밖에 없다. 이렇게 순서적으로 나열되어 있을 때의 데이터 구조를 선형 구조라고 한다. 우리 일상에는 선형 구조 데이터가 매우 많다. 음식점에 메뉴판 목록을 보면 메뉴가 나열되어 있다. 또한 카드 놀이를 할 때도 카드 번호가 나열되어 있다.

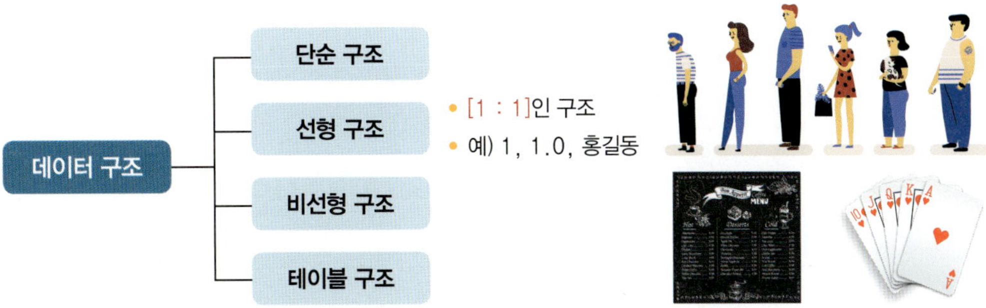

그림 3-21 선형 구조 예

비선형 구조는 데이터 관계가 1:다 또는 다:다인 구조이다. 1:다 관계는 [그림 3-22]에 있는 회사 조직도와 같이 한 데이터가 다른 여러 데이터와 관계가 있는 것을 의미한다. 예를 들면, 대표이사 밑에는 전략/기획, 관리, 개발이 있다. 즉 대표이사는 하위 다른 데이터와 1:3의 관계가 된다. 관리는 밑에 경리부와 구매부가 있어 1:2의 관계이다. 그럼 다:다의 관계는 무엇일까? [그림 3-22]의 대구 지하철 노선도에서 만약 빨간선인 1호선만 있었다면 이미 배운 선형 구조로 나타낼 수 있다. 하지만 덧붙여 2호선과 3호선이 있고 갈아타는 역이 있다면 역과 역의 관계는 다:다 관계가 된다. 예를 들면, 반월당역은 1호선과 2호선이 만나는 역으로 중앙로역, 명덕역, 청라언덕역, 경대병원역과 이동 가능 관계가 있으므로 1:다 관계이다. 명덕역은 1호선과 3호선이 만나는 역으로 반월당역, 교대역, 남산역, 건들바위역과 이동 관계가 있으므로 1:다 관계이다. 여기서 반월당역과 명덕역만 볼 때는 1:1 관계지만 반월당역이 관계하는 역 4개의 역과 명덕역이 관계하는 4개의 역을 볼 때 4:4 관계라고 표현할 수 있고 이런 형태를 일반적으로 다:다 관계라고 한다.

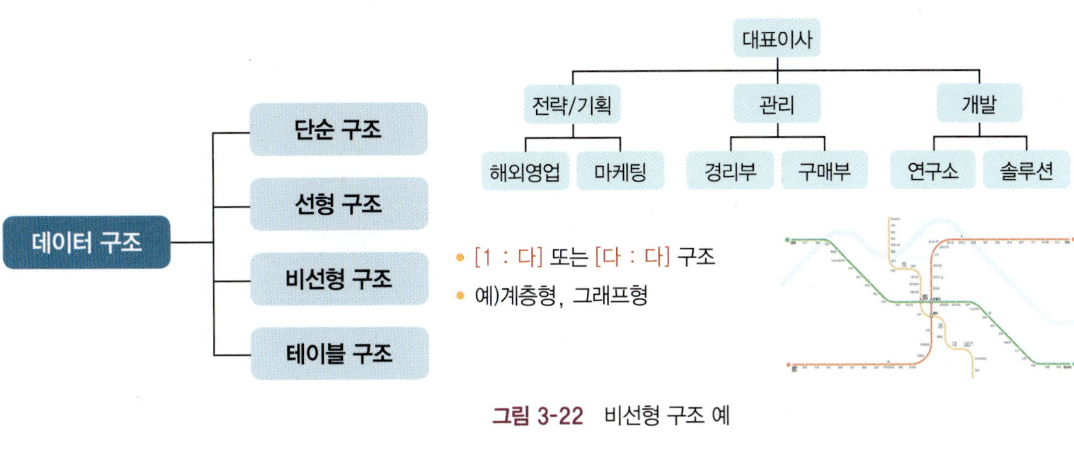

그림 3-22 비선형 구조 예

테이블 구조는 여러 개의 선형 구조가 함께 있는 구조이다. 여기서 하나의 선형 구조는 테이블 구조에서 한 열에 해당한다. 테이블 구조의 실제 예를 들면 게시판, 학급 시간표, 아파트 단지 구조 등이 있다.

그림 3-23 테이블 구조 예

[그림 3-24]의 게시판 그림을 보면 번호, 제목, 첨부, 작성자, 등록일, 조회수로 구성된 총 6개의 열이 있다. 번호 열은 같은 형식인 숫자로 모두 구성되어 있고 제목 열은 문자로 구성되어 있다. 테이블 구조는 특정 값을 알고 있을 때 다른 값을 함께 알 수 있어 유용하다. 예를 들어 게시판에서 번호만 알아도 그 번호에 해당하는 제목, 첨부, 작성자, 등록일, 조회수를 알 수 있다.

번호	제목	첨부	작성자	등록일	조회수
12786	대구가톨릭대학교 산업단지캠퍼스조성사업단 연구원(계약직) 채용 공고		산업단지캠..	2019/08/05	194
12784	학생상담센터 전임상담원 채용 공고		학생상담센..	2019/07/26	1164
12782	안광학융합기술사업단 계약직 채용 공고		안광학융합..	2019/07/26	794
12780	대구가톨릭대학교 임시직 직원채용 공고		총무행정팀	2019/07/25	1888
12779	산학협력단 계약직 직원채용 공고		산학기획관..	2019/07/25	1234
12727	2019-2학기 재학생 등록금 납부 안내		재무팀	2019/06/14	12052
12153	대구가톨릭대학교 2019년 하반기 직원채용 공고		총무행정팀	2019/07/18	4723
12152	공인어학능력시험(7월 응시) 응시료 지원 안내		외국어교육..	2019/08/05	131
12151	2019-2 기숙사 추가 신청 안내		기숙사	2019/07/26	1369

그림 3-24 게시판

[요약]

01. 컴퓨팅 사고 단계는 문제분석, 데이터 수집과 표현, 분해, 패턴인식, 추상화, 알고리즘 등이 있다.

02. 문제분석 단계는 문제해결을 위해 논리적으로 문제를 분석하는 단계이다.

03. 문제분석 단계에서 문제를 정의하기 위한 요소로 현재 상태, 목표 상태 그리고 조건이 있다.

04. 데이터 수집과 표현 단계는 문제해결에 필요한 데이터를 수집하고 적절한 데이터 구조로 표현하는 단계이다.

05. 빅데이터는 크기, 속도, 다양성 면에서 특징이 있고 이 데이터를 분류 및 가공하기 위해서는 적절한 응용 소프트웨어가 사용되어야 한다.

06. 전자우편과 클라우드 서비스 등과 같은 다양한 데이터 전달 방법이 있으며 데이터를 효율적으로 표현, 저장, 처리하기 위해서는 데이터 구조화가 필요하다.

07. 데이터 구조는 단순 구조, 선형 구조, 비선형 구조, 테이블 등이 있다.

08. 단순 구조는 숫자, 문자 등 단일 형태로 되어 있는 구조이다.

09. 선형 구조는 데이터를 일정한 기준에 따라 나열한 구조이다.

10. 비선형 구조는 데이터 관계가 1:다 또는 다:다인 구조이다.

11. 테이블 구조는 여러 개의 선형 구조가 함께 있는 구조이다.

[참고문헌]

01. 김대수, “소프트웨어와 컴퓨팅 사고”, 생능출판사, 2016.

02. 천인국, “문제해결과 컴퓨팅 사고”, 인피니티북스, 2018

CHAPTER 04

분해

이번 장에서는 다음과 같은 내용을 학습합니다.

- 컴퓨팅 사고를 통한 문제해결 과정에서 문제분해에 대한 개념을 설명할 수 있다.
- 컴퓨팅 사고의 분해 기법을 통해 문제를 해결할 수 있다.
- 분할 정복 알고리즘에 적용된 분해 기법에 대해 이해할 수 있다.
- 컴퓨팅 사고의 분해 기법을 생활 속의 문제해결에 적용할 수 있다.

본 장에서는 컴퓨팅 사고의 기초 개념 중 하나인 분해에 대해 다루게 된다. 분해(decomposition)는 주어진 복잡한 문제를 다루기 쉬운 작은 단위의 부분 문제로 나누어 해결하는 문제해결 기법을 말한다. 복잡한 문제를 한꺼번에 해결하는 것보다 작은 단위의 문제로 나누면 훨씬 다루기가 쉽고 해결하기가 쉬워지는데, 본 장에서는 바로 이러한 분해 기법의 개념에 대해 알아본다. 그리고 분해된 작은 문제의 처리 방법과 다양한 실사례를 통해 분해 기법이 실제로 어떻게 사용될 수 있는지에 대해 살펴본다. 또한 컴퓨터 공학의 문제해결에서 아주 많이 사용되고 있는 분할 정복(divide and conquer) 알고리즘에 대한 개념과 분할 정복 알고리즘이 실생활 문제해결에 어떻게 적용될 수 있는지에 대해 살펴본다.

COMPUTATIONAL THINKING

4.1 문제분해

4.1.1 컴퓨팅 사고에서의 분해

(1) 지넷 윙의 컴퓨팅 사고

컴퓨팅 사고는 1장에서 살펴본 것처럼 2006년 지넷 윙(Jeannette M. Wing) 교수가 ACM 저널에 'Computational Thinking'이라는 논문을 기고하면서 큰 관심어로 부상하기 시작하였다. 지넷 윙 교수는 "컴퓨팅 사고는 문제를 수립하고 해결책을 만들어 컴퓨팅 시스템을 통해 효과적으로 수행되도록 표현하는 사고 과정"이라고 정의하였다. 그리고 "컴퓨팅 사고는 컴퓨터 과학자뿐만이 아니라, 누구나 배워서 활용할 수 있는 보편적인 사고이자 기술"이며, "읽기, 쓰기, 셈하기와 같이 모든 아동이 기본적으로 갖춰야 하는, 분석 역량에 추가해야 한다."라고 주장하였다.

(2) CSTA, ISTE, Google의 컴퓨팅 사고

본 교재는 지넷 윙 교수가 정의한 컴퓨팅 사고의 개념을 기반으로 미국의 컴퓨터과학교사협회인 CSTA(Computer Science Teachers Association), 국제교육기술협회인 ISTE(International Society for Technology in Education)와 Google이 협력하여 정의한 [표 4-1] 단계에 따라 컴퓨팅 사고 개념을 설명한다.

표 4-1 문제해결을 위한 컴퓨팅 사고 단계

문제해결 단계	컴퓨팅 사고 핵심 개념
문제분석	자료 분석(Data Analysis)
자료 수집 및 표현	자료 수집(Data Collection)
	자료 표현(Data Representation)
분해	분해(Decomposition)
패턴인식	패턴인식(Pattern Recognition)
추상화	추상화(Abstraction)
알고리즘	알고리즘(Algorithm)
시뮬레이션	시뮬레이션(Simulation)
병렬화	병렬화(Parallelization)
자동화	자동화(Automation)

분석 단계를 거친 문제는 문제해결에 필요한 자료 수집 및 표현, 분해, 패턴인식, 추상화 및 알고리즘 등의 단계를 거쳐 자동화가 이루어진다.

(3) 컴퓨팅 사고의 4가지 기초

분해(Decomposition), 패턴인식(Pattern recognition), 추상화(Abstraction)와 알고리즘(Algorithms)은 컴퓨팅 사고의 주춧돌(cornerstones), 즉 주요 핵심요소로 일컬어지고 있다. 따라서 이 네 가지 개념을 잘 이해하고 이를 문제해결에 정확하게 잘 활용할 수 있는 능력이 바로 컴퓨팅 사고의 역량을 키우는 것이라 할 수 있다.

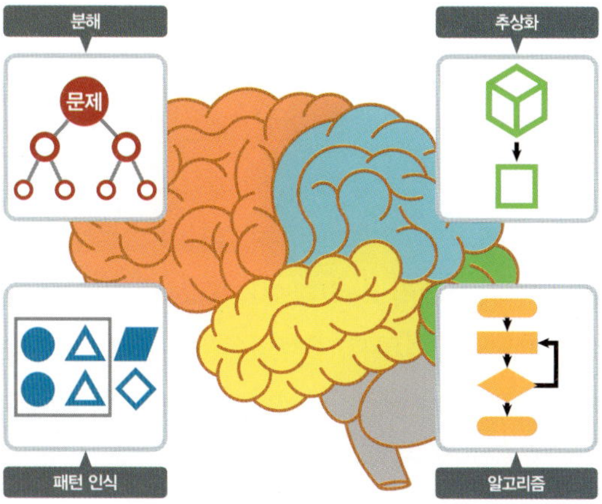

그림 4-1 컴퓨팅 사고의 4가지 기초(cornerstones)

문제를 해결하기 위해 컴퓨팅 사고의 4가지 기초 단계를 모두 거쳐야 하는 것은 아니다. 상황에 따라서는 문제분해만으로도 주어진 문제가 해결될 수 있고 패턴인식이나 추상화의 단계가 요구되는 때도 있다. 또한 분해나 추상화 단계에서 패턴인식이 함께 이루어지는 경우도 있다.

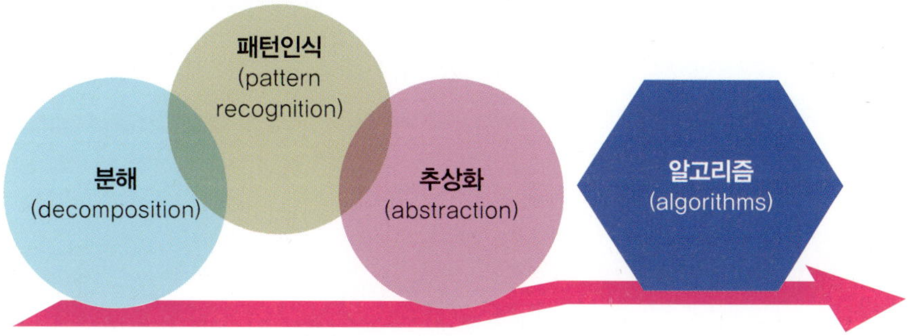

그림 4-2 컴퓨팅 사고의 4가지 과정

4.1.2 분해의 개념

컴퓨팅 사고에 기반을 둔 문제해결에 있어 분해(decomposition)는 주어진 문제를 해결 가능한 크기의 작은 단위의 부분 문제로 나누어 해결하는 문제해결 기법을 말한다. 즉 복잡한 문제를 한꺼번에 처리하지 않고 다루기 쉬운 처리 가능한 크기의 작은 문제들의 집합으로 나누어 처리하는 기법이다. 한꺼번에 문제를 처리하려고 하면 문제해결이 어려울 수 있지만, 다루기 쉬운 단위로 나누어 생각하면 훨씬 쉬워질 수 있는 것이다. 따라서 컴퓨팅 사고에서의 분해는 문제를 분석하여 이해하고, 이를 알기 쉬운 단위의 문제로 나누어 구조화할 수 있는 사고 능력을 말한다. 이러한 분해 기법은 컴퓨팅 사고에서뿐만 아니라 수학 문제에서도 이미 널리 사용되어 왔으며 우리 일상생활 속 문제해결에서도 실제로 많이 사용되고 있는 기법이다.

복잡한 문제는 [그림 4-3]과 같이 작은 문제로 분해되고, 분해된 작은 문제는 또다시 더 작은 부분 문제로 분해될 수 있다. 이렇게 나누어진 작은 문제들을 모두 해결하고 나면 주어진 원래 문제가 해결된다. 잘 분해된 작은 단위의 문제는 해결하여야 할 작업이 간편해지고 명확해지므로 훨씬 쉽게 해결될 수 있게 된다. 즉 복잡한 문제를 한꺼번에 해결하는 것보다는 작은 부분 문제로 나누어 한 번에 하나씩 해결하는 것이 훨씬 쉬운 일인 것이다. 우리가 스마트폰 전화번호를 기억할 때도 마찬가지이다. 한꺼번에 11자리 숫자를 다 외우는 것보다는 세 부분으로 나누어 외우면 훨씬 외우기 쉬워지는 것과 같은 원리이다.

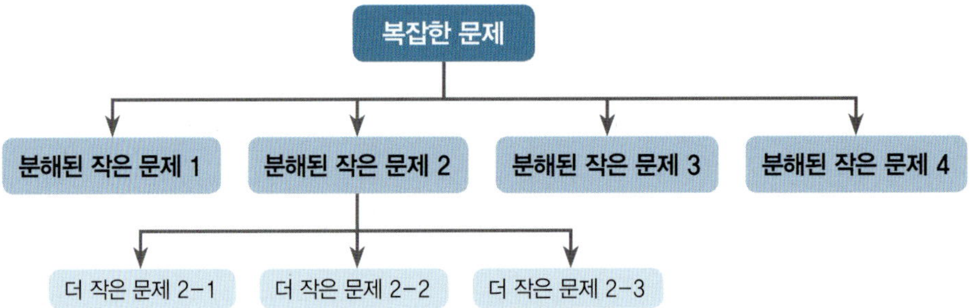

그림 4-3 분해 단계의 개념도

4.1.3 생활 속의 분해 기법 사용 예

(1) 식사 준비하기

분해 기법은 우리 일상생활에서도 아주 많이 사용되는 기법이다. 우리가 매일 먹는 식사 준비과정도 분해 기법으로 설명될 수 있다. 우리의 전통적인 한식은 일반적으로 밥, 국 그리고 반찬들로 구성된다. 따라서 전통적인 한식 식사 준비과정을 크게

'밥 짓기', '국 만들기'와 '반찬 만들기' 문제로 분해해서 생각해볼 수 있다. 밥 짓기는 또 쌀 씻기, 밥솥에 쌀 넣기, 가열하기 등 더 작은 단위의 문제로 나누어 볼 수 있다. '국 만들기'와 '반찬 만들기'도 마찬가지이다. 이렇게 나누어진 모든 단위의 문제들이 해결되면 식사 준비가 완료되는 것이다.

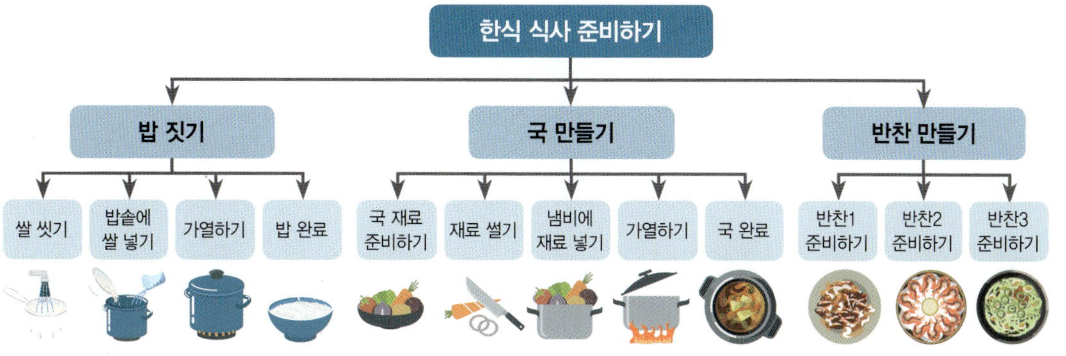

그림 4-4 식사 준비과정에서의 분해 기법 사용 예

(2) 글쓰기

글을 쓸 때도 분해 기법이 사용된다. 글의 종류나 형식에 따라 나누는 방법은 달라질 수 있지만, 논문을 작성한다고 가정하면 논문 제목, 초록, 중심어, 본문, 참고문헌 등으로 나누어 작성할 수 있다. 그리고 본문은 서론, 본론, 결론으로 나누고, 본론은 또다시 더 작은 여러 세부 제목으로 나누어 작성할 수 있다.

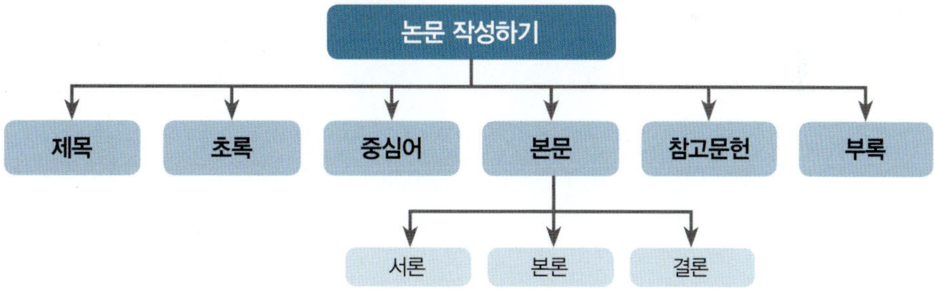

그림 4-5 논문 작성하기 과정에서의 분해 기법 사용 예

(3) 그림 그리기: 디자인, 미술

디자인 작업이나 그림을 그릴 때도 마찬가지이다. 창작과 완성에 필요한 과정들을 여러 단계로 분해하여 생각하면 완성도를 훨씬 높일 수 있다.

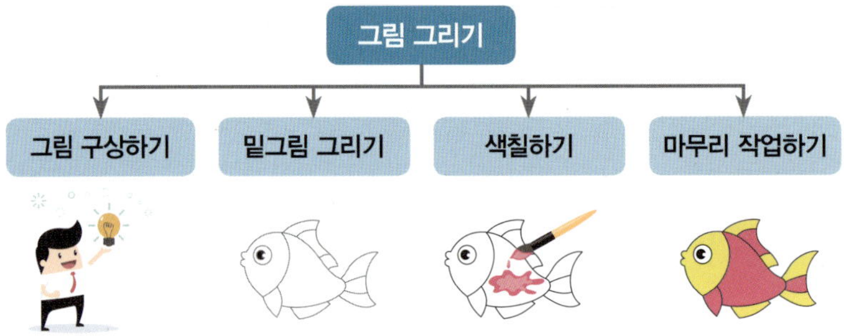

그림 4-6 그림 그리기 과정에서의 분해 기법 사용 예

(4) 영어 해석

영어 문장을 해석할 때도 우리는 주어, 동사, 목적어, 보어, 수식어 등으로 나누어 해석하는 분해 기법을 사용한다. 물론 어느 단계 이상의 수준이 되면 굳이 나누어 해석할 필요는 없을 수 있다. 문제해결에서의 분해에서도 마찬가지이다.

주어 + 동사 + 목적어(간접) + 목적어(직접)

(5) 집 짓기

건축 공학에서 집을 지을 때도 분해 기법을 사용한다. 먼저 어떠한 집을 지을지 계획하고, 사용자 요구사항을 분석한 다음에 집을 설계하고 시공을 하게 된다. 그리고 완성되면 감리를 받고 유지보수에 들어간다.

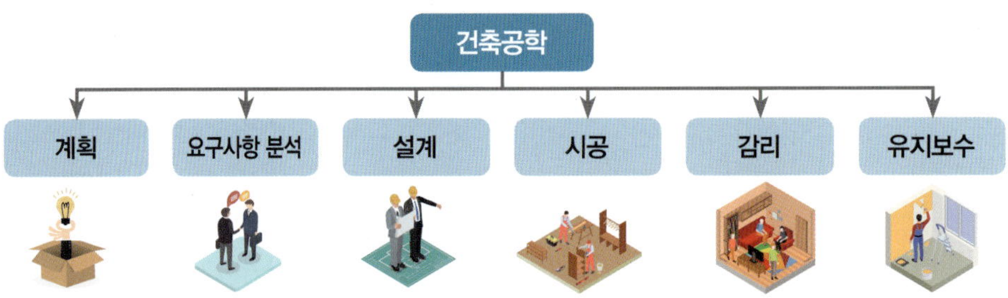

그림 4-7 집 짓기 과정에서의 분해 기법 사용 예

(6) 컴퓨팅 사고 기반 문제해결하기

컴퓨팅 사고를 기반으로 한 문제해결 절차 또한 분해 기법으로 설명될 수 있다. 컴퓨터를 기반으로 주어진 문제를 해결하기 위해서는 먼저 문제를 이해하고 분석하여 문제해결에 필요한 핵심요소를 추출하고, 문제해결에 필요한 자료를 수집하여 구조화한 다음에 이를 해결하기 쉬운 작은 단위의 문제로 분해해서 일정한 규칙이나 특징 등을 파악하고, 이를 일반화하는 추상화 단계를 거쳐 알고리즘으로 표현한

다. 그리고 알고리즘을 컴퓨터 프로그래밍 언어를 이용하여 코딩하면 주어진 문제를 컴퓨터를 통해 자동으로 반복적으로 수행할 수 있는 자동화가 이루어지는 것이다. 컴퓨터를 기반으로 주어진 문제를 어떻게 해결할까 한꺼번에 생각하면 어려운 문제일 수 있지만 이처럼 단계별로 하나씩 생각하면 쉽게 해결할 수 있다 . 이러한 것이 바로 컴퓨팅 사고 기반 문제해결에서의 분해 기법이다.

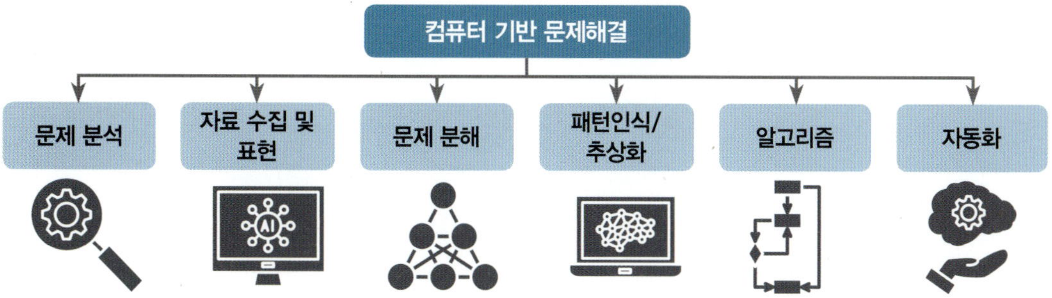

그림 4-8 컴퓨팅 사고 기반 문제해결 과정에 대한 분해

4.1.4 분해된 문제의 처리

복잡한 문제를 분해할 때는 문제에 존재하는 일정한 규칙이나 특징, 패턴, 유형 등에 따라 분해할 수도 있고 문제를 해결하기 위한 절차나 단계, 문제를 구성하고 있는 구성요소나 기능에 따라 분해할 수도 있다. 따라서 분해된 작은 부분 문제 사이에는 특징, 기능, 문제해결 절차 등에 따라 문제 사이의 관계와 순서가 존재하게 된다. 그리고 이러한 주어진 관계나 순서에 따라 나누어진 작은 문제를 모두 해결하여 결과를 종합하면 전체 문제가 해결된다.

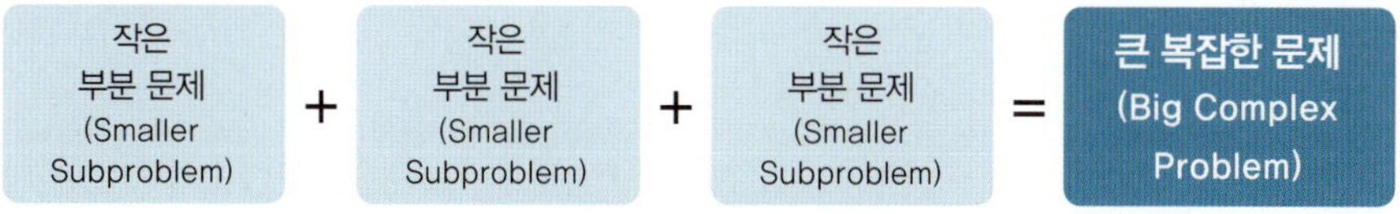

그림 4-9 분해된 문제의 처리

나누어진 부분 문제가 처리되는 순서는 크게 순차적인 관계와 병렬적인 관계로 나누어 볼 수 있다. 즉 나누어진 문제를 순서대로 하나씩 처리해야 하는 경우와 나눈 부분 문제를 병렬적으로 처리할 수 있는 경우로 나누어 생각해볼 수 있다.

(1) 순차 처리

순차 처리(sequential processing)는 분해된 부분 문제를 하나씩 차례대로 처리하는 것을 말한다. 순차 처리 관계에서는 분해된 부분 문제 사이에 순서가 존재하고,

주어진 순서대로 부분 문제를 차례대로 해결하여야 전체 문제가 제대로 해결된다. 앞에서 설명한 한식 식사 준비과정의 '밥 짓기'의 부분 문제가 바로 순차 처리에 해당한다. 즉 밥솥에 쌀을 넣기 전에 먼저 쌀 씻기가 완료되어야 하고, 가열하기 전에 먼저 밥솥에 쌀을 넣어야 한다. 다시 말해, 쌀 씻기를 한 후 밥솥에 쌀을 넣고 가열하기를 차례대로 진행해야만 밥이 제대로 되는 것이다. 어떤 사람은 밥솥에 쌀 넣기를 먼저하고 쌀을 씻기도 한다. 그러나 이 역시 순서만 뒤바뀌었을 뿐 차례대로 이루지는 것이다. 이렇게 처리하는 것을 순차 처리라고 한다.

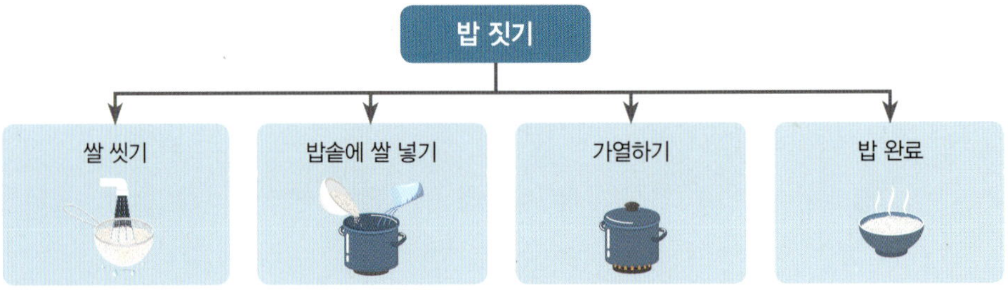

그림 4-10 밥 짓기 과정에서의 부분 문제

(2) 병렬 처리

병렬 처리(parallel processing)는 나누어진 부분 문제들을 병렬로 처리하는 것을 말한다. 여러분은 게임을 하면서 음악을 듣거나 음악을 들으면서 공부도 한다. 여러 가지 일을 병렬로 수행하는 것을 멀티 프로세싱(multi processing)이라고 하는데, 이것이 바로 병렬 처리의 개념이다. 앞에서 예로 들었던 식사 준비과정의 밥 짓기, 국 만들기와 반찬 만들기를 병렬 처리로 해결할 수 있다. 우리는 밥 짓기를 하면서 국을 만들 수 있고 국을 끓이면서 반찬을 만들 수도 있다. 이처럼 분해된 부분 문제를 병렬로 처리하는 것을 병렬 처리라고 한다. 이 경우에도 하나씩 차례대로 해결할 수 있지만 병렬로 처리하면 하나씩 차례대로 처리하는 것보다 문제해결 속도를 훨씬 높일 수 있다. 병렬 처리에 대해서는 10장에서 자세히 다루게 된다.

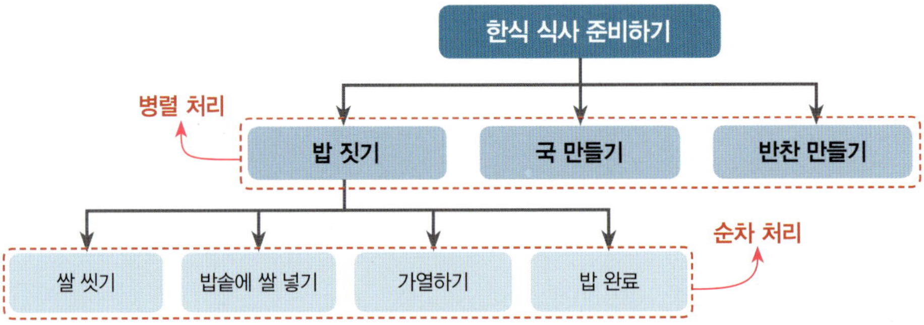

그림 4-11 식사 준비과정에서의 순차 처리와 병렬 처리

(3) 순차 처리와 병렬 처리

복잡한 문제는 순차 처리와 병렬 처리가 동시에 적용되어 처리되는 경우가 많다. 앞에서 살펴본 식사 준비하기 예제에서 밥 짓기, 국 만들기와 반찬 만들기는 병렬 처리가 가능하지만, 밥 짓기의 문제만을 생각하면 밥 짓기의 부분 문제들은 차례대로 이루어져야만 밥이 제대로 된다. 이처럼 복잡한 문제들은 주로 순차 처리와 병렬 처리가 동시에 적용되어 처리된다.

4.1.5 분해 기법을 통한 문제해결 예제

(1) 예제 1 : (이솝 우화) 나무 다발 부러뜨리기

[문제] 나무 다발을 어떻게 쉽게 부러뜨릴 수 있을까?

[분해] 나무 묶음을 풀어서 나뭇가지를 하나씩 나눔

[풀이] 이솝 우화(Aesop's Fables)의 아버지와 아들 이야기인 나무 묶음(The Bundle of Sticks) 이야기는 분해의 개념으로 설명될 수 있다. 우화의 줄거리는 다음과 같다. 한 아버지가 임종의 순간에 아들들에게 마지막 교훈을 주려고 불러 모은다. 그리고 하인에게 나뭇가지 한 묶음을 가져오라고 시키고, 가져온 나뭇가지 묶음을 먼저 큰아들에게 부러뜨려 보라고 한다. 큰아들은 있는 힘을 다해 부러뜨리려 해보지만 나뭇가지 묶음을 부러뜨리지 못한다. 다른 아들들도 차례대로 시도해 보지만 아무도 성공하지 못한다. 그러자 아버지는 "묶음을 풀어서 모두 나뭇가지 하나씩을 쥐어라"하고, 아들들이 모두 나뭇가지 하나씩을 쥐었을 때, "그럼 이제 부러뜨려 보아라"라고 말한다. 그러자 아들들은 모두 나뭇가지를 쉽게 부러뜨리게 된다. 이 우화는 "뭉치면 강해진다."라는 단결과 협력의 중요성을 깨닫게 하려는 우화이다. 그러나 분해의 관점에서 바라보면, 한꺼번에 해결하려 할 때 해결할 수 없었던 문제가 분해하여 하나씩 해결하면 해결될 수 있음을 보여 주는, 분해의 개념을 잘 설명해 주는 좋은 예제이기도 하다.

그림 4-12 이솝 우화 나무 묶음 이야기

(2) 예제 2: 잃어버린 가방 찾기

[문제] 지하철을 타고 집으로 오는 도중 지하철에 가방을 두고 내렸다. 지하철 유실물센터에 가서 잃어버린 가방을 빨리 찾기 위해서는 어떻게 해야 할까?

[분해] 사건의 구성요소에 따른 분해

[풀이] 문제를 분해할 때는 문제분석을 통해 문제의 특징이나 패턴, 문제의 처리 절차나 구성요소 등에 따라 여러 가지 방법으로 분류할 수 있다 하였다. 이 문제는 사건을 구성하고 있는 구성요소별로 나누어 생각하면 쉽게 찾을 수 있다.

① 탑승했던 지하철은 몇 호선인가?

② 가방을 두고 내린 역은 어디인가?

③ 가방을 두고 내린 시간은 언제쯤인가?

④ 가방을 두고 내린 열차의 칸은 어디쯤인가?

⑤ 가방의 종류, 모양, 색상은 무엇인가?

⑥ 가방 속에는 어떠한 물건들이 들어있는가?

(3) 예제 3: 우리 몸의 작동 원리 설명하기

[문제] 우리 몸은 어떻게 작동할까?

[분해] 몸의 구성체계에 따른 분해

[풀이]

① 우리 몸을 구성하고 있는 각각의 체계로 분해

② 각 체계의 작동 원리 설명

③ 각 체계의 상호작용 설명

먼저 우리 몸은 어떠한 체계들로 구성되어 있는지 생각한다. 즉 몸의 구성체계에 따라 호흡계, 순환계, 소화계, 신경계, 골격계, 근육계 등으로 나누어 각각에 대한 작동 원리를 먼저 하나씩 설명을 한다. 그리고 이들 체계가 어떻게 상호작용하는지에 대해 설명하면 된다. 이 문제는 우리가 인체 구조에 대한 전문가가 아니면, 호흡계 순환계 등 각각으로 나눈 시스템에 대한 설명도 물론 어려운 문제이기는 하다. 하지만 여기에서는 분해 기법이 어떻게 적용될 수 있는지에 초점을 두기 바란다. 이러한 원리는 우리가 스마트폰의 기능을 설명할 때도, 자동차의 작동 원리를 설명할 때도 적용되는 기법이다.

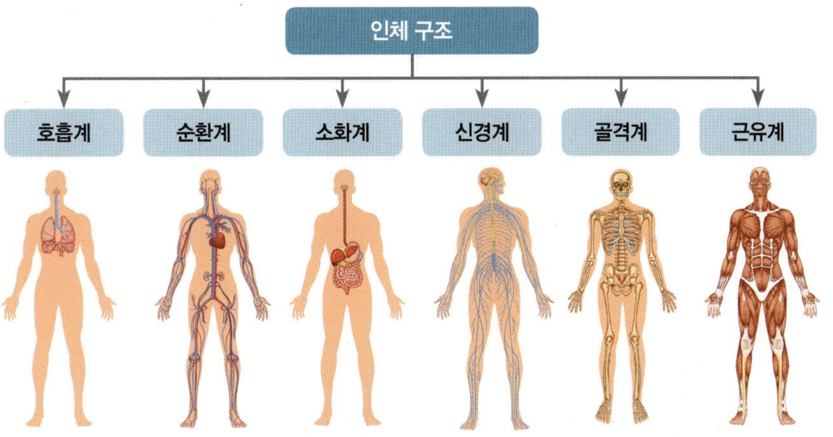

그림 4-13 인체의 구조

(4) 예제 4: 목걸이 만들기의 총 비용 구하기

[문제] 빨간 구슬 14개, 파란 구슬 20개, 목걸이줄½m을 구매하여 목걸이를 만들려 한다. 빨간 구슬과 파란 구슬 한 개 가격은 각각 500원, 300원이고, 목걸이줄 가격은 1미터당 1000원이며 목걸이줄의 최소 판매 단위는 1m이다. 목걸이를 만드는데 드는 총 비용은 얼마일까?

[분해] 구성요소의 특징(패턴)에 따른 분해

[풀이] 문제분석을 통해 문제를 나눌 때는 기능별, 처리 절차별 등 문제해결에 가장 적합한 방법으로 나눌 수 있다. 이 문제는 목걸이의 구성요소별로 가격이 다르므로 구성요소의 특징에 따라 나누어 생각해볼 수 있다. 즉 빨간 구슬의 총 구매 비용, 파란 구슬의 총 구매 비용과 목걸이줄 구매 비용으로 나누어, 각각에 대한 구매 비용을 계산한 다음에 이를 합하면 해결되는 것이다. 여기에서는 구성요소의 특징이 바로 패턴으로 구분되므로, 5장에서 다루게 되는 패턴인식의 개념으로도 설명될 수 있는 문제이다.

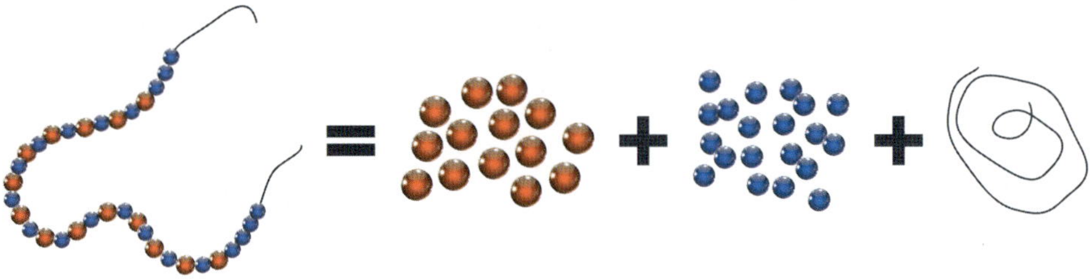

❶ 빨간 구슬 총 구매비용 (7,000원) = 빨간 구슬 한 개 가격(500원) × 빨간 구슬의 개수(14개)
❷ 파란 구슬 총 구매비용 (6,000원) = 파란 구슬 한 개 가격(300원) × 파란 구슬의 개수(20개)
❸ 목걸이 줄 구매비용(1,000원): 목걸이줄 1미터 가격(1,000원)

→ 목걸이 제작 총 비용(14,000원) = (7,000원) + (6,000원) + (1,000원)

(5) 예제 5: 도형의 면적 구하기

[문제] 다음 도형의 면적은 얼마일까?

[분해] 도형의 형태(유형)에 따른 분해

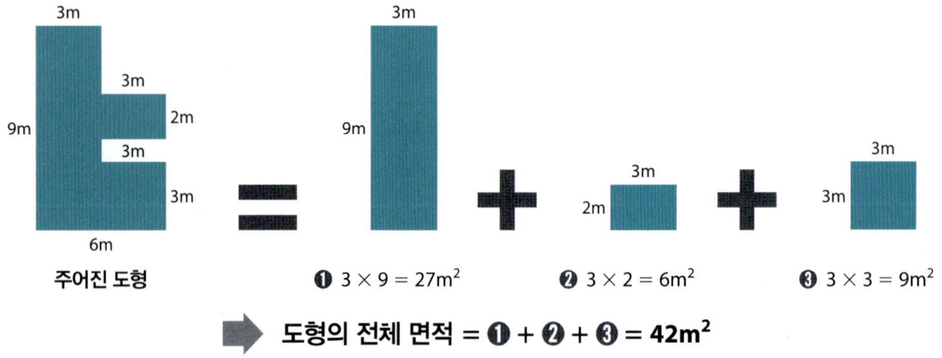

[풀이] 문제에서 주어진 다각형 도형을 위의 그림과 같이 직사각형 도형 3부분으로 나누어 생각해볼 수 있다. 그리고 나누어진 도형의 면적을 각각 구한 다음에 이를 전부 더하면 된다. 예제에서 보인 도형은 간단하여 쉽게 나눌 수 있는 도형이다. 그러나 복잡하게 구성된 도형일지라도 이러한 분해 기법을 적용하면 면적을 좀 더 쉽게 구할 수 있다.

(6) 예제 6: 큐브의 모든 면에 스티커 붙이기

[문제] 8개의 큐브(정육면체)로 이루어진 묶음에서, 묶음에 있는 각 큐브의 모든 면에 스티커를 하나씩 붙이려 한다. 몇 장의 스티커가 필요할까?

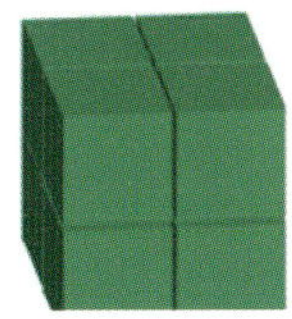

[분해] 구성요소에 따른 분해

[풀이] 큐브의 묶음을 먼저 8개의 개별 큐브로 분해한다. 그다음은 큐브의 모든 면에 스티커를 붙이는 문제이므로 큐브가 몇 개의 면으로 구성되어 있는지 생각한다. 큐브는 정육면체이므로 6개의 면으로 구성되어 있다. 분해를 통해 묶음은 큐브 8개로 구성되어 있고 각 큐브는 6개의 면으로 구성되어 있다는 것을 알았으므로, 8 × 6 = 48장의 스티커가 필요하다는 것을 쉽게 구할 수 있다. 분해하지 않고 묶음으로 놓고 암산을 해도 되는 문제이지만, 묶여 있는 큐브의 개수가 많고 묶여 있는 형태가 일정하지 않은 복잡한 모양의 경우에는 분해 기법을 이용하면 훨씬 쉽게 해결할 수 있다.

❶ 작은 8개의 큐브로 분해 ❷ 각 큐브는 6면으로 구성 ❸ 8 × 6 = 48장의 스티커 필요

(7) 예제 7: 이미지 압축하기

[문제] 런길이 엔코딩 방법을 이용하여 흑백 이미지 압축하기

[분해] 이미지를 한 줄씩 분해

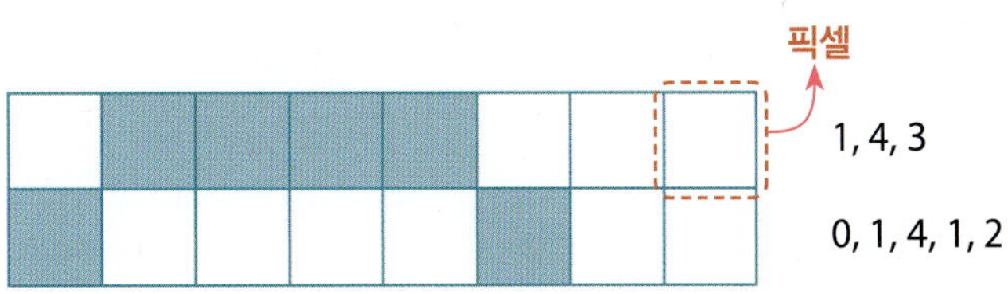

[풀이] 런길이 엔코딩(Run-Length Encoding: RLE)은 원래 주어진 데이터의 손실이 전혀 없는 무손실압축 방법의 하나로 이미지 파일 등을 압축할 때 반복되는 개수로 이미지를 압축하는 방식이다. 다음과 같은 흑백 이미지를 예로 들어보면, 흰색과 검은색 픽셀의 반복되는 개수를 번갈아 사용하여 흰색 픽셀 1개, 검은색 픽셀 4개와 흰색 픽셀 3개로 구성된 이미지를 "1, 4, 3"으로 압축하여 표현하는 것이다. 검은색 픽셀로 시작하는 경우에는 0으로 시작한다. 예를 들어 "0, 1, 4, 1, 2"는 0으

로 시작하였으므로 첫 번째 나오는 1은 검은색 픽셀의 개수를 의미하고, 그다음의 4는 흰색 픽셀의 개수를 의미하는 것이다.

이미지는 작은 점들의 집합으로 이루어지고, 작은 점 하나는 픽셀(pixel)로 정의된다. 컴퓨터에서 2차원 이미지는 2차원인 행과 열로 표현된다. 이때 하나의 열, 즉 네모난 박스 하나가 픽셀에 대응된다. 따라서 이미지를 압축할 때, 2차원으로 구성된 이미지를 한 행씩 나누어 각각의 행을 숫자로 변경하고 한 행씩 변경한 결과가 완료되면 전체 이미지의 압축이 완료되는 것이다.

런길이 엔코딩 방법을 이용하여 압축된 숫자를 다시 반대로 한 줄씩 이미지로 복원하여 그릴 수도 있다. 이처럼 이미지의 압축과 복원 문제 모두에서 분해 기법이 사용될 수 있다.

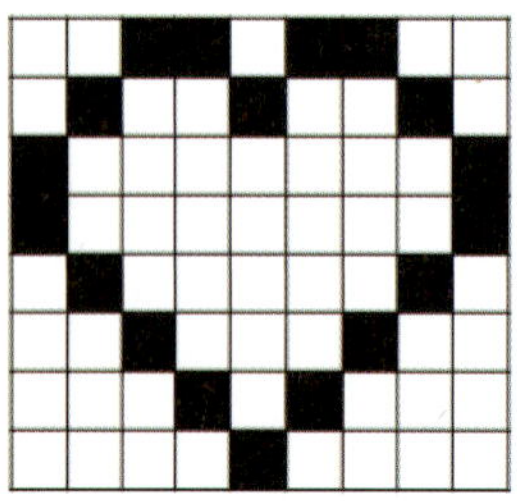

원본 이미지

2, 2, 1, 2, 2
1, 1, 2, 1, 2, 1, 1
0, 1, 7, 1
0, 1, 7, 1
1, 1, 5, 1, 1
2, 1, 3, 1, 2
3, 1, 1, 1, 3
4, 1, 4

압축된 숫자

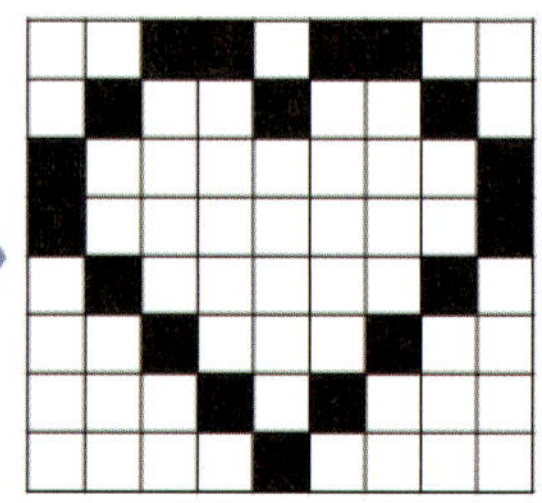

복원된 이미지

(8) 예제 8: 스마트폰 앱 만들기

[문제] 음악과 사진 업로드 앱 만들기

[분해] 개발 절차에 따른 분해

[풀이] 앱의 종류나 앱에서 수행하는 기능에 따라 분해하는 방법은 다를 수 있다. 여기에서는 앱을 만들려고 할 때 특정 앱에만 적용되는 것이 아니라 모든 앱 만들기에서 고려해야 하는 거시적인 관점에서 생각해보도록 한다. 따라서 이 문제는 앱을 만드는 개발 절차에 따라 분해할 수 있다. 먼저 어떠한 기능을 갖는 앱을 어떻게 만들 것인지 아이디어를 구상한 다음, 앱에서 필요한 화면 설계를 한다. 앱을 만들 때는 화면 설계와 함께 앱에서 이루어지는 기능 설계도 함께 고려되어야 한다. 이러한 설계가 완료되면 컴퓨터 프로그래밍 언어를 이용해서 코딩하고 테스팅을 통해 설계한 기능대로 작동되면 앱 만들기가 완료되는 것이다.

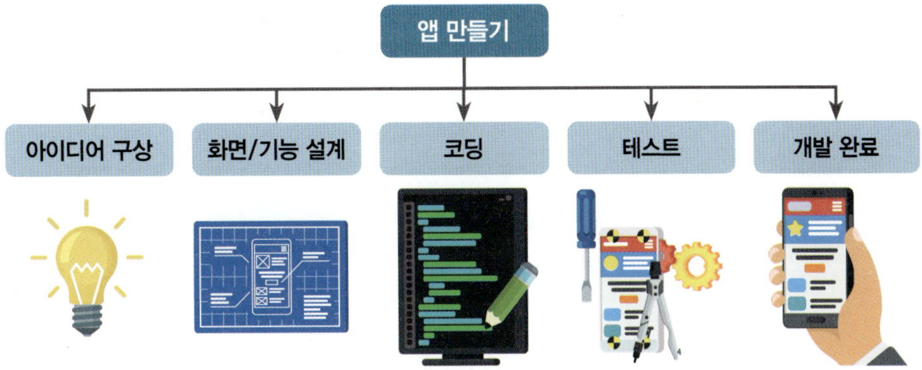

(9) 예제 9: 간단한 컴퓨터 프로그램 작성하기

[문제] 원의 반지름을 입력받아 원의 면적을 구하여 그 결과를 출력하는 프로그램 작성하기

[분해] 수행해야 할 작업에 따른 분해

① 원의 반지름 입력받기

② 원의 면적 구하기

③ 결과 출력하기

[풀이] 이 문제는 문제를 풀기 위해 처리해야 할 작업으로 나누어 생각해볼 수 있다. 먼저 원의 반지름을 입력받은 다음, 입력받은 반지름으로 이루어진 원의 면적을 구한 후 구한 면적을 출력해주는 것이다. 이렇게 3개의 부분 문제로 나누어 각각에 대해 해결하면 프로그램이 완성되는 것이다.

이러한 프로그래밍 과정을 '입력', '처리', '출력'으로 일반화하여 체계화할 수 있다. 따라서 프로그래밍 기초 교과에서 코딩할 때, 이처럼 최소한 3개 영역으로 나누어 생각하면 문제해결이 훨씬 쉬워질 것이다.

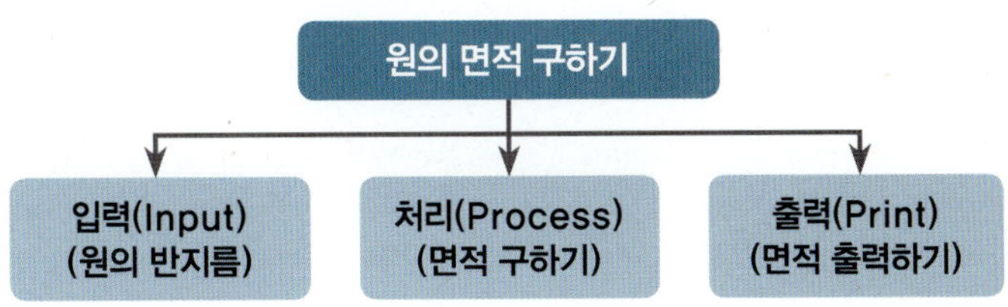

좀 더 복잡한 프로그래밍 문제에서는 처리해야 할 입력 데이터가 여러 개일 수 있고 처리해야 할 작업도 여러 개일 수 있다. 그러면 입력 문제를 더 작은 부분 입력 문제로, 처리 문제를 더 작은 부분 처리 문제 등으로 나누어 해결하면 된다. 물론 주어진 문제에 따라서는 이처럼 3개 영역 모두 다 필요하지 않을 수도 있고 아니면

더 세부적인 영역으로 분해를 해야 하는 예도 있다.

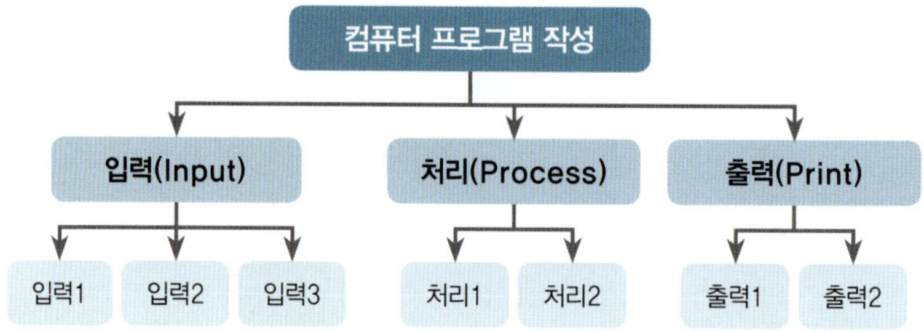

[자동화] 다음은 C언어를 이용하여 원의 면적 구하는 문제를 ① 원의 반지름 입력 부분 ② 원의 면적을 구하는 처리 부분과 ③ 결과를 출력하는 출력 부분, 3개 영역으로 구성하여 프로그램한 소스코드의 예제를 보인 것이다.

```
       int radius;
       double area;

입력 { printf("반지름을 입력하세요>> ");
       scanf("%d", &radius);

처리 { area = radius * radius * 3.14;

출력 { printf("반지름이 %d인 원의 면적은 %.2f \n", radius, area);
```

그림 4-14 C언어로 작성된 원의 면적을 구하는 프로그램 소스코드

[그림 4-14]의 소스코드에서 입력, 처리, 출력 영역을 함수를 이용하여 구조화하여 코딩할 수도 있다.

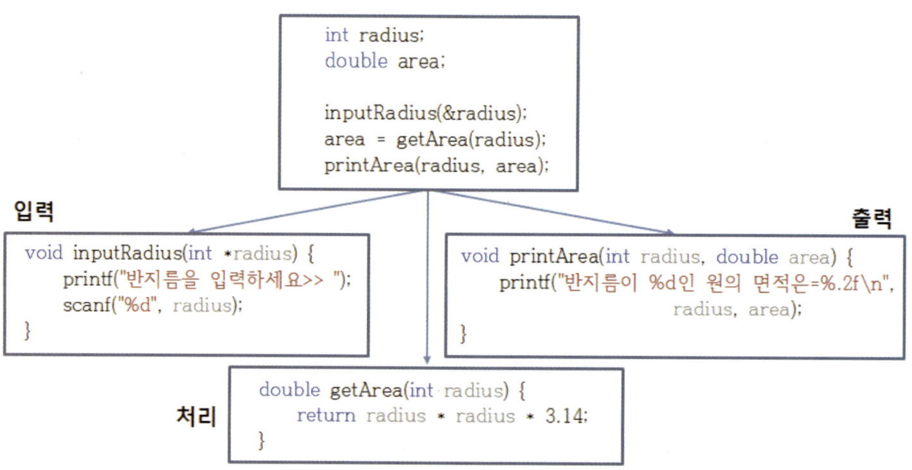

그림 4-15 함수를 이용하여 구조화한 프로그램 소스코드

(10) 예제 10: 1부터 100까지 사이의 모든 정수의 합 구하기

[문제] 1부터 100까지 사이의 모든 정수의 합은?

[풀이]

1 + 2 = 3 + 3 = 6 + 4 = 10 + 5 = 15 + ... = 4950 + 100 = 5050

① **일반적인 방법**: 첫 번째 방법은 1부터 100까지의 숫자를 각각 하나씩 나누어, 1부터 100까지 더해 나가는 방법이다. 즉 1부터 시작해서, 1+2=3이고, 여기에 또 3을 더하고, 3+3=6에 다시 4를 더하고, 이처럼 같은 작업을 100번 반복하는 것이다. 수작업으로 이 문제를 풀면 100번을 반복해야 하므로 일정 시간이 소요된다.

② **가우스의 덧셈 방법**: 먼저 1부터 100까지의 수를 쓴 후 그 밑에 거꾸로 100부터 1까지의 수를 쓰고, 서로 덧셈 계산을 한 결과 모두 101이므로 여기에 100을 곱하여 10,100을 구하고, 이는 1부터 100까지 2번 더한 결과이므로 다시 2로 나누어 5,050이라는 답을 구한다. 이 방법은 1786년 독일의 한 초등학교 3학년 수업에서 이 문제가 제시되었을 때 가우스라는 학생이 풀었던 방법이다. 그 이후 이와 같은 방법을 '가우스의 덧셈' 방법이라 부르게 되었고, 현재 많이 응용되고 있는 계산법이다. 1부터 특정 수까지의 연속된 홀수의 합을 구하는 문제나 짝수의 합을 구하는 문제에도 적용될 수 있다. 꼭 1부터 시작하지 않을 때도 특정 패턴이 찾아지면 이 기법을 적용해 문제를 풀 수 있다.

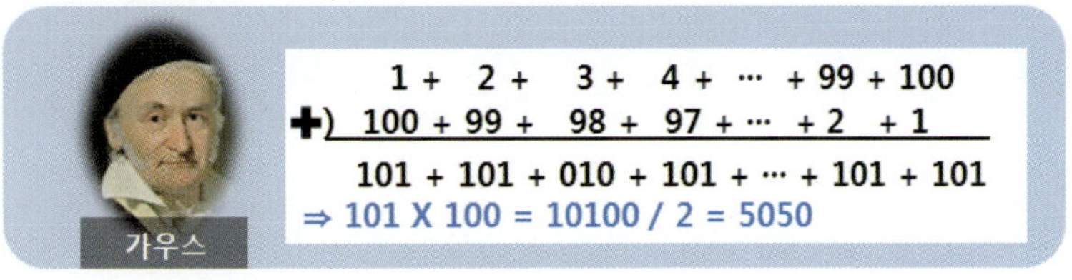

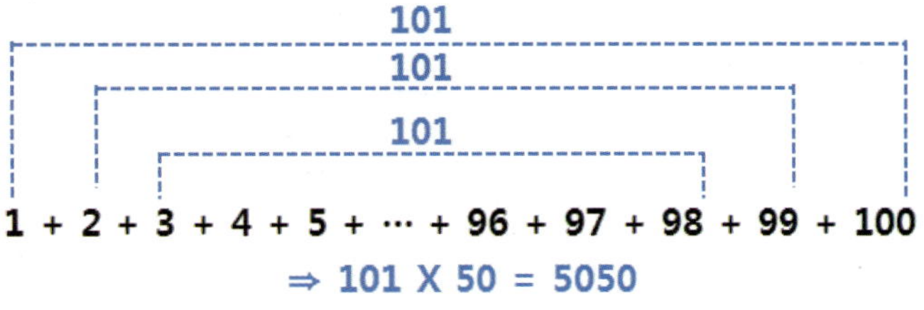

[분해] 가우스 수학자가 사용한 계산법을 컴퓨팅 사고 측면에서 분석해보자. 첫 번째 숫자와 마지막 숫자를 그리고 두 번째 숫자와 마지막에서 두 번째 숫자를, 이와

같은 방법으로 두 개의 숫자를 한 쌍으로 묶어서 계산해보면 묶은 각 쌍의 합이 모두 일정한 값인 101이 됨을 발견하게 된다. 따라서 특정한 패턴에 따라 두 개의 숫자를 한 쌍으로 묶어서 분해한 것이다. 즉 주어진 문제 속에 존재하는 특정한 패턴을 찾아 문제를 단순화시킨 것이다. 따라서 가우스 덧셈 방법은 패턴인식을 통한 문제해결에서도 인용되는 문제이다. 이처럼 문제를 분석하여 분해하다 보면 일정한 규칙이나 특징, 패턴 등을 찾을 수 있고 이를 통해 문제를 쉽게 해결할 수 있게 된다.

[추상화] 문제해결을 위해 발견된 해결책은 추상화를 통해 일반화(모델링)될 수 있다. 즉 100까지의 합을 구하는 해결책으로부터, 임의의 정수까지의 합을 구하는 해결책으로 일반화시킬 수 있다. 다시 말해 1부터 100까지 구하는 문제에서 정수 100을 n으로 추상화하면 해결책 '101 × 50'에서 101은 (1 + n)으로, 50은 (n/2)로 일반화하여 다음과 같은 수식으로 표현할 수 있다.

$$n \times (1 + n)/2 \;\Rightarrow\; (1 + n) \times n/2 \;\Rightarrow\; n \times (n + 1)/2$$

정수 '1'도 추상화될 수 있다. 그리고 이러한 일반화된 개념을 컴퓨터 프로그래밍 언어를 이용하여 코딩하면 자동화가 이루어지는 것이다.

[알고리즘, 자동화] 다음은 1부터 100까지 더하는 문제를 ① 반복적인 방법과 ② 가우스 덧셈법을 사용하여 C언어로 코딩한 소스코드이다. 첫 번째 방법은 더하는 과정이 100번 반복되므로, 박스 안에 있는 문장이 100번 실행된 다음에 결과가 얻어진다. 가우스 덧셈법을 이용하면 박스 안에 있는 문장 한 번의 실행으로 결과가 얻어진다. 어느 방법이 더 효율적일까? 이처럼 주어진 문제를 해결할 수 있는 해결책은 여러 가지 방법이 있을 수 있고 우리는 더 효율적인 방법을 찾아 코딩해야 한다. 이러한 내용은 7장의 알고리즘 파트에서 자세히 다루게 된다. 그러나 주어진 문제의 효율적인 해결책을 찾는 시작점은 바로 문제를 분석하여 분해하는 것으로부터 시작되므로 문제분해의 중요성을 강조하기 위해 여기에서 간략하게 소개하였다.

① 1부터 100까지 사이의 정수를 하나씩 반복하여 더함

```
int i, n;
int sum = 0;

printf("n의 숫자를 입력하세요>> ");
scanf("%d", &n);

for (i = 1; i <= n; i++)
        sum = sum + i;

printf("1부터 %d까지의 합은 = %d\n", n, sum);
```

→ **100번 실행**

② 가우스의 덧셈법 이용

```
int n;
int sum = 0;

printf("n의 숫자를 입력하세요>> ");
scanf("%d", &n);

sum = n * (1 + n) / 2;

printf("1부터 %d까지의 합은 = %d\n", n, sum);
```

→ **1번 실행**

그림 4-16 1부터 100까지 사이의 모든 정수 합을 구하는 프로그램 소스코드

4.2 분할 정복 알고리즘

COMPUTATIONAL THINKING

4.2.1 분할 정복 알고리즘이란?

(1) 분할 정복 알고리즘의 개념

컴퓨터 공학에서 말하는 분할 정복(divide and conquer) 알고리즘은 복잡한 문제를 아주 작거나 한 개로 이루어질 때까지 계속 분할하여 부분 문제로 나누고, 나눈 부분 문제들에 대한 해결책을 찾아서 전체 문제를 해결하는 문제해결 방법을 말한다. 알고리즘(algorithm)은 문제를 해결하기 위한 단계적인 절차이다. 주어진 문제를 해결하기 위한 단계적인 절차는 여러 가지 방법이 존재할 수 있으므로, 가장 효율적인 방법을 찾아 알고리즘으로 설계하는 것은 매우 중요한 일이다.

다음은 주어진 문제가 두 개의 부분 문제로 나누어 해결되는 과정을 보인 그림이다. 주어진 문제는 두 개의 부분 문제로 분할하여 그 부분 문제에 대한 해결책을 찾아서 각각 해결하고 결합하면 최초의 주어진 문제가 해결된다. 여기에서 두 개의 부분 문제는 같은 방법의 해결책이 적용되어 해결된다.

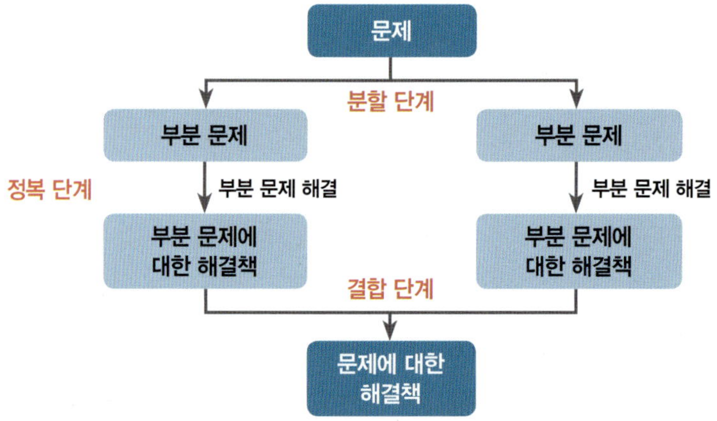

그림 4-17 두 개의 부분 문제로 분할된 예제

다음은 두 개의 부분 문제가 각각 유사한 두 개의 부분 문제로 또다시 분할된 경우를 보인 예제이다. 이처럼 분할은 이분법으로 나누어진다.

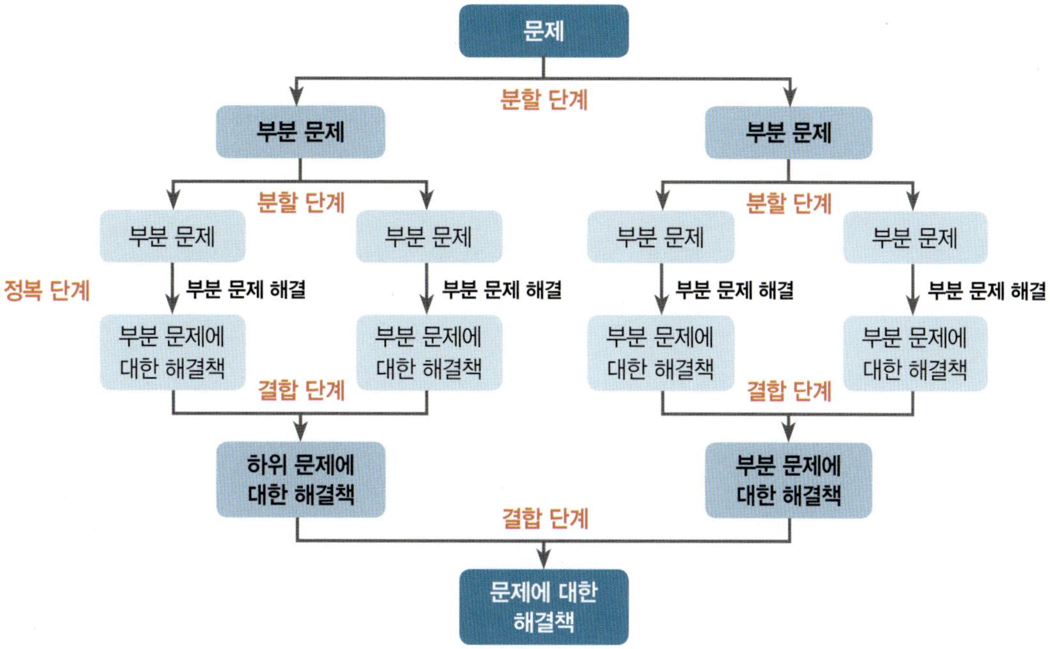

그림 4-18 두 개의 부분 문제가 또다시 두 개의 부분 문제로 분할된 예제

(2) 분할 정복 알고리즘의 설계

분할 정복 알고리즘을 설계하는 과정은 크게 3단계로 이루어진다. 첫 번째 단계는 분할(divide)이다. 분할은 주어진 원래 문제를 비슷한 유형의 더 작은 부분 문제들로 나누는 과정을 의미한다. 이때 나눈 부분 문제가 또다시 2개 이상의 비슷한 유형으로 분할이 가능하다면 다시 나눈다. 나누어진 부분 문제가 충분히 작거나 한 개의 단위로 구성될 때까지 분할하는 과정을 반복한다. 즉 문제를 부분 문제로 나눌 때, 문제의 크기를 정의한 크기만큼이거나 더는 나눌 수 없는 단위까지 나누어서 부분 문제를 정의하는 것을 의미한다.

예를 들어 다음과 같은 정렬되지 않는 자료 집합을 정렬하는 문제가 제시되었을 때 분할 정복 알고리즘을 이용하여 해결한다고 가정하면 분할한다는 것은 주어진 자료 집합을 먼저 두 개의 부분 집합으로 나누고(분할1) 나누어진 부분 집합이 비슷한 유형이면 또 나누어질 수 있으므로 다시 두 개의 부분 집합으로 나눈다(분할2). 이러한 과정을 자료 집합의 원소 개수가 한 개가 될 때까지 반복하는 것을 의미한다(분할3). 주어진 문제의 특성에 따라서는 마지막 단계의 부분 문제의 크기를 정의하여 사용할 수도 있다.

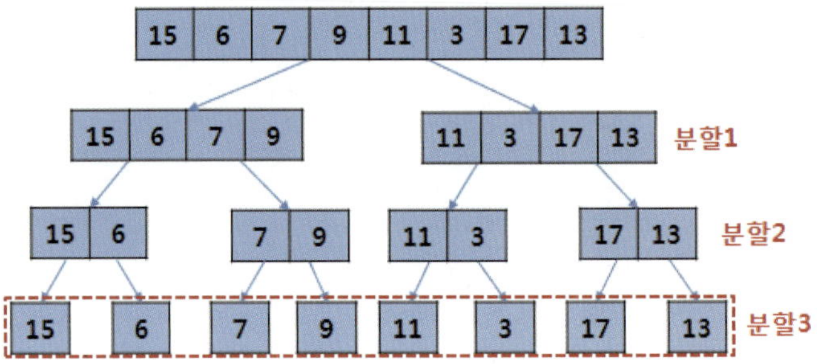

그림 4-19 주어진 문제를 부분 문제로 나누는 과정을 보인 예제

두 번째 단계는 정복(conquer)이다. 나누어진 최하위 부분 문제에 대한 해결책을 찾아서 같은 방법의 해결책을 나머지 부분 문제들에 반복적으로 적용하여 부분 문제들을 정복하는 것이다. 마지막 단계에서 해결된 부분 문제들을 결합(combine)하면 주어진 원래 문제가 해결된다. [그림 4-20]의 예제는 정복과 결합이 동시에 이루어진 경우이다. 다음 예제에서 분할된 부분 문제를 정복한다는 것은 한 개로 나누어진 최하위 부분 문제 15와 6을 정렬하는 방법을 찾아서 6과 15로 정렬하고, 이와 같은 해결책을 나머지 모든 부분 문제에 분할하는 과정의 역순으로 대칭되게 적용하여 정렬한 후 전체를 정렬하는 것이다. 이 문제는 정복과 결합이 동시에 이루어진 경우이다.

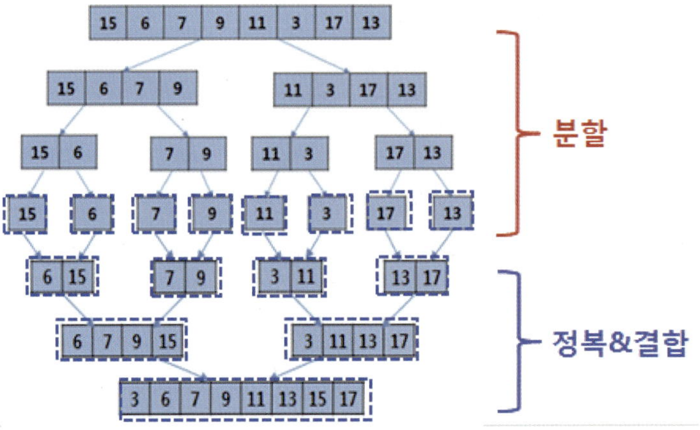

그림 4-20 나눈 부분 문제를 정렬하여 전체를 정렬하는 과정을 보인 예제

(3) 분할 정복 알고리즘의 유래

분할 정복 알고리즘은 1805년 나폴레옹 황제가 아우스터리츠(체코어: Bitva u Slavkova) 전투에서 사용한 전략에서 유래된다. 당시 전투의 전력은 적군인 오스트

리아-러시아 연합군의 군사가 프랑스 군사보다 15,000명 정도가 더 많았다고 한다. 수적으로 열세하였음에도 불구하고, 적군을 중앙에서 공격해 적의 병력을 둘로 갈라놓는 전략을 사용함으로써 결국은 크게 승리하였다. 이것은 나폴레옹의 빛나는 승리 중 하나로 꼽히는 전투가 되었다. 즉 적의 병력을 둘로 나누어 정복한 것에서 유래한 것이다.

(4) 분할 정복 알고리즘을 사용하는 대표적인 예

분할 정복 알고리즘은 탐색과 정렬 알고리즘에서 아주 많이 사용된다. 분할 정복 알고리즘을 사용하는 대표적인 예는 이진 탐색(Binary Search), 버킷 정렬(Bucket Sort), 합병 정렬(Merge Sort)과 빠른 정렬(Quick Sort)이다. 수학에서는 팩토리얼과 피보나치수열 계산, 거듭제곱 연산 및 히스토그램 문제해결에서 사용되는 기법이다. 일상생활에서도 잃어버린 물건 찾기, 숫자 추측 게임, 주어진 자료 집합에서 최댓값과 최솟값을 찾기 등 다양한 분야의 문제해결에 분할 정복 알고리즘이 응용되어 사용된다.

4.2.2 분할 정복 알고리즘을 통한 문제해결 예제

본 교재에서는 이진 탐색, 버킷 정렬과 합병 정렬 및 실생활 문제에서 분할 정복 알고리즘이 실제로 어떻게 사용될 수 있는지에 대해 살펴보도록 한다.

(1) 이진 탐색(Binary Search)

이진 탐색은 분할 정복 알고리즘을 이용하여 정렬된 자료 집합에서 특정 값을 빠르게 찾을 수 있는 알고리즘이다. 여기에서 탐색이란 주어진 자료 집합에서 특정 값을 찾는 것을 의미한다. 다음과 같이 정렬된 자료 집합에서 25라는 숫자가 어디에 있는지 찾는다고 가정해보자. 가장 쉬운 해결책은 첫 번째 자료부터 하나씩 차례대로 확인해 가는 것이다. 이러한 방법으로는 10개 자료 중 25가 아홉 번째에 존재하므로 총 아홉 번의 확인 작업이 필요하다.

2	5	7	9	11	15	17	19	25	30

이보다 좀 더 빨리 찾을 수 있는 방법은 없을까? 여러 가지 방법이 있을 수 있으나, 하나의 방법이 바로 분할 정복 알고리즘을 사용하는 이진 탐색 방법이다. 이진 탐색의 탐색 알고리즘은 다음과 같다.

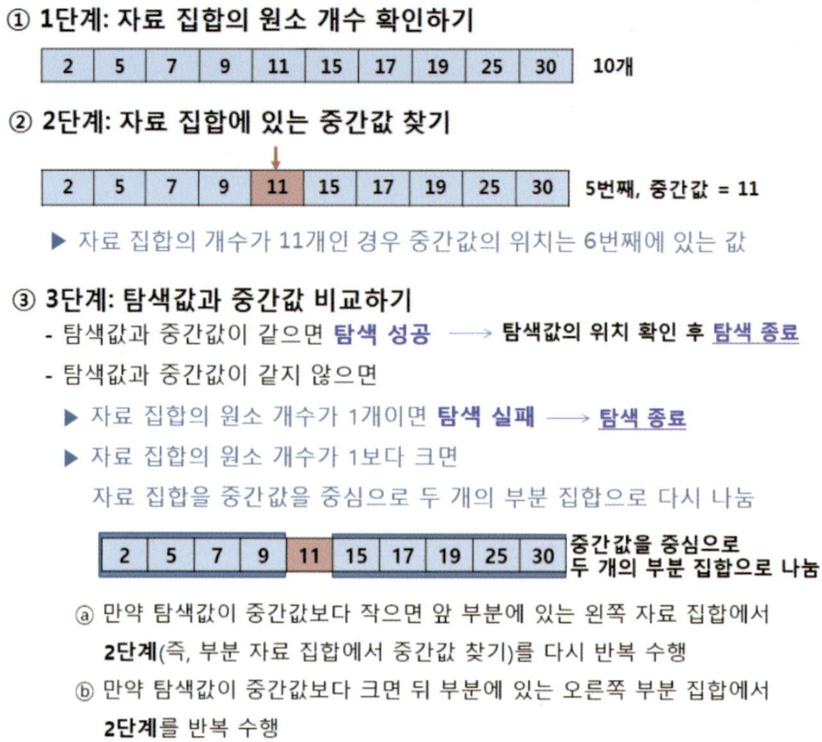

그림 4-21 이진 탐색의 탐색 과정

주어진 자료 집합에서 25를 찾는다고 가정해보자. 탐색값 25가 중간값 11보다 크므로, 왼쪽 부분 집합에는 존재하지 않는다. 왼쪽 부분 집합과 중간값은 버리고 오른쪽 부분 집합에서 다시 중간값을 찾는다. 오른쪽 부분 집합에서의 중간값은 19이다. 탐색값 25가 중간값인 19보다 크므로 또다시 왼쪽 부분 집합과 중간값은 버리고, 오른쪽 부분 집합에서 중간값을 찾는다. 그다음 중간값은 25이다. 여기에서 바로 탐색값과 중간값이 같으므로 탐색값을 찾게 되어 탐색은 성공하게 되고 따라서 탐색이 종료된다.

3번의 탐색 작업으로 25가 어디에 있는지 찾게 된 것이다. 탐색 횟수는 탐색값에 따라 줄어들 수도 있다. 물론 탐색값에 따라 늘어날 수도 있으나, 자료 집합의 개수가 열 개인 경우에는 최악의 경우라도 4번의 비교 작업으로 탐색이 종료된다. 주어진 예제에서 30을 찾는 경우가 바로 최악의 상황에 해당한다. 앞에서 살펴보았듯이 순차 탐색의 경우에는 25를 찾기 위해 최소 9번의 비교 작업이 필요하다. 최악의 경우에는 10번의 탐색 작업이 필요하다. 즉 마지막에 있는 원소를 찾는다고 가정하면 10번의 비교 작업을 해야 한다. 이처럼 이진 탐색은 순차 탐색보다 효율적인 알고리즘이다. 주어진 초기 자료 집합의 원소 개수가 클수록 탐색 횟수는 훨씬 많이 줄어든다. 따라서 이진 탐색은 정렬된 자료 집합에서 특정 값을 찾을 때, 실제로 아주 많이 사용되는 탐색 알고리즘이다.

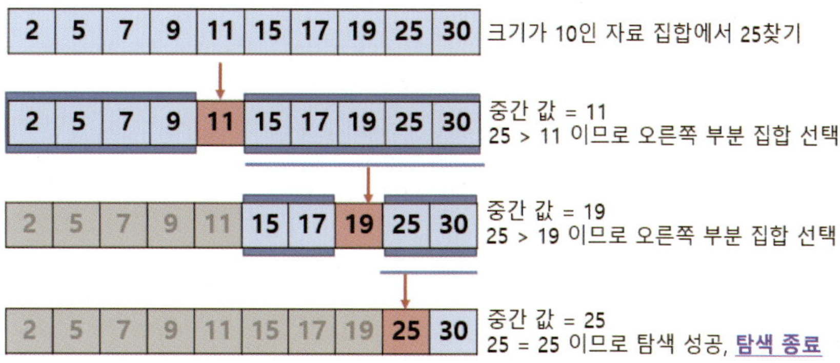

그림 4-22 이진 탐색 알고리즘을 이용한 탐색값(25)을 찾는 과정

(2) 버킷 정렬(Bucket Sort)

정렬이란 자료 집합의 "원소들을 번호순이나 사전 순서와 같이 일정한 순서대로 열거하는 알고리즘(위키백과)"을 말한다. 정렬은 오름차순 또는 내림차순으로 이루어진다.

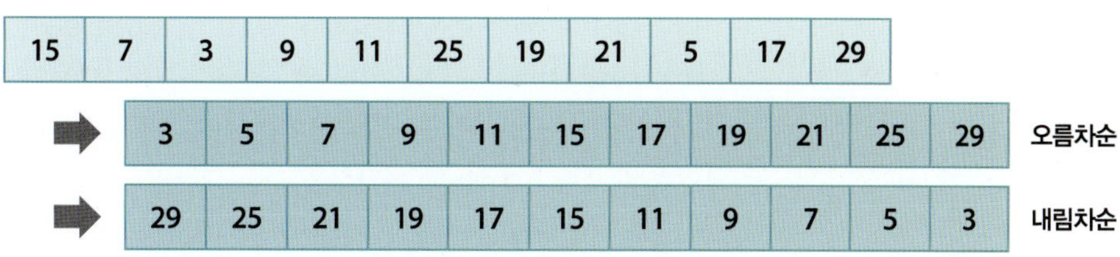

정렬되지 않는 자료 집합을 정렬하는 알고리즘들은 많이 존재한다. 버킷 정렬도 그 중 하나이다. 버킷 정렬은 분할 정복 기법을 사용하여 자료를 정렬하며, 특정 범위의 자료값들이 균일하게 분포되어 있을 때 주로 사용된다. 정렬 방법은 범위가 균등한 여러 개의 버킷을 생성한 후, 정렬되지 않는 자료 집합의 원소들을 해당 버킷에 분산시켜 넣고 정렬한 다음에 버킷의 순서대로 정렬된 원소를 결합한다. 버킷 정렬을 이용하여 정렬되지 않는 자료 집합을 오름차순으로 정렬하는 과정은 다음과 같다.

그림 4-23 버킷 정렬의 정렬 과정

위에서 사용한 정렬되지 않은 자료 집합의 경우, 0~9 사이의 숫자 4개, 10~19 사이의 숫자 4개, 20~29 사이의 숫자 3개로 균등하게 분포되어 있으므로 자료 집합의 범위를 10으로 해서 세 개의 버킷을 사용한 것이다. 버킷의 크기는 보통 5 또는 10으로 한다. 버킷의 크기를 크게 하면 각각의 버킷을 정렬하는 것 또한 오버헤드(overhead)가 발생할 수 있기 때문이다. 바로 분할 정복 기법인 다루기 쉬운 작은 단위의 부분 문제로 나누어 해결하는 것이다. 원소의 개수가 많은 전체 집합을 한꺼번에 정렬하는 것보다는 작은 부분 집합의 문제로 나누어 정렬하는 것이 훨씬 빠르고 쉬운 것이다. 또한 각 버킷을 정렬할 때 병렬처리를 이용하여 각 버킷을 동시에 정렬하면 훨씬 더 빠르게 정렬할 수 있다.

(3) 합병 정렬(Merge Sort)

합병 정렬 또한 정렬되지 않는 자료 집합을 분할 정복 기법을 사용하여 정렬한다. 다음은 오름차순으로 정렬하는 합병 정렬 과정을 도식화하여 보인 것이다.

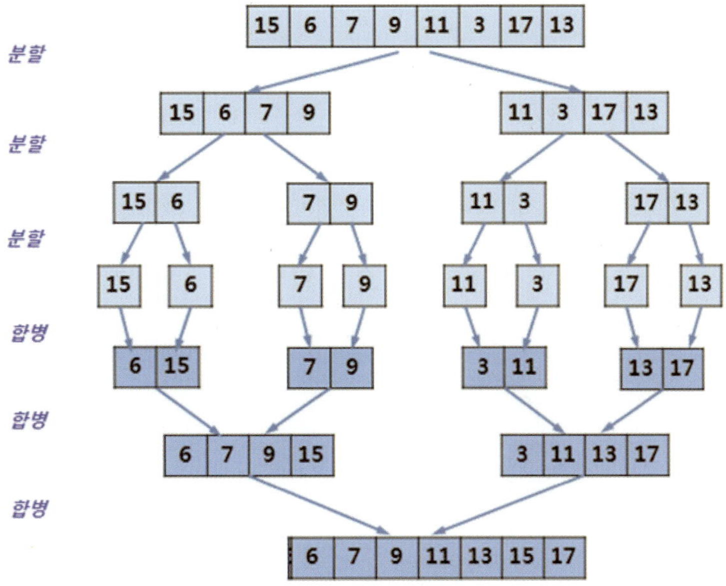

그림 4-24 합병 정렬의 정렬 과정

합병 정렬의 정렬 과정은 다음과 같다. 우선 정렬되어 있지 않은 자료 집합을 균등한 크기의 반으로 분할한다. 만약 나누어야 할 자료 집합의 개수가 예를 들어 세 개(홀수)인 경우이면, 알고리즘에 따라 한 개와 두 개 또는 두 개와 한 개로 나눈다. 분할 작업은 나눈 부분 집합의 자료 개수가 한 개가 될 때까지 반복한다([그림 4-24]를 참조). 분할 작업이 완료되면 그 다음 단계에서는 정렬하면서 합병을 한다. 즉 같은 자료 집합에서 나누어진 최하위 부분 집합의 자료를 정렬하여 하나의 자료 집합으로 합병한다.

이러한 과정을 자료 집합이 하나로 구성될 때까지 반복한다. 합병은 분할과 역순으로 대칭되면서 이루어진다. 즉 최하위 부분 집합 '15'와 '6'을 정렬하여 '6, 15'로 합병하고, '6, 15'와 '7, 9'의 부분 집합을 정렬하여 '6, 7, 9, 15'로 합병한다. 이러한 과정을 자료 집합이 하나로 구성될 때까지 반복하는 것이다.

두 부분 집합을 정렬하여 합병하는 알고리즘은 다음과 같다.

① 1단계: 두 부분 자료 집합의 자료 개수를 합한 크기만큼의 빈 자료 집합 생성
② 2단계: 두 부분 자료 집합의 첫 번째 원소를 비교하여 작은 원소를 빈 자료 집합에 추가하고 추가한 원소는 원래 자료 집합에서 삭제
▶ 2-1 단계: 만약 두 부분 집합 중 하나의 부분 집합의 원소가 모두 삭제되면, 나머지 집합에 남아 있는 원소를 전부 빈 자료 집합에 추가하고 삭제 -> **합병 종료**
③ 3단계: 원래 있던 두 부분 자료 집합의 원소가 모두 삭제될 때까지 2단계 반복

다음은 알고리즘으로 바탕으로 두 부분 집합 '6, 15'와 '7, 9'가 정렬되어 합병되는 과정을 보인 것이다. 화살표는 비교해야 할 원소의 위치와 추가할 자료의 위치를 가리킨다.

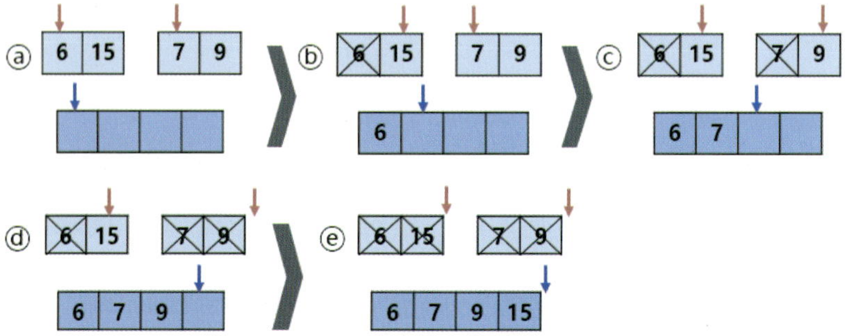

그림 4-25 두 부분 집합이 정렬되어 하나의 집합으로 합병되는 과정

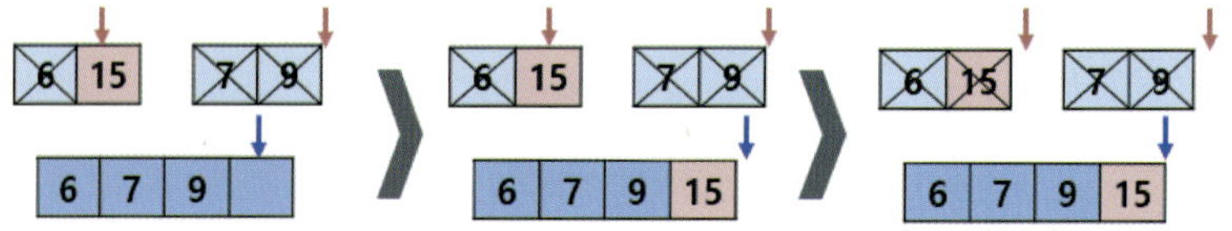

그림 4-26 합병 알고리즘의 '2-1단계'가 수행되는 과정

(4) 실생활에서 분할 정복 알고리즘 활용

① 예제 1 : 범죄 사건 해결하기

[문제] 대학 로비에 걸려 있던 유명 화가의 그림이 도난당하는 사건이 발생하였다. 경비원이 토요일 오후 17:00에 분명히 확인하였는데, 월요일 오전 9:00에 보니 보이지 않는다고 보고하였다. 다행히 감시 카메라가 그림을 5분 간격으로 촬영하여 촬영 영상을 파일로 저장하였다. 즉 17:05 영상 파일, 17:10 영상 파일 등으로 촬영 영상을 저장한 것이다. 그림을 빨리 찾기 위하여 그림이 도난당한 좀 더 정확한 시각을 알아내려고 한다. 어떻게 하면 좀 더 빨리 알아낼 수 있을까?

[풀이] 영상 파일이 시간 순서대로 정렬되어 있으므로 이진 탐색 알고리즘을 사용하면 도난당한 시간을 좀 더 빨리 알아낼 수 있다. 이진 탐색을 이용할 경우 탐색 과정에 대한 알고리즘은 다음과 같다.

① **1단계**: 총 영상 파일 개수 확인하기: 480개
- ▶ 도난 시간: 토요일 17:00 ~ 월요일 09:00 사이
  - 총 40시간: 토요일 7시간 + 일요일 24시간 + 월요일 9시간
- ▶ 1시간에 12개 영상 파일(5분 간격으로 촬영) x 40시간 = 480개

② **2단계**: 영상 파일 집합에서 중간 영상 파일 찾기: 240번째
- ▶ 영상은 시간순서대로 저장되어 있다고 가정

③ **3단계**: 중간 영상에 그림이 보이는지 확인하기
- ⓐ 만약 중간 영상에 그림이 보이다 보이지 않으면 보이지 않는 시간 확인 후, **탐색 종료**
- ⓑ ⓐ가 아니면, 영상 파일 집합을 중간 영상을 중심으로 두 개의 부분 집합으로 다시 나눔
  - ▶ 만약 중간 영상에 그림이 보이지 않았다면, 왼쪽 부분 집합에서 2단계 반복 수행
  - ▶ 만약 중간 영상에 그림이 보였다면, 두 번째 부분 집합에서 2단계 반복 수행

예를 들어 만약 도난당한 시각이 토요일 오후 23:48분이었다면, 82번째 영상 파일에서 그림이 보이다 보이지 않게 된다. 이 경우 다음과 같이 6번의 확인 작업으로

도난당한 시각을 알아낼 수 있게 된다. 만약 시간 순서대로 차례대로 영상 파일을 확인한다면 몇 번의 확인 작업이 필요할까? 순차적인 방법으로는 82번의 확인 작업이 필요하다. 어느 방법이 더 효율적일까?

[탐색 순서]

1. 240번째 영상 확인 (그림 X)
2. 120번째 영상 확인 (그림 X)
3. 60번째 영상 확인 (그림 O)
4. 90번째 영상 확인 (그림 X)
5. 75번째 영상 확인 (그림 O)
6. 82번째 영상 확인 (그림 O – 그림 X) – 탐색 종료

[확인 횟수]

이진 탐색: 6번 ❯ 순차적인 방법: 82번

② 예제 2: 잃어버린 물건 찾기

[문제] 200명의 아동이 있는 어린이집에서 어린이날을 맞이하여 선물을 똑같은 학용품으로 똑같은 선물상자에 넣어 준비하였다. 선물 포장을 함께 하던 원장 선생님은 선물 포장이 끝난 후에 손가락에 끼고 있던 금반지가 빠져 선물상자 안에 들어간 것을 깨닫게 되었다. 선물을 나누어 줄 시간이 다가오고 있는 상황에서 어떻게 하면 금반지가 들어있는 선물상자를 빨리 찾아낼 수 있을까?

[풀이] 이진 탐색 알고리즘을 이용하면 좀 더 빨리 찾을 수 있다. 그러나 선물은 포장이 되어 있으니, 중간에 있는 선물을 찾아 포장을 풀어 확인해야 하는 번거로움을 최소로 줄일 수 있는 다른 해결 방법을 생각해보도록 하자. 일단 선물꾸러미를 두 개 그룹으로 균등하게 나눈다. 그러면 나눈 두 개 그룹 중 어느 쪽에 금반지가 들어있는 선물상자가 있다는 것을 알 수 있을까? 이 문제를 푸는 열쇠는 바로 무게

이다. 선물은 똑같은 학용품을 똑같은 선물상자에 포장하였으므로 두 그룹의 무게를 비교해보면, 금반지가 있는 그룹의 무게가 더 무겁다. 따라서 양팔 저울을 사용하여 무게를 비교하면서 금반지가 들어있는 선물상자를 찾는다고 가정해보자. 이 경우 탐색하는 과정은 다음과 같다.

① 선물상자를 반으로 똑같이 나누어 양팔 저울 받침 위에 올린 후 무게를 비교

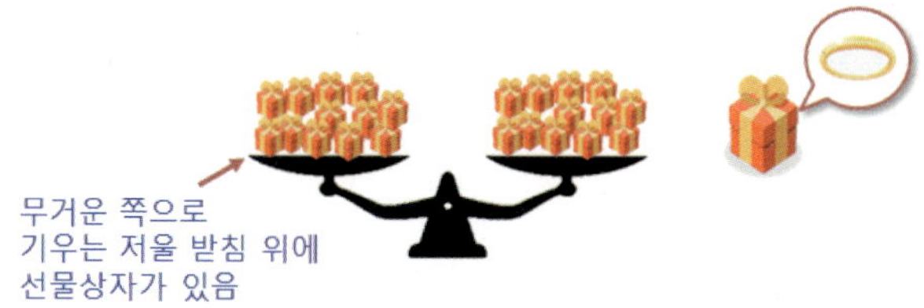

② 기우는 저울 받침 위에 있는 선물상자를 다시 반으로 나누어 올린 후 무게를 비교

③ 저울 받침 위에 상자가 각각 **한 개가 될 때까지 ② 의 작업을 반복**
이때 기우는 저울 받침 위에 있는 선물상자 안에 금반지가 들어 있음

선물상자의 개수를 두 개로 나눌 때 나누어야 할 선물상자의 개수가 홀수 개이면, 반지가 없는 것으로 판별된 선물상자 하나를 가져와 사용하면 된다. 이와 같은 방법을 사용하면 선물 포장을 한 번만 풀어 금반지를 찾을 수 있다. 선물상자 200개가 있는 경우에는 8번의 비교 작업(100 → 50 → 25 → 13 → 7 → 4 → 2 → 1)으로 금반지가 들어있는 선물상자를 찾을 수 있다. 순차적인 방법으로 하나씩 일일이 열어서 확인한다면 최악의 상황에는 200번을 확인해야 한다. 물론 운이 좋으면, 한 번만 확인해도 찾을 수 있다. 하지만 우리는 최악의 경우를 생각해야 하므로 분할 정복 기법을 사용하는 경우가 훨씬 더 효율적인 방법임을 알 수 있다.

[요약]

01. 분해는 패턴인식, 추상화, 알고리즘과 함께 컴퓨팅 사고의 주요 핵심요소이다.

02. 컴퓨팅 사고에서의 분해(decomposition)는 문제를 분석하여 이해하고, 이를 알기 쉬운 단위의 문제로 나누어 구조화할 수 있는 사고 능력이다.

03. 분해는 복잡한 문제를 해결 가능한 크기의 작은 단위의 부분 문제로 나누어 해결하는 문제해결 기법이다. 분해된 부분 문제들을 모두 해결하고 나면, 주어진 원래 문제가 해결된다. 분해된 부분 문제들은 순차 처리와 병렬 처리가 가능하다.

04. 분해 기법은 수학 문제와 우리 일상생활 속 문제해결에서도 아주 많이 사용되는 기법이다.

05. 분할 정복(divide and conquer) 알고리즘은 복잡한 문제를 아주 작거나 문제의 구성단위가 한 개로 이루어질 때까지 계속 분할하여 부분 문제로 나누고, 나눈 부분 문제들에 대한 해결책을 찾아서 전체 문제를 해결하는 문제해결 방법이다.

06. 분할 정복 알고리즘을 설계하는 과정은 크게 분할, 정복, 결합의 3단계로 이루어진다. 분할(divide)은 주어진 원래 문제를 비슷한 유형의 더 작은 부분 문제들로 나누는 것을 의미한다. 정복(conquer)은 나누어진 최하위 부분 문제에 대한 해결책을 찾아서 같은 방법의 해결책을 나머지 부분 문제들에 반복적으로 적용하여 부분 문제들을 해결하는 것을 의미한다. 마지막 단계에서 해결된 부분 문제들을 결합(combine)하면 주어진 원래 문제가 해결되는 것이다.

07. 분할 정복 알고리즘은 탐색과 정렬 알고리즘에서 아주 많이 사용되며, 이진 탐색(Binary Search), 버킷 정렬(Bucket Sort), 합병 정렬(Merge Sort)과 빠른 정렬(Quick Sort)이 대표적인 예이다. 이 이외에도 팩토리얼과 피보나치수열 계산, 히스토그램, 주어진 자료 집합에서 최댓값과 최솟값 찾기와 잃어버린 물건 찾기 등 다양한 분야의 문제해결에 응용되어 사용될 수 있는 알고리즘이다.

08. 이진 탐색은 정렬된 자료 집합에서 특정 값을 빠르게 찾을 수 있는 알고리즘이다.

09. 버킷 정렬은 특정 범위의 자료값들이 균일하게 분포되어 있을 때 정렬되어 있지 않은 자료 집합을 빠르게 정렬할 수 있는 알고리즘이다.

[참고문헌]

01. 김대수, "소프트웨어와 컴퓨팅 사고", 생능출판사, 2016.

02. 김재현 외, "컴퓨팅사고력 향상을 위한 문제해결과 알고리즘", 성균관대학교 출판부, 2017

03. 안성진, "Computational Thinking에 대한 이해", 정보문화포럼 2015년 연구 보고서, 2015. 12.

04. 천인국, "문제해결과 컴퓨팅 사고", 인피니티북스, 2018

05. Jeannette M. Wing, "Computational Thinking", COMMUNICATIONS OF THE ACM, March 2006, Vol. 49, No. 3, pp 33-35.

06. Aesop's Fables, https://www.umass.edu/aesop/content.php?n=4&i=1

07. BBC, Introduction to computational thinking, https://www.bbc.co.uk/bitesize/guides/zp92mp3/revision/1

08. Curriki. http://www.curriki.org/oer/Decomposition, https://www.curriki.org/oer/Decomposition-102906, https://www.curriki.org/oer/Decomposition-101158, https://www.curriki.org/oer/Colour-by-Number-Image-Representation?mrid=101017

09. Khan Academy, https://ko.khanacademy.org

10. KiKi Prottsman, http://games.thinkingmyself.com/

11. youtube, https://www.youtube.com/watch?v=zTeNgZk7weY,
https://www.youtube.com/watch?v=zTeNgZk7weY,
https://www.youtube.com/watch?v=qbnTZCj0ugI&t=103s,
https://www.youtube.com/watch?v=yQVTijX437c&feature=youtu.be
https://www.youtube.com/watch?v=qbnTZCj0ugI&t=103s

CHAPTER 05

패턴인식

이번 장에서는 다음과 같은 내용을 학습합니다.

- 컴퓨팅 사고를 통한 문제해결 과정에서 패턴인식에 대한 개념을 설명할 수 있다.
- 컴퓨팅 사고의 패턴인식의 필요성에 대해 설명할 수 있다.
- 패턴인식을 통해 문제를 단순화하여 문제를 해결하는 방법을 이해할 수 있다.
- 컴퓨팅 사고의 패턴인식을 생활 속의 문제해결에 적용할 수 있다.

본 장에서는 컴퓨팅 사고의 기초개념 중 하나인 패턴인식에 대해 다루게 된다. 패턴인식(pattern recognition)이란 문제 또는 데이터에서 일정한 경향, 반복되는 규칙, 공통적 속성과 같은 패턴을 찾아서 데이터를 식별할 수 있도록 분류하는 것을 의미한다. 우리가 어떤 문제를 해결할 때 문제 안에 내재된 패턴을 발견한다면 문제를 쉽게 해결할 수가 있으며 미래를 예측하고 조절이 가능하다. 본 장에서는 패턴인식의 개념과 실생활의 문제해결에 패턴인식이 어떻게 적용되는지 다양한 예제를 통해 알아본다.

5.1 패턴인식

COMPUTATIONAL THINKING

5.1.1 컴퓨팅 사고에서의 패턴

(1) 패턴(pattern)이란 무엇인가?

패턴은 우리의 생활에서 중요한 역할을 한다. 반복되는 사건이나 물체의 형태를 의미하는 것으로, 다양한 요소들이 예측이 가능한 방식으로 규칙이 반복되어 계속 나타나는 것을 의미한다. 우리가 사는 세상에는 다양한 패턴들이 있다. 자연의 패턴이 있고 자연을 모방하여 만든 인공적인 패턴도 있다. 일정한 형태를 지닌 것도 있지만, 소리처럼 보이지 않는 패턴도 있다. 이를 세심하게 관찰하면 서로 다른 사물이라도 비슷한 패턴을 갖고 있는 것들이 많다는 사실을 알 수 있다. 숫자 패턴에서부터 시각적, 과학적 패턴에 이르기까지 패턴은 우리 주위에서 쉽게 찾아 볼 수가 있다.

숫자 패턴　　시각적 패턴　　과학적 패턴

그림 5-1 다양한 패턴의 종류

패턴을 통해 우리는 사물이 어떻게 작동하는지를 더 잘 관찰하고 이해할 수가 있다. 규칙성(Regularity)이란 흔히 패턴(pattern)으로도 불리며 어떠한 기본 단위가 일정한 순서로 반복되는 것을 말한다. 우리는 어떤 사물이나 현상을 보고 들으면서 그 안에서 규칙성을 발견할 수 있다. 어떤 형태의 패턴이든 아래의 그림과 같이 간단한 것에서부터 복잡한 것에 이르기까지 규칙을 다양하게 변화시킬 수가 있다. 아래의 그림에서 규칙성을 찾아보자. 첫 번째 줄은 같은 수의 두 가지 종류의 과일, 즉 사과와 오렌지가 하나씩 반복적으로 나타난다. 사과를 A, 오렌지를 B로 표시하면 첫 번째 줄은 AB 유형으로 나타낼 수 있다. 두 번째 줄은 같은 수의 두 가지 과일이 두 개씩 반복적으로 나타나 있으므로 AA BB 유형으로 표시할 수 있다. 세 번째 줄은 과일의 개수를 두 개와 하나로 변화시킨 것이고 네 번째 줄은 과일의 종류를 하나 더 증가시켜 반복되는 ABC 유형의 패턴으로 나타낼 수 있다.

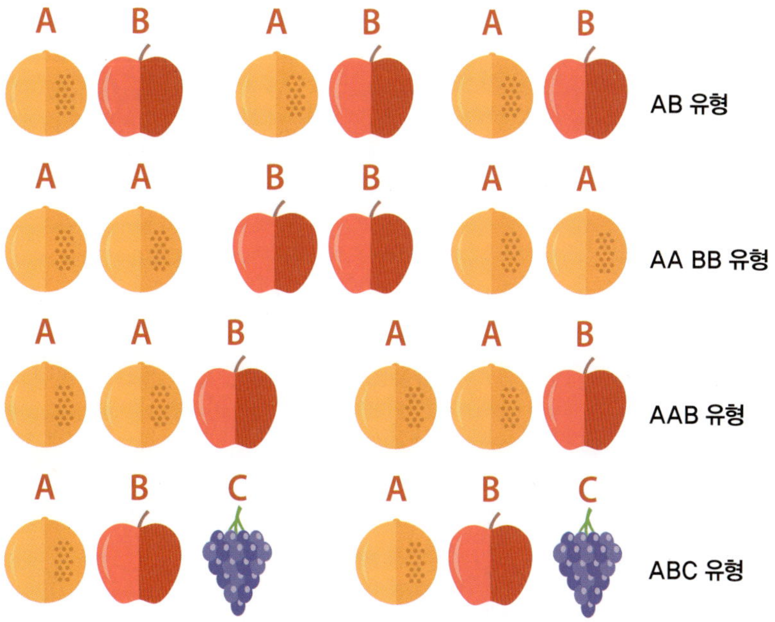

그림 5-2 과일로 나타낸 규칙성

이처럼 패턴 발견을 통해 문제를 단순화 할 수 있으며 불규칙하고 무질서하게 나타나는 현상들을 질서정연하게 정리할 수가 있다. 따라서 어떤 문제를 해결할 때 문제 안에 내재된 패턴을 발견한다면 문제를 쉽게 해결할 수가 있으며 미래를 예측하고 조절이 가능하다. 패턴을 알게 되면 다음에 무슨 일이 일어날지 예측할 수 있는 예를 한 가지 살펴보겠다. 아래의 첫 번째 그림에서는 어떤 패턴이 있는지 쉽게 찾을 수 있을 것이다. 토끼의 수가 1, 3, 5 로 이어지는 2씩 더해가는 패턴이므로 5 다음에는 7이므로 토끼는 7마리가 생성될 것으로 예측할 수 있다. 이외에 관찰을 면밀히 해보면 첫째 토끼와 나머지 토끼의 방향이 다르다는 것을 알 수 있으며 첫 번째 토끼를 제외한 나머지 토끼의 크기가 작다는 것을 알 수 있다. 7마리 토끼 중 첫째 토끼는 방향이 다르고 나머지 6마리는 크기가 작은 토끼가 생성될 것을 예측할 수 있다. 두 번째 그림에서는 수치가 1, 3, 5, 7이니 2씩 증가하는 패턴이므로 다음은 9가 올 것이다. 마지막 그림은 구슬의 개수가 1, 3, 6, 10 이니 다음에는 다섯 개의 구슬이 증가되어 10+5=15개의 구슬이 나타날 것임을 예상할 수가 있다. 이처럼 패턴을 알아내면 불규칙하고 무질서하게 나타나는 것처럼 보이던 것들이 질서정연하게 되므로 미래를 예측하고 조절할 수 있게 되는 것이다.

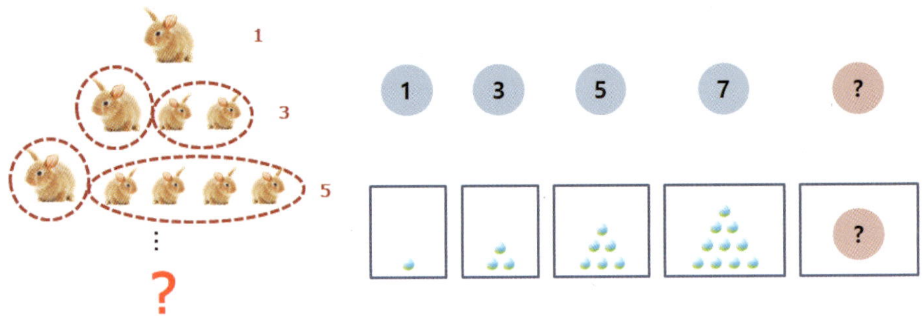

그림 5-3 패턴 예측 예제

이외에도 우리의 주변과 일상생활에서 다양한 패턴들을 쉽게 찾을 수가 있다.

- 월, 화, 수, 목, 금, 토, 일을 단위로 일주일이 반복되는 패턴
- 학교생활의 반복되는 시간표 패턴
- 빨간색, 황색, 초록색 순서로 반복되는 신호등 패턴
- 패션에서 직물에 반복하여 나타나는 패턴
- 각 나라별 전통문양 패턴

아래의 [그림 5-4]는 다양한 컴퓨터의 모습을 보여 주고 있다. 컴퓨터는 비록 세부적으로는 복잡한 형태이긴 하지만 그 안에서 반복적인 패턴을 찾을 수 있다면 문제를 단순화할 수 있는 단서를 갖게 된다. 컴퓨터 모양은 서로 다르지만 이들 컴퓨터는 본체, 모니터, 키보드, 마우스를 공통적으로 갖고 있다. 따라서 이들 컴퓨터는 공통적으로 갖고 있는 패턴이 있다는 것을 쉽게 알 수 있다. 그렇지만 크기, 색깔, 모양, 기능 등은 서로 다를 수 있다.

그림 5-4 다양한 컴퓨터 모양

우리가 문제들을 해결하기 위해서는 먼저 문제들이 공유하는 패턴을 찾는 것이 중요하다. 패턴을 공유하는 문제들은 하나의 다른 문제를 해결할 방법을 다른 문제에 적용하는 방식으로 다른 문제들을 쉽게 해결할 수가 있다. 예를 들어 컴퓨터를 설

계할 경우 본체, 모니터, 키보드, 마우스의 패턴은 대부분의 컴퓨터의 설계 문제에 공통적으로 존재하는 패턴이므로 다른 컴퓨터 설계에서도 사용할 수가 있다. 만약에 우리가 이러한 패턴을 발견하지 못하면 컴퓨터를 설계하는데 많은 시간이 소요될 것이다. 패턴은 서로 다른 문제 간에 존재할 수도 있고 각 문제 내에 존재할 수도 있다. 아이패드와 스마트폰 설계 시 컴퓨터 설계와 같은 패턴이 존재함을 알 수 있다. 이처럼 패턴은 동일한 문제 혹은 유사한 문제가 발생했을 때 동일한 해결책을 사용해 시간과 노력을 줄여서 문제를 해결할 수가 있다. 실생활과 주변에서 우리가 접하는 많은 문제들은 새로운 것들도 있지만 이전에 풀어 본 문제와 유사한 경우도 많기 때문이다. 우리가 수업이나 시험에서 만나는 문제 중에서 비슷한 문제라면 우리가 문제를 푸는 시간과 노력이 그만큼 줄어들 것이다. 예를 들어 병의 치료제를 찾으려 할 때 과학자들은 이미 발병한 사람들의 의학 데이터를 바탕으로 질병 발생에 어떤 패턴이 있는지 찾으려 할 것이다. 관련된 질병의 패턴을 찾으면 문제를 해결할 수 있으므로 질병을 예방할 수 있다.

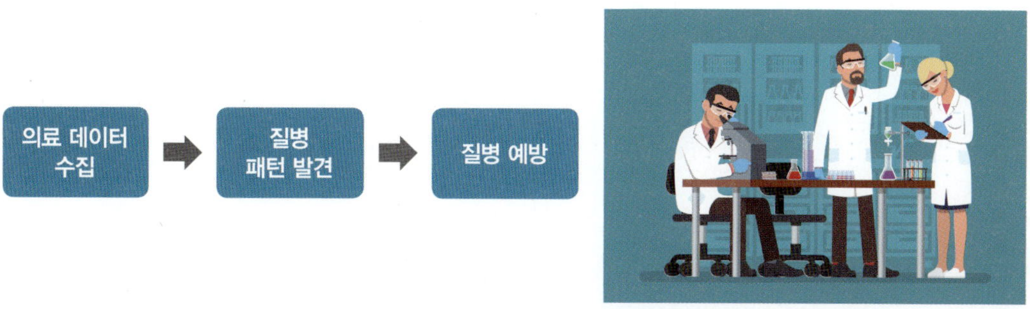

그림 5-5 의학 분야에서의 패턴 이용

5.1.2 패턴인식(pattern recognition)이란?

패턴인식이란 문제 또는 데이터에서 일정한 경향, 반복되는 규칙, 공통적 속성과 같은 패턴을 찾아서 데이터를 식별할 수 있도록 분류하는 것을 의미한다. 우리는 주변의 문자, 이미지, 음악, 물체를 인식할 수 있는데 이를 감각적 인식(sensory recognition)이라고 한다.

- 감각적 인식(sensory recognition): 시각 및 청각 등 감각적인 패턴들과 공간적이고 시간적인 패턴들을 인식하는 것을 의미함.
- 개념적 인식(conceptual recognition): 추상적인 항목을 인식하는 것을 의미함.

다음의 그림을 살펴보면 규칙에 따라 변하는 패턴이 있다. 오른 쪽 ? 란에는 어떤 패턴이 표시되어야 할까? 사각형 도형안의 도형이 반시계 방향으로 하나씩 이동 되는 규칙을 발견할 수 있다. 대부분의 사람들은 이 문제를 풀기 위해 순서대로 그림을 보며 그림들 사이에 존재하는 규칙성을 찾아낼 것이다. 바로 패턴을 찾아서 다음 그림을 예상하여 푸는 '패턴 찾기' 문제이다. 이 문제를 해결하는 과정에서 우리가 경험한 개념이 바로 '패턴인식'이다. 패턴인식은 문제를 해결하는데 있어 반복되는 현상을 찾아내는 것을 의미한다.

아래의 그림을 보면 알파벳 대문자가 3행 3열 안에 표시되어 있다. 문자 배열에서 규칙을 발견하면, 즉 패턴을 발견하면 '?'에 어떤 문자들이 어떻게 변하는지 예측할 수가 있다. 패턴을 찾기 위해 관찰해 보면 E 문자는 변하지 않고 다른 문자들이 시계방향으로 한 칸씩 이동하는 것을 볼 수가 있다.

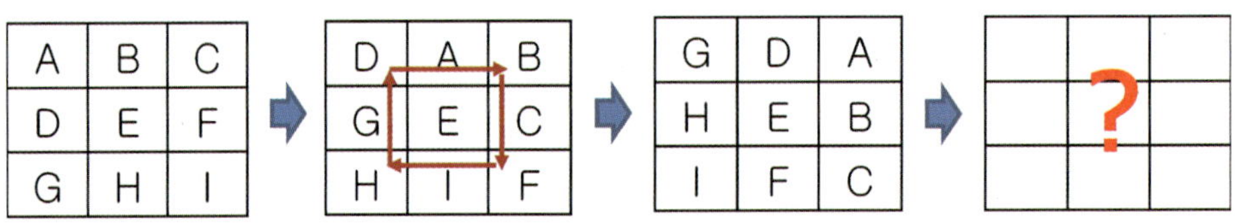

아래의 삼각형 도형 안에서 패턴을 발견한 후 '?'에 들어갈 수와 도형, 문자를 예측해 보자.

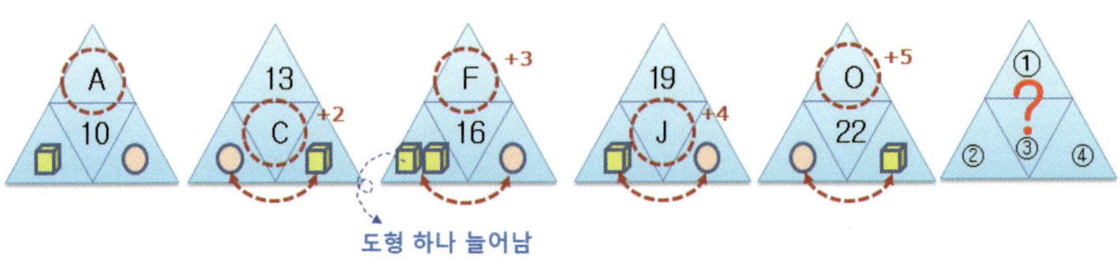

먼저 패턴 규칙을 문자 패턴, 수치 패턴, 도형 패턴으로 나누어 볼 수 있다. 문자 패턴은 삼각형의 위, 아래 영역의 자리를 이동하면서 2, 3, 4, 5만큼 문자가 증가된다. 수치 패턴은 10부터 시작하여 3씩 증가하면서 아래, 위 영역의 자리로 이동한다. 도형 패턴은 정육면체, 원으로 시작하여 자리를 변경한 후 왼쪽 도형이 하나 더 증가됨을 인식할 수 있다. 따라서 ?의 ① 자리에 들어갈 값은 25(22 + 3), ②의 자리에는 왼쪽 도형이 하나 증가되어 정육면체 도형 2개, ③의 자리에는 영문자 U(O + 6), ④의 자리에는 원 도형이 들어가는 것을 예측할 수 있다. 패턴인식은 컴퓨팅

사고의 기본 기법 중 하나로 감각(Senses) 및 사전 지식을 통해 어떠한 대상이 가진 특징이나 속성을 추출하고 그 대상이 무엇인지를 식별, 분류하는 것을 의미한다. 즉 문제를 해결하기 위해 데이터 안에 있는 패턴, 동향, 규칙들을 관찰하는 과정을 의미하며 여러 단계를 거치면서 데이터가 가진 특징에 적합한 분류 방법을 사용하여 문제를 해결하는 것이다.

패턴인식은 차량 번호판 인식, 수표 및 지폐 인식의 문자인식 분야, 음성인식, 지문인식과 같은 생체인식 분야, 의료 진단과 같은 진단 시스템 분야, 보안과 군사 분야 등 다양한 분야에서 세심한 관찰을 통해 공통의 특징들을 찾아내는 패턴인식을 응용하여 사용하고 있다.

그림 5-6 패턴인식을 활용하는 다양한 분야

5.1.3 자기유사성 패턴인 프랙탈

자연 속에서도 무수한 패턴이 존재한다. 자연에 존재하는 지층, 눈의 결정, 나무의 나이테나 정육각형의 벌집 등에서도 패턴을 발견할 수 있다. 정육각형 모양으로 이루어진 눈의 결정은 잘게 쪼개도 정육각형 모양으로 구성되어 있다. 이와 같이 부분과 전체가 유사한 모양을 하고 있는 것을 프랙탈이라고 한다.

지층 눈송이 결정 나이테 벌집

그림 5-7 자연에 존재하는 프랙탈의 예

만델브로트의 프랙탈 이론은 패턴인식에서 출발한다. 그는 자신의 논문 '자연의 프랙탈 기하학'에서 프랙탈 이론을 제시했다. 영국의 리아스식 해안을 면밀히 관찰하면서 해안선의 형태에 일정한 유형, 즉 패턴이 있다는 것을 알아냈다. 이를 체계적으로 탐구한 끝에 자연계는 온통 '자기유사성'을 나타내는 패턴인 프랙탈 구조로 가득 차있다는 것을 발견했다. 아래의 [그림 5-9]는 같은 패턴으로 계속 자라나는 식물인 고사리이다.

브누아 만델브로트
(Benoît B. Mandelbrot, 1924~2010)

자연계는 '자기유사성'패턴인 프랙탈 구조로 가득 차 있음

그림 5-8 만델브로트의 프랙탈 이론

이처럼 유사한 패턴을 보이며 반복되는 자연계의 프랙탈 구조를 이용하면 인위적으로 그와 같은 구조를 만들어낼 수도 있다. 패턴을 분석하고 컴퓨터에 입력해 유사한 계산 과정을 반복하여 실행하면 다음에 나타날 패턴을 예상할 수 있다. 슈퍼컴퓨터를 이용해 일기예보의 정확성을 높이는 것도 일종의 프랙탈 이론을 응용한 것이다. 1970년 대에 수학자 만델브로트에 의해 프랙탈의 개념이 도입된 후 자연계의 많은 대상에서 분석 도구로 사용하고 있다. 우리가 나물로 자주 요리해 먹는 양치식물인 고사리의 잎도 프랙탈 구조를 갖고 있다. 그림에서 알 수 있듯이 고사리 잎을 살펴보면 하나의 줄기와 전체 모양이 같은 모양임을 알 수 있다.

그림 5-9 고사리의 프랙탈 구조

프랙탈을 잘 알게 되면 복잡한 자연의 특징을 설명하고 이용하는데 큰 도움이 된다. 즉 대부분의 자연현상은 우리가 수학 시간에 다루었던 삼각형, 사각형, 원과 같은 기하학적 도형이 아닌 프랙탈 도형이다. 사람의 폐의 프랙탈, 고사리나 브로콜리와 같은 식물의 프랙탈, 주름 가득한 뇌, 눈송이 등 복잡한 자연의 특징을 프랙탈을 통해 잘 이해할 수있다.

사람의 폐 | 식물 | 뇌 | 눈송이 결정

그림 5-910 프랙탈 구조의 다양한 예

이처럼 같은 모양이 반복되는 것을 시어핀스키 삼각형에서도 발견할 수 있다. 프랙탈이란 부분과 전체가 크기만 다를 뿐 똑같은 모양을 무한히 반복하고 있는 구조를 의미한다. 간단한 프랙탈 도형인 시어핀스키 삼각형은 각 변의 중점을 서로 연결하여 네 개의 작은 삼각형으로 나눈 뒤에 가운데 있는 작은 삼각형을 지우는 과정을 되풀이하는 도형이다. 이러한 규칙성은 수의 체계를 이해하는 기초를 제공한다.

규칙성에 대한 인식은 현상에 대한 통찰력을 가질 수 있도록 한다. 예를 들어, 기후변화의 규칙성을 통해 다가올 계절이나 날씨의 변화를 예측할 수가 있다. 규칙성을 발견하고 이를 수학적으로 표현하는 기회를 통해서 우리가 살고 있는 주위 환경에서 수학이 어떻게 활용되고 있는가를 이해하게 되며, 주어진 정보를 분류하고 조직하는 능력을 향상시킬 수 있다. 프랙탈 도형인 시어핀스키 삼각형에서 다음과 같은 규칙성을 발견할 수 있다.

- 삼각형의 개수는 단계마다 3배가 증가된다.
- 삼각형의 한 변의 길이는 1/2로 줄어든다.
- 넓이는 단계마다 3/4배가 된다.

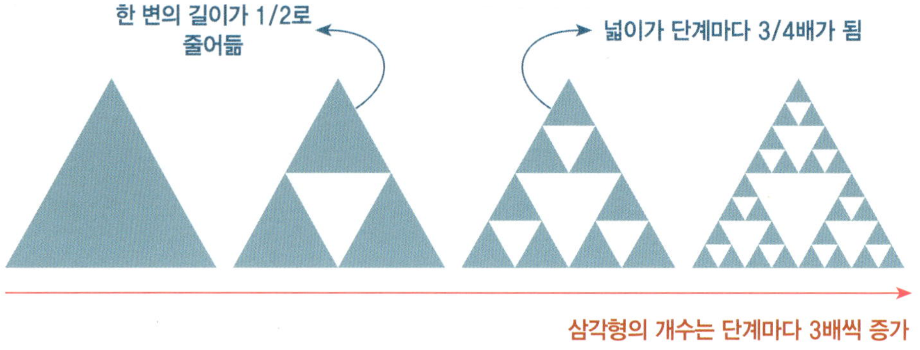

재귀형 패턴은 패턴 전체 또는 패턴 일부분이 패턴의 한 부분 속에서 반복되고, 그 패턴 또한 패턴 일부분에서 반복되는 형태이다. 재귀형 패턴은 자기 형태를 참조하기 때문에 때때로 자기 참조적이라고 불린다. 컴퓨터에서 재귀 함수(recursive function)는 자기 자신을 부르는 함수를 의미하는데 어떤 함수가 있을 때 그 안에서 자기 자신을 호출하는 함수를 재귀함수라고 한다. 재귀함수를 사용하면 컴퓨팅에서 프로그래밍 해야 할 코드의 양을 줄일 수 있다. 블록형 프로그래밍 언어인 스크래치(Scratch)를 통해서 아래와 같이 간단하게 작성할 수 있다. 삼각형을 그리는 시어핀스키 함수를 만들고 시어핀스키 함수 안에서 자기 자신을 호출하는 재귀함수를 작성하여 삼각형 3개를 그릴 수 있다. 이처럼 똑같은 삼각형 3개를 반복하여 그려야 하므로 3번 자기 자신을 호출하게 작성하면 된다.

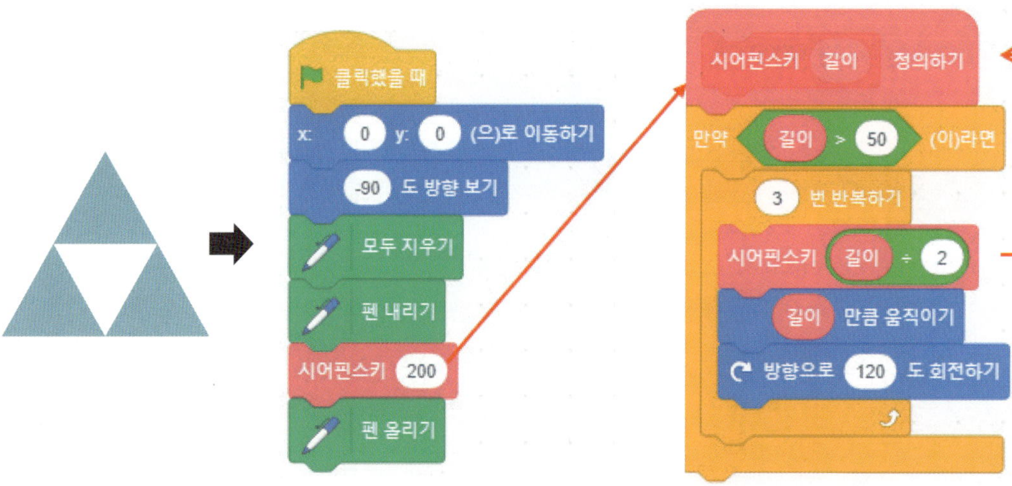

그림 5-11 블록형 프로그래밍 언어 '스크래치(Scratch)'

5.2 패턴인식을 통한 문제해결 예제

5.2.1 수학 문제와 관련된 패턴인식

컴퓨터 과학은 우리가 살고 있는 세상의 여러 분야에 관련되어 있는데, 특히 수학, 예술, 컴퓨터 과학은 서로 긴밀하게 연결되어 있다. 패턴인식은 수학 문제를 해결해나가는 데도 많이 활용한다. 19세기 독일의 수학자 가우스의 어릴 때의 수학 일화를 살펴보면, 어렸을 때부터 남다른 수학 실력을 보였던 가우스는 초등학교 3학년 수업시간에 뷔트너 선생님이 1부터 100까지의 합을 구하라는 수학 문제를 칠판에 적었다. 대부분의 학생들은 1 + 2 = 3, 3 + 3 = 6, 6 + 4 = 10...의 식으로 1에서 100까지의 숫자를 하나하나 더해가고 있었는데 갑자기 가우스가 일어나 답을 말했다. 가우스는 계산 능력이 뛰어난 것이 아니라 패턴을 인식할 수 있었기 때문에 몇 초 만에 문제를 해결할 수 있었던 것이다.

$$
\begin{array}{ccccccccccccc}
 & 1 & + & 2 & + & 3 & + \cdots\cdots + & 98 & + & 99 & + & 100 \\
+ & 100 & + & 99 & + & 98 & + \cdots\cdots + & 3 & + & 2 & + & 1 \\
\hline
 & 101 & + & 101 & + & 101 & + \cdots\cdots + & 101 & + & 101 & + & 101
\end{array}
$$

위의 식을 보면 1부터 100까지의 합에 다시 100부터 1까지를 거꾸로 더하여 각각의 합이 모두 101이 되며 총 100개가 나온다. 그러나 1에서 100까지를 두 번 더했기 때문에 2로 나누어 주어야 한다. (101 × 100) / 2 = 5050이 되는 것이다. 가우스는 더하라는 문제 안에 있는 패턴을 찾아서 순식간에 해결을 할 수 있었던 것이다. 이를 수학공식으로 표시해보면 $n \times (n + 1)/2$로 표시할 수 있다.

5.2.2 RGB를 이용한 무대조명 색상 변경

학교 강당에는 빨간색, 초록색, 파란색 빛을 내는 조명이 각각 하나씩 있다. 무대의 조명은 5분마다 파란색, 초록색, 노랑색, 다홍색, 검정색, 흰색 순으로 변경되어야 한다. 어떻게 각각의 시간 동안 빨강, 초록, 파랑 조명을 켜고 꺼야 할지 생각해보자. 무대 조명색은 RGB를 혼합하여 색상을 변경할 수 있는데 R은 빨강(Red), G는 초록(Green), B는 파랑(Blue)을 의미한다. 이 세 가지 색은 빛의 3원색이라고도 하는데, 세 가지의 색을 띠는 빛을 정도를 다르게 하면서 서로 겹치면 더 밝아지면서 다른 색으로 변하게 된다.

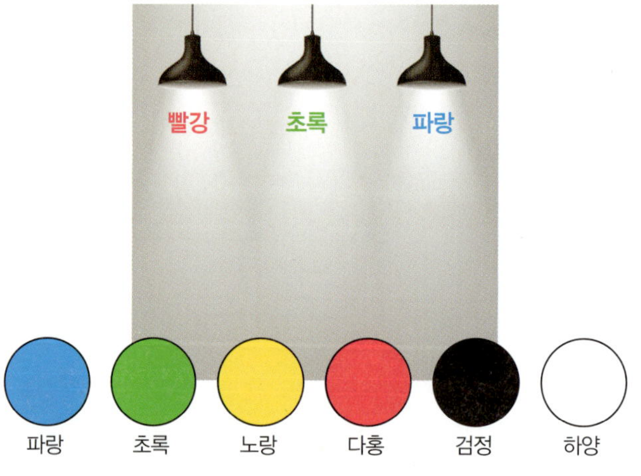

공연이 시작되면 처음에는 파랑(B) 조명이 켜져야 하므로 빨강(R)과 초록 조명(G)은 off하고 파랑 조명(B)만 on 하면 된다. 5분후에는 초록 조명만 on을 하고 10분 후에는 노랑 조명이 켜져야 하므로 빨강 조명과 초록 조명 두 개를 on하고 파랑 조명은 off하면 된다. 아래에 요약하여 표시하였다.

R	G	B	색상
off	off	off	검정색
off	off	on	파란색
off	on	off	초록색
on	off	off	빨간색
on	off	on	다홍색
on	on	off	노랑색
on	on	on	흰색

시간	무대조명		
시작	off	off	on
5분 후	off	on	off
10분 후	on	on	off
15분 후	on	off	on
20분 후	off	off	off
25분 후	on	on	on

우리가 일상생활에서 사물이나 현상에서 나타나는 반복적인 순서나 양식에 의문을 제기하고, 그 해답을 찾아내기 위해 집중적으로 보고 듣고 느끼는 훈련을 통해 패턴인식 능력을 향상시키고 문제를 해결할 수 있는 역량을 키울 수 있다. 우리가 새로운 것을 창조하기 위해서는 현재 존재하지 않는 미래의 일들을 상상하고 예측해야 한다. 이것은 과학, 예술, 사회 등 모든 분야에 적용된다. 우리는 패턴인식을 통해 미래의 일들을 예상할 수 있다. 일어나지 않은 일을 상상해보거나 예측해보는 일은 창의력을 키우는 데 큰 도움이 될 것이다.

5.2.3 마방진 패턴을 통한 문제해결

수는 규칙성과 조화성을 동시에 가지고 있으므로 고대 철학자들은 생활 속의 모든 부분을 '수(數)'로 나타내고자 하였다. 우리가 자주 사용하는 숫자 속에는 어떠한 규칙이 숨어있는 것일까? 숫자의 배열은 매우 복잡해 보이지만 그 속에는 많은 자연 철학이 숨겨져 있다. 마방진의 기원은 지금으로부터 약 3,000년 전 중국의 하(夏)나라의 우왕이 강의 치수 공사를 하던 중에 물속에서 나온 거북이 등에 있는 무늬를 보고 처음으로 생각했다고 한다. [그림 5-12]를 살펴보면 거북이 등에 1부터 9까지의 숫자를 점의 개수로 나타낸 것이 보일 것이다. 이 수들의 배열이 가로, 세로, 대각선으로 더하면 항상 합이 15로 같다는 패턴을 찾게 되었다고 한다. 거북이 등의 첫 번째 줄무늬 모양을 수치 4, 9, 2로 표시할 수 있다. 두 번째 줄의 무늬 모양을 수치 3, 5, 7로 나타낼 수 있으며 세 번째 줄은 8, 1, 6으로 나타낼 수 있다. 이를 거북이 등 그림 옆에 3행 3열로 표시하였다.

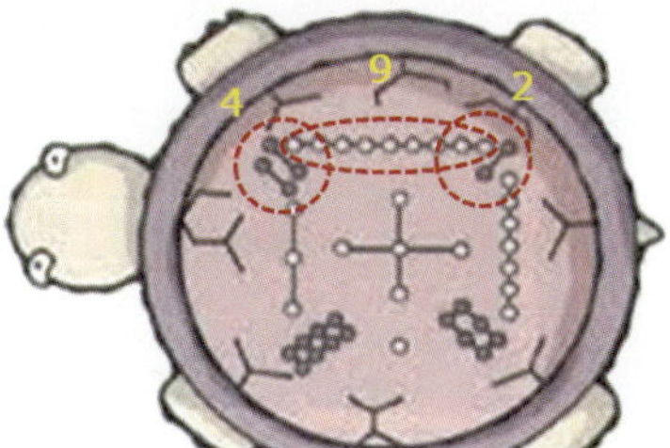

4	9	2
3	5	7
8	1	6

그림 5-12 거북이 등 마방진

1부터 n^2 까지의 연속된 자연수를 가로, 세로, 대각선의 합이 같아지도록 정사각형 모양으로 배열한 마방진(magic square)은 마술적인 정사각형 숫자 배열이라는 의미이다. 마방진의 차수는 정사각형의 각 변에 놓인 수의 개수를 의미하며 사각형 모양의 숫자 배열을 방진이라고 한다. 따라서 마방진은 마술적인 성질을 가진 정사각형 숫자 배열이라고 할 수 있다. 마방진을 태양계의 행성들과 일대일로 대응시켜 3차 마방진은 토성, 4차 마방진은 목성, 5차 마방진은 화성, 6차 마방진은 태양, 7차 마방진은 금성, 8차 마방진은 수성, 9차 마방진은 달과 각각 연결시켜 사용했다.

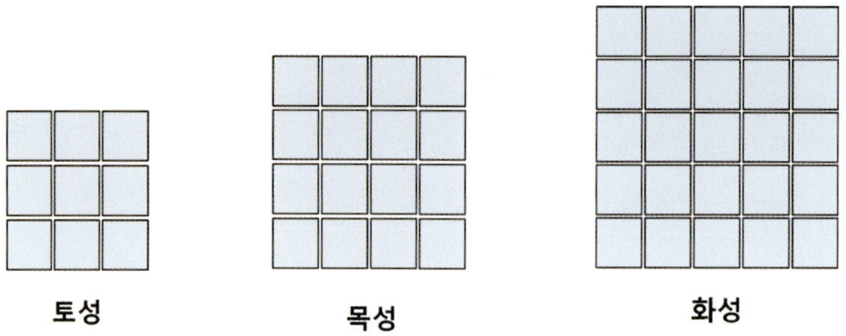

현재 유물로 남아 있는 독일 화가 알브레히트 뒤러(1471~1528)의 판화 작품 '멜랑콜리아'에서도 마방진을 찾아볼 수가 있다. [그림 5-13] 왼쪽 그림의 위쪽 부분에 가로, 세로, 대각선의 합이 34로 일정한 4차 마방진이 새겨져 있는 것을 볼 수 있다. 왼쪽 그림에는 흐릿하게 보여 오른쪽에 마방진을 별도로 표시하였다.

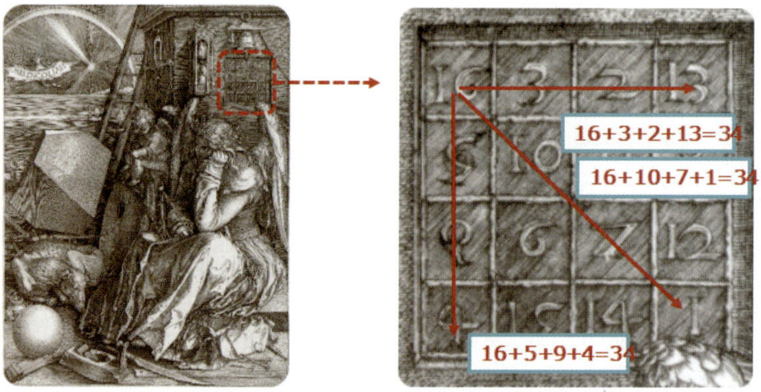

그림 5-13 멜랑콜리아(Melancholia) 마방진

판화 그림의 왼쪽 중간 부분에 등장하는 끝이 잘린 다면체와 그 아래에 있는 우울증을 상징하는 개, 위쪽 가운데 있는 시간의 덧없음을 보여주는 모래시계, 비어 있는 저울 등의 물체는 우울함으로 대변되는 토성을 나타낸다, 화가는 냉철함의 상징인 목성과 연결되는 4차 마방진을 그림에 새겨 넣음으로써 토성의 우울함을 치료하는 부적 역할을 하도록 한 것이다. 맨 밑줄 가운데 두 개의 숫자들이 이 마방진이 만들어진 연도와 동일한 '1514' 이다.

우리나라에서도 마방진 패턴을 찾아볼 수 있다. 조선시대 화가 김홍도의 "씨름"에도 마방진의 비밀이 숨어져 있음을 알 수 있다. 이를 찾아 마방진으로 표현하면 [그림 5-14]와 같다. 김홍도의 씨름 그림을 십자선으로 나눈 후 십자선을 기준으로 해당 영역에 있는 사람 수를 숫자로 표시하여 대각선으로 더하면 모두 12가 나오는 것을 알 수 있다. 이를 오른쪽에 마방진으로 표시하였는데 수치가 대각선상에 표시되는 것을 알 수 있다. 이와 같은 수의 배열을 X자형 마방진이라고 부른다.

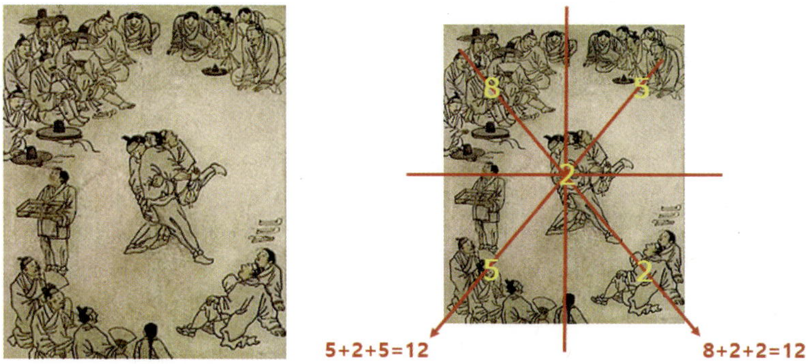

8		5
	2	
5		2

X자형 마방진

그림 5-14 김홍도 作 〈씨름〉

이외에도 이순신 장군의 거북선 역시 천재적인 패턴인식의 산물이다. 이순신 장군은 딱딱한 거북 등껍질에서 '방패의 패턴'을 읽었으며, 전투함에 세계 최초로 철갑의 개념을 도입했다. 과거나 현재를 보는 것도 중요하지만 새로운 것을 창조하기 위해서는 현존하지 않는 미래의 일들을 상상하고 예측할 수 있어야 한다. 이것은 사회, 과학, 예술 등의 모든 분야에 적용되는 경우이다. 우리는 패턴인식 과정을 통해 관찰하고 그 안에서 패턴을 찾아낸 후 미래를 예측하는 일 또한 할 수 있으므로 창의력을 신장하는데 많은 도움이 될 것이다.

새로운 것을 창조하기 위해서는 현존하지 않는 미래의 일들을 상상하고 예측해야 함

5.2.4 암호 패턴

(1) 스키테일 암호

암호는 이전에는 군사용으로 주로 사용되어 왔으나 현대에는 우리의 일상생활과 밀접한 관련을 가지고 있는 은행, 전자우편, 휴대전화 등 일상생활 전반에 걸쳐 광범위하게 사용되고 있다. 암호화된 메시지를 해독하려면 사용자는 기호에 사용된 패턴을 식별해야 한다. 최초의 암호문은 아래의 [그림 5-15]에 표시한 스파르타 시대의 스키테일(scytale) 암호이다. 오늘날의 시각에서 스키테일 암호를 살펴보면 일반인들도 쉽게 풀 수가 있을 정도로 간단하지만 그때 당시로서는 아무나 쉽게 암호문을 열어볼 수 없는 아주 교묘하고도 획기적인 방법이었다. 스키테일 암호는 다음과 같은 방법으로 암호화한다.

- 암호를 공유하는 사람들끼리 같은 굵기의 원통형 막대를 나누어 가지고 있다. 이 원통형 막대의 이름은 스키테일이다.
- 암호를 비밀리에 보내는 사람은 스키테일에 일정한 굵기의 종이를 나선으로 말아서 가로로 전달할 메시지를 적는다.
- 막대에 감았던 종이를 풀어서 글자 순서가 섞인 상태로 전달한다.
- 암호를 받는 사람은 사전에 함께 나누어 가진 같은 굵기의 스키테일에 종이를 감아 원래 메시지가 무엇이었는지 알아낼 수 있다. 그러나 스키테일 암호는 원통의 굵기를 알면 모든 사람이 해독할 수 있으므로 보안에는 취약한 단점이 있다.

그림 5-15 스파르타 시대의 스키테일(Scytale) 암호

(2) 시저 암호(Caesar cipher, 카이사르 암호)

로마의 황제였던 줄리어스 시저(Julius Caesar)는 전쟁 중 작전 보고를 전달할 때 문자를 다른 문자로 바꾸는 치환암호(Substitution Cipher)를 사용한 것으로 알려져 있다. 시저는 말년에 브루투스에게 암살당하기 전에 가족들로부터 긴급 메시지를 받았다. 메시지에는 'EH FDUHIXO IRU DVVDVVLQDWRU'라 쓰여 있었는데 이는 각 알파벳순으로 3 문자씩 뒤로 이동시켜 읽는 방법으로 암호를 만든 것이다. 암호문을 해독할 때는 알파벳 순서에서 3문자씩 당겨 읽으면 본래 메시지를 알 수 있다. 시저 암호는 평문 문자를 다른 하나의 암호문 문자로 대치하는 방식인 단

일 대치 암호기법을 사용한다. 평문을 암호화(encryption)하면 암호문이 되고 암호문을 해독, 즉 복호화(decryption)하면 평문이 된다.

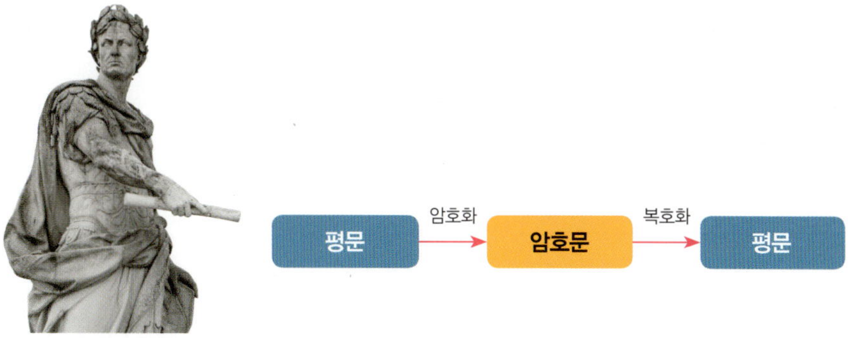

줄리어스 시저
(Julius Caesar, BC 49~AC 44)

그림 5-16 줄리어스 시저와 암호화 및 복호화 과정

아래에 시저 암호표가 나타나 있듯이 시저가 받은 메시지를 3글자씩 당겨서 읽어보면 'EH FDUHIXO IRU DVVDVVLQDWRU' 암호문에서 E는 B로, H는 E로 해독이 되므로 모든 문자를 해독하면 'BE CAREFUL FOR ASSASSINATOR'이 된다. 즉 '암살자를 주의하라'는 메시지이다. 이 시저 암호는 몇 문자씩 이동할지를 바꿔가면서 사용할 수 있으므로 스키테일 암호보다는 보안이 조금 더 강화되었지만 암호를 풀려고 여러 번 시도해보면 금방 풀 수 있는 암호 방식이다.

평문	A	B	C	D	E	F	G	H	I	J	K	L	M	N	O	P	Q	R	S	T	U	V	W	X	Y	Z
암호	D	E	F	G	H	I	J	K	L	M	N	O	P	Q	R	S	T	U	V	W	X	Y	Z	A	B	C

'EH FDUHIXO IRU DVVDVVLQDWRU' → 'BE CAREFUL FOR ASSASSINATOR' (암살자를 주의하라)

시저 암호의 암호화 절차를 수학적으로 표기하여 해결하는 방법에 대해 알아보면, 아래의 시저 암호표에서 시저 암호는 영문자(A~Z)에 수치 0부터 25까지를 부여하고 이 문자를 비밀키(26보다 작은 하나의 숫자)와 조합하여 Modulo 연산을 통해 암호화, 복호화 할 수 있다. 모듈로 연산은 보통 mod로 표기하는데 나머지를 구하는 연산기호이다. n mod m은 n을 m으로 나눈 나머지를 구하는 것을 의미한다.

표 5-1 시저 암호표

평문	A	B	C	D	E	F	G	H	I	J	K	L	M	N	O	P	Q	R	S	T	U	V	W	X	Y	Z
수치	0	1	2	3	4	5	6	7	8	9	10	11	12	13	14	15	16	17	18	19	20	21	22	23	24	25

s는 암호문이고 p는 누구나 읽을 수 있는 문서로 평문/암호문을 암호화/복호화시킬 때 필요한 비밀키를 k로 표시하면 암호문과 평문을 수식으로 표시할 수 있다. 평문을 암호문으로 변환하는 과정을 암호화라고 하며 암호문을 다시 평문으로 변환하는 과정을 복호화라고 한다. 0부터 25까지의 수를 영문자로 대응했으므로 26으로 나눈 나머지 값 0에서 25를 사용한다.

암호문 s와 평문 p를 수식으로 표현하면 아래와 같이 나타낼 수 있다.

$$s(\text{암호문}) = p(\text{평문}) + k(\text{비밀키}) \bmod 26$$

$$p(\text{평문}) = s(\text{암호문}) - k(\text{비밀키}) \bmod 26$$

시저 암호의 암호화하는 과정을 [그림 5-17]에 표시하였다. 먼저 평문을 작성한다. 암호화에 사용할 비밀키 값을 설정한 후 평문을 암호문으로 변환하고 암호문과 비밀키 값을 전송한다. 암호문을 받은 쪽에서는 비밀키를 이용하여 해독하여 평문으로 변환한다.

그림 5-17 시저 암호의 암호화 과정

이전에 살펴보았던 '암살자를 조심하라'는 평문 중 'CAREFUL'을 암호화하여 ' 'FDUHIXO' 암호문을 만드는 예를 수학적으로 해결해보면, 3개의 문자를 당겨서 암호화하였으니 비밀키 k 값이 3이 된다. 영문자 C에 대한 암호문을 구할 때 s(암호문) = p(평문) + k(비밀키) mod 26 공식에 맞추어 풀어보면, 영문자 C는 시저 암호표에서 수치 2이므로 2에다가 비밀키 값 3을 더하면 5가 된다. 5를 26으로 나눈 나머지를 구하면 5가 된다. 즉 수치 5에 해당하는 문자는 F가 된다. 즉 비밀키 3만큼 뒤로 밀려서 읽으면 되므로 c에 해당하는 값 2 + 3 , 5에 해당하는 문자 F가 되는 것이다.

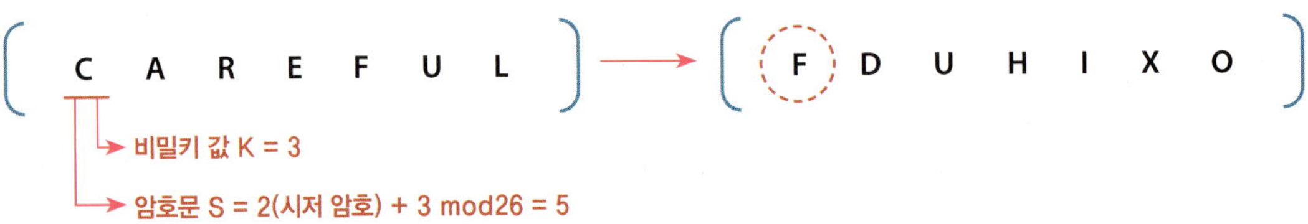

표 5-2 시저 암호표

평문	A	B	C	D	E	F	G	H	I	J	K	L	M	N	O	P	Q	R	S	T	U	V	W	X	Y	Z
수치	0	1	2	3	4	5	6	7	8	9	10	11	12	13	14	15	16	17	18	19	20	21	22	23	24	25

두 번째 문자 A는 0 + 3, 즉 3을 26으로 나눈 나머지 3이 암호문 문자 D가 된다. 같은 방법으로 문자를 암호화하면 된다. 따라서 결과는 'FDUHIXO'이다. 반대로 암호를 복호화하여 평문을 만들어 보면 암호문은 비밀키 3을 더했으므로 평문은 비밀키 3을 빼면 될 것이다. 즉 p(평문) = s(암호문) − k(비밀키) mod 26에 따라서 먼저 암호문의 첫 문자 F를 복호화 해보면, F는 5에서 비밀키 3을 뺀 결과 2를 26으로 나눈 나머지를 구하면 된다. 결과는 2가 되므로 2에 해당하는 문자 'C'로 풀 수가 있다. 이처럼 하나의 문자가 하나의 암호문으로 바뀌기 때문에 암호문에 나타난 문자의 출현 빈도수를 보고 통계학적인 방법으로 분석하면 쉽게 비밀키를 찾아낼 수 있는 것이 단점이다.

5.2.6 피보나치 수와 관련된 패턴인식

한 농장에서 1월에 갓 태어난 앵무새 암수 한 쌍이 있는데 한 쌍의 앵무새는 생후 1개월이 지난 후에 성인 앵무새로 자라고, 성인 앵무새가 되면 한 달마다 다시 암수 한 쌍을 낳는다. 만약에 어떤 앵무새도 죽지 않는다고 가정을 하면 10달이 지난 후에는 앵무새가 모두 몇 쌍이 될까?

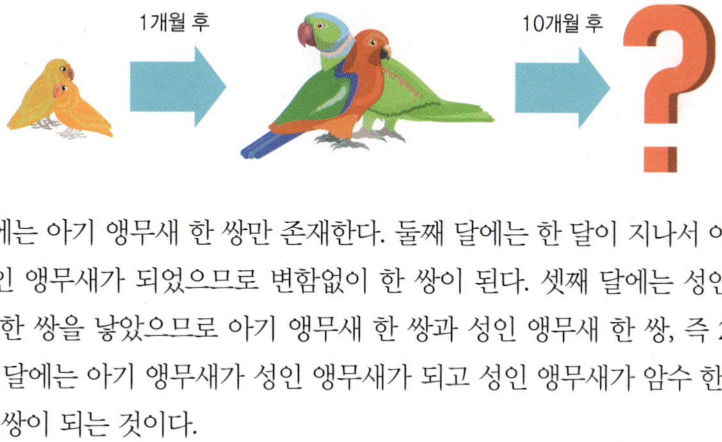

첫째 달에는 아기 앵무새 한 쌍만 존재한다. 둘째 달에는 한 달이 지나서 아기 앵무새가 성인 앵무새가 되었으므로 변함없이 한 쌍이 된다. 셋째 달에는 성인 앵무새가 암수 한 쌍을 낳았으므로 아기 앵무새 한 쌍과 성인 앵무새 한 쌍, 즉 2쌍이 된다. 넷째 달에는 아기 앵무새가 성인 앵무새가 되고 성인 앵무새가 암수 한 쌍을 낳으므로 3쌍이 되는 것이다.

이러한 패턴대로 늘어나는 앵무새 가족의 다음 세대의 수를 월별로 구하여 [표 5-3]에 나타내었다. 표에서 알 수 있듯이 10월이 되면 전체 앵무새 쌍의 수는 55쌍이 된다.

표 5-3 월별 앵무새 쌍의 수

월	아기 앵무새	성인 앵무새	전체 앵무새 쌍의 수
1월	1	0	1
2월	0	1	1
3월	1	1	2
4월	1	2	3
5월	2	3	5
6월	3	5	8
7월	5	8	13
8월	8	13	21
9월	13	21	34
10월	21	34	55

이 패턴에서 우리는 연속한 항의 합이 그 다음 항이 되는 피보나치수열을 얻을 수 있다. 처음에는 똑같은 두 수가 반복되고 다음에는 연속하는 두 수의 합이 나타난다. 피보나치수열에서 우리는 또 다른 패턴을 읽을 수가 있는데 각 수들이 홀수, 홀수, 짝수로 이루어져 있음을 알 수가 있다.

홀수 홀수 짝수 홀수 홀수 짝수

1, 1, 2, 3, 5, 8, 13, 21, 34, 55, ...

→ 연속하는 두 수의 합

→ 똑같은 수의 반복

그림 5-18 피보나치 수열

피보나치수열은 소라껍데기, 조개, 솔방울과 파인애플, 해바라기 꽃 등에서도 찾아볼 수 있다. 피보나치수열은 가장 아름다운 기하학적 비율인 황금비를 만들어 낸다. 해바라기 꽃의 씨앗은 독특한 방식으로 피보나치수열을 이루고 있는데, 이는 두 가지 방향으로 나선을 형성하고 있다. 시계방향으로는 21개, 반시계방향으로는 34개임을 알 수 있는데 앞에서 설명하였듯이 21과 34는 서로 피보나치수열에서 서로 이웃하는 숫자이다. 피보나치수열은 1, 1, 2, 3, 5, 8, 13, 21, 34, 55, 89,...이다. 피보나치수열에서 앞뒤 숫자의 비율을 2/1, 3/2, 5/3, 8/5, 13/8,… 식으로 무한대로 가면 1.618…이란 황금비에 수렴하는 것을 알 수 있다. 피보나치수열이 만들어내는 황금비는 생물은 물론 자연과 우주 어디에서나 발견할 수 있다.

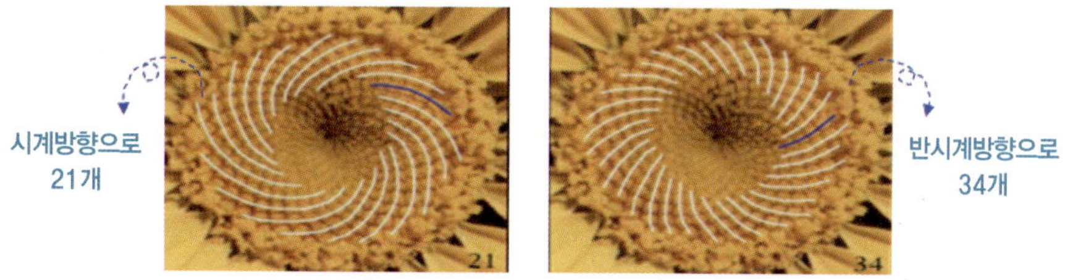

그림 5-19 해바라기 씨앗 배열 속 황금비

우리는 알게 모르게 과학자들이 이루어 놓은 패턴인식의 혜택 속에서 살아가고 있다. 지혜라고 하는 것도 어떻게 보면 세상을 움직이는 패턴을 파악하고 이해하는 능력인 것이다. 이처럼 유사하게 되풀이 되는 패턴은 예측이 가능하므로 결국 패턴을 인식한다는 것은 앞으로 다가올 일을 예견하는 것과 다름없다. 자연과학이나 사회과학에서의 어떤 법칙이나 이론들은 패턴을 인식함으로써 얻는 결과물이며, 패턴을 정교하게 다듬거나 수식으로 계량화한 것이라고 할 수 있다. 과학자들은 논리적이고 합리적인 방법으로 패턴을 수식화하고 계량화하여 새로운 진리를 발견한다. 반면에 예술가들은 직관적이고 감각적인 방법으로 패턴을 형상화한다. 우리가 어려운 문제에 부딪혔을 때 그 문제를 작은 부분으로 나누고 패턴을 찾을 수 있다. 이런 패턴들은 큰 문제를 해결할 수 있는 해결책을 제시할 것이다.

[요약]

01. 패턴은 우리의 생활에서 중요한 역할을 하는데 어떤 규칙이 반복되어 계속 나타나는 것을 의미한다. 패턴인식은 컴퓨팅 사고의 기본 기법 중 하나로 감각(Senses) 및 사전 지식을 통해 어떠한 대상이 가진 특징이나 속성을 추출하고 그 대상이 무엇인지를 식별, 분류하는 것을 의미한다.

02. 패턴을 통해 우리는 사물이 어떻게 작동하는지를 더 잘 관찰하고 이해할 수가 있다. 규칙성(Regularity)이란 흔히 패턴(pattern)으로도 불리는 것으로서 어떠한 기본 단위가 일정한 순서로 반복되는 것을 말한다.

03. 어떤 문제를 해결할 때 문제 안에 내재 된 패턴을 발견한다면 문제를 쉽게 해결할 수가 있으며 미래를 예측하고 조절이 가능하다.

04. 패턴인식은 차량번호판 인식, 수표 및 지폐인식의 문자인식분야, 음성인식, 지문인식과 같은 생체 인식분야, 의료진단과 같은 진단시스템 분야, 보안과 군사 분야 등 다양한 분야에서 응용하여 사용하고 있다. 다양한 분야에서 세심한 관찰을 통해 공통의 특징들을 찾아내는 패턴인식을 하게 된다.

05. 패턴인식은 동일한 문제 혹은 유사한 문제가 발생했을 때 동일한 해결책을 사용하여 시간과 노력을 줄여서 문제를 해결할 수가 있다.

06. 사물이나 현상에서 나타나는 반복적인 순서나 양식에 의문을 제기하고 해답을 찾기 위해 보고, 듣고, 느끼는 훈련을 통해 패턴 인식능력 향상과 문제해결 역량을 강화시킬 수 있다.

07. 우리는 알게 모르게 과학자들이 이루어 놓은 패턴인식의 혜택 속에서 살아가고 있다. 마방진 , 암호학, 피보나치수열에서 패턴인식의 예를 찾을 수 있다.

08. 과학자들은 논리적이고 합리적인 방법으로 패턴을 수식화하고 계량화하여 새로운 진리를 발견한다. 반면에 예술가들은 직관적이고 감각적인 방법으로 패턴을 형상화한다. 우리가 어려운 문제에 부딪혔을 때 그 문제를 작은 부분으로 나누고 패턴을 찾을 수 있다. 이런 패턴들은 큰 문제를 해결할 수 있는 해결책을 제시할 것이다.

[참고문헌]

01. 김대수, "소프트웨어와 컴퓨팅 사고", 생능출판사, 2016.

02. 김수환 외 2인, "컴퓨팅 사고력과 코딩교육", 한빛아카데미, 2017.

03. 미래인재연구소, "CREATIVE Computing", 2018.

04. 서응교 외 2인, "창의적 사고와 코딩: 공학", 노스보스, 2018.

05. 이성환, "패턴인식의 원리", 홍릉과학출판사, 1994.

06. 이재우, "언플러그드 컴퓨팅: 비버챌린지 문제유형으로 풀어보는 컴퓨팅 사고력 퍼즐", 성안당, 2018.

07. 임희석, "알기 쉬운 컴퓨팅 사고력", 휴먼싸이언스, 2017.

08. 천인국, “문제해결과 컴퓨팅 사고”, 인피니티북스, 2018.

09. 한버공, “아주쉬운 코딩놀이: 언플러그 활동 중심”, 청송문화사, 2017.

10. 한치근, “컴퓨팅 사고력”, 배움터, 2018.

11. BBC, “Introduction to pattern recognition”, https://www.bbc.co.uk/bitesize/guides/zxxbgk7/revision/1

12. coursera, https://www.coursera.org/lecture/computational-thinking-problem-solving/1-3 -pattern-recognition-qUro3

13. CT, https://sites.google.com/isabc.ca/computationalthinking/pattern-recognition

14. Curriki. https://www.curriki.org/oer/Pattern-Recognition

15. youtube, https://www.youtube.com/watch?v=cLUPJ3KoEA4
https://www.youtube.com/watch?v=RdzYOtxhuDc
https://www.youtube.com/watch?v=SixLnIDV1yY
https://www.youtube.com/watch?v=ixgGGzZXQ7E
https://www.youtube.com/watch?v=aQxCnmhqZko

CHAPTER 06

추상화

이번 장에서는 다음과 같은 내용을 학습합니다.

▶ 컴퓨팅 사고를 통한 문제해결 과정에서 추상화에 대한 개념을 설명할 수 있다.

▶ 추상화를 통해 복잡한 문제를 간결하고 이해하기 쉽게 표현하여 문제를 해결하는 방법을 이해할 수 있다.

▶ 컴퓨팅 사고의 추상화를 생활 속의 문제해결에 적용할 수 있다.

본 장에서는 컴퓨팅 사고의 기초개념 중 하나인 추상화(abstraction)에 대해 다루게 된다. 추상화는 문제를 해결하기 위해 복잡한 문제를 단순화하여 중요한 특징만 남기고 중요하지 않은 특징은 제거하는 것으로 핵심적인 특징을 추출해서 일반화된 모델을 만드는 것이다. 즉 핵심요소를 추출하여 문제를 추상화하면 문제가 간결하고 이해하기 쉬워지므로 문제를 효과적으로 해결할 수가 있다. 본 장에서는 추상화의 개념과 실생활의 복잡한 문제를 간결하고 이해하기 쉽게 추상화하는 방법에 대해 살펴본 후 다양한 예제들을 통해 추상화가 실생활의 문제해결에 어떻게 적용되는지 알아본다.

6.1 추상화

6.1.1 추상화(abstraction)의 개념

일반적으로 추상화는 문제를 해결하기 위해 복잡한 문제를 단순화하여 중요한 특징만 남기고 중요하지 않은 특징은 제거하는 것으로 핵심적인 특징을 추출해서 일반적인 개념을 만들어가는 과정이다. 추상화의 추(抽)라는 한자가 '뽑다'라는 뜻을 가지고 있으니 추상(abstract)이 뽑아내어 만들어진 결과라면 추상화(absrtaction)는 뽑아내는 과정을 말하는 것임을 알 수 있다. 즉 쉽게 풀이하면 추상화는 사물이나 어떤 개념에서 핵심적인 특징을 추출하여 이를 기호, 그림, 그래프, 명칭, 개념 등으로 단순하게 표현하는 것을 의미한다. [그림 6-1]은 자동차를 추상화한 것으로 우측의 그림을 본 사람들은 누구든 이것이 자동차를 나타내고 있다는 것을 알 수가 있다. 이유는 우리가 사물을 볼 때 그 사물의 특징을 우선적으로 파악하려는 경향이 있기 때문에 자동차의 엔진, 변속기, 전조등, 내부 시트 재질 등을 정확히 묘사하지 않더라도 우리는 자동차 몸체, 창문, 바퀴만 보고도 자동차라는 것을 알 수가 있다. 각 장치의 내부가 어떻게 되어있는지는 상관없이 중요한 핵심요소는 모두 나타내었기 때문이다. 이는 차가 어떻게 작동하는지 살펴보지 않고 차를 운전하는 것과 같다.

그림 6-1 자동차의 추상화

추상화는 우리의 일상생활에서 찾아볼 수 있다. 음악을 휘파람으로 따라 부르는 것도 추상화이고 우리가 읽은 책을 요약해서 알려주는 것도 추상화이다. 이처럼 추상화는 관찰을 통해 가장 본질적이라고 생각하는 것을 두고 불필요한 부분은 제거한 후 이를 수학, 공학, 그림, 글 등으로 나타내어 단순화시키는 것이다.

스페인 출신 화가 피카소는 황소가 가장 좋아하는 동물 중 하나였다고 한다. 피카소는 한 달 동안 꾸준한 관찰을 통해 10개 정도의 단순한 선으로 황소를 추상화했다. 피카소는 "추상은 항상 구체적인 실재에서 시작해야 한다"고 주장했다. 처음에는 황소의 모습을 아주 사실적으로 묘사했지만 나중에는 간단한 외곽선 몇 개로 황소의 그림을 그려내었다. 바로 단순화를 통해 사물의 본질을 드러낸 것이다. 황소의 각 부위는 삼각형, 타원 등 도형에 가깝게 바뀌었고 도형의 숫자도 줄어들었다. 특히 머리의 형태가 많이 변경되었지만 황소의 머리라고 인식하기엔 무리가 없다. 머리의 특성 그리고 전체적인 비례와 형태만이 남아 대부분이 사라졌음에도 불구하고 황소의 본질을 담고 있다.

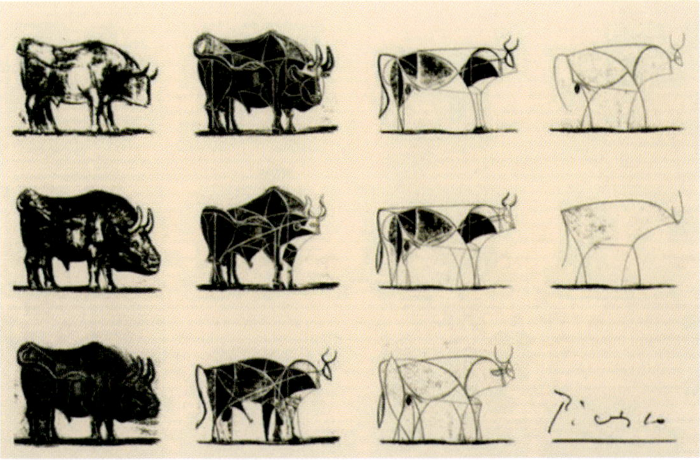

그림 6-2 피카소가 그린 황소 추상화

추상화는 컴퓨팅과 관련한 복잡한 개념을 설명할 때에도 도움을 준다. 아래의 그림과 같이 컴퓨터 내부는 복잡하지만 복잡한 것은 모두 생략하고 겉모양만으로 컴퓨팅 시스템으로 설명할 수 있다. 세 번째 그림과 같이 컴퓨팅 시스템을 구성하는 입 · 출력장치, 중앙처리장치, 기억장치의 관계를 단순한 도형과 화살표로 나타낼 수도 있다. 두뇌에 해당하는 중앙처리장치(CPU)와 중앙처리장치가 처리할 프로그램과 데이터를 임시로 저장하는 주기억장치, 자료를 입력하는 입력장치, 결과를 출력하는 출력장치로 단순화하여 표시할 수 있다. 이렇게 추상화하는 것이 가능한 이유는 각 장치의 내부가 어떻게 되었는지는 생각할 필요 없이 중요한 핵심요소만 나타내었기 때문이다. 컴퓨터를 개발하는 사람들 관점에서 보면 컴퓨터 내부의 구성과 작동 과정을 모두 알아야 하지만 컴퓨터를 사용하는 사용자 관점에서 보면 컴퓨터 내부 장치의 구성과 복잡한 과정을 알아야 할 필요가 없으므로 전체적인 흐름만 파악하면 된다.

그림 6-3 컴퓨팅 시스템의 추상화

6.1.2 일상생활에서의 추상화

핵심요소 추출은 우리의 일상생활에서 늘 접하고 있는 것이기도 하다. 가장 대표적인 예로는 도로에서 볼 수 있는 안내, 경고 표지판이 있다. 도로 위의 각종 표지판과 지하철 노약자 관련 표지판을 살펴보면 세부사항을 제거하고 핵심적인 부분만 표시한 것을 알 수 있다. 각각 꼭 필요한 정보만을 한눈에 알아볼 수 있도록 추상화하여, 표지판이 안내하거나 경고하고 있는 것을 쉽게 떠올릴 수 있게 해준다.

도로 안내 표지판　　　지하철 배려석 표지판

그림 6-4 다양한 표지판의 예

지하철 노선도는 실제 지하철 시스템의 세부적인 사항을 제거한 단순화된 표현이라고 할 수 있다. 이처럼 불필요하고 복잡한 세부적인 내용은 숨기고 반드시 필요한 몇 가지 핵심적인 특징만으로 단순하게 사물을 이해하고 사용하는 과정을 추상화라고 한다. [그림 6-5] 왼쪽 그림의 '지하철 노선 사진'에서는 지하철 노선도 외에 지리적인 표시를 나타내고 있는 정보가 많이 존재한다. 불필요한 요소를 제거하고 핵심요소를 추출하여 지하철 노선도를 표현하면 오른쪽 그림과 같다.

지하철 노선도의 예처럼 꼭 필요한 정보만으로 전체가 잘 표현되어 있을 때, 우리는 문제를 이해하기 쉬워지고 해결책을 고안해내기가 더 쉬워진다. 추상화 기술이 우리에게 주는 핵심 하나는 문제가 쉽게 표현되어 있을수록 해결책도 쉽게 나올 수 있다는 점이다. 전체에서 핵심만을 뽑아내서 표현해내는 능력이 추상화 기술이기 때문에 어떤 것이 중요하고 어떤 것이 중요하지 않는지에 대한 판단 능력을 향상시키는 데 필요하다.

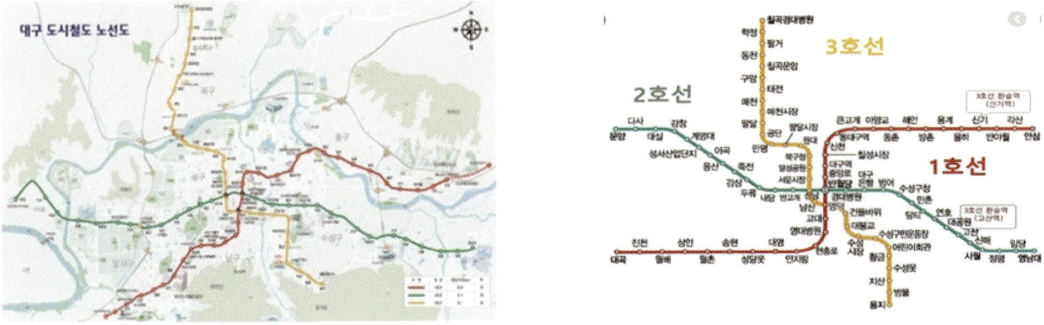

노선도 + 지리적 정보

불필요한 요소 제거, 핵심요소만 표현

그림 6-5 지하철 노선도

자연계에 존재하는 그리고 인공적으로 만들어 낸 모든 원소를 그 원자 번호와 원소의 화학적 특성에 따라 나열한 표가 주기율표이다. 즉 지구상의 모든 물질들을 단순하게 표현한 주기율표도 추상화의 예이다. 주기율표는 원소를 구분하기 쉽게 성질에 따라 배열한 표이다. 118개의 원소를 일정한 규칙에 따라 나열한 표로 서로 비슷한 화학적, 물리적 성질을 가진 무리끼리 배열하여 복잡한 구조를 단순하게 표시하였다.

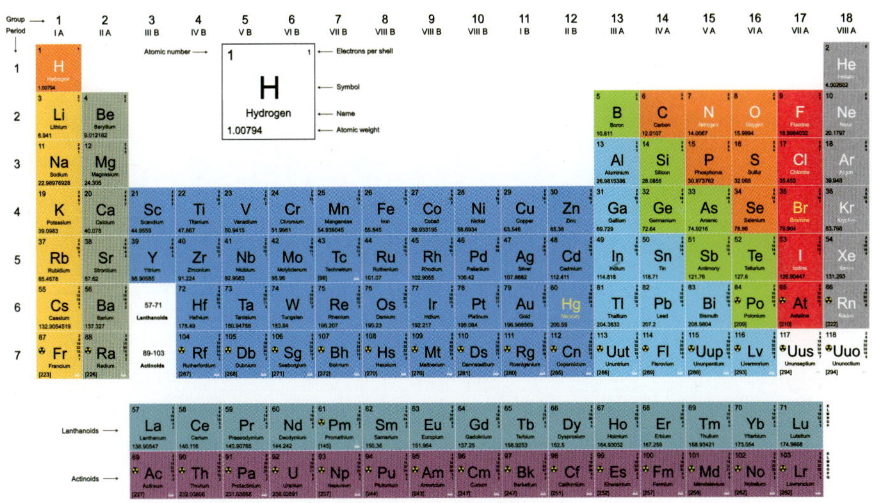

그림 6-6 주기율표

6.1.3 추상화 방법

추상화 방법은 특징추출 방법, 관계추론 방법, 일반화 방법이 있으며 예제들을 통하여 살펴보도록 하자.

(1) 특징추출을 이용한 추상화

특징추출이란 여러 가지 단어, 문장, 그림들 중에서 공통된 특징이나 차이점을 찾아내는 방법을 말한다. 예를 들면 두루미, 왕부리, 독수리, 앵무새 등을 보고 새의 공통된 특징인 부리, 날개, 다리로 표현할 수 있다. 그리고 봄, 여름, 가을, 겨울 단어에서 계절이라는 단어로 추상화할 수 있다.

그림 6-7 특징추출을 이용한 추상화의 예

(2) 관계추론을 이용한 추상화

관계추론이란 주어진 몇 가지 경우로부터 일정한 규칙을 추론하여 일반화하는 것을 말한다. 다음과 같은 문제에서 규칙을 추출하여 물음표에 들어갈 적당한 숫자를 생각하여 보자. 첫 번째 그림의 28은 5에서 3을 뺀 2와 5에 3을 더한 값 8을 의미한다. 따라서 ?에 들어갈 값은 9 − 1과 9 + 1 결과값 80을 추론할 수 있다.

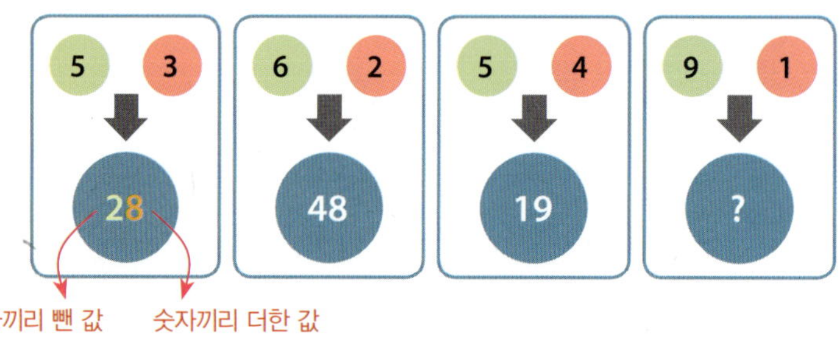

그림 6-8 관계추론을 이용한 추상화의 예

아래 제시된 다각형을 보고 마지막에 올 다각형을 추론하여보자.

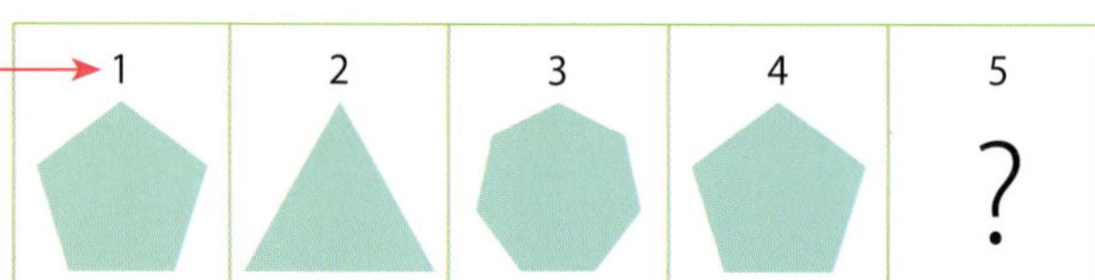

	1	2	3	4	5
변의 기수	5	3	7	5	9
공식 추출	A + 4	A + 1	A + 4	A + 1	5 + 4

변수 A의 값이 홀수일 때   변수 A의 값이 짝수일 때

다각형이라는 공동의 요소를 제외하고 각각의 변만 생각하여 본다면 규칙은 변의 개수 5-3-7-5를 수열로 보아 각 숫자를 수열에 있는 위치와 비교하여 만들 수 있다. 각 숫자의 위치를 나타내는 변수 A를 사용하여 규칙을 만들어 보면 다음과 같이 표시할 수 있다.

변수A(번호)	추상화:변의 갯수	패턴인식: 공식 추출
1	5	A + 4
2	3	A + 1
3	7	A + 4
4	5	A + 1

A값이 홀수일 때 다각형은 A + 4의 변을 가지고, A값이 짝수일 때 다각형은 A + 1의 변을 가진다는 것을 알 수 있다. 그래서 마지막에 오는 다각형은 A가 5이고 홀수이므로 5 + 4가 되어 9각형이 배치된다는 것을 알 수 있다.

(3) 일반화

일반화란 여러 가지 사실로부터 공통적인 특징을 추출하여 일반적인 법칙을 만드는 것을 의미한다. 유사한 패턴을 가지는 문제해결 방법을 별도의 모듈로 구현하고 이를 필요할 때 사용하는 문제해결 방법으로, 유사한 문제를 해결한 과거의 방법을 사용하기도 하고 유사한 모듈이 필요한 경우 만들어서 사용하기도 한다. 일반화가 된다면 동일한 코드를 사용하여 유사한 문제들을 쉽게 해결할 수 있다.

일반화의 예

- 뉴턴의 관성의 법칙과 같은 물리학에서의 모든 법칙
- 수학에서의 피타고라스 정리 등
- 언어의 문법
- 프로그래밍에서의 일반화

프로그래밍에서의 일반화 예로 절댓값을 구하는 문제를 살펴보면 숫자의 절댓값을 구하는 문제는 숫자가 다르더라도 연산하는 방식은 비슷하다. 절댓값을 구하는 공통적인 연산 방식을 별도로 구현한 후 필요한 경우 아래와 같이 다른 숫자를 입력하여 문제를 해결할 수 있다. 블록형 프로그래밍 언어인 스크래치에서의 사용 예를 나타내었다. 수치 −1과 −10에 대한 절대 값을 구할 때 일반화된 절댓값 함수를 호출하여 사용하면 쉽게 해결할 수 있다.

그림 6-9 스크래치에서의 일반화 예

6.1.4 추상화 표현

(1) 언어로 표현

어떤 문제를 추상화하여 언어로 표현할 때에는 세부적인 사항을 제거하고 일반적인 특징만 남겨서 표현하면 된다. 즉 일반적인 특징들을 수집한 후에 특징 중에서 우리가 필요로 하지 않는 것을 제외시키면 된다. 케이크 만드는 과정을 추상화하여 보자. 케이크의 종류도 여러 가지가 있다. 당근 케이크와 치즈 케이크를 만드는 방법을 [표 6-1]에 나타내었다.

표 6-1 추상화하여 언어로 표현하기: 케이크 레시피

당근 케이크	치즈케이크
① 당근, 달걍, 설탕, 박력분, 베이킹 파우더, 버터, 시럽, 우유를 준비한다. ② 불에 당근 120g, 달걀 2개, 설탕 60g, 박력분 60g, 베이킹파우더 한 티스푼, 버터 20g을 넣고 반죽을 만든다. ③ 원형 틀에 반죽을 붓고, 오븐에서 25분 동안 굽는다.	① 치즈, 우유, 달걀, 설탕, 옥수수 전분, 버터, 시럽, 생크림을 준비한다. ② 불에 치즈 250g, 우유 90ml, 달걀 2개, 설탕 50g, 옥수수전분 50g, 버터 70g을 넣고 반죽을 만든다. ③ 원형 틀에 반죽을 붓고, 오븐에서 50분 동안 굽는다.

여러 종류의 케이크를 만들 때는 몇 가지의 일반적인 특성이 있다. 케이크를 만들 때에는 재료가 있어야 하고 재료들은 지정된 양이 필요하다. 그리고 굽는 적절한 시간이 필요하다. 따라서 케이크 만드는 과정을 추상화한 결과는 케이크를 만들 때 필요한 재료, 양, 굽는 시간이다.

케이크의 추상화 결과
- 필요한 재료 및 양
- 굽는 시간

그림 6-10 케이크 추상화 결과

(2) 그림으로 표현

복잡한 문제를 추상화하여 그림으로 표현할 때에는 간단한 도형이나 선 또는 색으로 구분하여 단순화시킬 수 있다. [그림 6-11]은 대학교 주변의 지도를 추상화하여 간단하게 그림으로 표현한 예이다. 왼쪽 지도에서 수많은 빌딩, 산과 강, 도로, 아파트 등이 모두 복합적으로 제시되어 있다. 이 지도에서 모든 문제의 경우의 수를 한 번에 본다는 것은 감각기관 관점에서 불가능하거나 시간이 많이 걸릴 것이다. 가끔 정확한 지도보다 펜으로 대충 그린 약도가 더 유용할 때가 있다. 이때 약도는 지도의 추상화이다.

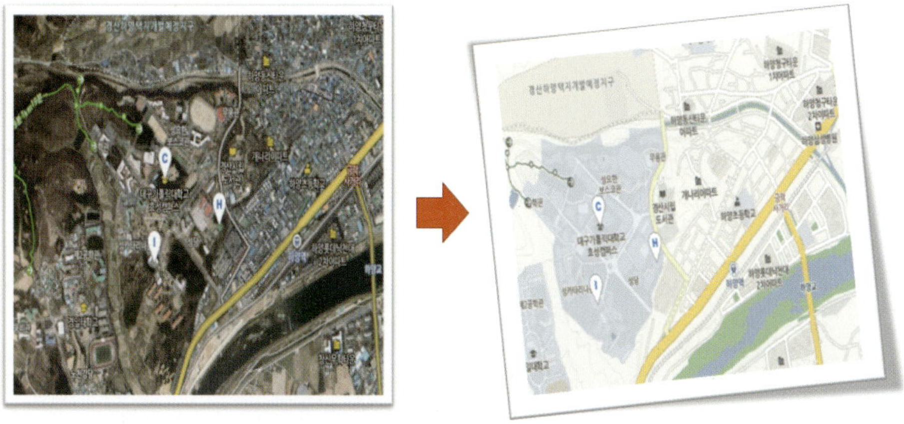

그림 6-11 추상화하여 그림으로 표현하기: 약도

인터넷은 우리가 일상생활에서 많이 사용한다. 인터넷 네트워크 또한 추상화된 하나의 예이다. 인터넷은 흔히 링크와 노드(링크가 만나는 분절점)로 구성된 네트워크 지도로 표현한 것이다.

그림 6-12 인터넷 네트워크

(3) 수식으로 표현

수학 문제나 과학 문제같이 여러 변수가 작용하는 문제를 단순화할 때에는 반복되는 패턴을 찾아 수식으로 표현한다. 예를 들어 자동차 한 대의 바퀴는 4개이다. 자동차 두 대의 바퀴는 8개이다. 따라서 N대의 자동차 바퀴는 N × 4개이다.

- 자동차 1대: 바퀴 4개
- 자동차 2대: 바퀴 8개
- 자동차 3대: 바퀴 12개
- 자동차 N대: 바퀴 N × 4개

그림 6-13 추상화하여 수식으로 표현하기: 자동차 바퀴 수 구하기

원의 넓이 $A = \pi r^2$를 구함에 있어서 필요한 요소는 반지름과 원주율이다. 반지름은 항상 가변적으로 변할 수 있는 요소이고 원주율은 변하지 않는 요소이다. 반지름 r, 원주율 $\pi = 3.14$에서 반지름과 상수의 정의는 원 넓이를 구하는 방법에서 각각 변수와 상수라는 특징을 추출하여 추상화한 것이라고 볼 수 있다.

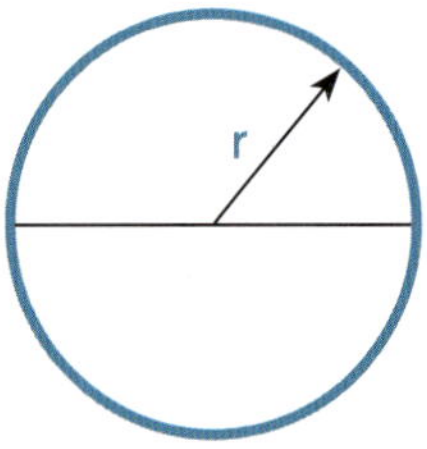

가변적 / 비가변적

- 반지름 r, 원주율 π = 3.14

변수와 상수 특징 추상화

그림 6-14 추상화하여 수식으로 표현하기: 원주율 구하기

6.1.5 추상화 과정

추상화 과정은 일반적인 특징들에서 불필요한 것을 제외시키는 것이다. 찌개를 만들 때의 일반적인 특징은

1. 재료가 필요하고, 재료는 썰어야 한다.
2. 찌개의 재료들은 지정된 양이 필요하다.
3. 찌개를 만들 때는 반드시 끓이는 과정이 필요하다.

일반적인 사항과 세부사항을 정리한다면 (찌개)모델을 만들 수 있다.

일반적인 사항	개별적인 세부사항
찌개는 재료를 가진다	재료가 무엇인지는 알 필요가 없다
각 재료들은 지정된 양이 필요하다	그 양이 얼마인지는 알 필요가 없다
끓이는 과정이 필요하다	그 시간이 얼마인지는 알 필요가 없다

예를 들어, 어떤 종류의 찌개를 끓일 때도 찌개 모델은 김치찌개나 된장찌개처럼 구체적인 찌개가 아니다. 찌개 모델은 모든 찌개를 나타내는 것이다. 찌개 모델에서 우리는 모든 찌개에 적용되는 패턴을 사용하여, 어떠한 찌개도 끓일 수 있는 방법을 알 수가 있다. 아래 그림의 왼쪽 3종류의 찌개는 재료의 종류와 재료의 지정된 양, 끓이는 과정으로 찌개 모델을 작성할 수 있다. 어떤 찌개라도 찌개 모델을 통해 만들 수 있다.

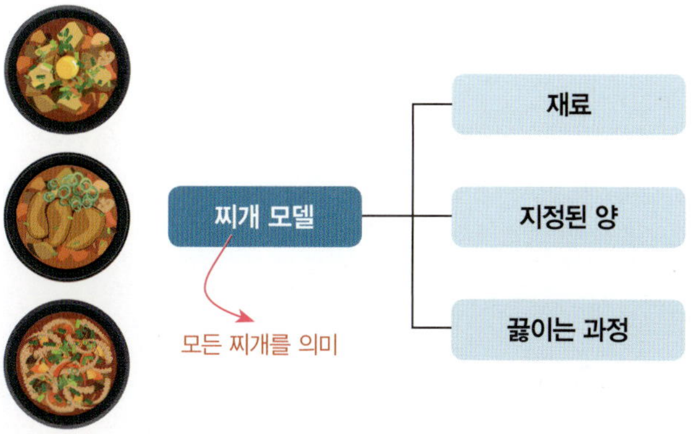

여기서 모델(Model)이란 실생활의 현상이나 문제의 핵심적인 요소나 원리를 찾아서 모형이나 그림, 식, 기호 등으로 표현한 것을 말한다. 이러한 모델은 추상화의 결과로 생길 수 있다. 이렇게 모델을 정하게 되면 비슷한 문제를 해결할 때, 이러한 모델을 활용하여 해결할 수 있게 된다. 자세히 말하면 모델은 문제를 해결하는 절차와 방법, 원리를 단순하게 보여주기 때문에, 문제를 해결하는 방법을 찾고 직접 해결하는 데 도움이 되는 것이다.

예를 들어 학생들은 방학 동안 아무런 계획 없이 지낼 수도 있지만, 매일 반복되는 부분을 그림으로 표현해서 방학 중 하루 생활 계획표를 만들어 놓으면 방학 동안 매일 어떻게 지내야 할지에 대한 문제를 해결하는 데 도움을 줄 수 있다. 즉 이러한 방학 중의 계획표는 학생들의 방학 동안의 삶에 대한 모델이 되어 매일 매일 조금 더 규칙적인 생활을 하게 할 수도 있고 시간을 덜 낭비할 수 있게 한다.

그림 6-15 추상화 모델의 예(1): 생활계획표

또 다른 추상화 모델을 살펴보자. 자연에는 무한히 많은 색이 존재한다. 따라서 색을 추상화하여 모델로 만들지 않으면, 우리가 원하는 색을 적절하게 사용할 수 없게 된다. 대표적으로 사용하는 색 모델은 RGB모델로써 R은 빨강(Red), G는 초록(Green), B는 파랑(Blue)을 의미한다. 이 세 가지 색은 빛의 3원색이라고도 하는데, 세 가지의 색을 띠는 빛을 그 정도를 다르게 하면서 서로 겹치면 더 밝아지면서 다른 색으로 변하게 된다. 실제로 RGB 모델은 빨강을 0~255단계, 초록을 0~255단계, 파랑을 0~255단계로 나누어 256 × 256 × 256 종류의 색을 표현할 수 있다.

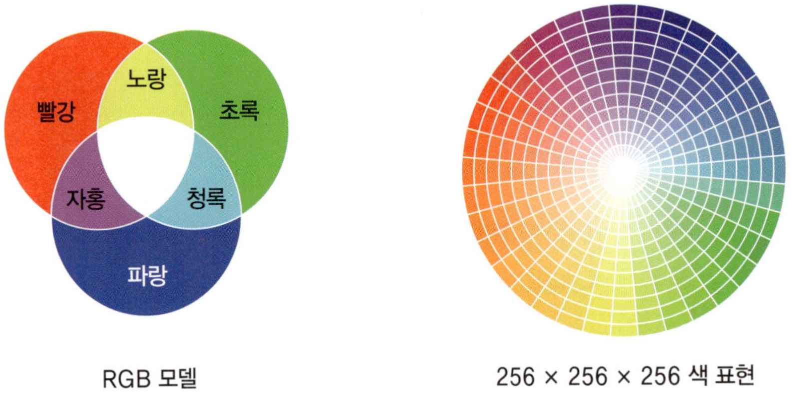

그림 6-16 추상화 모델의 예(2): RGB 모델

지금까지 살펴본 추상화 과정에 대해 간단히 요약 해보면 복잡한 현상과 사물을 대표적인 몇 가지 특징으로 이해한 후 핵심요소를 추출하여 문제를 추상화한다. 즉 핵심요소를 추출하여 문제를 추상화하면 문제가 간결하고 이해하기 쉬워진다. 이를 통해 문제를 효과적으로 해결할 수가 있다.

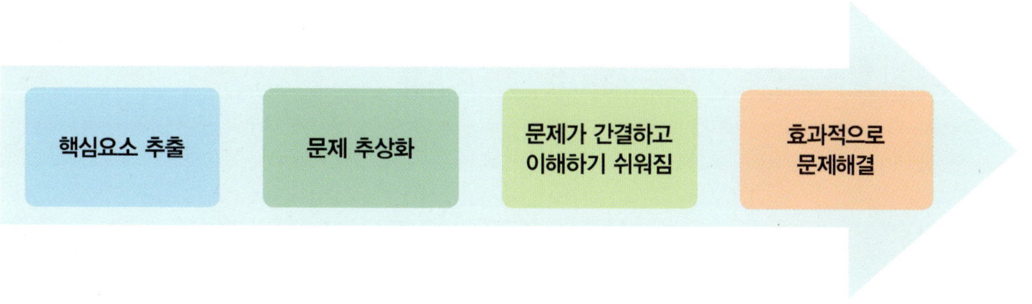

그림 6-17 추상화 과정

우리의 생활 속에서 여러 가지 형태로 존재하고 있는 추상화의 다양한 사례들, 즉 수학과 과학 분야에서의 추상화, 최단경로 찾기 추상화, 실생활 관련 문제해결 추상화를 통해 추상화가 정확히 무엇이고 어떻게 복잡한 세부적인 내용들을 쉽게 단순화하는지 예제를 통하여 알아보도록 한다.

COMPUTATIONAL THINKING

6.2 추상화를 통한 문제해결 예제

6.2.1 수학에서의 추상화

수학에서 다루는 대부분의 대상과 개념은 추상화된 결과이므로 일반적으로 추상화를 가장 많이 이용하고 있다. 숫자도 실제 사물의 개수를 추상화한 개념이다. 아래의 그림에서 장미 꽃송이를 수치 6으로 추상화할 수 있다. 꽃의 배경을 제거하고 장미 꽃 송이들을 분리하면 6이라는 수치로 추상화하여 표시할 수 있다.

수학 연산도 마찬가지로 구체적인 예에서 추상적인 개념을 도출한 것이다. 사과 하나를 반으로 자르면 두 개가 된다. 이를 추상적으로 표시하면 2분의 1이 되는 것이다.

좀 더 구체적인 예를 들어 살펴보자. 우리가 가장 많이 접하는 사각형 도형을 자세히 관찰해보면, 정사각형은 네 변의 길이가 같고 네 각이 모두 직각인 사각형이라는 것을 알 수 있다. 그리고 정사각형의 성질은 두 대각선이 길이가 같고 서로 다른 대각선을 수직 이등분한 것으로 볼 수 있다. 정사각형에 대한 정의와 성질을 추상화하면 [표 6-2]와 같이 나타낼 수 있다. 아래의 오른쪽 그림에서 정사각형 꼭지점을 A, B, C, D로 표현하면 정사각형의 네 변의 길이가 같다는 것을, AB, BD, CD, AC가 모두 같다는 식으로 표현이 가능하다. 네 각이 모두 직각이라는 것은 A, B, C, D의 각도를 모두 90도로 표시하면 되고 두 대각선의 길이가 같다는 것은 두 대각

선 AD와 BC가 같다고 추상화하여 표시하면 된다. 서로 다른 대각선을 수직 이등분한 것은 OA와 OB, OC, OD가 같다고 표현하면 된다.

표 6-2 정사각형에 대한 정의와 성질을 추상화

정사각형 정의와 성질	추상화하여 식으로 표현
네 변의 길이가 같다	$\overline{AB} = \overline{BD} = \overline{CD} = \overline{AC}$
네 각이 모두 직각이다	$\angle A = \angle B = \angle C = \angle D = 90°$
두 대각선이 길이가 같다	$\overline{AD} = \overline{BC}$
서로 다른 대각선을 수직 이등분한 것이다	$\overline{OA} = \overline{OB} = \overline{OC} = \overline{OD}$

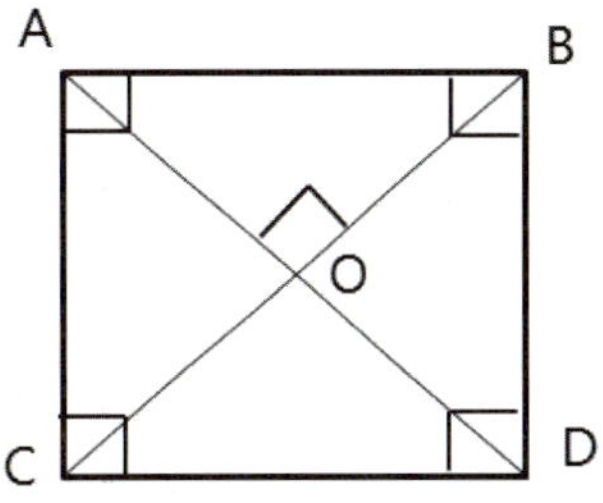

우리는 사각형을 접할 때 정사각형의 정의와 성질을 생각하지 않고 무의식적으로 사용한다. 이제부터라도 컴퓨팅적 사고를 향상시키기 위해서 사물을 면밀히 관찰하여 추상해보도록 하자. 실생활에서 추상화를 통해 복잡한 문제를 단순화하여 쉽게 해결할 수 있다. 그리고 이를 활용하여 미래에 필요한 역량을 기를 수 있을 것이다.

6.2.2 과학에서의 추상화

이번엔 추상화의 개념에 포커스를 두고 과학 분야에서는 어떻게 추상화가 이루어지는지 살펴보기로 한다. 과학 이론과 법칙은 매우 강력하고 통찰력 넘치는 추상화이다. 뉴턴은 사과나무에서 사과가 떨어지는 것을 관찰하면서 중력의 법칙이라는 핵심을 생각하게 되었다. 뉴턴은 '사과의 낙하'라는 구체적인 사건에서 하나의 특징인 '모든 사물은 서로 잡아당긴다는 법칙(만유인력의 법칙)'을 추출한 것이다. 즉 자연의 현상을 추상화하여 만유인력의 법칙을 완성한 것이다.

그림 6-18 뉴턴의 만유인력의 법칙

모든 점질량, 즉 m_1과 m_2는 두 점을 가로지르는 선을 따라 다른 모든 점질량을 힘 (F_1, F_2)으로 끌어당긴다는 이 힘은 두 상호작용하는 점질량 사이의 질량의 곱, 즉 ($m_1 \times m_2$)에 비례하며, 두 점질량 사이의 거리(r)의 제곱에는 반비례한다. 이를 수식으로 나타내면 다음과 같다.

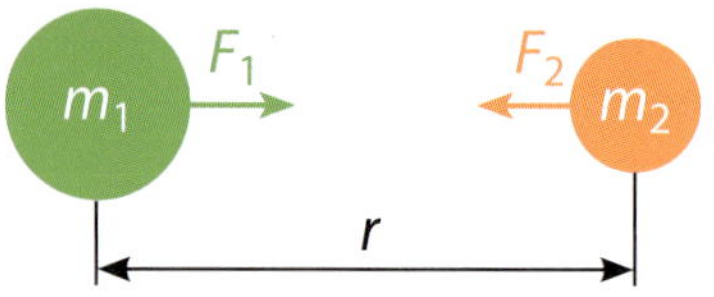

- F: 두 점질량 간의 중력의 크기
- G: 중력 상수
- m_1: 첫 번째 점질량의 질량
- m_2: 두 번째 점질량의 질량
- r: 두 점질량간의 거리이다.

$$F_1 = F_2 = G\frac{m_1 \times m_2}{r^2}$$

두 번째로 DNA관련 추상화를 살펴보자. 인간은 30억 개나 되는 DNA를 가지고 있다. 왓슨과 크릭의 DNA 이중 나선 구조에서도 추상화를 살펴볼 수 있다. 우리에게 이중 나선 구조 그림은 낯설지 않다. 왓슨과 크릭은 DNA 구조를 개념적으로 추상화하여 아래의 그림과 같이 이중 나선 구조로 나타내었다. 이중 나선 구조를 통해 더욱 효과적으로 DNA의 분자구조에 대한 이해 및 원리에 대한 규명이 가능하다. DNA 구조는 생명공학 분야의 토대를 이루고, 암을 비롯한 각종 질병의 진단과 치료 방법 개발에 기여하고 있다.

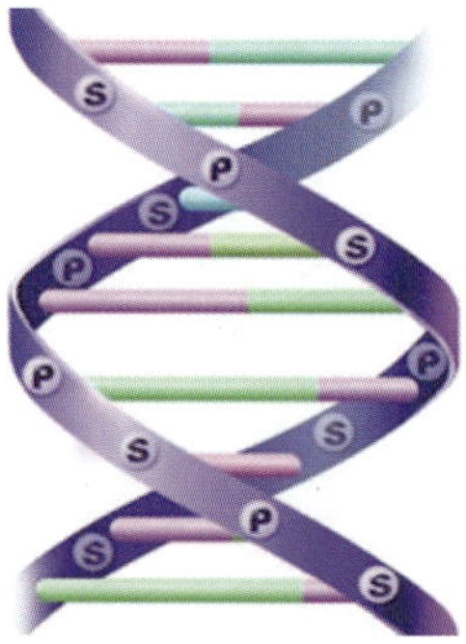

그림 6-19 DNA 구조

과학은 자연의 중요한 특징을 발견해가는 과정이므로 과학 이론은 언제나 추상적일 수밖에 없다. 이처럼 추상화는 각 학문 분야에서 다양하게 사용되고 있다. 세상의 모든 대상과 문제를 추상화하여 컴퓨팅을 활용하면 많은 문제들을 해결할 수 있고 인간 사고의 한계를 뛰어넘어 새로운 것에 도전할 수 있는 역량을 신장할 수가 있다.

6.2.3 영어문장의 추상화

언어 분야에서의 추상화를 살펴보도록 하자. 우리가 잘 알듯이 영어 문장에는 4형식이 있다. 이것도 여러 가지 문장에서 일반적인 규칙을 찾아낸 것으로 추상화의 일종이라 할 수 있다. 4형식 문장들의 예를 아래에 표시하였다.

- I brought my daughter seeds.
- I built my daughter pool.
- He gave me a present.

이들 문장을 추상화한다면 다음과 같이 표시할 수 있다.

주어 + 동사 + 목적어(간접) + 목적어(직접)

그림 6-20 4형식 문장의 추상화

언어에서 추상화는 다양하게 사용하고 있다. 예를 들면 논문을 작성할 때 논문의 제일 앞에 요약문을 보통 작성한다. 요약문을 읽으면 논문에서 다루고자 하는 전반적인 내용을 알 수 있다. 즉, 논문의 핵심내용만으로 구성된 것이 요약문이므로 요약문도 추상화의 한 가지 예가 된다.

다음은 Mad Libs 게임을 살펴보자. 아래의 그림에 나타난 것처럼 다음과 같은 문장이 제시되어 있고 빈칸에 단어들을 입력할 수 있다. Mad Libs은 빈칸을 가지고 있는 문장이 있으며, 경기자는 밑줄 친 빈칸 아래에 적혀있는 품사를 확인한 후 문장에 적당한 단어를 입력하는 단어 게임이다.

그림 6-21 Mad Libs 게임

6.2.4 팔찌 찾기 추상화

우리는 지금까지 생활하면서 자신의 물건들을 잃어버렸던 적이 한 번쯤은 있었을 것이다. 이 문제는 자신의 이름 이니셜이 팔찌에 새겨져 있지는 않지만 이니셜이 숨겨져 있다. 즉 자신의 이름 이니셜 영문자 3문자로 팔찌가 구성이 되어 있다. 만일 팔찌를 잃어버릴 경우를 대비하여 이니셜 영문자 3자에 따라 구슬을 배치한 것이다. 이 문제를 추상화를 통해서 해결해보자.

아래 그림에 나타나 있는 팔찌를 잘 관찰하여 보면 매듭을 기준으로 빨간색 구슬이 3개가 있으며 그 사이에 흰색 구슬과 파란색 구슬이 섞여서 5개가 있다. 빨간색 구슬은 이름 이니셜 영문자를 구분하는 구슬이므로, 빨간색 구슬을 제외한 15개의 구슬로 영문자 3자를 표시해야 한다. 따라서 5개 구슬이 알파벳 한 글자에 해당된다. 즉 구슬 5개의 모양을 아래의 표와 같이 수치 1부터 26으로 추상한 후 수치 1은 영문자 A로, 26은 영문자 Z로 대응시킨다.

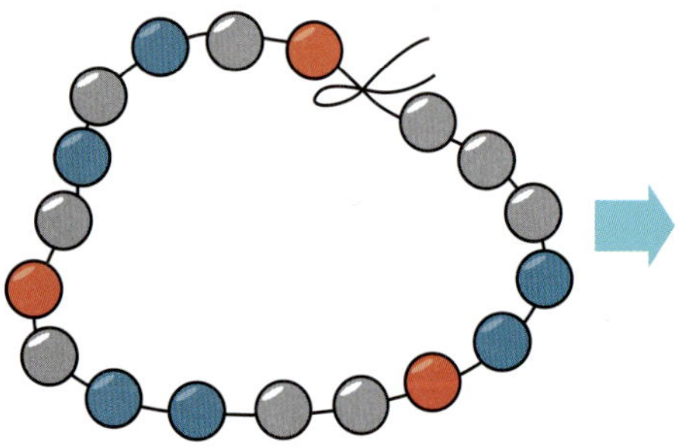

1	2	3	4	5	6	7	8	...	26
A	B	C	D	E	F	G	H	...	Z

구슬 5개 모양을 수치 1에서 26으로 추상화해야 하므로 10진수 대신에 2진수로 표현해야 한다. 아래의 표에 2진수로 표현하는 방법을 표시하였는데 2진수 0은 각 자리에 값이 없는 것을 의미하고 2진수 1은 각 자리에 값이 있는 것을 의미한다. 따라서 3은 2^0 자리, 즉 1자리와 2^1 자리인 2자리에 값이 있으면 $1 + 2 = 3$이 되므로 10진수 3은 2진수 00011로 표시할 수 있다.

• 2진수로 표현하는 방법

2진수 자리	2^4	2^3	2^2	2^1	2^0
2진수	0	0	0	1	1

예) 2진수 00011는 10진수 3을 의미

구슬 5개 모양을 수치로 추상화한 다음의 표를 자세히 살펴보면 2진수 0을 흰색 구슬로 표시하고, 2진수 1은 파란색 구슬로 표시하여 쉽게 추상화하였다. 10진수 1은 2^0 자리에만 값이 있으면 되므로 00001이 된다. 따라서 구슬 모양은 4개의 흰색 구슬과 마지막 파란색 구슬로 표시할 수 있다. 추상화하는 방법을 알았으니 이제 영문이름 이니셜을 찾아보자. 첫 번째 다섯 개의 구슬은 흰색, 흰색, 흰색, 파란색, 파란색 구슬로 2진수 00011이므로 10진수 3과 같다. 10진수 3은 영문자 C를 의미한다. 같은 방법으로 두 번째 다섯 개의 구슬은 흰색, 흰색, 파란색, 파란색, 흰색 구슬이므로 2진수 00110과 같다. 2의 자리와 4의 자리에 값이 있으므로 10진수 6, 즉 영문자 F를 의미한다. 마지막 다섯 개 구슬은 흰색, 파란색, 흰색, 파란색, 흰색 구슬이므로 01010과 같다. 2진수 8의 자리와 2의 자리에만 값이 있으므로 10진수 10인 영문자 J이다. 따라서 이니셜은 CFJ가 되는 것이다.

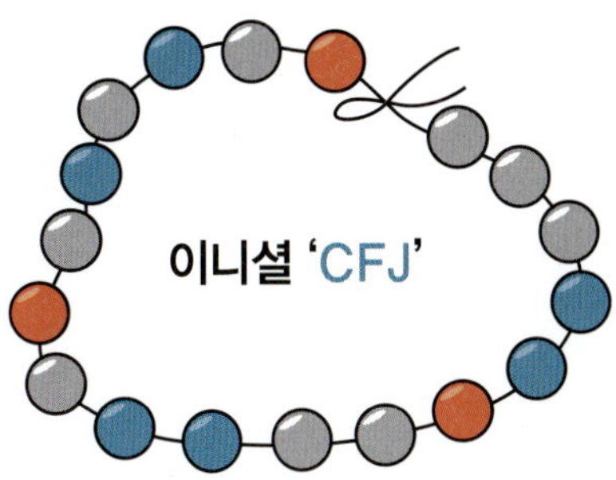

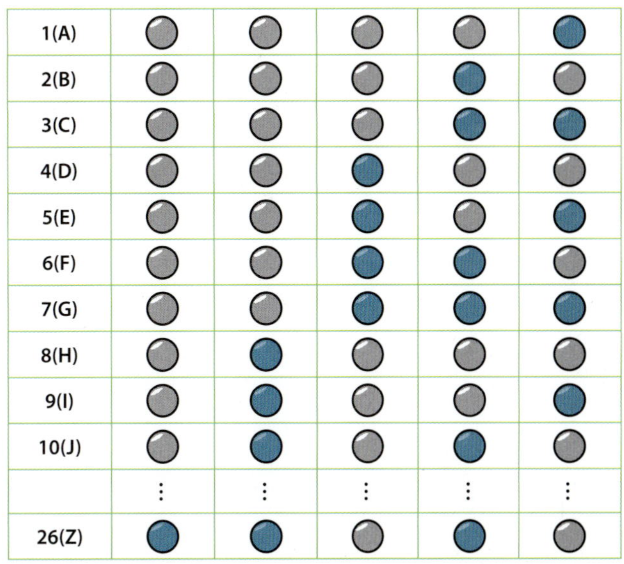

6.2.5 경로 찾는 작업의 추상화

추상화의 첫 번째 단계는 필요한 요소와 불필요한 요소를 구분하는 것이다. 즉 불필요한 요소는 없애고 일반적으로 필요한 특징만 추출하여 본다. 아래의 지도는 골목투어 가이드 맵이다. 사실 첫 번째 지도는 일반 지도보다 상당히 추상화된 표현 상태이기는 하지만 핵심적인 요소인 출발지와 목적지, 경로를 활용하여 한 번 더 추상화 작업을 할 수 있다. 빨간색 동그라미는 우리가 방문할 목적지, 즉 방문할 장소이다. 두 번째 그림의 굵은 선은 각 목적지까지 이동할 수 있는 경로가 된다. 여기서 핵심요소는 목적지와 경로이다. 이렇게 핵심적인 요소만 잘 표현하면 세 번째 그림과 같이 불필요한 장소는 모두 제거하고 방문할 골목투어 장소만 추상화 시킬 수 있다.

그림 6-22 경로 찾기 추상화 과정

아래의 지도를 참조하여 집에서 출발하여 목적지인 도서관에 도착하는 소요시간이 가장 짧게 소요되는 경로를 찾는 것을 추상화를 통해 문제를 해결해보자. 지도에는 집에서 각 장소로 이동하는 데 걸리는 시간이 표시되어 있다.

그림 6-23 소요시간이 짧은 경로 찾기

목적지인 도서관에 도착할 때까지의 필요한 핵심요소들은 경로와 이동시간임을 알 수 있다. 지도에서 경로와 이동시간을 추출하여 아래의 경로 그래프로 추상화하여 표시하였다.

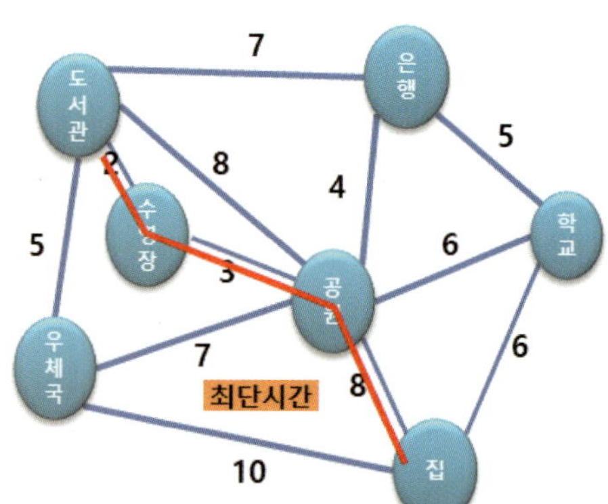

그림 6-24 경로와 소요시간을 추상화한 경로 그래프

경로 그래프는 각 집에서 각각의 장소로 이동할 때의 경로를 선으로 표시한 후, 선 위에 소요시간을 표시하여 단순하게 추상화하였다. [표 6-3]에 이들 경로와 소요시간을 요약하여 표로 정리하였다. 일반적인 거리로는 집에서 우체국의 직선거리를 통해서 도서관 가는 길이 빠를 것 같지만 공원과 수영장을 거쳐서 도서관으로 가는 것이 최단시간 거리임을 알 수 있다. 집에서 우체국을 거쳐 도서관에 도착하는데 걸리는 시간은 15분이고 집에서 공원, 수영장을 거쳐서 도서관에 도착하는 시간은 13분이다. 이처럼 추상화는 문제를 해결하는 데 있어서 단순화하여 빠르게 해결할 수 있도록 해준다.

표 6-3 각각의 경로와 소요시간

경로	소요시간
집 → 공원 → 수영장 → 도서관	13
집 → 우체국 → 도서관	15
집 → 공원 → 은행 → 도서관	19
집 → 공원 → 도서관	16
집 → 학교 → 은행 → 도서관	18

6.2.6 계층형 그래프를 이용한 추상화

대학의 단과대 학생들 중에서 토익성적이 이전 학기보다 가장 많이 향상된 학생을 찾아보는 문제를 살펴보자. 단과대 학생들 중 토익 성적이 1학기보다 가장 많이 향상된 학생을 찾아보는 문제를 계층형 그래프로 추상화하여 해결한다. 대학교의 어떤 단과대이든지 각 단과대는 많은 학생들로 구성이 되어 있다. 많은 학생들 중에서 토익성적이 향상된 학생을 찾는 것은 쉬운 문제는 아니지만 이를 계층형 그래프로 추상화하여 단순화할 수 있다. 계층형 구조는 데이터(정보)를 쉽게 알아볼 수 있도록 추상화하여 표현한 것으로 데이터 구조가 상하 종속적인 관계로 구성되어 있는 구조이다. 아래의 그림의 계층형 그래프를 살펴보면 대학교의 단과대에는 여러 학과가 있으며 각 학과는 1학년부터 4학년까지 학년별로 구성되어 있다. 이 문제를 면밀히 살펴보면

- 첫째, 각 학과에서 학년별로 점수가 향상된 학생을 찾아야 한다.
- 둘째, 학과별로 향상된 최고 점수의 학생을 찾는다. 이때 학생들 개별적인 특성은 필요 없다. 남학생, 여학생 상관없이 향상된 최고의 점수를 취득한 학생만 찾으면 된다.

- 셋째, 향상된 점수를 어떻게 구할 것인지 생각해야 한다. 향상된 점수이니 2학기 토익 성적과 1학기 토익 성적의 차이, 즉 2학기 토익 점수에서 1학기 토익 점수를 빼면 향상된 점수를 얻을 수 있다. 이를 수식으로 추상화하면 향상된 점수 Score = s2(2학기 토익 점수) − s1(1학기 토익 점수)이 된다.
- 넷째, 각 학과별, 학년별로 향상된 점수를 찾는 방법은 알고리즘에서 학습하게 될 것이다. 이 장에서는 추상화하는 과정까지만 언급한다.

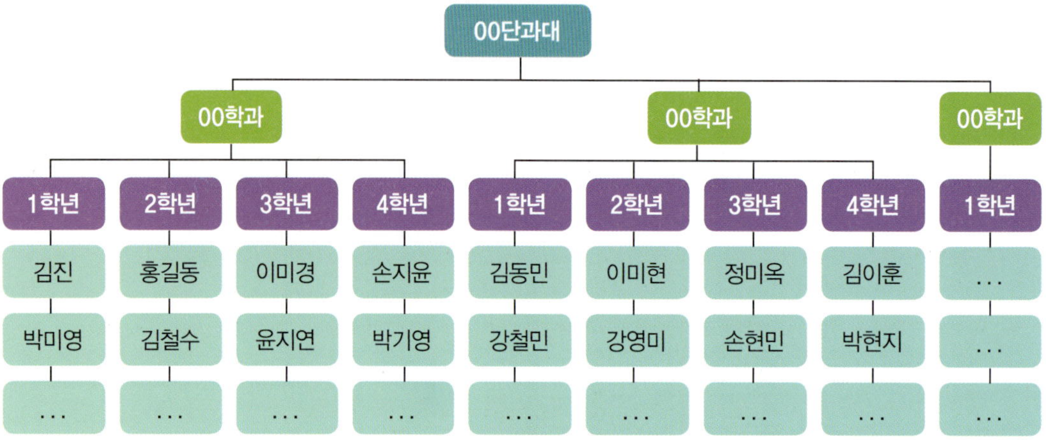

그림 6-25 학과 구성도

6.2.7 전이 다이어그램을 이용한 추상화

간단한 강 건너기 예제를 통해 추상화를 살펴본다. 3명의 대학생이 캠핑을 가서 목적지인 장소로 이동을 하기 위해 강을 건너려고 한다. 배에는 한번에 130kg 이상을 태울 수가 없으며 친구들 중 누구나 배를 이용하여 강을 건너고자 한다. 몇 단계를 거쳐서 강을 건널 수 있을지 살펴보자.

먼저 문제를 해결하기 위해 분석을 해보면, 배는 130kg 이상을 태울 수 없으므로 먼저 친구들의 몸무게를 조사해야 한다.

- 친구 A는 65kg, 친구 B는 72kg, 친구 C는 63kg이다.

먼저 몸무게가 적게 나가는 친구 A와 친구 C가 강을 건너야 한다. 몸무게를 합치면 128kg이므로 가능하다. 강 건너편에 친구 A만 남겨두고, 친구 B가 기다리고 있으니 친구 C가 다시 강을 건너간다. 친구 B와 친구 C는 같이 건널 수가 없다. 두 명의 친구들의 몸무게 합이 135kg가 되므로 이번에는 친구 B 혼자서 강을 건너서 친구 A를 만난다. 그리고 나서 친구 A가 다시 강을 건넌다. 마지막으로 친구 A와 친구 C가 같이 강을 건넌다. 이것을 추상화의 한 방법인 전이 다이어그램으로 나타내면 [그림 6-26]과 같다.

그림 6-26 전이 다이어그램

6.2.8 쓰레기를 분리수거 하는 로봇 개발

오늘날 지구에는 매일 엄청난 쓰레기를 배출하고 있다. 전문가들은 현재 이대로라면 2025년에는 하루 쓰레기 배출량이 두 배로 늘어날 것이라고 한다. 온 지구촌이 쓰레기로 뒤덮일 것이라고 하니 쓰레기 문제를 해결하기 위해서 분리수거가 강조되고 있는 실정이다. 사람이 일일이 분리수거 하기에는 번거로움이 있어 분리수거를 하는 로봇을 개발하고자 한다. 어떻게 분리수거를 하도록 하는 것이 좋을까? 이 문제를 지금까지 우리가 학습한 컴퓨팅적 사고를 토대로 해결해보도록 하자.

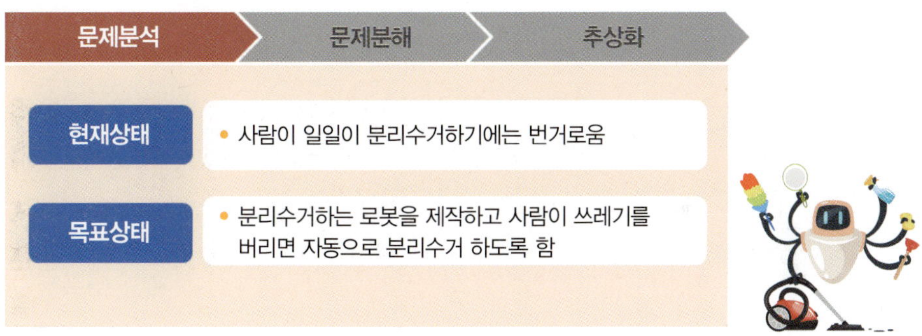

그림 6-27 분리수거 로봇 문제 분석

- 첫 번째 단계: 문제분석
  문제분석을 현재 상태와 목표 상태로 나누어 살펴보면 현재 상태는 사람이 일일이 분리수거하기에는 번거롭다는 것이다. 목표 상태는 우리가 분리수거 하는 로봇을 제작하고 사람이 쓰레기를 버리면 자동으로 분리수거를 하도록 하는 것이다.

- 두 번째 단계: 문제분해
  정의한 문제를 해결이 쉬운 작은 단위의 문제로 나누는 단계이다. 즉 로봇이 해야 하는 핵심적인 역할을 추출해보면 4개의 역할로 나눌 수가 있다. 첫 번째 역할은 종이를 분리하는 역할로 종이를 버리는 분류함으로 종이를 버리고 종이를 눌러 부피를 줄여야 한다. 두 번째 역할은 플라스틱을 분리하는 역할, 다음으로는 유리병과 캔을 분리하는 역할로 나눌 수 있다.

- 세 번째 단계: 추상화

반드시 필요한 요소와 불필요한 요소를 분류하여 핵심요소를 추출해야 한다. 제작할 로봇은 플라스틱, 유리, 종이, 캔을 구분하도록 구현하여야 하고 플라스틱 간에도 세부 분류가 있으나 여기서 제작할 로봇은 세부 분류 기준은 제거한다. 마지막으로 문제를 이해하기 쉬운 형태로 다시 표현하여 추상화(모델링)한다. 아래의 그림에 이를 도식화하여 표현하였다.

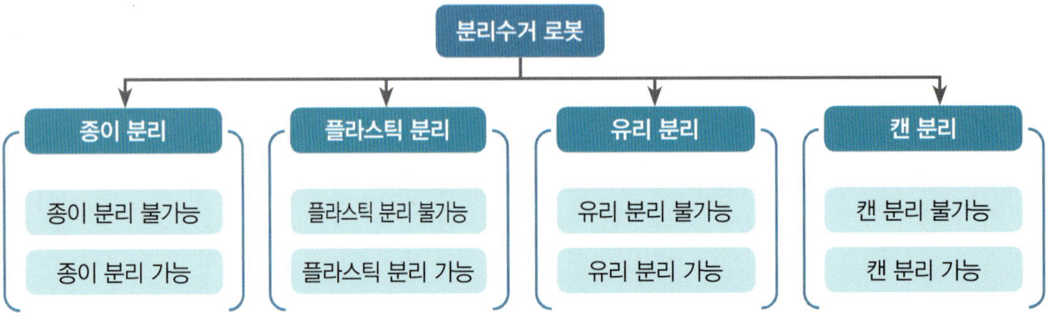

그림 6-28 분리수거 로봇 기능

추상화는 인간의 사고과정으로 복잡한 문제를 분해하여 불필요한 요소를 제거하여 단순한 형태(기호, 그림, 언어, 개념, 그래프 등)로 표현하는 것을 의미한다. 불필요한 요소를 제거하여 단순한 형태, 즉 이해하기 쉬운 형태로 나타내는 문제해결에 필요한 인간의 사고과정이다. 추상화는 실제 세계의 문제를 컴퓨터가 해결 가능한 형태로 나타내기 위해 생각을 구조화해서 절차적으로 풀어놓는 인간의 사고과정이며, 이러한 사고과정을 통해 고안해낸 해결 모델을 알고리즘화하여 컴퓨터가 수행할 수 있는 명령어로 코딩하여 실행하는 과정을 자동화라고 한다. 따라서 추상화는 인간의 사고과정이며 자동화는 컴퓨팅 시스템의 실행과정이라고 할 수 있다.

그림 6-29 추상화와 자동화

[요약]

04. 추상화(Abstraction)는 컴퓨팅 사고의 주요 핵심요소이다.

05. 컴퓨팅 사고에서의 추상화는 문제를 해결하기 위해 복잡한 문제를 단순화하여 중요한 특징만 남기고 중요하지 않은 특징은 제거하는 것으로 핵심적인 특징을 추출해서 일반화된 모델을 만드는 것이다.

06. 복잡한 현상과 사물을 대표적인 몇 가지 특징으로 이해한 후 핵심요소를 추출하여 문제를 추상화한다. 즉 핵심요소를 추출하여 문제를 추상화하면 문제가 간결하고 이해하기 쉬워진다. 이를 통해 문제를 효과적으로 해결할 수가 있다.

07. 모델(Model)이란 실생활의 현상이나 문제의 핵심적인 요소나 원리를 찾아서 모형이나 그림, 식, 기호 등으로 표현한 것을 말한다. 이러한 모델은 추상화의 결과로 생길 수 있다.

08. 수학에서 다루는 대부분의 대상과 개념은 추상화된 결과이므로 일반적으로 추상화를 가장 많이 이용하고 있다.

09. 과학은 자연의 중요한 특징을 발견해가는 과정이므로 과학 이론은 언제나 추상적일 수밖에 없다. 이처럼 추상화는 각 학문 분야에서 다양하게 사용되고 있다.

010. 세상의 모든 대상과 문제를 추상화하여 컴퓨팅을 활용하면 많은 문제들을 해결할 수 있고 인간 사고의 한계를 뛰어넘어 새로운 것에 도전할 수 있는 역량을 신장할 수 있다.

[참고문헌]

01. https://sites.google.com/isabc.ca/computationalthinking/abstraction

02. BBC, Abstraction
https://www.bbc.co.uk/bitesize/guides/zttrcdm/revision/1

03. 3http://www.kucomputationalthink.org/index.php/chapter-2/2-2-abstraction/

04. 4Curriki. http://www.curriki.org/oer/Abstraction
https://www.curriki.org/oer/Abstraction-and-Pattern-Generalization-101069
https://www.curriki.org/oer/Mad-Libs?mrid=101069

05. youtube, https://www.youtube.com/watch?v=UXo7HMopEyk
https://www.youtube.com/watch?v=RdzYOtxhuDc
https://www.youtube.com/watch?v=qbnTZCj0ugI&t=103s
https://www.youtube.com/watch?v=qkIVheIgtWw

06. 김대수, “소프트웨어와 컴퓨팅 사고”, 생능출판사, 2016.

07. 안성진, “Computational Thinking에 대한 이해”, 정보문화포럼 2015년 연구 보고서, 2015. 12.

08. 천인국, “문제해결과 컴퓨팅 사고”, 인피니티북스, 2018.

09. 김동만, 이태욱, “컴퓨팅 사고력에서 추상화의 고찰”, 한국컴퓨터정보학회, 2019.

10. 임희석, “알기 쉬운) 컴퓨팅 사고력”, 휴먼싸이언스, 2017.

11. 서응교 외 2인, “창의적 사고와 코딩:공학”, 노스보스, 2018.

12. 한치근, “컴퓨팅 사고력”, 배움터, 2018.

13. 한버공, “아주쉬운 코딩놀이: 언플러그 활동 중심”, 청송문화사, 2017.

14. 이재우, “언플러그드컴퓨팅: 비버챌린지문제유형으로 풀어보는 컴퓨팅사고력 퍼즐”, 성안당, 2018.

15. 미래인재연구소, “CREATIVE Computing”, 2018.

CHAPTER 07

알고리즘 기초

이번 장에서는 다음과 같은 내용을 학습합니다.

▶ 알고리즘에 대하여 설명할 수 있다.

▶ 컴퓨팅 사고 기반의 다양한 알고리즘을 사용하여 실생활의 문제를 해결할 수 있다.

본 장에서는 컴퓨터가 문제해결을 효과적으로 수행할 수 있도록 문제를 정의하고, 문제를 해결하기 위해 정해진 일련의 절차나 방법을 공식화하여 표현한 알고리즘에 대해 다루게 된다. 알고리즘의 정의와 실생활의 문제에 대하여 해결 방법을 도출하는 과정에 대하여 알아보도록 한다.

7.1 알고리즘 소개

7.1.1 알고리즘이란?

그림 7-1 라면 끓이는 방법

알고리즘이란 문제를 해결하기 위한 단계적인 절차이다. 즉 실생활에서 발생하는 문제에 대하여 해결하는 방법을 각 단계별로 정리해 놓은 것이라고 할 수 있다. 대표적인 예로 [그림 7-1]이 있다. [그림 7-1]은 '라면 끓이기'를 문제로, 라면 봉지 뒷면에 적혀있는 '라면을 끓이는 방법'을 알고리즘이라고 할 수 있다. 라면 봉지에 적혀있는 알고리즘을 실제로 요리하는 사람이 각자의 처한 상황과 기호에 맞추어 요리하는 것처럼, 알고리즘을 실제 동작이 가능하도록 프로그래밍 언어를 이용하여 만들어 낸 것이 바로 '컴퓨터 프로그램'이다. 동일한 목적인 '라면을 먹는다'를 해결하기 위해 사람마다 각자의 다양한 라면 끓이기 알고리즘을 적용하여 꼬들꼬들한 라면을 먹거나 약간 불은 라면을 먹게 되듯이, 동일한 목적의 프로그램이라 할지라도 어떠한 알고리즘을 바탕으로 구현되었느냐에 따라 다양한 프로그램이 만들어질 수 있다. 이러한 알고리즘은 컴퓨팅적 사고의 4가지 토대 중 하나이다. 컴퓨팅 적 사고의 4가지 토대는 문제의 분해와 추상화, 패턴인식, 알고리즘이라고 할 수 있다. 이 장에서는 4가지 토대 중 하나인 알고리즘에 대해 학습을 진행한다.

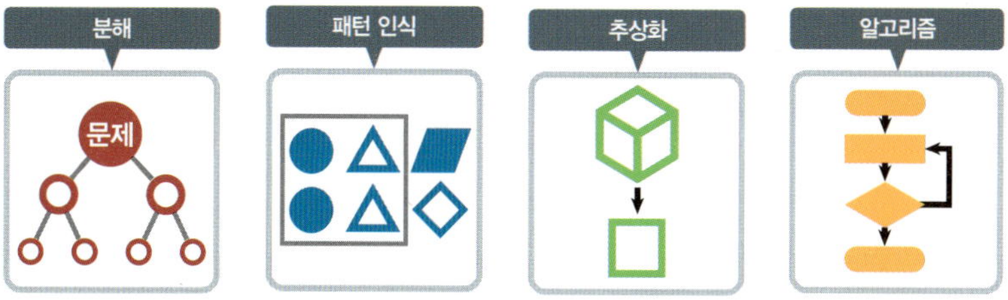

그림 7-2 컴퓨팅 사고의 4가지 토대

7.1.2 알고리즘 예시

하나의 문제를 해결하기 위한 알고리즘이 한 가지만 존재하는 것이 아니라 여러 가지가 있을 수 있다. [그림 7-3]은 숫자 1부터 100까지 더해야 하는 문제이다. 1에서 2를 더하고 다시 3을 더하는 방법으로 100까지 진행하여 1부터 100까지의 합을 구할 수 있다. 다른 접근 방식으로는 숫자 1과 마지막 숫자를 더하면 101이라는 결과를 얻을 수 있다. 다시 두 번째 숫자 2와 끝에서 두 번째 숫자 99를 더해도 101의 결괏값이 나오게 된다. 이 방법을 50번 반복 수행하기 때문에 101 × 50 = 5050이라는 최종 결괏값을 도출할 수 있게 된다. 이 방법도 역시 1부터 100까지 더하는 문제를 해결할 수 있는 알고리즘이 될 수 있다. 앞서 소개한 알고리즘 외에도 교육과정을 통해 학습한 가우스 공식으로 첫 숫자와 끝 숫자를 더한 값에서 원소의 수를 곱하고 2로 나누어주면 해당 문제의 결괏값을 계산할 수 있다. 이처럼 하나의 문제를 해결하기 위해서는 다양한 알고리즘을 사용할 수 있다.

알고리즘 1	1 + 2 + **3**, **3** + 3 + **6**, **6** + 4 + **10**, **10** + 5 + **15**, **15** + 6 + **21**, **21** + 7 + **28** ⋯ **4950** + 100 = **5050**
알고리즘 2	101 (1 + 100), 101 (2 + 99): **1** + **2** + **3** + **4** + ⋯ + **97** + **98** + **99** + **100** 101 × 50 = **5050**
알고리즘 3	$\frac{n(a+l)}{2} = \frac{100(1+100)}{2} = 50 \times 101 = \mathbf{5050}$ (단, n은 원소 개수, a는 첫 번째 값, l은 마지막 값)

그림 7-3 1에서 100까지의 합 구하기

7.1.3 컴퓨팅적 사고를 위한 알고리즘

(1) 실생활의 알고리즘

앞에서 알고리즘이란 '문제를 해결하기 위한 단계적인 절차'라고 학습했다. 이를 다른 말로 설명하면 '특정한 일을 수행하는 명령어들의 집합'이라고 할 수 있다. [그림 7-4]의 예에서 목마름을 해결하기 위해서는 '물 마시고 오기'라는 알고리즘을 정리할 필요가 있다. 먼저 현재 듣고 있는 인터넷 강의를 일시정지하고, 자리에서 일어나서 컵을 들고 냉장고 또는 정수기로 가서 물을 받아 마시고 다시 자리로 돌아온 후, 일시정지한 강의를 재생하는 과정이 필요하다. 즉 '물 마시고 오기'라는 알고리즘은 일시정지, 일어서기, 컵 찾기, 컵 들고 냉장고 또는 정수기로 가기, 컵에 물 받기, 물 마시기, 자리로 돌아오기, 일시정지한 강의를 다시 재생하기로 정의할 수 있다. 이렇게 알고리즘이란 '문제를 해결할 때 해결 절차를 알기 쉽게 기술하는 논리적인 절차과정'이라고 할 수 있다.

'물 마시고 오기' 알고리즘을 수행하려면 앞에 말씀드린 절차만으로 충분한가? 만약 여러분들이 있는 곳이 집이나 아주 익숙한 곳이라면 문제가 없지만, 처음 간 커피숍이나 도서관, 친구 집이라면 알고리즘을 수행하는 데 필요한 정보들이 추가적으로 필요하다. 우리는 이러한 정보를 '입력'이라고 부른다. 아래 그림과 같이 알고리즘은 주어진 입력을 활용하여 문제를 해결하는 단계적인 절차를 거쳐 그 결과를 '출력'으로 보여주는 형태로 수행하게 된다.

그렇기 때문에 모든 상황에서 모든 문제를 만족하는 알고리즘을 구성하는것은 쉽지 않다. 그래서 우리는 주어진 상황과 문제를 고려하여 조건을 만족하는 집합만을 알고리즘으로 정의한다.

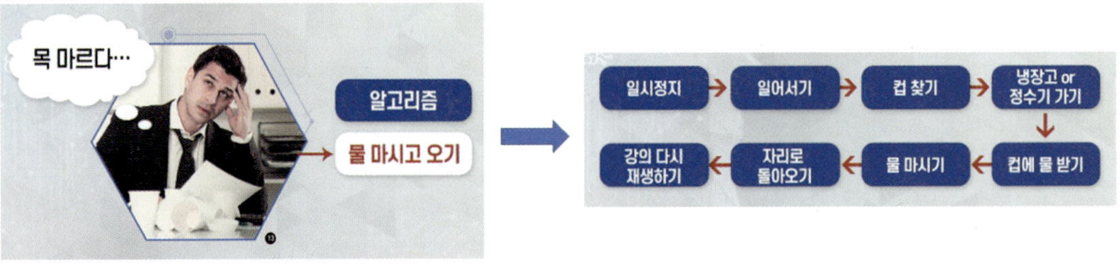

그림 7-4 물 마시기 알고리즘

(2) 알고리즘의 특징

알고리즘은 어떤 상황에는 부합하지만 어떤 상황에는 부합하지 않거나, 어떤 문제는 해결하지만 어떤 문제를 해결하지 못한다는 사실을 인지해야 한다. 따라서 알고리즘이란 '문제를 해결할 때 어떤 방법으로, 어떤 순서에 의해 해결할 것인가?'를 고민하는 것이다. 앞에서 예로 들었던 라면 끓이기에서 라면 봉지 겉면을 보면 물을 일정량 계량해서 냄비에 넣고 불을 켠 후, 물이 끓을 때까지 기다린 후, 면과 건더기 스프, 라면 스프를 넣고 일정 시간 끓여내어 완성하라고 적혀있다. 사람마다 각자의 라면 끓이기 방법이 있기 때문에 각자의 알고리즘의 방식대로 라면을 끓이면 입력에 따라 계란 라면, 김치 라면, 파 라면 등으로 결과가 달라지게 된다. 이것이 바로 알고리즘의 특징이라고 할 수 있다.

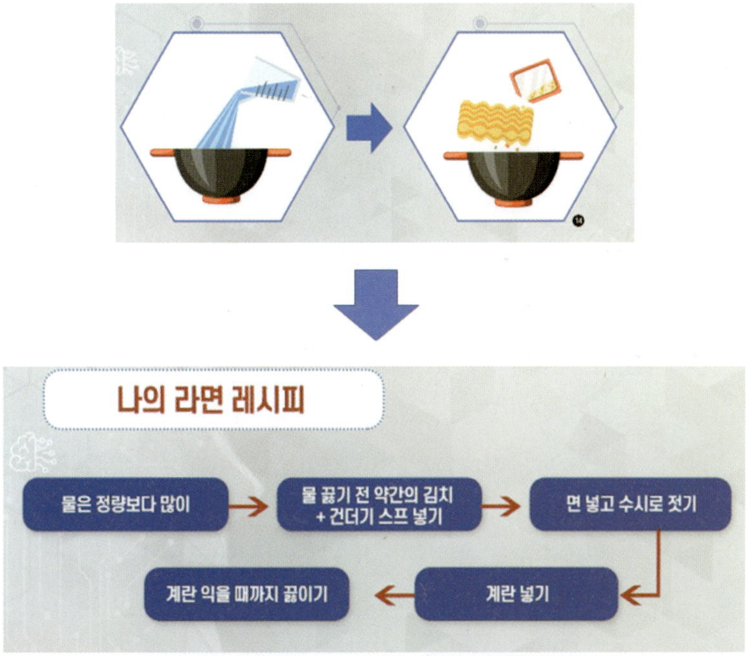

그림 7-5 라면 끓이기 알고리즘

(3) 알고리즘의 중요성

어떠한 문제에 대해 어떤 알고리즘을 사용하느냐에 따라 그 결과는 상이하게 달라질 수 있다. 결과뿐만 아니라 문제를 해결하는 데 소요되는 시간이나 비용이 달라진다. 알고리즘에 따른 비용과 시간의 편차를 확인하기 위해 [그림 7-6]의 예를 살펴보자. 이 그림에서 집에서 학교까지 가기 위해서는 어떤 경로들이 있을까? 길 위에 있는 숫자를 분 단위의 소요 시간이라고 한다면, 집에서 학원을 거쳐 학교로 가는 경우엔 21분이 필요하다. 이 외에도 다른 경로를 통해 학교까지 가는 방법이 존재한다. 이 그림에서 어떤 경로로 학교에 가는 알고리즘이 가장 짧은 시간에 도착하게 될까?

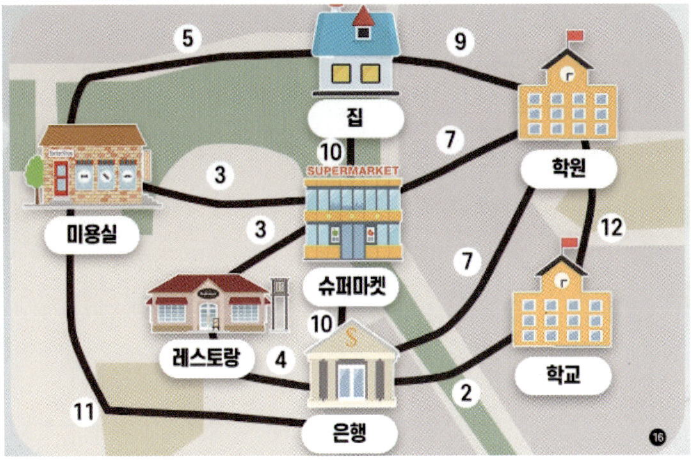

그림 7-6 지도에서 최단 경로 찾기

(4) 알고리즘의 과정

[표 7-1]은 문제해결 과정과 알고리즘 개발 과정을 비교한 것이다. 표에서 보는 바와 같이 각각 4단계로 구성되어 있다. 문제해결 과정은 문제분석 및 표현 단계, 문제해결 방법 찾기 단계, 실행하기 단계, 평가하기 단계로 구성되어 있다. 반면에 알고리즘 개발 과정은 문제이해 및 분석 단계, 알고리즘 설계 단계, 알고리즘 표현 단계, 알고리즘 평가 단계로 구성된다. 어떻게 보면 문제해결 과정과 알고리즘 개발 과정은 유사하다고 볼 수 있다. 다만, 문제해결 과정에서는 실행과 평가로 이루어진다면 알고리즘은 표현과 평가로 이루어진다는 점이 다르다고 할 수 있다.

표 7-1 문제해결 과정 / 알고리즘 개발 과정 비교

단계	문제해결 과정	알고리즘 개발 과정
1단계	문제분석 및 표현	문제이해 및 분석
2단계	문제해결 방법 찾기	알고리즘 설계
3단계	실행하기	알고리즘 표현
4단계	평가하기	알고리즘 평가

(5) 알고리즘의 조건

알고리즘으로 구성되기 위해서는 5가지의 조건이 필요하다. 첫째, 입력이 있어야 한다. 입력은 외부에서 제공하는 0개 이상의 값을 의미한다. 즉 입력이 없는 알고리즘도 가능하고, 1개의 입력, 2개의 입력, 3개의 입력도 모두 가능하다고 할 수 있다. 두 번째로는 출력이 있다. 출력은 반드시 1개 이상이 존재해야 한다. 알고리즘이 정상적으로 동작하는지 여부를 판단하기 위한 결과가 도출되어야 되어야 한다. 라면 끓이기 알고리즘의 결과는 라면, 물 마시고 오기 알고리즘의 결과는 목마름 해소이다. 세 번째 조건인 명백성은 알고리즘을 구성하는 각 명령어의 의미가 모호하지 않고 명확해야 한다는 것이다. 이 말은 하나의 명령어가 다르게 실행될 여지가 존재해서는 안된다는 뜻이다. 예를 들어 "다음에 한번 밥 먹자"라는 말이 있다. 이러한 명령어로는 밥을 먹을 수가 없다. 장소와 시간을 특정하는 명령어를 작성해야 밥을 먹을 수 있다. 즉 명백성은 알고리즘을 구성하는 각각의 명령어가 단 하나의 수행을 의미할 수 있어야 한다는 뜻이다. 네 번째 조건인 유한성은 알고리즘을 구성하는 명령어가 한정된 수로 구성되어 실행 이후 반드시 종료가 되어야 한다는 것이다. 잘못 만들어진 알고리즘의 경우 종료가 되지 않고 영원히 수행하여 결과를 얻을 수 없게 된다. 알고리즘을 구성하는 명령어의 개수가 유한해야 한다는 것이다. 마지막으로, 유효성은 알고리즘을 구성하는 각각의 명령어들이 실행 가능한 연산이어야 한다는 것이다. 즉 반드시 실행 가능한 연산의 명령어로 구성된 알고리즘이어야 한다.

그림 7-7 알고리즘 조건 예

7.1.4 생활에서의 알고리즘 예시

(1) 학교에 등교하는 방법

아침 1교시 수업이 있는 날 학교에 등교하는 과정은 사람마다 사는 곳, 이용하는 교통수단에 따라 다르게 된다. 따라서 각각의 상황에 맞는 알고리즘이 필요하다. 이러한 일련의 과정을 간단하게 추상화 및 일반화 해보면 알람 소리를 듣고 기상, 학교에 가기 위한 등교 준비, 교통환경에 따른 이동 수단 선택, 학교 도착 후 강의실 출입의 순서로 진행된다. 이렇게 여러분들이 매일 겪는 생활도 다음 [그림 7-8]과 같이 알고리즘으로 구성할 수 있다.

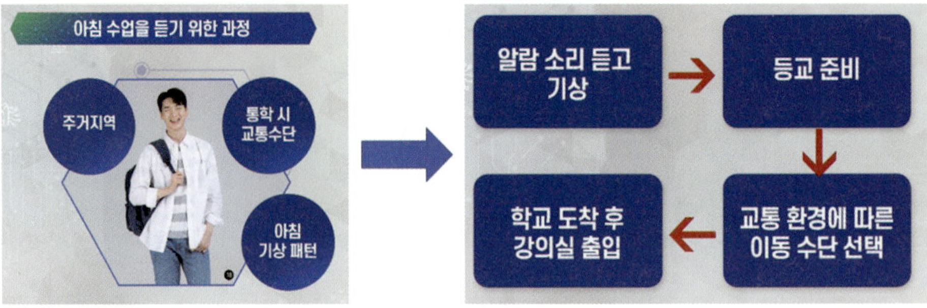

그림 7-8 집-학교 등교 알고리즘

(2) 전략 시뮬레이션 게임에서의 알고리즘

스타크래프트라는 게임과 같은 전략 시뮬레이션 게임에서는 초기에 적군의 위치와 개발 상황을 파악하기 위한 빠른 탐색이 필수라고 할 수 있다. 적군을 빠르게 탐색하기 위해 개개인의 전략, 방법 및 현재 본인의 위치와 상황에 따라 다른 방법으로 탐색을 한다. 이러한 탐색도 역시 알고리즘이라고 할 수 있다. 불필요한 이동 경로를 제외하면서 최대한 빠르게 탐색을 하는 것이 필요하다. 효율적인 맵 탐색을 위해서는 적절한 알고리즘으로 이동 방향을 설정해야 한다. 평소에 즐기는 대부분의 게임에서도 이와 같이 다양한 알고리즘을 활용하고 있을 것이다.

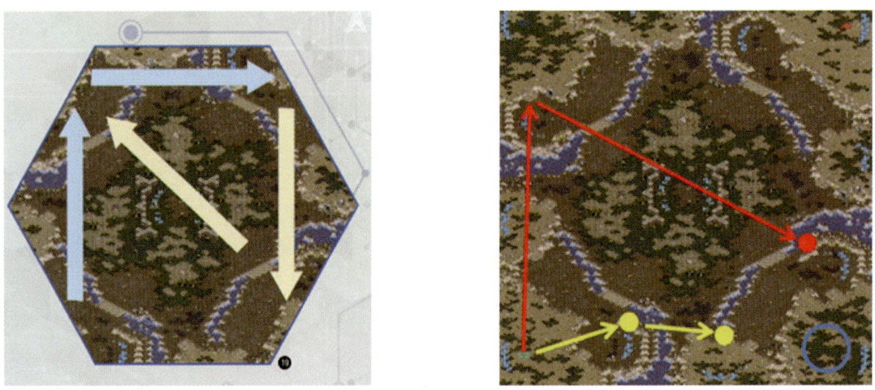

그림 7-9 전략 시뮬레이션 게임 맵 탐색 알고리즘

(3) 횡단보도 건너기

신호등이 있는 횡단보도를 건너는 것에도 알고리즘이 있다. 먼저 횡단보도 앞까지 이동하고 횡단보도 앞에서 정지한 후 횡단보도에 설치되어 있는 신호등을 확인한다. 신호등이 빨간 불이면 대기를 하고 다시 신호등을 확인한다. 신호등이 초록 불로 변경되면 횡단보도를 건너간다. 이러한 순서도 역시 우리가 일상생활에서 사용하고 있는 알고리즘이라고 할 수 있다.

그림 7-10 횡단보도 건너기 알고리즘

(4) 선입선출 알고리즘

선입선출(First-In-First-Out) 알고리즘은 일상생활 속에서 가장 많이 접하는 알고리즘 중 하나이다. 선입선출이란 먼저 들어온 것을(First-In) 먼저 내보낸다(First-Out)라는 뜻을 가지고 있다. 대표적으로 놀이동산에서 놀이기구를 타기 위해 줄을 서 기다리는 순서대로 놀이기구에 탑승한다. 이와 같이 입력된 데이터에 따라 순차적으로 실행하는 것을 의미한다. [그림 7-12]와 같이 편의점에서는 물품을 채워 넣을 때 새로운 물품을 해당 물품이 자리한 위치 가장 뒷 열에 넣어서 이전 재고가 먼저 팔릴 수 있도록 한다. 즉 물건을 채운 순서대로 사갈 수 있도록 정렬을 수행한다.

그림 7-11 선입선출의 예

그림 7-12 편의점 물품 채우기

(5) 후입선출 알고리즘

후입선출(Last-In-First-Out) 알고리즘은 또 다른 말로 '스택'이라고 하며, 선입선출 알고리즘과 같이 일상생활 속에서 쉽게 접하는 알고리즘 중 하나이다. 후입선출이란 나중에 들어온 것을(Last-In) 먼저 내보낸다(First-Out)라는 뜻을 가지고 있다. 실생활에서 후입선출에 대한 예시로 콘 아이스크림이 있다. 콘 아이스크림을 주문할 때 바닐라, 초콜릿, 딸기 등 다양한 맛을 선택한 차례대로 콘에 얹는다. 그렇지만 먹는 순서는 콘 위에 쌓아 올린 역순인 딸기, 초콜릿, 바닐라 순으로 나중에 올린 맛을 가장 처음 먹게 된다.

그림 7-13 콘 아이스크림

COMPUTATIONAL THINKING

7.2 다양한 알고리즘

7.2.1 수학적인 알고리즘

(1) 1부터 10까지의 합 구하기

앞에서 한번 다뤘던 예제를 축소하여 1부터 10까지의 숫자의 합을 구하는 알고리즘을 살펴보자. 1과 2를 더하고 그 결과에 다시 3을 더하고, 그 결과에 다음 수를 더하는 과정을 10까지 진행하여 55라는 결과를 얻는 과정이다. 이것은 1부터 10까지의 합을 구하는 알고리즘이 될 수 있다. 다른 방법으로는 두 수의 합이 10이 되도록 숫자를 그룹으로 만든 후 전체 합을 구하는 알고리즘이있다. 1과 9, 2와 8, 3과 7, 4와 6의 각각 쌍은 합의 결과가 10이 된다. 이 결과에 10 또는 10+0과 5를 더하여 55의 결과를 도출하는 알고리즘이다. 이 알고리즘을 변형하여 합의 결과가 11이 되는 5개의 숫자 쌍을 만들어 처리하는 방법으로도 결과를 얻을 수 있다. 또 다른 방법으로 수학 공식을 사용하여 합을 구할 수도 있다. 시그마 i는 0부터 n까지라고 할 때, 이에 대한 써메이션(summation, 누적합)을 구하는 공식은 2분의 n 곱하기 n 더하기 1이 된다. 이 방식 역시 1부터 10까지의 합을 구하는 알고리즘으로 활용할 수 있다.

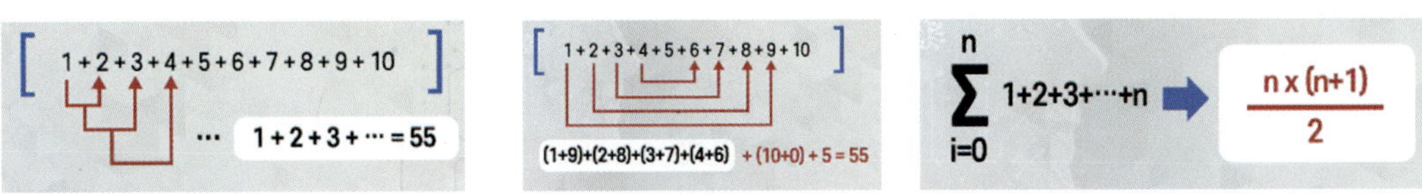

방법 1 방법 2 방법 3

그림 7-14 1부터 10까지의 합 구하기

(2) 유클리드 GCD 알고리즘

유클리드 GCD 알고리즘은 최대공약수를 구하는 문제에 대한 알고리즘이다. [그림 7-15]에서 1번은 입력된 두 개의 숫자를 비교하여 큰 수를 x라 하고 작은 수를 y로 한다. 2번에서는 y의 값을 0과 비교하여 같으면 최대공약수를 x로 출력하고 알고리즘을 종료하고 그렇지 않으면 다음 과정을 진행한다. 3번은 x를 y로 나누어 나머지를 t에 저장한다. t에 나머지 값을 저장한 후 다음 번호로 넘어간다. 4번은 x의 값을

y로 변경한다. 5번은 y의 값을 t로 변경한다. 이후 6번에서는 2번으로 되돌아간다.

아래 [그림 7-15]의 ❸번에서 퍼센트(%)와 동일하게 생긴 기호를 컴퓨터에서는 모듈러스(modulus), 즉 나머지 연산자라고 부른다. 정수 사이의 나눗셈에서 나머지를 구하는 연산자이다.

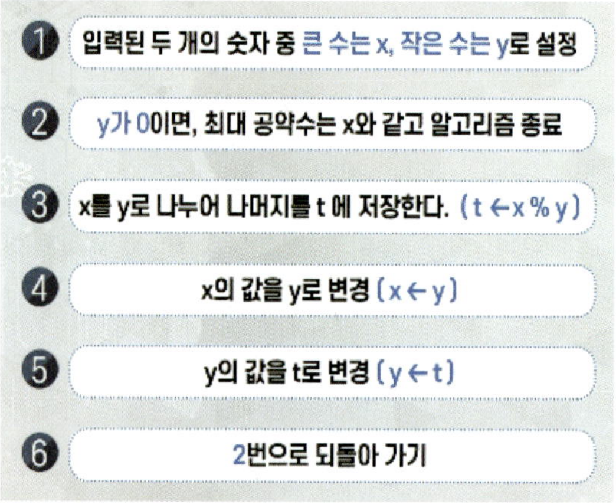

그림 7-15 유클리드 GCD 알고리즘

7.2.2 컴퓨팅 알고리즘

(1) 전화번호 찾기: 순차 탐색

순차 탐색은 예를 들면 연락처를 찾기 위해 전화번호부의 처음부터 끝까지 이름을 일일이 비교하여 찾는 방식이다. 1개의 연락처를 비교하려면 1초가 소요되고 현재 1,000개의 연락처가 저장되어 있다고 가정한다면, 최소 1초에서 최대 1,000초의 시간이 걸리게 된다. 간단하고 직관적인 알고리즘이기는 하지만 실제로 많이 쓰이지는 않는다. 찾아야 할 대상이 늘어날수록 검색에 필요한 시간도 함께 늘어나기 때문이다.

(2) 전화번호 찾기: 이진 탐색

이진 탐색 알고리즘은 주로 바이너리 서치(Binary Search)라고 불린다. 바이너리 서치는 기본적인 전제 조건이 하나 있다. 찾고자 하는 대상 데이터가 순서대로 정렬되어 있어야 한다. 연락처에서 이름으로 검색을 원하는 경우 이름이 가나다 순 혹은 ABC 순서대로 정렬되어 있어야만 한다. 이렇게 정렬된 데이터의 특징을 이용하여 검색하는 알고리즘이다. 이진 탐색은 크게 4단계로 구성된다. 1단계로 정렬되어 있는 데이터의 중앙에 위치한 데이터와 검색하고자 하는 이름을 비교한다. 만약, 찾고자 하는 데이터가 맞다면 해당 데이터를 출력하고 알고리즘을 종료한다. 찾고자 하는 데이터가 아니라면 2단계를 진행한다. 2단계에서는 현재 찾고자 하는 이름이 비교한 연락처의 이름보다 앞에 위치하는지 뒤에 위치하는지를 확인한다. 데이터의 경우 정렬이 되어 있어 정렬 순서에 따라 확인이 가능하다. 3단계로 1단계에서 비교했던 연락처에서부터 2단계에서 확인한 데이터의 방향으로 남은 부분의 중간에 있는 연락처를 찾는다. 4단계는 다시 2단계로 돌아가서 찾고자 하는 이름을 찾을 때까지 반복한다.

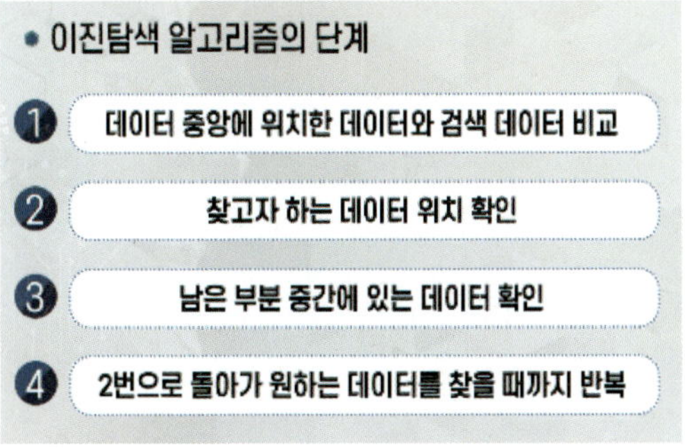

그림 7-16 이진 탐색 알고리즘 단계

(3) 숫자 정렬하기: 선택 정렬 알고리즘

선택 정렬은 선택된 위치에 들어갈 값을 찾아서 정렬하는 알고리즘이다. 숫자가 저장된 공간에서 처음부터 마지막까지 차례대로 숫자 크기를 비교하여 정렬하는 방식이다. 선택 정렬의 경우 크게 3가지로 구성된다. 1단계로 정렬되지 않은 숫자들의 집합의 첫 번째에서부터 마지막까지의 값 중에 가장 작은 값을 찾는다. 2단계로 찾은 값을 현재 위치의 값과 바꾼다. 3단계로는 다음 위치의 값으로 이동하고 다시 1단계로 돌아가서 마지막에 저장된 값에 도달할 때까지 반복 수행한다.

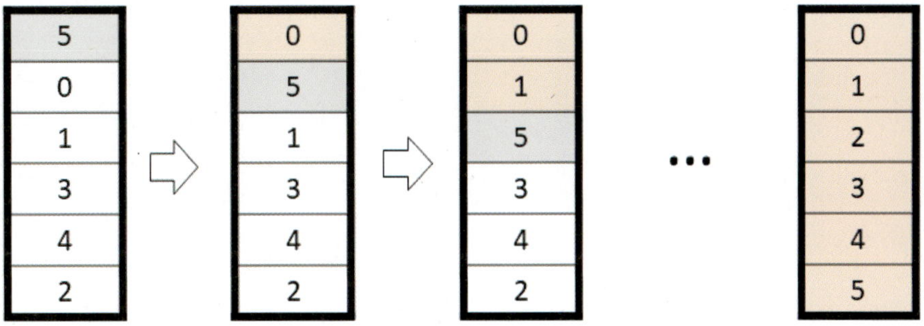

그림 7-17 선택 정렬 알고리즘 단계

(4) 윤년 찾기: 조건 판단 알고리즘

조건 판단 알고리즘은 특정한 조건에 따라 참 또는 거짓의 결과를 반환하여 해당 결과를 통해 다음 연산을 진행하는 알고리즘이다. 조건 판단 알고리즘의 대표적인 예로 입력된 연도가 조건에 따라 윤년인지 아니면 평년인지를 구하는 알고리즘이 있다. 해당 알고리즘의 조건은 '1. 입력된 수가 4로 나누어서 떨어지면 윤년이다. 2. 100으로 나누어 떨어지는 해는 평년이다. 3. 400으로 나누어 떨어지면 윤년이다'가 된다. 위 조건 3가지를 통해 윤년과 평년을 판단하여 해당 결과를 반환한다.

윤년 찾기 단계

❶ 사용자에게 값을 입력 받는다
❷ 입력된 수가 4로 나누었을 때 나누어 떨어지는지 확인한다
❷-❶ 나누어 떨어지지 않으면 평년을 반환한다
❸ 입력된 수가 100으로 나누었을 때 나누어 떨어지는지 확인한다
❹ 입력된 수가 400으로 나누었을 때 나누어 떨어지는지 확인한다
❹-❶ 나누어 떨어지지 않으면 평년을 반환한다.

그림 7-18 윤년 찾기 단계

[요약]

01. 알고리즘이란 문제를 해결하기 위한 단계적인 절차이다. 즉 실생활에서 발생하는 문제에 대하여 해결하는 방법을 각 단계별로 정리해 놓은 것이라고 할 수 있다. 동일한 목적의 프로그램이라 할지라도 어떠한 알고리즘을 바탕으로 구현되었느냐에 따라 다양한 프로그램이 만들어질 수 있다.

02. 알고리즘은 어떤 상황에는 부합하지만 어떤 상황에는 부합하지 않거나, 어떤 문제는 해결하지만 어떤 문제는 해결하지 못하기에 문제에 맞는 알고리즘 설계를 할 필요가 있다. 문제에 대한 다양한 알고리즘 설계 및 입력에 따라서 출력 결과가 달라지게 된다. 이것이 바로 알고리즘의 특징이라고 할 수 있다.

03. 어떠한 문제에 대해 어떤 알고리즘을 사용하느냐에 따라 그 결과는 상이하게 달라질 수 있다. 결과뿐만 아니라 문제를 해결하는데 소요되는 시간이나 비용도 달라진다.

04. 알고리즘 개발 과정은 문제이해 및 분석 단계, 알고리즘 설계 단계, 알고리즘 표현 단계, 알고리즘 평가 단계로 구성된다.

05. 알고리즘으로 구성되기 위해 5가지의 조건이 필요하다. 첫째, 입력이 있어야 한다. 둘째, 출력이 있다. 셋째, 명백성은 알고리즘을 구성하는 각 명령어의 의미가 모호하지 않고 명확해야 한다. 넷째, 유한성은 알고리즘을 구성하는 명령어가 한정된 수로 구성되어 실행 이후 반드시 종료가 되어야 한다. 마지막으로, 유효성은 알고리즘을 구성하는 각각의 명령어들이 실행 가능한 연산이어야 한다는 것이다.

CHAPTER 08

알고리즘 표현

이번 장에서는 다음과 같은 내용을 학습합니다.

- 알고리즘을 표현하는 자연어, 순서도, 의사코드가 무엇인지 설명 할 수 있다.
- 자연어, 순서도, 의사코드를 통해 알고리즘을 표현할 수 있다.

본 장에서는 주어진 문제를 해결하기 위한 알고리즘을 표현하는 다양한 방식들에 대해 살펴본다. 잘 정의된 알고리즘이라고 할지라도 명확하게 표현되지 않으면 다른 사람에게 그 알고리즘을 설명하기란 쉽지 않다. 또한 추후 이 알고리즘을 이용하여 컴퓨터 프로그램을 작성할 때에도 명확하지 않은 문제들로 인하여 오류들을 포함하고 있는 프로그램을 만들게 될 수도 있다. 명확하고 간결하게 알고리즘을 표현하기 위한 방법으로는 크게 3가지 방법이 사용된다. 첫 번째는 우리가 일상적으로 사용하는 언어인 자연어를 이용하여 표현하는 방법, 두 번째 방법은 플로우 차트라고 부르는 순서도를 이용하여 알고리즘을 표현하는 방법, 마지막으로 의사코드 혹은 슈도코드라고 부르는 프로그래밍 언어와 유사한 형태로 표현하는 방법이 있다. 이러한 방법들을 학습하고, 실제 알고리즘을 어떻게 표현하는지에 대해 실습을 진행한다.

8.1 알고리즘 표현

COMPUTATIONAL THINKING

8.1.1 컴퓨팅 사고의 목적

컴퓨팅 사고를 배우는 이유는 어떤 문제를 만났을 때 이를 해결하는 알고리즘을 만들고, 컴퓨터를 통해 자동화하여 그 문제를 해결하기 위한 것이다. 문제를 해결하기 위한 알고리즘을 잘 정의해서 효율적으로 만드는 것이 중요한 만큼, 알고리즘을 컴퓨터에서 동작 가능하도록 설계하고 표현하며 구현하는 것이 필요하다. 따라서 궁극적인 목표는 주어진 문제를 컴퓨터를 활용하여 효과적으로 해결하는 것이라고 할 수 있다. 그렇기 때문에 문제를 해결하기 위한 알고리즘을 컴퓨터에서 동작할 수 있는 형태인 프로그램으로 잘 만들 수 있도록 표현하는 것이 매우 중요하다.

그림 8-1 컴퓨팅 사고를 배우는 이유

8.1.2 알고리즘의 표현 방법

이러한 알고리즘을 표현하기 위해서 사용되는 방법으로 자연어, 순서도와 의사코드가 있다. 자연어란 일상생활 속 사용하는 언어를 이용하여 알고리즘을 표현하는 방법이다. 누구나 쉽게 표현할 수 있는 장점이 있다. 의사코드는 컴퓨터에서 동작하는 프로그램의 구성 요소인 변수와 배열, 예약어 등을 사용하여 표현하는 방법이다. 프로그램 코드와 유사한 특성을 가지고 있어 의사코드를 사용하여 알고리즘을 표현하면 손쉽게 프로그램을 개발할 수 있다는 장점이 있다. 하지만 프로그래밍 언어에 익숙하지 않은 사람에게는 쉽게 알고리즘을 표현할 수 없다는 단점이 존재한다. 반면에 순서도 방식은 그림과 도형, 화살표 등을 이용하여 표현하기 때문에 각 도형의 특징만 숙지하게 되면 쉽게 알고리즘을 표현할 수 있다. 그림으로 표현하는 방식은 전체의 흐름을 한눈에 파악할 수 있고 화살표의 흐름을 따라가면서 알고리즘의 진행 방향을 쉽게 이해할 수 있다. 그러나 아주 복잡한 알고리즘을 표현하기 위해서는 상당히 복잡한 그림으로 표현할 수 밖에 없기 때문에 알고리즘의 흐름이 복잡해지고, 그리기가 점점 어려워지게 된다. 또한 그림이기 때문에 추후 알고리즘의 수정이 필요한 경우 처음부터 다시 순서도를 그려야 한다는 단점이 있다.

(1) 자연어

알고리즘을 자연어로 표현하는 것은 가장 쉬운 방법이다. 실제로 사용하는 언어 그대로 알고리즘을 설명하는 방식이기 때문이다. [그림 8-2]와 같이 길을 잃었을 때 누군가에게 "지하철이 어디에 있나요?"라고 질문하면 대답으로 알고리즘에 가까운 답변을 들을 수 있다. 예를 들어, "서쪽으로 100미터 직진하시고 우측으로 돌면 있습니다."와 같이 말해줄 것이다. 이것이 지하철 위치를 찾는 문제를 해결하기 위한 알고리즘이 되는 것이다. 이렇게 자연어를 이용하여 알고리즘을 표현하는 방식은 대화나 글 등으로 표현할 수 있기 때문에 누구나 쉽게 알고리즘을 표현할 수 있다는 장점이 있다. 하지만 이 알고리즘을 프로그램으로 작성하려면 다른 표현 방식에 비해 조금 더 많은 프로그래머의 노력이 필요하다. 자연어가 가지고 있는 함축성과 모호성으로 인하여 특정 상황에서는 어떠한 명령을 수행해야 하는지 명확하지 않을 수 있기 때문이다.

그림 8-2 지하철 찾기 알고리즘 (자연어)

(2) 순서도

순서도는 흐름도라고 부르기도 하고 영어로는 플로우 차트라고 한다. 이름에서 알 수 있듯 알고리즘의 작업 순서를 그림으로 표현하는 방식이다. 알고리즘을 단순한 기호를 사용하여 차례대로 그리고 화살표로 연결하여 순서를 표현한다. [그림 8-3]과 같이 처리에 해당하는 부분은 직사각형으로, 참과 거짓 등을 판단하기 위해서는 마름모로, 입출력을 처리하기 위해서는 평행사변형으로 표시하게 된다.

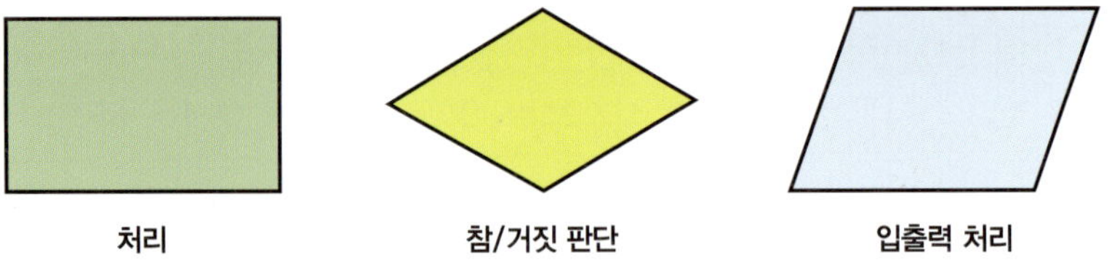

그림 8-3 순서도에서 사용되는 도형

[표 8-1]은 알고리즘을 표현하기 위한 순서도에서 사용하는 각 도형의 의미를 보여주고 있다. 화살표는 알고리즘이 진행하는 방향을 나타낸다. 일반적으로 좌에서 우로, 위에서 아래로 나타내는 것이 일반적이다. 둥글게 모서리가 처리된 직사각형은 알고리즘의 시작과 끝을 나타낸다. 직사각형은 알고리즘에서의 연산과 처리를 나타내고 변수에 값을 저장하거나, 변수나 상수를 이용하여 계산을 처리하는 등의 내용을 표현하기 위해 사용한다. 마름모는 연산에 대한 판단을 수행한다. 예를 들어 알고리즘에서는 "변수가 홀수인가?"와 같이 비교를 통해 참과 거짓을 나타내어 흐름을 제어한다. 마지막으로 평행사변형은 알고리즘에 필요한 입력이나 출력을 표현하고자 할 때 사용한다. 사용자로부터 키보드를 통해 입력을 받거나 화면에 어떠한 값을 출력할 때 사용한다.

표 8-1 순서도에서 사용되는 도형/기호

기호	의미
	알고리즘이 진행하는 방향을 나타냄
	알고리즘의 시작과 끝을 나타냄
	알고리즘의 연산, 처리를 나타냄
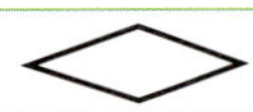	연산에 대한 판단을 수행함
	알고리즘의 입력, 출력을 나타냄

[그림 8-4]는 n부터 100까지의 숫자 중 홀수의 합을 구하는 알고리즘을 나타내는 순서도이다. 해당 순서도의 경우 첫 번째 평행사변형에 사용자로부터 입력받은 값을 n이라는 변수에 저장하는 명령이 작성되어 있다. 사용자가 1이라는 값을 입력했다고 가정해보자. 마름모에는 변수 n의 값이 100보다 작거나 같은지를 확인하고

만약 작거나 같다면 yes라고 라벨이 붙어 있는 화살표를 따라가게 되고, 크다면 no 라고 라벨이 붙어 있는 화살표를 따라가게 된다. 현재 n의 값이 1이므로 yes 화살표가 가리키고 있는 다음 도형으로 넘어간다. 다음 마름모에서는 변수 n을 2로 나눈 나머지가 1과 같은지를 판단한다. 현재 n의 값이 1이므로 yes 라벨이 붙은 화살표를 따라 다음 도형으로 이동한다. 다음 도형에서는 변수 total의 값에 n의 값을 더한 후 다시 변수 total에 저장한다. 이후 n에 1의 값을 더하여 다시 변수 n에 저장하고 다시 첫 번째 마름모 위로 화살표를 따라 이동한다. n의 값이 계속 하나씩 증가하다가 100이 되면 첫 번째 마름모의 조건이 no가 되므로 no의 화살표를 따라 종료 바로 앞에 있는 평행사변형을 수행하게 된다. 이때 현재까지 계산된 변수 total의 값이 출력되고 알고리즘이 종료된다.

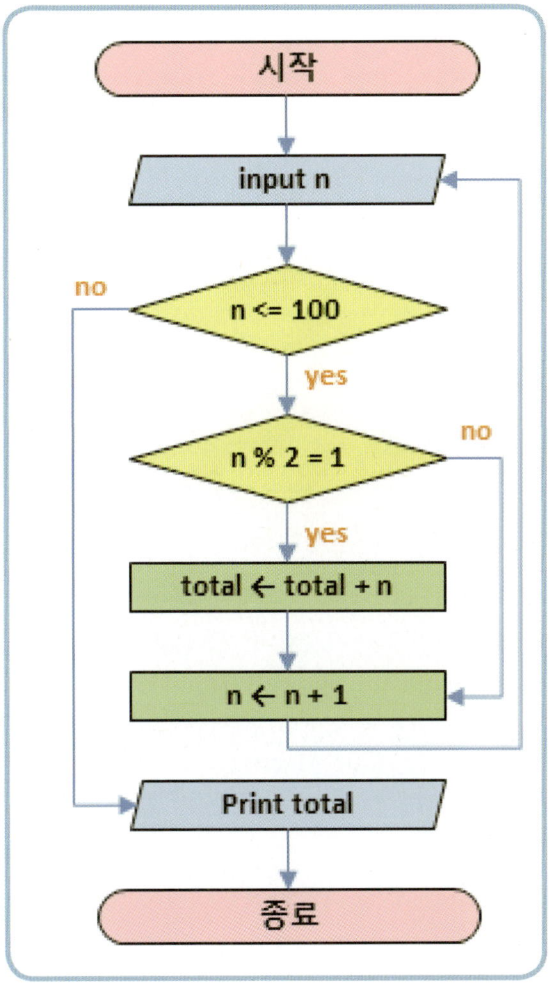

그림 8-4 순서도 예시

(3) 의사코드

의사코드는 영어로 슈도코드(pseudo code)이다. 의사코드는 우리가 사용하는 자연어보다는 더 체계적이면서도 프로그램을 만드는 프로그래밍 언어보다는 덜 엄격한 문법을 가지고 있다. 알고리즘을 표현하기 위해 가장 많이 사용하는 표현 방식 중 하나로, 간단한 알고리즘의 경우 순서도로 표현하는 경우가 많지만 복잡한 형태의 알고리즘을 표현하기 위해서는 의사코드를 주로 사용한다. [그림 8-5]는 의사코드의 한 예시이다. 이 의사코드는 [그림 8-4]의 순서도에서 살펴본 예와 동일하게 사용자의 입력값에서부터 100까지의 모든 홀수의 합을 계산하여 결과를 출력하는 알고리즘이다.

```
input n
total ← 0
while n <= 100
        if n % 2 = 1
                total ← total + n
        n ← n + 1
endwhile
print total
```

그림 8-5 의사코드 예시

의사코드는 자연어와 프로그래밍 언어의 중간적인 표현 방법이기 때문에 프로그래밍 언어에 비해 자연어에 가까운 형태를 띄고 있어 이해하기 쉽다는 장점이 있다. 또한 의사코드는 프로그래밍 언어가 아니므로 특정 프로그래밍 언어에 귀속되지 않는 언어-독립적인 특징을 가지고 있다. 이를 이용하여 우리는 알고리즘의 핵심적인 부분을 효과적으로 기술할 수 있다. 그러나 의사코드가 자연어에 가깝다고는 하지만 프로그래밍 언어와의 유사성을 가지고 있어 프로그래밍 언어의 문법에 대한 이해가 부족한 경우 작성하기 힘들다는 단점이 있다. 또한 도형으로 표현되던 것을 언어로 표현해야 하기 때문에 while, endwhile, if와 같은 키워드를 외워야 한다는 단점도 존재한다.

COMPUTATIONAL THINKING

8.2 일상생활 속 알고리즘의 표현

8.2.1 일상생활에서 찾아볼 수 있는 다양한 알고리즘

(1) 횡단보도 건너기

횡단보도를 건너기 위해서 크게 두 가지의 기본적인 기능이 필요하다. 첫 번째는 당연하게도 걸어서 횡단보도를 건너가는 것이고 두 번째는 신호등의 불빛을 확인하는 것이다. 횡단보도에 도착하면 먼저 신호등을 보고 녹색 불인지 빨간 불인지 확인 후 빨간 불이라면 잠시 멈추어 대기하고, 초록 불이라면 횡단보도를 건너가는 알고리즘으로 구성된다.

횡단보도 건너기

신호등 확인

그림 8-6 횡단보도를 건너기 위한 기본 기능

[그림 8-7]은 횡단보도 건너기 알고리즘을 순서도로 표현한 것이다. 모서리가 둥근 직사각형을 사용하여 순서도의 시작과 끝을 선언하고, 횡단보도 앞에서의 행동을 나타내기 위해 직사각형을 그리고 신호등 불빛 확인을 통해 현재 횡단보도의 신호등 상황을 확인한다. 그 이후 신호등 색에 따른 행동을 제어하기 위해 마름모 도형을 사용하여 안에 조건식을 적어 넣는다. 신호등 불빛이 녹색이라면 yes 화살표가 가리키는 명령으로 진행하고 빨간 불이면 no 화살표가 가리키는 신호등 불빛을 확인하는 명령으로 다시 돌아간다.

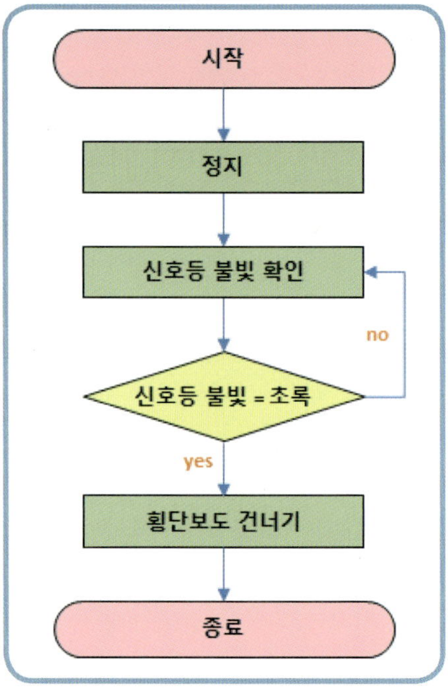

그림 8-7 횡단보도 건너기 순서도

[그림 8-8]은 횡단보도 건너기 알고리즘을 의사코드로 표현한 것이다. 먼저 현재 사람의 위치가 횡단보도 앞이라고 가정하면 사람이라는 변수에 횡단보도 앞이라는 값을 저장한다. 횡단보도 앞에서 신호등 불빛에 따른 행동을 취하기 위하여 사람이라는 변수의 값을 정지로 변경한다. 신호등이라는 변수에 현재 신호등의 값을 입력받고 녹색 불로 바뀔 때까지 기다리는 알고리즘을 구성하기 위해 의사코드에서 사용하는 약속어인 while ~ endwhile을 사용하여 신호등이 녹색 불로 바뀔 때까지 반복적으로 신호등의 정보를 확인하는 코드를 작성한다. 그 이후 신호등이 녹색 불이 되면 이 while ~ endwhile을 벗어나 사람이라는 변수의 값을 건너기로 변경한다.

```
사람 ← 횡단 보도 앞
사람 ← 정지
input 신호등
while 신호등 = 빨간색
   사람 ← 대기
   input 신호등
endwhile
사람 ← 건너기
```

그림 8-8 횡단보도 건너기 의사코드

(2) 전화 걸기

휴대전화를 이용하여 전화를 거는 일련의 과정을 알고리즘으로 표현하면 [그림 8-9]와 같이 나타낼 수 있다. 첫 번째로, 휴대전화로 전화를 걸기 위해서는 휴대전화의 잠금을 해제해야 한다. 두 번째로, 전화 앱을 실행하고 전화할 상대의 전화번호를 입력하거나 검색을 수행한다. 그리고 통화 버튼을 눌러 통화를 진행한다.

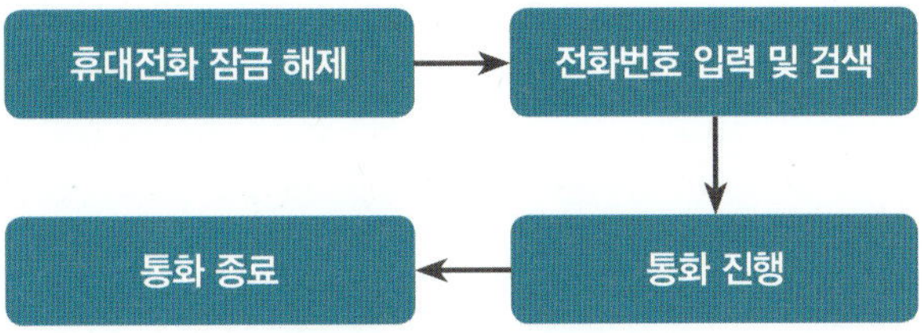

그림 8-9 전화 걸기의 기본 기능

[그림 8-10]은 전화 걸기를 순서도로 나타낸 것이다. 입력암호라는 변수에 사용자로부터 키보드를 통해 4자리 숫자 비밀번호를 입력받아 그 값을 저장한다. 입력암호라는 변수에 저장된 값이 실제 암호와 같은지 비교해야 한다. 입력암호와 실제 암호가 같다면 잠금 해제를 수행하고 다르다면 다시 입력문으로 돌아간다. 전화 앱을 실행한 후 전화번호를 기억하고 있으면 전화번호를 입력하고, 그렇지 않다면 전화번호를 검색을 수행한다. 전화번호 검색하기 위해 이름이라는 변수에 통화하려는 상대방의 이름을 입력받아 저장하고, 이름을 통해 전화번호를 검색하여 전화번호 변수에 저장한다. 전화번호를 기억하고 있는 경우 사용자로부터 직접 전화번호를 입력받아 전화번호 변수에 저장한다. 전화 통화 상태를 조건문을 통해 확인하고 통화 종료 시 알고리즘이 종료된다.

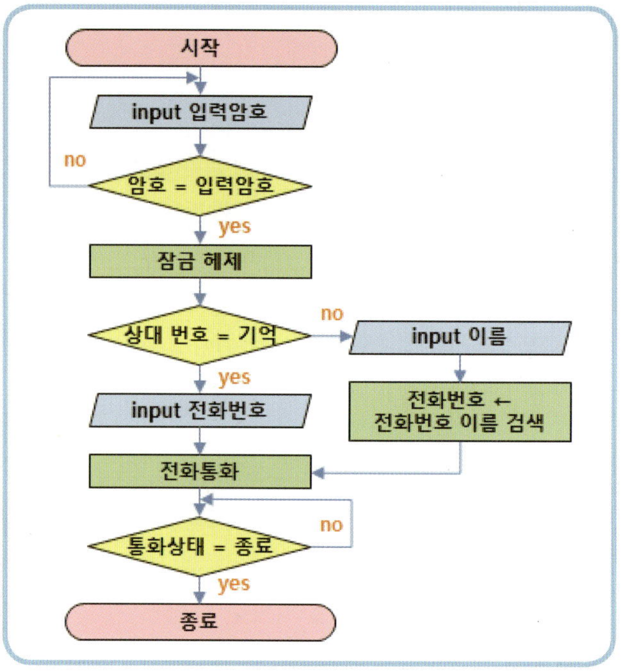

그림 8-10 전화 걸기 순서도

[그림 8-11]은 전화 걸기를 의사코드로 나타낸 것이다. 잠금을 해제하기 위해 정상적인 암호를 입력할 때까지 반복 수행이 필요하다. 참을 의미하는 TRUE를 이용하여 암호가 일치할 때까지 값을 입력받도록 무한 반복을 수행한다. 이후, 전화번호를 기억하고 있다면 사용자로부터 입력을 받고 아니라면 이름을 입력 받는다. 이름을 입력받은 경우에는 이름을 이용하여 전화번호를 검색하고 전화번호 변수에 저장된 번호를 저장한다. 전화번호 변수에 저장된 번호로 전화를 걸고 통화가 종료되면 해당 알고리즘이 종료된다.

```
while TRUE
    input 입력암호
    if 입력암호 = 암호
        break
endwhile
input 전화번호기억
if 전화번호 기억 = YES
    input 전화번호
else
    input 이름
    전화번호 ← 이름으로 전화번호 검색
휴대폰상태 ← 전화번호로 전화 걸기
while 휴대폰 상태 = 통화중
endwhile
print 통화종료
```

그림 8-11 전화 걸기 의사코드

(3) 놀이기구 탑승

놀이기구를 탑승하는 일련의 과정을 알고리즘으로 표현하면 [그림 8-12]와 같이 나타낼 수 있다. 첫 번째로, 어떤 놀이기구를 탈 것인지를 정해야 한다. 두 번째로, 탑승하고자 하는 놀이기구의 위치를 지도에서 확인한다. 세 번째로, 해당 놀이기구 앞에서 줄을 서고 마지막으로 놀이기구를 탑승한 후 다음으로 탑승할 놀이기구를 찾기 위해 첫 번째 알고리즘부터 다시 수행한다.

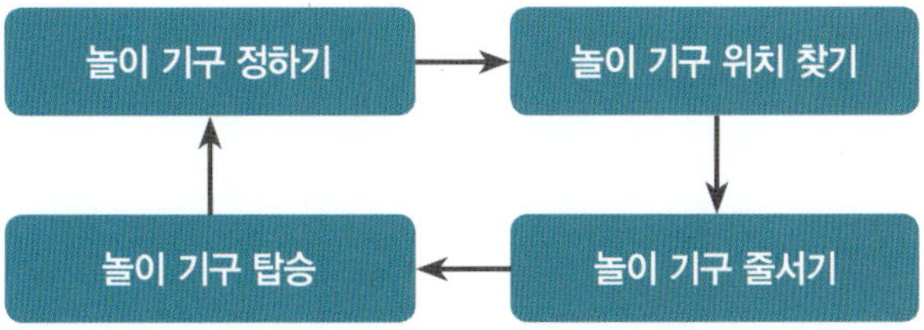

그림 8-12 놀이기구 탑승 과정 알고리즘

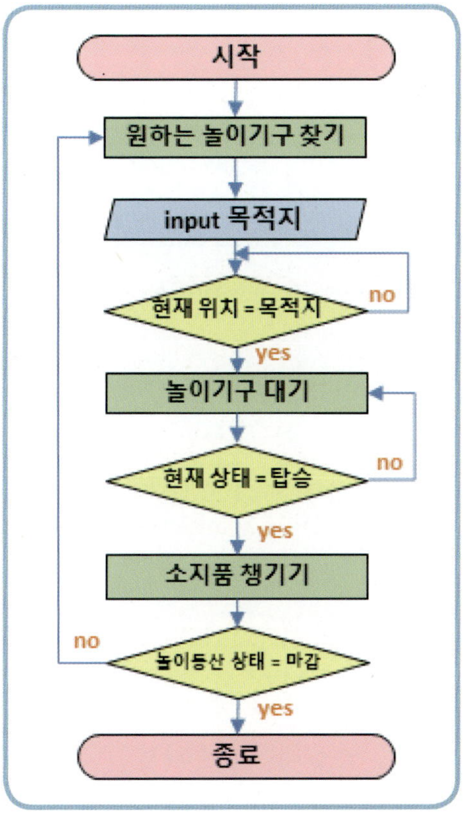

그림 8-13 놀이기구 탑승 과정 순서도

[그림 8-13]은 놀이기구 탑승 과정을 순서도로 나타낸 것이다. 놀이동산에서 놀이기구를 탑승하기 위해 원하는 놀이기구를 설정하고 탑승할 놀이기구의 위치를 찾는다. 놀이기구가 있는 목적지까지 이동하여 현재 위치가 목적지에 도달했을 경우 놀이기구 탑승을 위해 대기한다. 놀이기구 탑승 후 소지품을 챙긴 뒤 놀이동산 마감이 아니라면 다음으로 탑승할 놀이기구를 찾기 위해 알고리즘의 처음부터 반복 수행한다.

```
while TRUE
   놀이기구 ← 지도로 놀이기구 찾기
   input 목적지
   while TRUE
        if 현재위치 = 목적지
             break
   endwhile
   while TRUE
        현재 상태 ← 탑승 대기
        if 현재 상태 = 탑승 완료
             현재 상태 ← 소지품 챙기기
             break
   endwhile
   if 놀이동산 = 마감
        break
endwhile
```

그림 8-14 놀이기구 탑승 과정 의사코드

[그림 8-14]는 놀이기구 탑승 과정을 의사코드로 나타낸 것이다. 놀이기구를 탑승하기 위해 탑승할 놀이기구를 찾고 놀이기구가 있는 위치를 목적지로 설정한다. 놀이기구까지 이동하는 과정에서 현재 위치가 놀이기구에 도달했는지 확인하기 위해 반복 수행이 필요하다. 참을 의미하는 TRUE를 이용하여 현재 위치가 목적지와 일치할 때까지 값을 입력받도록 무한 반복을 수행한다. 그리고 놀이기구 앞에서 대기부터 탑승까지의 상태를 표기하기 위하여 무한 반복을 통해 현재 상태를 실시간으로 체크하고 놀이기구 탑승이 완료되었다면 소지품을 챙긴다. 놀이동산 마감을 하지 않았다면 다음 놀이기구를 탑승하기 위해 알고리즘 처음으로 되돌아가 반복을 수행한다.

(4) 콘 아이스크림 먹는 과정

콘 아이스크림을 먹는 과정은 후입선출(Last-In First-Out)의 대표적인 예제이다. 콘 아이스크림은 콘 위에 아이스크림의 종류를 하나씩 올려서 만들어진다. 해당 아이스크림을 먹으려면 가장 마지막에 올린 아이스크림부터 차례대로 먹게된다. 가장 나중에 올린 것(나중에 들어온것)을 먼저 먹는(먼저 내보낸다) 후입선출 알고리즘으로 표현할 수 있다.

그림 8-15 콘 아이스크림

[그림 8-16]은 콘 아이스크림의 제조부터 먹는 과정을 순서도로 표현한 것이다. 가장 먼저 콘 아이스크림을 만들기 위해 콘과 아이스크림을 담은 박스를 준비하고 원하는 아이스크림을 [그림 8-15]와 같이 올린다. 콘 아이스크림이 본인이 원하는 아이스크림 형태로 완성이 되었다면 먹는다. 만약 콘 아이스크림을 초코, 바닐라, 딸기 순으로 제조하였다면 딸기, 바닐라, 초코 순으로 아이스크림을 먹게 된다.

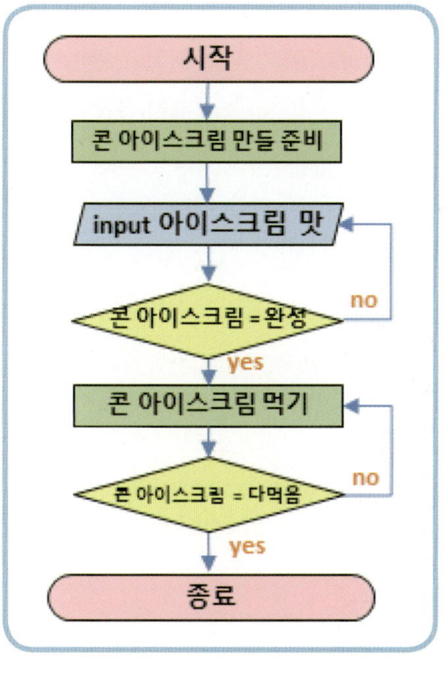

그림 8-16 콘 아이스크림의 제조부터 먹는 과정 순서도

```
사람 ← 콘 아이스크림 만들 준비
while TRUE
  input 아이스크림 맛
  if 콘아이스크림 = 완성
      break
endwhile
while TRUE
  사람 ← 콘 아이스크림 먹기
      if 콘 아이스크림 = 다 먹음
         break
endwhile
```

그림 8-17 콘 아이스크림의 제조부터 먹는 과정 의사코드

[그림 8-17]은 콘 아이스크림 제조 및 먹는 과정을 의사코드로 나타낸 것이다. 사람은 콘 아이스크림을 만들기 위한 준비를 한다. 콘 아이스크림을 만드는 과정에서 사용자가 원하는 맛을 전부 올렸는지, 즉 콘 아이스크림을 완성하였는지 확인하기 위해 반복 수행이 필요하다. 참을 의미하는 TRUE를 이용하여 콘 아이스크림이 완성이 될 때까지 값을 입력받도록 무한 반복을 수행한다. 사람은 콘 아이스크림이 본인이 원하는 형태로 완성이 되었다면 먹는다. 콘 아이스크림을 전부 먹었는지 확인하기 위해 참을 의미하는 TRUE를 이용하여 콘 아이스크림의 맛이 전부 사라질 때까지 값을 입력받도록 무한 반복을 수행한다.

(5) 윤년 찾기

윤년이란 지구의 공전 주기에 따른 오차를 맞춰주기 위하여 1일을 추가해서 1년 동안의 총 날짜 수가 366일이 되는 해를 의미한다. 윤년이 되기 위한 규칙으로 총 3가지가 있다. 첫 번째, 4로 나누어 떨어지는 연도는 윤년이고 그 외에는 평년이다. 두 번째, 4로는 나누어 떨어지지만 100으로 나누어 떨어지는 연도는 평년이다. 세 번째, 400으로 나누어 떨어지는 연도는 윤년으로 한다.

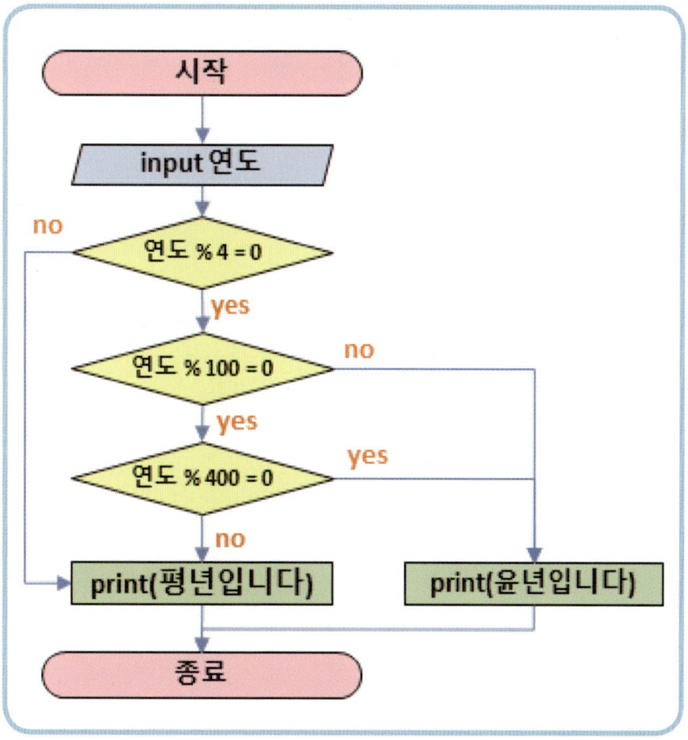

그림 8-18 윤년 계산 순서도

[그림 8-18]은 윤년을 계산하는 알고리즘을 나타내는 순서도이다. 윤년을 계산할 연도를 입력받은 뒤, 윤년이 되기 위한 3가지 조건을 차례대로 검사한다. 입력받은 연도를 첫 번째 조건인 '연도를 4로 나누었을 때 나누어 떨어지는 것'을 확인하기 위해 모듈러스 연산자를 사용하여 나머지를 검사한다. 연도를 4로 나누었을 때 나머지가 0이라면 참의 결과를 반환하여 다음 조건으로 넘어가고, 만약 0이 아니라면 평년을 출력하고 프로그램을 종료한다. 두 번째 조건인 '100으로 나누었을 때 100으로 나누어 떨어진다'를 만족하면 세 번째 조건으로 넘어가고, 만약 떨어지지 않는다면 윤년을 출력하고 프로그램을 종료한다. 세 번째 조건인 '400으로 나누었을 때 나누어 떨어진다'를 만족하면 윤년을 출력하고, 나누어 떨어지지 않을 경우 평년을 출력하고 프로그램을 종료한다.

```
input 연도
if (연도 % 4 == 0 and 연도 % 100 != 0) or 연도 % 400 == 0
  print(윤년입니다.)
else
  print(평년입니다.)
```

그림 8-19 윤년 계산 의사코드

[그림 8-19]는 윤년을 계산하는 의사코드이다. 윤년을 계산할 연도를 입력받은 뒤, 윤년이 되기 위한 3가지 조건을 차례대로 검사한다. 입력받은 연도를 검사하기 위해 의사코드에서 and, or, (), ==, != 명령어를 사용하였다. and 는 and 기준으로 좌, 우 조건식이 참일 때 참을 반환하는 명령어이다. or는 or 기준으로 좌, 우 조건식 중 하나라도 참일 경우 참의 값을 반환하는 명령어이다. ()는 수학 기호와 같이 우선하여 먼저 계산하라는 의미이다. == 는 == 기준으로 좌측 결과가 우측 결과와 같은지, !=는 != 기준으로 좌측과 우측 결과가 다른지 확인하는 명령어들이다. 해당 설명을 읽고 다시 의사코드를 보면 이해가 쉬울 것이다. 연도를 4로 나누어 떨어지고 연도를 100으로 나누어 떨어지지 않을 경우 또는 400으로 나누어 떨어질 경우 윤년을 출력하고 그렇지 않은 경우 평년을 출력한다.

[요약]

01. 알고리즘을 표현하기 위해서 사용되는 방법으로 자연어, 순서도와 의사코드가 있다. 자연어란 일상생활 속 사용하는 언어를 이용하여 알고리즘을 표현하는 방법이고 의사코드는 컴퓨터에서 동작하는 프로그램의 구성 요소인 변수와 배열, 예약어 등을 사용하여 표현하는 방법이다. 순서도 방식은 그림과 도형, 화살표 등을 이용하여 표현하기 때문에 각 도형의 특징만을 숙지하면 쉽게 알고리즘을 표현할 수 있다.

02. 실제로 사용하는 언어 그대로 알고리즘을 설명하는 방식이기에 사용하는 방법은 쉽지만, 자연어가 가지고 있는 함축성과 모호성으로 인하여 특정 상황에서는 어떠한 명령을 수행해야 하는지 명확하지 않을 수 있다.

03. 단순한 기호를 사용하여 알고리즘의 순서를 차례차례 그려 화살표로 연결하는 방식으로 알고리즘을 표현한다.

04. 의사코드는 우리가 사용하는 자연어보다는 더 체계적이면서도 프로그램을 만드는 프로그래밍 언어보다는 덜 엄격한 문법을 가지고 있다.

CHAPTER 09

알고리즘 구조

이번 장에서는 다음과 같은 내용을 학습합니다.

- 알고리즘의 기본 제어구조인 순차구조, 선택구조 및 반복구조를 이해한다.
- 제어구조의 예시 코드를 가지고 순서도 및 의사코드를 기반으로한 알고리즘 표현 방법을 이해한다.
- 새로운 문제를 해결하기 위한 기본 제어구조를 이용한 알고리즘을 고안한다.

알고리즘의 기본 제어구조 9.1

순서도 및 의사코드를 기반으로 알고리즘 학습 9.2

본 장에서는 알고리즘의 기본 제어구조인 순차구조, 선택구조 및 반복구조에 대한 개념과 예제 코드를 중심으로 각 제어구조의 특징을 이해한다. 또한 이러한 제어구조의 예시 코드를 가지고 순서도 및 의사코드를 기반으로 한 알고리즘 표현 방법에 대하여 학습한다. 알고리즘 구조에 대한 학습을 통해 여러분들은 알고리즘의 기본 제어구조를 설명할 수 있고 알고리즘의 기본 제어구조를 활용하여 다양한 문제해결을 위한 알고리즘을 고안할 수 있게 된다.

9.1 알고리즘의 기본 제어구조

9.1.1 3가지 기본 제어구조

알고리즘의 제어구조를 이해하기 위하여 먼저 구조적 프로그래밍이라는 프로그래밍 방식을 이해할 필요가 있다. 앞서 언급한 바와 같이 알고리즘의 기본적인 3대 제어구조인 순차구조, 선택구조, 반복구조에 대해 자세히 설명하고자 한다.

먼저 구조적 프로그래밍의 개념을 살펴보자면, 구조적 프로그래밍(structured programming)은 구조화 프로그래밍으로도 불리며 프로그래밍 패러다임의 일종인 절차적 프로그래밍의 하위 개념이다. 일반적으로 프로그램의 논리구조는 제한된 몇 가지 방법만을 이용하여 비슷한 하위 프로그램들로 구성된다. 프로그램에 있는 각각의 구조와 그 사이의 관계를 이해하면 프로그램 전체를 이해할 때 도움이 될 수 있다. 모든 절차적 프로그래밍 언어에서 구조적 프로그래밍을 할 수 있다. 1970년쯤부터 구조적 프로그래밍이 인기 있는 프로그래밍 기법이 되었기 때문에, 새로 나온 대부분의 절차적 프로그래밍 언어들이 구조적 프로그래밍을 고취시키기 위한 특징을 추가하였다. 잘 알려진 구조적 프로그래밍 언어로는 파스칼(Pascal)과 에이다(Ada) 등이 있다.

구조적 프로그래밍 개념에 따르면, 프로그램을 결합하는 3가지 방법인 순차, 분기, 반복만으로 충분히 계산 가능한 함수를 표현할 수 있다. 따라서 알고리즘 기본 제어구조를 정리하면 다음과 같다. 첫째, 큰 프로그램을 이해하기 쉽게 기능별로 명령문을 나눈 것을 말한다. 둘째, 순차, 선택, 반복의 제어구조로 표현한다. 셋째, 구조화된 순차, 선택, 반복의 제어구조를 이용하여 프로그램을 설계한다.

알고리즘은 3가지 기본 제어구조로 이루어져 있다. 먼저, 순차구조(sequence)는 알고리즘을 순차적으로 수행하는 구조이다. 선택구조(selection)는 둘 중 하나의 명령어를 선택하여 실행되는 구조이다. 마지막으로, 반복구조(iteration)는 동일한 명령어가 반복되면서 실행되는 구조이다.

[그림 9-1]에서 보는 바와 같이, 순차구조는 알고리즘을 구성하는 실제 수행 코드들이 순차적으로 나열되고 수행하는 구조이다. 즉 소스코드의 위에서 아래로 순차적으로 각 명령어들을 수행하는 것이다.

선택구조는 순차적으로 수행되는 어느 지점에서 조건에 따라 수행하는 명령어들의 집합이 달라진다. 즉 어느 한 지점에서 조건에 부합하는 명령어들의 집합을 실행하도록 분기하는 것을 의미한다.

반복구조는 일정한 명령어들의 집합을 반복적으로 수행하는 것이다. 이때 반복의 횟수를 결정하기 위하여 조건을 검사하고, 조건에 맞으면 해당 명령어들을 수행하고 조건에 맞지 않으면 해당 명령어들을 수행하지 않고 건너뛰는 구조이다.

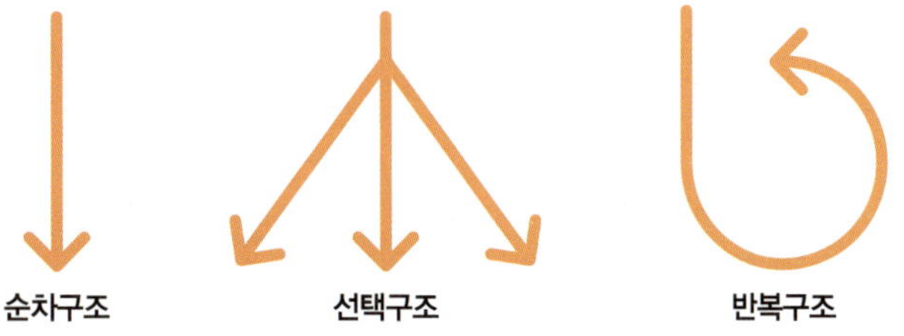

그림 9-1 알고리즘의 3가지 기본 구조

(1) 순차구조

순서도 및 의사코드 표현

먼저 순차구조에 대해 살펴보면, 순차구조는 알고리즘을 구성하는 명령어들을 위에서 아래로 순차적으로 수행하는 구조이다. 아래 그림은 순차구조를 보여주는 개념적인 순서도와 의사코드를 나타낸다. A 명령어를 수행하고 다음의 B 명령어를 수행한 후 C 명령어를 위에서 아래로 차례대로 수행한다.

우측 그림은 해당 알고리즘을 의사코드로 나타낸 것이다. 즉 A 변수값을 키보드로부터 입력을 받은 후, A 변수값에 100을 더한 값을 다시 A 변수에 저장하는 명령어를 수행한다. A 변수값에 1을 더하고 그 값을 B 변수에 저장한다. 다음으로 B 변수값에 3을 더한 값을 C 변수에 저장한 후, 마지막으로 C 변수값을 화면에 출력한다.

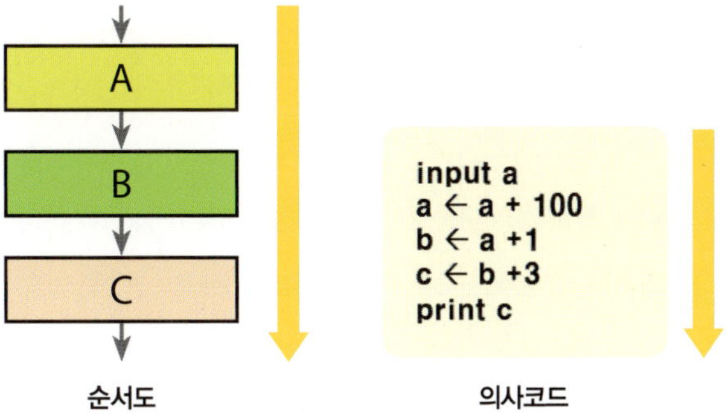

그림 9-2 순차구조의 순서도 및 의사코드 표현

이러한 순차구조의 개념을 이용한 간단한 덧셈 프로그램을 순서도로 표현해보자.

예를 들어 자연수 1에서 자연수 4까지의 합을 구하는 프로그램을 순차구조로 작성할 경우를 생각해보자.

아래의 순서도에 나타나 있듯이, 숫자 1부터 숫자 4까지의 자연수 값을 변수 n1부터 변수 n4에 각각 할당한다. 그 다음 각 변수 n1부터 n4까지의 값을 더한 합계 값을 total 변수에 할당한 후, 마지막으로 total 변수값을 화면에 출력하면 될 것이다.

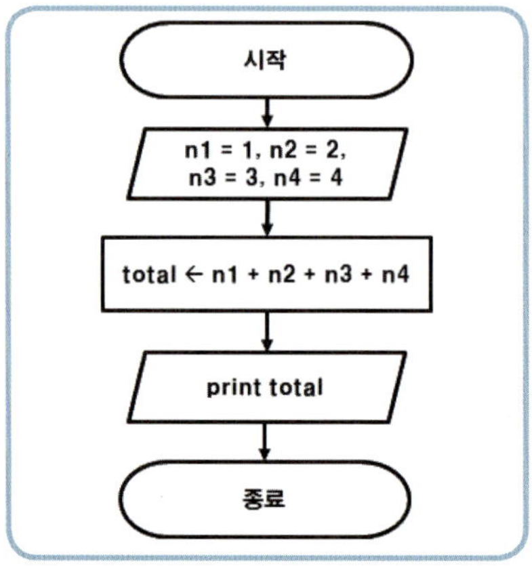

순서도

그림 9-3 4개의 값을 더하는 순차구조의 순서도 표현

다음은 위에서 살펴본 4개의 자연수 값을 더하는 프로그램을 의사코드로 나타낸 것이다. 아래의 의사코드는 앞서 나타낸 순서도와 동일한 의미를 가진다.

```
n1 ← 1                    // 변수 n1에 1 저장
n2 ← 2                    // 변수 n2에 2 저장
n3 ← 3                    // 변수 n3에 3 저장
n4 ← 4                    // 변수 n4에 4 저장
total ← n1 + n2 + n3 + n4      // 변수 덧셈
print total               // 총합 출력
```

그림 9-4 4개의 값을 더하는 순차구조의 의사코드 표현

의사코드는 영어로 슈도코드(pseudocode)라고 말하며, 이것은 프로그램을 작성할 때 각 모듈이 작동하는 논리를 표현하기 위한 언어이다. 특정 프로그래밍 언어의 문법에 따라 쓰인 것이 아니라, 일반적인 언어로 코드를 흉내 내어 알고리즘을 써 놓은 코드를 말한다. 한자어인 의사(疑似)라는 말 뜻대로 흉내만 내는 코드이기 때

문에 실제적인 프로그래밍 언어로 작성된 코드처럼 컴퓨터에서 실행할 수는 없다. 하지만 C, JAVA와 같은 특정 언어로 프로그램을 작성하기 전에 알고리즘의 모델을 대략적으로 모델링하는 데에 많이 쓰이고 있다. 의사코드는 실제 프로그래밍 언어처럼 엄밀한 문법을 따를 필요가 없기 때문에 다양한 변종이 존재한다. 컴퓨터 분야의 전공 서적에서는 다양한 언어 구사자들이 모두 이해할 수 있도록 의사코드를 특히 많이 사용하여 설명하고 있다.

순차구조 예시

또 다른 순차구조의 예로 사각형의 넓이를 구하는 간단한 프로그램을 작성해 보자. 사각형의 넓이는 가로 길이와 세로 길이를 곱하면 구할 수 있다. 이것을 컴퓨터 프로그램으로 작성하기 위한 순차적인 순서도가 아래 그림에 나타나 있다. 먼저, 가로길이 값을 width 변수에 저장하고, 세로 길이는 height 변수에 저장한다. 두 변수 값을 곱하면 사각형의 넓이를 구할 수 있으며, 구한 사각형의 넓이 값을 area 변수에 저장한다. 마지막으로 화면에 area 변수 값을 출력하면 된다.

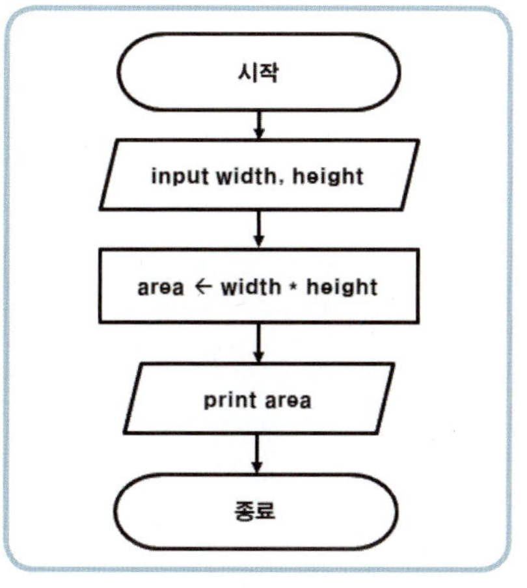

그림 9-5 사각형의 넓이를 구하는 프로그램의 순서도

순서도에서 순차적으로 수행되는 명령어들을 의사코드로 표현하면 다음 그림과 같다. 일반적으로 순서도는 직관적으로 이해하기는 편하지만 표현하기 위해서 다양한 도형을 이용하여 나타내어야 하므로 긴 프로그램의 경우 표현하는데 번거로움이 있다. 따라서 복잡한 알고리즘이나 긴 프로그램의 논리적 구조를 표현하기 위해서는 의사코드로 표현하는 것이 일반적이다.

```
input width, height      // 가로, 세로 입력
area← width * height     // 가로, 세로 곱셈
print area               // 넓이 출력
```

그림 9-6 사각형의 넓이를 구하는 프로그램의 의사코드

순차구조를 이해하기 위한 또 다른 예시로써 세 값의 평균을 구하는 순서도를 살펴보자. 변수 A, B, C 각각에 저장된 값의 평균을 구하는 프로그램이다. 순서도에서 보는 바와 같이 A, B, C 변수에 각 값을 입력한 후, 세 변수 값의 합을 계산하여 total 변수에 저장한다. 평균을 구하기 위해서 세 값의 합인 total 변수 값을 3으로 나누면 평균값을 구할 수 있다.

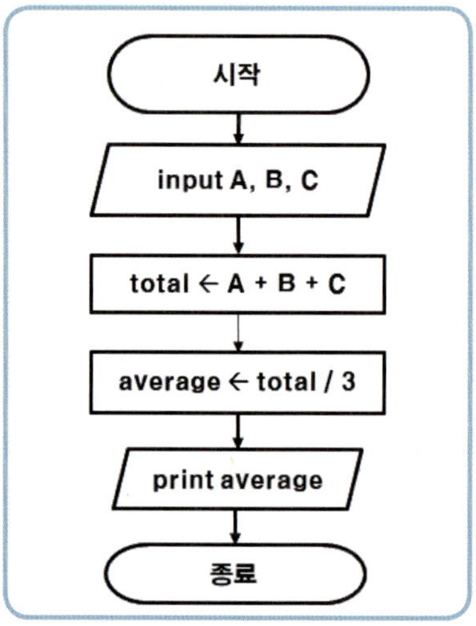

그림 9-7 평균(average)을 구하는 프로그램의 순서도

만약 한 과목의 수강생이 60명이라고 가정한 다음, 해당 과목의 평균을 구하는 의사코드를 작성하려면 어떻게 하면 될까? 가장 간단한 방법은 방금 살펴본 의사코드를 응용하여 학생 1번의 성적부터 학생 60번의 성적을 각 변수에 입력한 다음, 60개의 변수 값을 모두 더한 후 합계 값을 60으로 나누면 될 것이다. 하지만 이 경우처럼 처리할 값의 개수가 너무 많다면 변수의 개수도 많아지고 프로그램의 길이도 길어지는 단점이 있다. 이를 보완하기 위해 반복구조를 활용하면 아주 간단하면서도 짧은 프로그램을 작성할 수 있다.

```
input A, B, C            // A,B,C 의 값 입력
total ← A + B + C        // 가로, 세로 곱셈
average ← total / 3      // 넓이 출력
print average            // 평균 출력
```

그림 9-8 평균을 구하는 프로그램의 의사코드

(2) 선택구조

순서도 및 의사코드 표현

선택구조는 알고리즘을 구성하는 명령어들을 위에서 아래로 순차적으로 수행하다가 어떤 조건문을 만나면 조건문을 판단하고 판단 결과가 참일 때와 거짓일 때 수행하는 다음 명령어들이 달라지는 형태의 분기점을 가지는 구조이다.

[그림 9-9]는 선택구조를 보여주는 개념적인 순서도이다. A 명령어를 수행하고 다음 조건문인 B 명령어를 수행한 결과값이 참일 때에는 C 명령어를 수행하고 거짓의 경우에는 C-1의 명령어를 수행하는 구조이다.

의사코드로 실제 예시를 살펴보자 a 변수값을 키보드로부터 입력을 받은 후, 입력받은 a 변수값이 100보다 크거나 같으면 'a는 100 이상입니다.'라는 문장을 출력하고, 입력받은 변수값이 100보다 작은 경우에는 'a는 100 미만입니다'라는 문장을 출력한다.

선택구조는 이 경우와 같이 어떤 값을 판단하는 조건문이 if문으로 나타나며, if문 안의 조건이 참일 경우와 거짓일 경우에 수행하는 명령어들은 서로 다르다.

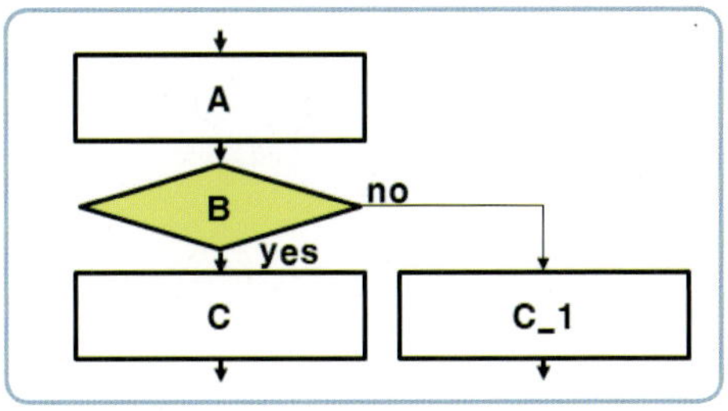


```
input a
if a >= 100
    print  "a는 100이상 입니다."
else
    print  "a는 100미만 입니다."
```

그림 9-9 선택구조를 나타내는 순서도와 의사코드의 예

순서도에서 선택구조의 표기법을 다시 한번 살펴보자.

첫째, 순서도에서 비교문을 나타내는 마름모 도형을 사용하여 도형 안에 조건식을 기입한다.

둘째, 조건식의 비교 결과에 따라 참인 경우에는 'yes', 거짓인 경우에는 'no'의 분기를 작성한다.

마지막으로, 참 또는 거짓에 따른 분기에 따라 다음 명령어를 실행한다.

아래 그림의 순서도와 의사코드에서 선택구조의 수행 순서를 이해할 수 있다.

if와 then 사이에 조건문을 나타내고, 조건문의 결과값이 참인 경우에는 then 아래의 '명령어1'을 수행하고, 조건문의 결과값이 거짓인 경우에는 else 아래의 '명령어2'를 수행한다. endif는 if 문의 끝을 나타내는 키워드이다.

이 개념을 적용하여 앞서 살펴본 코드와 유사한 의사코드를 나타낼 수 있다.

즉, a 변수값이 100보다 크거나 같은 경우(참인 경우)이면, 'a는 100 이상입니다'를 출력하고, a 변수값이 100보다 작은 거짓인 경우이면 'a는 100 미만입니다'를 출력하는 것이다.

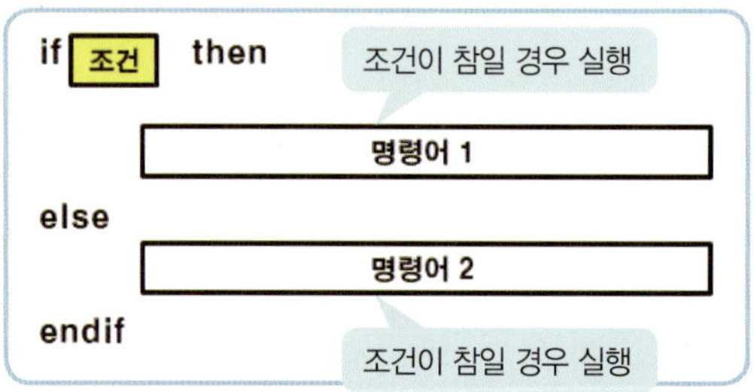


```
if  a >= 100  then
    print  "a는 100이상 입니다."
else
    print  "a는 100미만 입니다."
endif
```

그림 9-10 if-조건문의 진리값에 따라 수행하는 명령어가 달라지는 선택구조

선택구조 예시 1

온라인 쇼핑몰에서 물건을 구매하는 경우를 한번 생각해보자.

구매하고자 하는 물건 값이 일정 금액 이상이면 배송료가 무료이고, 그렇지 않은 경우에는 배송료를 별도로 지불해야 한다. 이를 선택구조를 이용하여 나타내어 보자.

[그림 9-11]의 순서도를 보면 총 지불 금액을 의미하는 total_price 변수값을 입력받은 후, total_price 값을 15,000원과 비교하는 조건문이 있다.

total_price 값이 15,000원보다 클 경우, 즉 참인 경우에는 배송료를 의미하는 변수인 ship 변수에 free라는 값을 할당하고, total_price 값이 15,000원보다 작을 경우에는 거짓으로 판단하여 배송료를 별도로 2,500원 추가하는 경우를 나타낸 것이다.

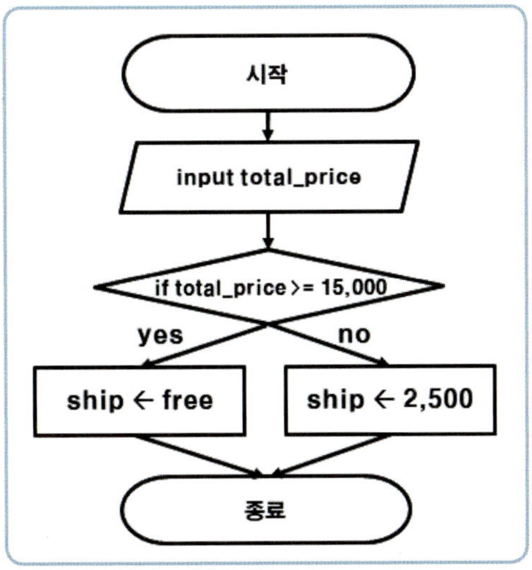

그림 9-11 물건 구매 비용에 따른 배송료 책정 여부를 나타내는 순서도

순서도에 나타낸 선택구조로 수행되는 명령어들을 살펴보자. 여러분이 구매한 물건값이 15,000원보다 작을 경우에는 배송비가 별도로 2,500원이 부과되는 알고리즘을 나타낸 것이다. 의사코드는 앞의 순서도로 나타낸 것과 동일한 의미를 가진다.

선택구조 예시 2

키보드로부터 입력한 값이 짝수인지 홀수인지를 판단하는 문제를 알고리즘으로 표현해보자. 다음의 순서도에 알고리즘을 나타내었다.

먼저 number 변수에 키보드로부터 입력받은 값을 저장한다. 다음 if-조건문에서 number 값을 숫자 2로 나눈 나머지 값이 0과 같으면(모든 짝수는 2로 나누었을 때 나머지가 0이 된다), 'yes'로 분기되는 명령어를 수행하여 '짝수'를 화면에 출력한다. 만약 if-조건문에서 number 값을 숫자 2로 나눈 나머지 값이 0이 아니면(즉, 나머지가 1이 되므로 홀수를 의미한다), 'no'로 분기되는 명령어를 수행하여 '홀수'를 화면에 출력한다. '%'연산자는 피연산자를 특정 값으로 나누었을 때 남는 나머지 값을 구하는 연산자이다.

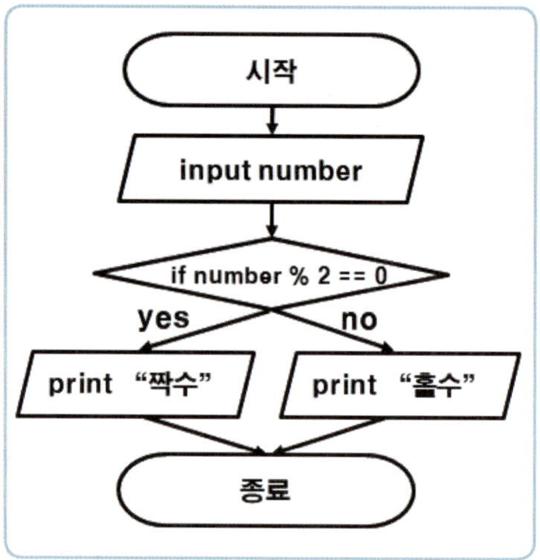

그림 9-12 입력한 값이 짝수인지 홀수인지를 판단하는 순서도

앞의 순서도를 의사코드로 표현하면 다음과 같다. 이것은 앞의 순서도로 나타낸 것과 동일한 의미를 가지는 의사코드이다.

```
input number            // 숫자 입력
if number % 2 == 0      // 2로 나눈 나머지가 0
    print “짝수”        // 짝수 출력
else                    // 2로 나눈 나머지가 0이 아닐때
    print “홀수 “       // 홀수 출력
```

그림 9-13 입력한 값이 짝수인지 홀수인지를 판단하는 의사코드

선택구조 예시 3

키보드로부터 입력한 두 개의 값을 비교하여 큰 값을 출력하는 문제를 알고리즘으로 표현해 보자.

먼저 키보드로부터 각각 두 개의 값을 입력받아 num1 변수와 num2 변수에 저장한다. 다음 if-조건문에서 num1 값과 num2 값을 비교하여, num1이 num2보다 더 큰 경우에는 ‘yes’로 분기되는 명령어를 수행하여 num1 변수값을 화면에 출력한다. 만약 그렇지 않은 경우(즉, if-조건문에서 num1 값이 num2 값보다 더 작은 경우)에는 ‘no’로 분기되는 명령어를 수행하여 num2 변수의 값을 화면에 출력한다.

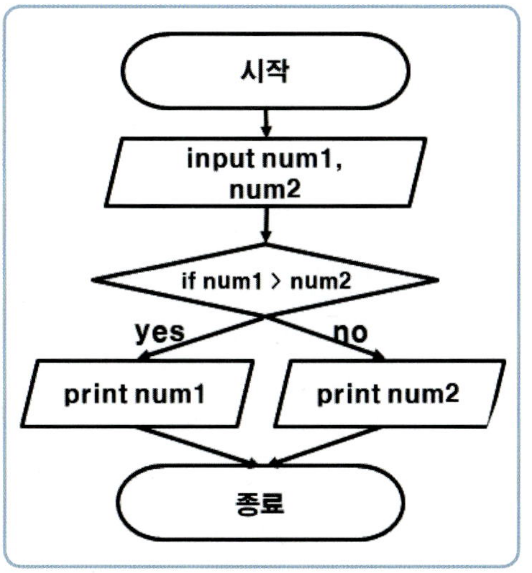

그림 9-14 2개의 변수값을 비교하여 큰 변수값을 출력하는 순서도

다음은 [그림 9-14]의 순서도와 동일한 의미를 나타내는 의사코드이다.

```
input num1, num2      // num1, num2 의 값 입력
if num1 > num2        // num1, num2 값 크기 비교
    print num1        // num1 출력
else                  //num2가 크거나 같을 때
    print num2        // num2 출력
```

그림 9-15 2개의 변수값을 비교하여 큰 변수값을 출력하는 의사코드

다방향 선택구조

앞서 살펴본 선택구조를 더욱 확장한 다방향 선택구조에 대해 살펴보자.

다방향 선택구조란 2개 이상의 연속된 조건에 따라 참과 거짓을 선택하여 진행하는 방식을 말한다.

먼저 [그림 9-16]의 좌측 순서도를 참고하면 if-조건문 B에서 비교의 결과값이 참인 경우 'yes'로 분기되는 C 명령어를 수행한다. 만약 if-조건문 B에서 비교의 결과값이 거짓인 경우에는 'no'로 분기되는 또 다른 if-조건문인 B-1를 수행하는 구조이다. 즉 두번째 if-조건문인 B-1의 비교 결과에 따라서 다음에 수행할 명령어가 달라진다.

우측의 의사코드는 앞서 설명한 2개의 조건문의 진리값에 따라서 수행하는 명령어가 명령어 1부터 명령어 3까지 다양하게 전개될 수 있음을 보여주고 있다.

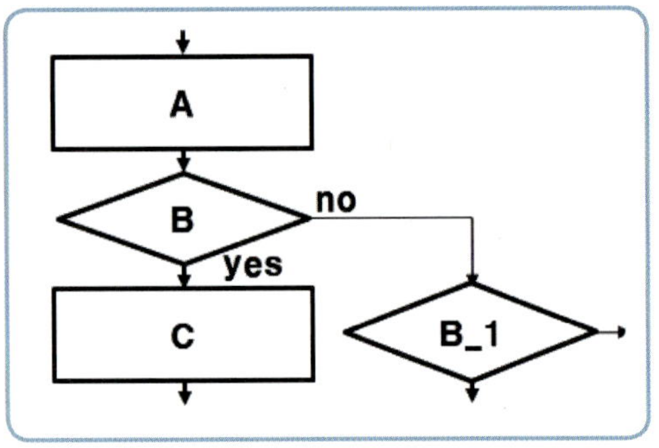

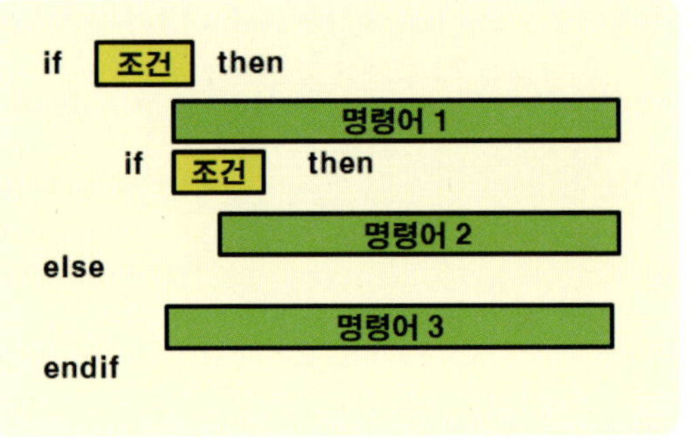

그림 9-16 if-조건문의 진리값에 따라 수행하는 명령어가 달라지는 다방향 선택구조

다방향 선택구조의 예시

앞서 설명한 온라인 쇼핑몰의 배송비 문제에 다방향 선택구조를 적용한 예시를 살펴보자.

이번에는 총 구매금액에 따라서 배송비가 무료이거나, 2,500원을 지불하거나, 5,000원을 지불하는 경우가 있다고 생각해보자. 온라인 쇼핑몰에서는 소비자의 구매금액에 따라서 배송료가 무료이거나 배송료를 차등 지불하는 것이 일반적이다. 이것을 반영하여 구매금액이 5만원 이상인 경우에는 배송료가 무료이고, 구매금액이 25,000원보다 크고 50,000원보다 작은 경우에는 배송료를 2,500원을 지불하며, 구매금액이 25,000원보다 작은 경우에는 배송료를 5,000원을 지불하는 알고리즘이다.

따라서 [그림 9-17]의 순서도와 같이 2개의 서로 다른 조건문이 나타나게 된다.

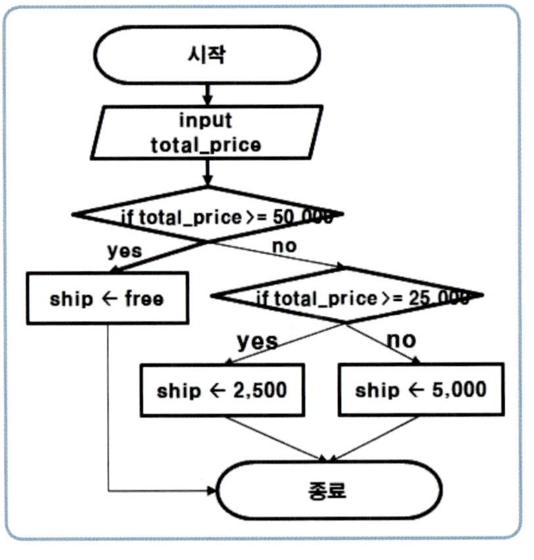

그림 9-17 다방향 선택구조를 이용한 배송료 책정 알고리즘의 순서도

첫 번째 조건문에서 구매금액이 50,000을 이상인지를 검사하여, 그렇지 않은 경우(구매금액이 50,000원보다 작을 경우)에는 두 번째 조건문에서 최종 배송료가 결정되는 구조를 나타낸다.

이것을 의사코드로 나타내면 다음과 같다.

```
input total_price               // 전체 상품가격
if total_price >= 50,000        // 물품 전체 가격이 50,000이 넘는가?
      ship ← free               // 배송 무료
      if total_price >= 25,000  // 물품 가격 25,000 ~ 49,999
            ship ← 2,500        // 배송 2,500
      else                      // 물품 가격 < 25,000
            ship ← 5,000        // 배송 5,000
```

그림 9-18 다방향 선택구조를 이용한 배송료 책정 알고리즘의 의사코드

(3) 반복구조

순서도 및 의사코드 표현

반복구조(iteration)란 같은 처리 과정을 여러 번 반복하여 수행하는 것을 말한다. 반복구조에는 특정 명령어들을 반복하여 수행할지를 판단하는 조건문이 포함되며, 조건을 만족하여 반복 수행이 필요한 경우에 반복 실행할 명령어들의 집합이 있다.

그렇다면, 반복구조는 어떤 경우에 필요할까? 예를 들어 구구단에서 2단부터 9단까지 계산 결과값을 출력하기 위해서는 총 72번의 계산 작업을 반복하여 수행한다. 만약 반복구조를 사용하지 않고 일반적인 순차구조로 프로그램을 작성한다면 같은 명령어를 72회 되풀이해야 하는 매우 비효율적인 프로그램을 작성하게 될 것이다. 따라서 반복구조를 적용하여 비교적 짧고 효율적인 프로그램의 구조로 작성하는 것이 좋다.

반복구조의 종류는 while-루프문과 repeat-until-루프문의 형태로 구분할 수 있다. while-루프문은 while 키워드 다음에 조건문을 두어서 조건문의 조건이 만족되는 동안 반복을 계속 수행하는 구조이다. 즉 while 조건문의 판단에 따라서 반복하는 명령어들의 집합을 수행할 수도 있고 수행하지 않을 수도 있다.

반면에, repeat-until 루프문에서는 반복해야 하는 문장들을 먼저 수행한 후, 조건문을 나중에 검사하여 추가적인 반복 여부를 결정한다. 즉 repeat-until-루프문은 최소한 1번은 반복 문장들을 수행하게 된다.

다음은 while 반복구조의 순서도와 의사코드의 형식에 대해 살펴보자. 먼저 while 조건문 B에서 비교의 결과 값이 참인 경우에는 명령어 C 부분을 수행하고, while 조건문 B에서 비교의 결과 값이 거짓인 경우에는 B-1의 조건문을 수행하도록 한다.

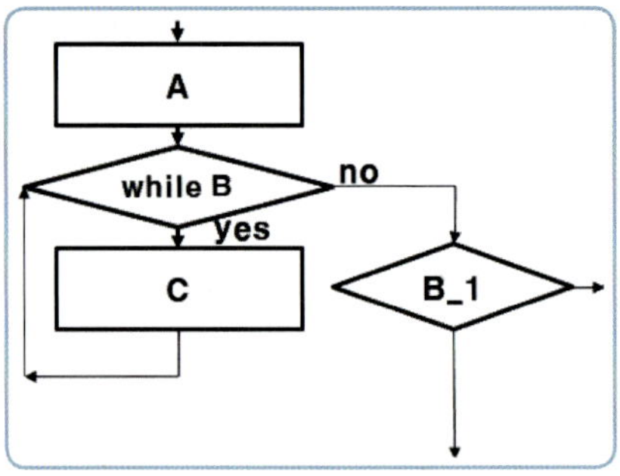

그림 9-19 while-반복구조의 진행 논리

반복구조 예시 1

숫자 5를 다섯 번 반복하여 화면에 출력하는 프로그램을 작성해보자.

[그림 9-20]의 좌측과 같이 먼저 반복의 횟수를 저장하기 위한 변수 i를 0으로 초기화 한다. 이 변수 i는 반복이 될 때마다 1씩 증가하는 값을 가진다. 다음으로 if 조건문에서는 반복의 횟수가 다섯 번 되었는지를 판단한다. 즉 변수 i의 값이 5보다 작다면 현재까지 반복의 횟수가 5번에 이르지 않았으므로 화면에 숫자 값인 5를 출력하고 반복 횟수를 나타내는 변수 i의 값을 1 증가시킨다. 그렇지 않은 경우(만약 변수 i의 값이 5와 같다면) 이미 숫자 값 5를 다섯 번 모두 화면에 출력했으므로 바로 종료한다.

if 조건문으로 나타낸 숫자 5를 다섯 번 반복하여 출력하는 프로그램을 while 조건문으로 변경하여 나타내면 어떻게 표현할 수 있을까?

그림의 우측과 같이 반복 횟수를 나타내는 변수 i의 값을 0으로 초기화 한다.

그리고 while 조건문에 반복 횟수가 5인지를 판단하기 위한 조건식을 포함한다. 만약 반복 횟수가 5보다 작은 경우는 본 조건식의 진리값이 참이 되어 while 조건문 아래의 문장을 수행하여 화면에 숫자 5를 출력하고 반복 횟수 변수 i값을 1 증가시킨다. 만약 반복 횟수가 이미 다섯 번에 다다랐다면 endwhile 아래 문장으로 실행 순서가 옮겨가게 되어 while 반복문을 수행하지 않는다.

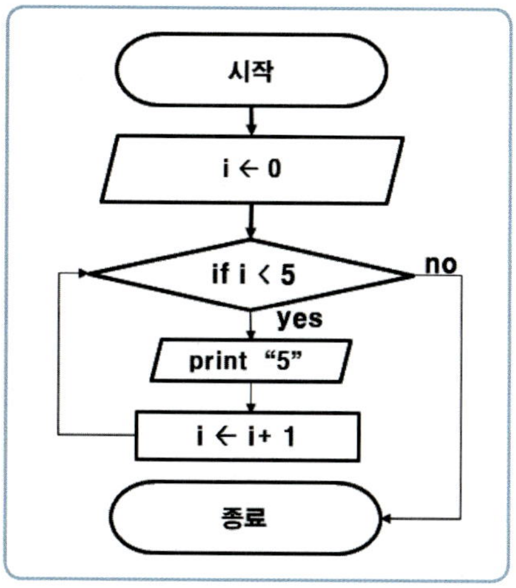


```
i ← 0            // 반복 기준 인덱스 번호
while i < 5      // 0 ~ 4 까지 반복 수행
    print "5"    // 5를 출력
    i ← i + 1    // i를 1씩 증가
endwhile                 // 반복 중단
```

그림 9-20 숫자 5를 다섯 번 반복하여 출력하는 예시

반복구조 예시 2

숫자 1부터 숫자 10까지 곱셈하여 결과값을 화면에 출력하는 프로그램의 알고리즘을 작성해보자.

반복의 횟수를 저장하기 위한 변수 i를 1로 초기화하고 변수 i는 반복할 때마다 1씩 증가한다. 그리고 result 변수를 정의한 후 1로 초기화 한다. result 변수는 이전 단계까지 계산된 곱셈의 누적 결과값을 저장하는 변수이다.

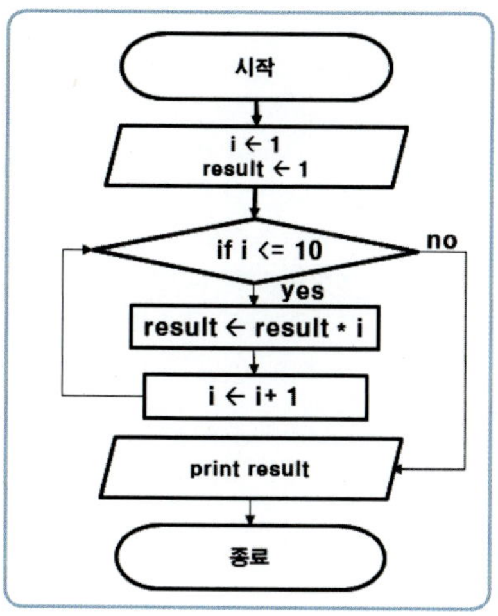


```
i ← 1                      // 반복 기준 인덱스 번호
result ← 1
while I <= 10              // 1 - 10 까지 반복 수행
    result ← result * i    // result에 결과 저장
    i ← i + 1              // i를 1씩 증가
endwhile                           // 반복 중단
print result               // 1 - 10 곱셈 결과 출력
```

그림 9-21 숫자 1부터 숫자 10까지 곱한 후 결과값을 출력하는 예시

if 조건문에서 만약 반복 횟수가 10보다 작거나 같다면, result 변수와 현재의 i를 곱하여 곱셈의 결과값을 다시 result에 저장한다. 그리고 반복 횟수를 나타내는 변수

i를 1 증가시킨다. 만약 반복의 횟수가 10보다 크게 되면, 즉 변수 i의 값이 10보다 큰 경우에는 이미 숫자 1부터 10까지 곱셈하였고 그 결과값이 result 변수에 저장되어 있으므로 result 변수값을 출력하고 종료하게 된다.

반복구조 예시 3

구구단 2단의 합을 계산하여 화면에 출력하는 프로그램을 작성해 보자.

먼저 반복의 횟수를 저장하기 위한 변수 i를 1로 초기화하고 변수 i는 반복할 때마다 1씩 증가한다. 그리고 result 변수를 정의한 후 1로 초기화한다. result 변수는 그 이전에 누적된 구구단 2단의 총 누적 곱셈의 결과값의 합을 가지는 변수이다.

if 조건문에서 만약 반복 횟수가 10보다 작다면, 즉 2단의 9까지 계산을 마치지 않았다면 변수 i와 2의 곱셈의 결과를 이전의 result 변수에 더하여 다시 result에 저장한다. 그리고 반복 횟수를 나타내는 변수 i를 1 증가시킨다. 만약 변수 i가 10과 같은 경우라면, 이미 2 × 1부터 2 × 9까지 곱셈을 하였고 곱셈의 누적 결과 합은 result 변수에 있으므로 result 변수에 저장된 값을 화면에 출력하고 종료한다.

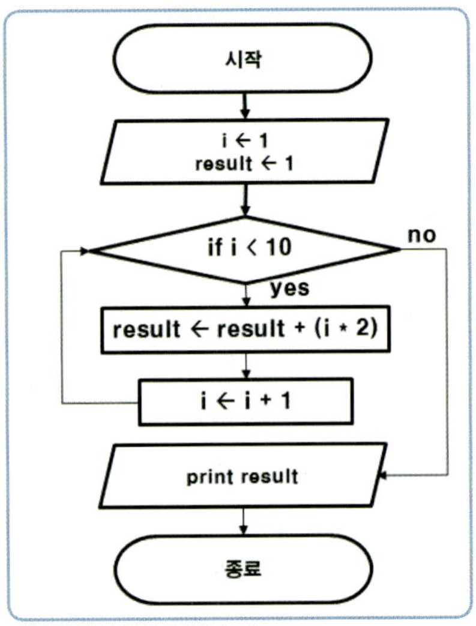


```
i ← 1                              // 반복 기준 인덱스 번호
result ← 1
while i < 10                       // 1 - 9 까지 반복 수행
    result ← result + (i * 2)      // 구구단 2단 결과 저장
    i ← i + 1                      // i를 1씩 증가
endwhile                           // 반복 중단
print result                       // 구구단 2단 결과 합 출력
```

그림 9-22 구구단 2단의 합을 계산하고 출력하는 예시

COMPUTATIONAL THINKING

9.2 순서도 및 의사코드를 기반으로 알고리즘 학습

(1) 구구단 출력하기

먼저 일생생활 속 알고리즘으로 구구단을 출력하는 알고리즘을 생각해보자. 앞에서 구구단 중 2단의 합을 계산하는 프로그램을 학습했으므로 이것을 확대 및 응용하여 전체 구구단을 출력하는 알고리즘을 쉽게 설계할 수 있다.

구구단을 출력하는 프로그램으로 응용하기 위해서 필요한 기능은 입력한 값을 통하여 임의의 n단인 n × 1부터 n × 9 까지의 값을 출력하기 위해 반복구조를 사용하여 값을 출력하는 것이다.

2 x	3 x	4 x	5 x
2 x 1 = 2	3 x 1 = 3	4 x 1 = 4	5 x 1 = 5
2 x 2 = 4	3 x 2 = 6	4 x 2 = 8	5 x 2 = 10
2 x 3 = 6	3 x 3 = 9	4 x 3 = 12	5 x 3 = 15
2 x 4 = 8	3 x 4 = 12	4 x 4 = 16	5 x 4 = 20
2 x 5 = 10	3 x 5 = 15	4 x 5 = 20	5 x 5 = 25
2 x 6 = 12	3 x 6 = 18	4 x 6 = 24	5 x 6 = 30
2 x 7 = 14	3 x 7 = 21	4 x 7 = 28	5 x 7 = 35
2 x 8 = 16	3 x 8 = 24	4 x 8 = 32	5 x 8 = 40
2 x 9 = 18	3 x 9 = 27	4 x 9 = 36	5 x 9 = 45

6 x	7 x	8 x	9 x
6 x 1 = 6	7 x 1 = 7	8 x 1 = 8	9 x 1 = 9
6 x 2 = 12	7 x 2 = 14	8 x 2 = 16	9 x 2 = 18
6 x 3 = 18	7 x 3 = 21	8 x 3 = 24	9 x 3 = 27
6 x 4 = 24	7 x 4 = 28	8 x 4 = 32	9 x 4 = 36
6 x 5 = 30	7 x 5 = 35	8 x 5 = 40	9 x 5 = 45
6 x 6 = 36	7 x 6 = 42	8 x 6 = 48	9 x 6 = 54
6 x 7 = 42	7 x 7 = 49	8 x 7 = 56	9 x 7 = 63
6 x 8 = 48	7 x 8 = 56	8 x 8 = 64	9 x 8 = 72
6 x 9 = 54	7 x 9 = 63	8 x 9 = 72	9 x 9 = 81

그림 9-23 구구단의 단별 곱셈표

그럼, 구구단을 출력하는 순서도를 먼저 작성해보자. 먼저 프로그램의 시작과 끝을 나타내는 도형을 생성하고 명령어를 실행할 차례를 나타내는 화살표로 제어 방향을 표시한다. 그 다음으로 구구단 중 출력하고자 하는 단수를 나타내는 변수 num에 단수를 입력한 후, 해당 단수의 반복을 나타내기 위한 변수 i를 1로 초기화 한다.

다음으로 해당 단수의 1부터 9까지 반복구조를 나타내어야 한다.

이를 위해 if-조건문에서는 반복 변수 i가 숫자 10보다 작은지 여부를 판단한다. 만약 변수 i가 숫자 10보다 작다면, 입력 단수를 나타내는 변수 num과 반복 변수 i를 곱한 후 화면에 출력한다. 그리고 반복 변수 i를 1 증가시킨다. 이와 같은 반복을 통해 입력 단수 × 1부터 입력 단수 × 9까지 곱셈하고 화면에 출력하기 위하여 반복한다.

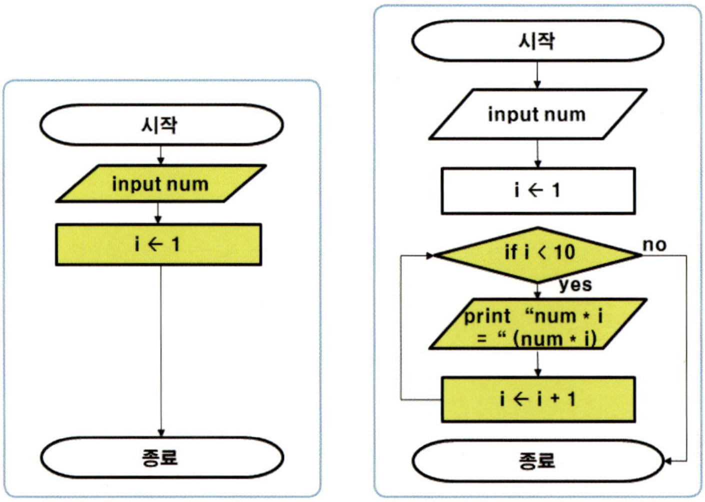

그림 9-24 구구단의 단별 곱셈 결과값을 출력하는 순서도

구구단을 출력하는 순서도와 동일한 의미를 가진 while-반복문을 포함하는 의사코드를 작성해보자. 먼저 구구단 중 출력하고자 하는 단수를 나타내는 변수 num에 단수를 입력한다. 그리고 해당 단수의 반복을 나타내기 위한 변수 i를 1로 초기화한다. 다음으로 해당 단수의 1부터 9까지 반복구조를 나타내어야 한다. 이를 위해 while-반복문에서는 반복 변수 i가 숫자 10보다 작은지 여부를 판단한다. 만약 변수 i가 숫자 10보다 작다면, 입력 단수를 나타내는 변수 num과 반복 변수 i를 곱한 후 화면에 출력한다. 그리고 반복 변수 i를 1 증가시킨다. 이와 같은 반복을 통해 입력 단수 × 1부터 입력 단수 × 9까지 곱셈하고 화면에 출력하기 위하여 반복한다.

```
input number
i ← 1
while i < 10
    print "number * i = " (number * i)
    i ← i + 1
endwhile
```

그림 9-25 구구단의 단별 곱셈 결과값을 출력하는 의사코드

(2) 자동판매기

다음은 자판기의 동작 원리를 이해할 수 있도록 자판기 알고리즘을 작성해보자.

생활 주변에는 음료수를 판매하거나 기타 티켓을 발매하는 등 다양한 형태의 자판기가 존재하고 있지만, 자판기가 가지는 기본적인 기능을 살펴보면 다음과 같다. 자판기의 가장 기본적인 기능으로 동전(화폐) 넣기, 뽑을 물건 고르기, 물품 값과 넣은 동전(화폐)의 값 비교하기, 물품 출력하기, 잔돈 반환하기 등이 있다.

그림 9-26 다양한 종류의 자동판매기

그럼, 자판기를 표현하는 순서도를 먼저 작성해보자.

먼저 프로그램의 시작과 끝을 나타내는 도형을 생성하고 명령어를 실행할 순서를 나타내는 화살표로 제어 방향을 표시한다. 그리고 임의의 금액을 표현하는 동전을 투입하는 것을 나타내기 위하여 'input coin' 명령을 실행한다. 다음으로 진열된 다양한 물품 중에서 원하는 물품을 나타내는 변수인 select_item 변수값을 변수 item에 저장한다. 다음으로 if 조건문에서 물품 값과 넣은 화폐의 값이 같은지를 비교한 후, 만약 같다면 물건을 출력하고 종료한다. 만약 같지 않다면 투입한 화폐가 물품 값보다 작으므로 추가 동전을 넣어줄 것을 화면에 출력한다.

[그림 9-27]의 순서도는 자동판매기의 동작을 상세히 나타내는 완전한 순서도가 아니다. 투입한 화폐 가치가 사고자 하는 물품의 가격과 일치하는 경우에만 물품을 획득하고, 화폐 가치가 물품 값보다 큰 경우 또는 작은 경우에는 다시 if-조건문으로 반복하는 논리적 오류를 포함하고 있다. 즉 투입한 화폐 가치가 물품 가격과 다를 경우에 대한 정확하고 상세한 절차가 추가되어야 한다.

만약 투입한 화폐가 물품 값보다 더 큰 경우에는 거스름돈을 받아야 한다. 따라서 투입된 금액을 나타내는 coin 변수에서 물품 값을 나타내는 item_price 변수의 값을 빼면 거스름돈이 계산되어 coin 변수에 저장된다. 거스름돈인 coin 변수값이 0보다 큰 경우에는 잔돈을 돌려주는 문장을 출력하고 종료한다.

이러한 자판기의 기본 동작을 이해할 수 있는 알고리즘을 아래와 같이 순서도로 작성해보자.

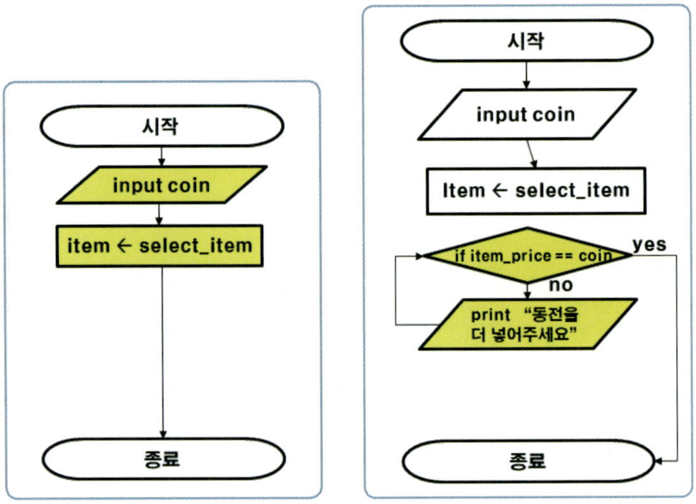

그림 9-27 자동판매기를 이용하여 물품을 구매하는 절차의 순서도

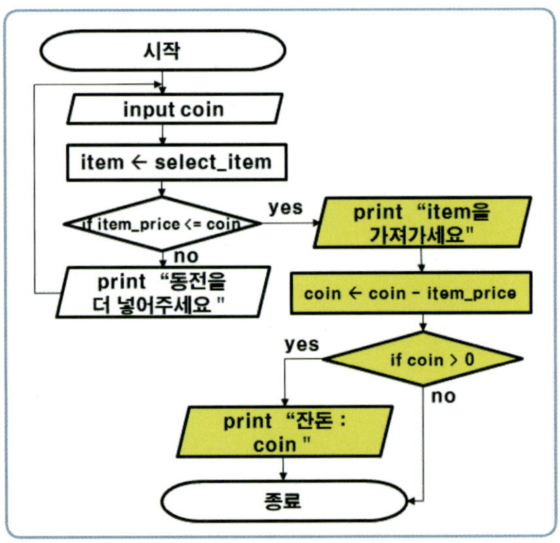

그림 9-28 자동판매기 동작을 나타내는 개선된 순서도

[요약]

01. 알고리즘의 기본 제어구조는 순차구조, 선택구조 및 반복구조이다.

02. 알고리즘의 기본 제어구조를 이용하여 문제에 대한 해결 알고리즘을 순서도 및 의사코드로 표현할 수 있다.

03. 구조적 프로그래밍(structured programming)은 구조화 프로그래밍으로도 불리며 프로그래밍 패러다임의 일종인 절차적 프로그래밍의 하위 개념이며, 프로그램에 있는 각각의 구조와 그 사이의 관계를 이해하면 프로그램 전체를 이해하는 데 도움이 된다.

04. 순차구조는 알고리즘을 구성하는 명령어들을 위에서 아래로 순차적으로 수행하는 구조이다.

05. 선택구조는 알고리즘을 구성하는 명령어들을 위에서 아래로 순차적으로 수행하다가 어떤 조건문을 만나면 조건문을 판단하고 판단 결과가 참일 때와 거짓일 때 수행하는 다음 명령어들이 달라지는 형태의 분기점을 가지는 구조이다.

06. 반복구조란 같은 처리 과정을 여러 번 반복하여 수행하는 것을 말한다. 반복구조에서는 특정 명령어들을 반복하여 수행할지를 판단하는 조건문이 포함되며, 조건을 만족하여 반복 수행이 필요한 경우 반복할 명령어들의 집합이 있다.

07. 일상생활 속에서 쉽게 접할 수 있는 구구단 계산이나 자동판매기의 동작 원리를 알고리즘으로 설계하여 순서도나 의사코드로 표현할 수 있다.

CHAPTER 10

시뮬레이션과 병렬화

이번 장에서는 다음과 같은 내용을 학습합니다.

- 문제해결을 위한 다양한 접근 방법을 설명할 수 있다.
- 문제해결을 효율적으로 해결하도록 도와주는 방법들을 설명할 수 있다.
- 시뮬레이션과 병렬화에 대해서 각각을 설명할 수 있다.

이전 장까지 문제해결을 위한 단계들을 자세히 살펴보았다. 즉 주어진 문제를 해결하기 위해서 문제분석, 문제분해, 패턴인식, 추상화 그리고 최종적으로 알고리즘 작성 방법까지 배웠다. 이번 장에서는 문제해결을 위한 다른 접근 방법 혹은 문제를 좀 더 효율적으로 해결하도록 도와주는 다양한 방법들에 대해서 살펴보겠다. 그 중 하나로 시뮬레이션 및 병렬화에 대해서 학습할 것이다.

10.1 자동화와 시뮬레이션

COMPUTATIONAL THINKING

시뮬레이션(simulation)은 문제해결의 단계 중 자동화와 연관이 되어 있다. 자동화라는 것은 알고리즘을 컴퓨팅 시스템으로 수행할 수 있는 형태로 변형하여 해결책을 나타내는 것이다. 즉 문제를 해결할 수 있는 알고리즘을 자동화를 위한 도구인 프로그램으로 변형하여 그 결과를 도출해내는 것이다. 그러한 자동화의 결과이며 문제를 해결하기 위하여 만든 모델을 실행시켜 결과를 파악하는 것이 바로 시뮬레이션이다.

이번 절에서는 우선 자동화에 대해서 간략히 알아보고 시뮬레이션에 대해서 학습하도록 하겠다.

10.1.1 자동화

자동화라는 것은 알고리즘이나 절차로 정리된 과정이 실제 작동하도록 프로그래밍하는 과정이다. 즉 문제해결의 결과를 얻기 위해 컴퓨터에서 동작 가능한 프로그램 형태로 구현하는 것을 의미한다.

프로그램으로 구현할 수 있는 다양한 방법으로는 대표적으로 프로그래밍 언어(programming language)를 사용하는 것이다. 프로그래밍 언어에 대해서 살펴보면, 프로그래밍 언어는 실행 방식에 따라 컴파일(compile) 방식과 인터프리트(interpret) 방식으로 나누어진다.

컴파일 방식은 프로그램 소스코드 전체를 한 번에 번역한 후에 최종적인 실행 파일을 생성하는 방식으로 실행 파일 자체가 독립된 프로그램으로 만들어진다. 실행 속도가 빠르고 큰 규모의 프로그램을 만드는 데 유용하다. 그러나 번역하는데 시간이 소요된다는 단점이 있다. C, C++ 언어가 컴파일 방식을 사용하는 대표적인 프로그래밍 언어이다.

반면, 인터프리트 방식은 프로그램 소스 한 줄씩 읽어서 해석하고 곧바로 실행하는 방식이다. 실행 방식이 매우 간단하다는 장점이 있지만, 대규모 프로그램 제작이 어렵고 프로그램의 실행 속도가 다소 느리다는 단점이 있다. BASIC, 파이썬 등이 인터프리트 방식을 사용하는 대표적인 프로그래밍 언어이다.

표 10-1 컴파일 방식과 인터프리트 방식의 비교

	컴파일 방식	인터프리트 방식
장점	실행 속도가 빠름, 큰 프로그램을 만드는데 유용	실행 방식이 매우 간단함
단점	번역에 시간이 소요	대규모 프로그램 제작이 어려움, 실행 속도가 다소 느림
대표적 언어	C, C++	BASIC, 파이썬

한편, 컴파일 방식과 인터프리트 방식을 혼합한 형태의 프로그래밍 언어가 최근에 개발되어 사용되고 있다. 이 방식은 소스코드 전체를 한 번에 읽어 번역하여 중간코드를 생성한 후, 이 중간코드를 인터프리트가 한 줄씩 읽어서 실행하는 방식이다. 대표적인 프로그래밍 언어로 자바 언어와 C# 언어가 있다.

최근에는 복잡해 보이는 프로그래밍 언어를 쉽게 배울 수 있도록 개발된 언어가 있는데, 그것이 바로 블록형 프로그래밍 언어이다. 블록형 프로그래밍 언어는 앞서 살펴본 C, C++, 파이썬, 자바 등 키보드로 직접 타이핑하여 프로그램을 만드는 텍스트 기반의 프로그래밍 언어의 복잡함을 단순하게 표현하기 위해, 마치 블록을 쌓아 조립하듯이 생각의 순서에 따라 프로그래밍 블록을 조립하는 방식으로 프로그램을 만드는 것이다. 대표적인 블록형 프로그래밍 언어로 미국 MIT에서 만든 교육용 프로그래밍 언어로 스크래치(Scratch)가 있으며 우리나라에서 만든 엔트리(Entry)도 있다.

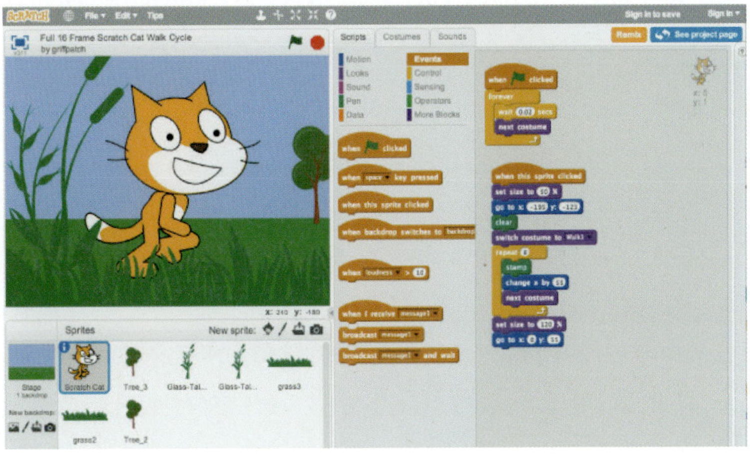

그림 10-1 스크래치

어떤 프로그래밍 언어를 사용하느냐는 문제해결의 목적과 구현 환경 그리고 난이도에 따라 달라질 수 있다. 프로그램을 처음 접해보는 초보자들은 아무래도 블록형

프로그래밍 언어를 사용하여 기초적인 프로그래밍 방식을 익히고, 어느 정도 숙련이 되면 텍스트형 프로그래밍 언어를 자동화 도구로 활용하는 것이 보편적이다.

10.1.2 시뮬레이션

다음으로 시뮬레이션에 대해서 학습해보자. 시뮬레이션은 자동화로 만들어진 프로그램을 모의로 흉내 내어 결과를 파악하고, 더 나아가 사람이 해결하기 힘든 문제까지 해결할 수 있도록 하는 과정을 말한다. 사회적, 자연적 현상의 많은 문제들은 수치적으로나 해석적으로 해결할 수 없는 경우가 매우 많다. 이런 문제들은 직접 실행하는 것이 아니라 시뮬레이션 방법을 이용하면 쉽게 해결할 수 있다. 모의로 재현하고자 하는 사건을 하나씩 수행하되 컴퓨터의 연산 기능을 이용하여 수행하고 실제와 유사한 근사값 결과를 얻는 기법이다.

시뮬레이션은 크게 3가지 방식으로 나누어진다.

첫 번째, 아날로그 시뮬레이션(analog simulation)은 실제 시스템의 모형을 제작하고 이를 통해 시스템의 연속적인 동작 과정을 분석하고 평가하는 방식이다.

두 번째, 디지털 시뮬레이션(digital simulation)은 컴퓨터를 이용하여 시스템을 수치적으로 분석하고 평가하는 방법이다.

그리고 세 번째, 몬테카를로 시뮬레이션(Monte-Carlo simulation)은 확률변수를 표현하기 위해 난수(random number)를 도입하여 모의실험을 수행하는 방식이다. 특히, 이 방식의 시뮬레이션은 확률적 방법을 사용하므로 난수를 어떻게 적용하느냐 그리고 몇 번을 적용하느냐에 따라 근사값 결과가 실제와 가까워지는지가 결정된다.

이상으로 문제해결 과정 중 하나인 시뮬레이션의 기본 개념을 자동화와 함께 살펴보았다. 자동화란 알고리즘을 컴퓨팅 시스템으로 수행할 수 있는 형태로 변형하여 해결책을 나타내는 것이며, 시뮬레이션은 자동화로 만들어진 프로그램을 모의로 흉내 내어 결과를 파악하고, 더 나아가 사람이 해결하기 힘든 문제까지 해결할 수 있도록 하는 과정이라고 하였다. 시뮬레이션을 통해 결과를 도출해내기 위해 필요에 따라서는 컴퓨팅 자원을 어떻게 구성하여 활용하느냐가 필요하다. 이런 목적을 위해 필요한 요소 중에 하나가 바로 다음 절에서 살펴볼 병렬화, 즉 병렬 처리이다.

10.2 병렬화

앞서 살펴본 문제들은 문제해결의 단계를 자세히 학습하는 것에 초점이 맞춰져 있었기 때문에 문제해결에 소요되는 시간이 그다지 길지 않았을 것이다. 그리고 알고리즘을 작성한 후에 그것을 컴퓨터 프로그램으로 변환하여 컴퓨터에서 실행시켰을 때도 그다지 많은 시간이 소요되지 않는 문제였다.

하지만, 실생활의 대부분의 문제들은 알고리즘을 수행하여 문제의 해결책을 찾는 데 많은 시간이 소요된다. 알파고의 바둑 프로그램을 예로 들어 살펴보면, 바둑에 나타나는 경우의 수 중에 이길 수 있는 확률이 가장 높은 곳에 다음 수를 두면 거의 승리할 것이다. 그러나, 바둑에 나타나는 모든 경우의 수는 우리가 상상하지 못할 정도로 엄청나게 많다. 실제로 바둑판에 바둑 돌을 놓을 수 있는 가짓수는 361!로 손으로 계산하는 것이 불가능할 정도로 아주 큰 수이다. 이렇게 모든 경우의 수를 하나하나 계산한다고 상상해보라. 아마도 시간이 많이 소요될 것이며, 심지어는 수일 혹은 몇 달이 소요될 수 있다. 그러면 이런 경우 그냥 문제의 결과가 나올 때까지 수일 혹은 몇 달을 기다려야 할까? 그 답은 "아니요"이며, 이를 해결할 수 있는 방법을 이번 절에서 살펴볼 것이다.

10.2.1 병렬 처리의 개념

문해해결에 소요되는 시간이 오래 걸리는 문제를 해결하는 첫 번째 방법은 알고리즘(algorithm)을 변경하는 것이다. 예를 들어, 알고리즘 내부에서 10번의 덧셈을 해야 하는 것을 2~3번 연산 횟수를 줄임으로써 전체 계산량을 줄이고, 이로 인해 연산 시간을 줄이는 것이다. 즉 문제해결의 절차를 간소화시키는 것이다.

두 번째 방법은 속도가 빠른 컴퓨터를 이용하는 것이다. 속도가 빠른 컴퓨터라는 것은 컴퓨터 내에 장착된 중앙처리장치의 연산 속도가 빠르다는 것을 의미한다. 예를 들어 중앙처리장치가 한 번 덧셈하는 데 소요되는 시간이 10초라고 했을 때, 훨씬 성능이 우수한 중앙처리장치를 가진 컴퓨터를 활용하여 그 시간을 5초로 줄인다면, 그만큼 결과를 빠른 시간에 얻을 수 있다. 지금 이야기한 방법은 컴퓨터 하드웨어, 즉 기계의 성능을 개선하는 것이다.

세 번째 방법은 한 사람이 일을 처리하는 것이 아니라 여러 사람이 동시에 일을 처리하는 방식이다. 한 사람이 처리할 일을 여러 사람이 동시에 일을 처리한다면, 당연히 일을 처리하는 사람이 많으면 많을수록 그 일을 더 빨리 끝낼 수 있을 것이다. 이러한 원리를 컴퓨터의 계산 처리 방식에 적용한 것이 바로 이번 절에서 학습할 병렬 처리(Parallel Processing)이다.

병렬 처리란 여러 개의 작업을 동시에 실행해서 효율을 높이는 기술이다. 우리의 일상생활 속에서도 병렬 처리의 실례는 많이 있다. 예를 들어 보면,

- 요리할 때, 가스레인지로 찌개를 끓이면서 동시에 전기밥솥으로 밥을 짓는다.
- 세탁기에서 옷을 세탁하면서 동시에 청소기로 청소를 한다.
- 공원에서 음악을 들으면서 조깅을 한다.

(a) 요리

(b) 청소

(c) 조깅

그림 10-2 일상생활 속에서 병렬 처리의 예

컴퓨터도 병렬 처리 방식을 통해 일을 처리한다. 우리는 인터넷을 통해 파일을 다운로드 받으면서 동시에 문서를 편집할 수 있다. 또한 프린터로 인쇄를 하면서 동시에 컴퓨터 게임을 수행할 수 있다.

컴퓨터에서 중앙처리장치는 원래 한 순간에 하나의 일 밖에 처리를 못한다. 그럼에도 불구하고 우리는 컴퓨터에서 수많은 프로그램이 동시에 수행되는 것처럼 인식한다. 워드로 문서를 편집하면서 영화를 재생할 수 있고, 심지어 한쪽에서 게임도 할 수 있다. 이 모든 것이 한 순간에는 하나의 일만을 하는 것이다. 그런데 동시에 일을 하는 것처럼 보이는 이유는 중앙처리장치가 작업할 시간을 분할해서 돌아가면서 일을 공평하게 처리하여 여러 작업이 동시에 처리되는 것처럼 보이기 때문이다.

최근에는 중앙처리장치에 여러 개의 코어를 넣어서 코어의 수만큼 동시에 일을 독립적으로 처리하도록 하는 기술이 탄생하였다. 여기서 코어라 하는 것은 중앙처리

장치에 내장된 연산 처리기를 의미하는데, 각 코어가 하나의 일을 처리하는 것이다. 만일, 코어가 2개이면 한 순간에 2개의 일을 동시에 처리할 수 있는 것이며, 4개이면 한 순간에 4개의 일을 동시에 처리하는 것이다. 여기서 2개 코어를 가진 중앙처리장치를 듀얼 코어(dual-core) 중앙처리장치라 하고, 4개의 코어를 가진 중앙처리장치를 쿼드 코어(quad-core) 중앙처리장치, 8개의 코어를 가진 중앙처리장치를 옥타 코어(octa-core) 중앙처리장치라 한다. 중앙처리장치에 여러 개의 코어를 사용하여 성능을 높여주는 기술이 바로 병렬 처리 기술의 한 가지 방법이다. 즉, 하나의 코어가 일을 처리하는 사람이라고 생각한다면, 코어의 수가 많으면 많을수록(즉 일을 처리해 줄 사람이 많으면 많을수록) 그만큼 전체 일을 끝내는 시간이 빨라진다는 이야기이다.

고속도로를 병렬 처리의 또 다른 예로써 들 수 있다. 듀얼 코어를 2차선 고속도로로 비유하고, 쿼드 코어는 4차선 고속도로라고 생각해보자. 2차선보다는 4차선이 4개의 자동차가 동시에 지나갈 수 있으므로 한 순간에 더 많은 자동차가 지나갈 수 있다. 여기서 코어의 수를 차선으로, 자동차를 일로 비유한다면 고속도로에서 차선의 개수로 연상되는 코어의 수가 많으면 많아질수록 더 많은 일을 동시에 처리할 수 있는 것이다.

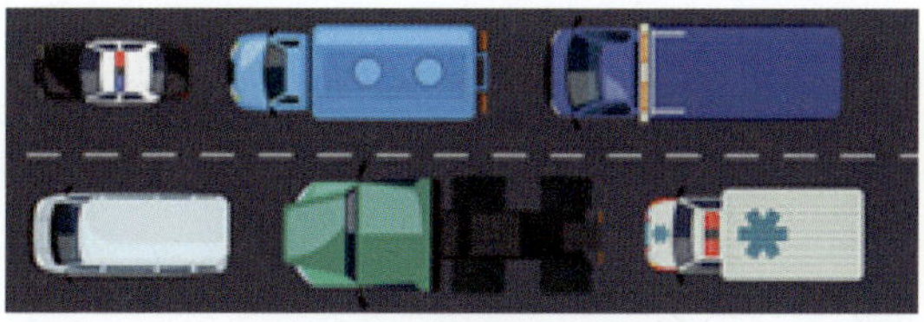

(a) 2차선 도로

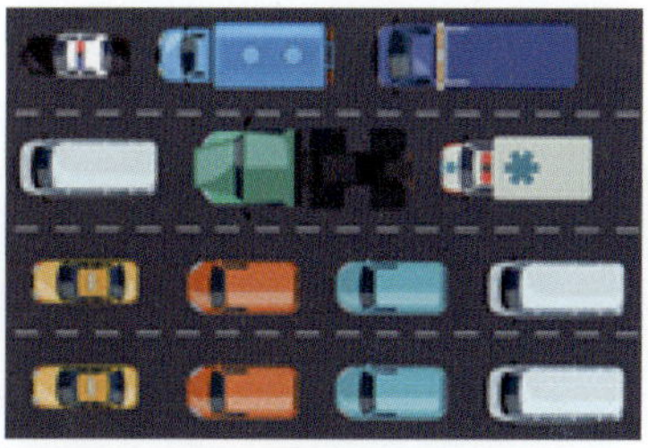

(b) 4차선 도로

그림 10-3 고속도로의 예

10.2.2 순차 처리와 병렬 방식

일반적으로 컴퓨터의 모든 작업은 순차 처리 방식에 기반을 두고 있다. 즉 한 순간에 하나의 작업을 처리하는 방식이다. 다시 말해, 순차 처리는 복수의 작업을 순서대로 하나씩 처리하는 것이다. 그래서 어떤 문제가 주어지면 순차 처리 방식은 다음과 같은 과정으로 작업을 수행한다.

1. 문제를 개별적인 단위 작업으로 분할한다.
2. 단위 작업을 하나의 처리기에 할당한다.
3. 할당된 작업을 처리기에서 수행한다.

[그림 10-4]에서 볼 수 있듯이, 순차 처리 방식은 문제를 여러 개의 단위 작업으로 분할하고 그 단위 작업을 처리기에 할당하여 실행한다. 따라서 단위 작업이 순차적으로 하나씩 수행되는 구조이다.

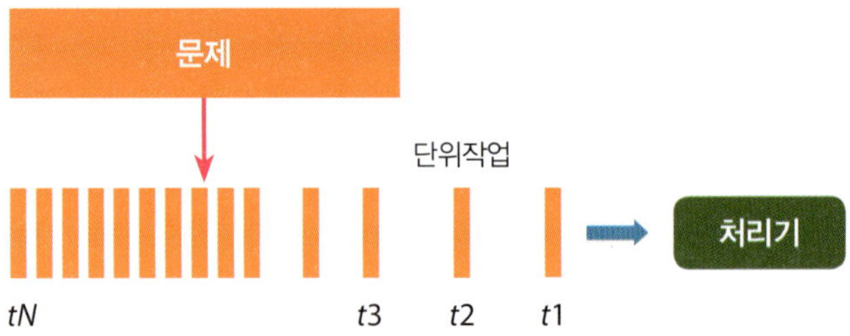

그림 10-4 순차 처리 방식

한편, 병렬 처리는 여러 개의 처리기를 동시에 사용하는 것으로 다음의 과정을 거친다.

1. 문제를 동시에 수행하여 해결할 수 있는 부분 문제로 나눈다.
2. 각 부분 문제를 여러 개의 단위 작업으로 쪼갠다.
3. 각 부분 문제의 단위 작업을 서로 다른 처리기에 동시에 할당한다.
4. 각 처리기에서는 할당받은 단위 작업을 실행함으로써 전체적으로 여러 개의 단위 작업이 동시에 실행된다.

[그림 10-5]와 같이 일단 문제를 여러 개의 부분 문제로 나누고, 각 부분 문제는 순차 처리 방식을 통해 각 처리기에 할당하여 실행하는 것이다. 그래서 여러 개의 단위 작업이 동시에 수행된다.

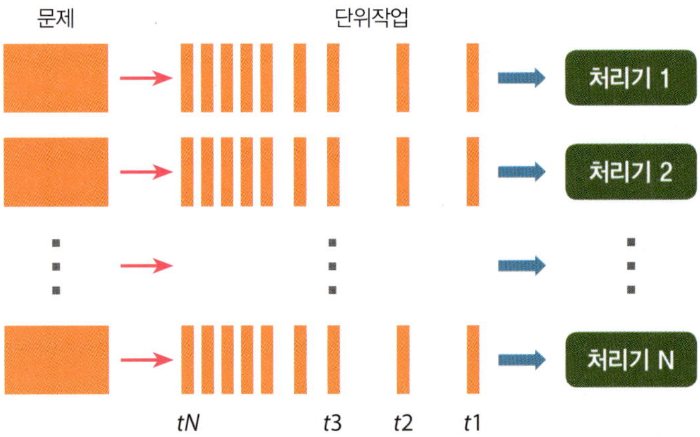

그림 10-5 병렬 처리 방식

그러면 병렬 처리 방식을 문제해결에 활용하는 이유는 무엇일까? 그 해답은 문제해결을 위해 소요되는 시간을 줄여 더 빠른 시간 내에 원하는 결과를 얻기 위해서이다. 일반적으로 더 많은 자원을 투입하면 당연히 작업을 빨리 종료할 수 있다.

두 번째는 복잡한 거대 문제를 해결하기 위해서이다. 실생활의 대다수 문제들은 하나의 컴퓨터에서 해결하기에 너무나 크고 복잡한 것이 일반적이다. 특히, 문제 자체가 커서 메모리나 하드디스크 등이 한정된 하나의 컴퓨터에서 수행하기엔 처리 능력이 부족할 수 있다. 따라서 이런 복잡한 문제를 쪼개서 여러 대의 컴퓨터나 처리기에서 동시에 수행시킨다면 하나의 컴퓨터에서 자원 부족으로 해결하지 못하는 경우를 완화시킬 수 있다.

10.2.3 병렬 처리의 활용 분야

다음으로 병렬 처리의 활용 분야에 대해서 살펴보자. 병렬 처리는 과학 및 공학 등 다양한 분야에서 거대하고 복잡한 문제를 해결하는데 사용되어 왔다.

표 10-2 병렬 처리의 활용 분야

응용분야	설명
자연과학	기상학의 날씨 예측, 천문학의 별/항성/천체 우주 연구, 생명과학의 바이오인포메틱스, 화학의 분자 모델링
공학	몬테카를로 시뮬레이션, 유전자 알고리즘 등의 시뮬레이션 등
영상처리	3D 이미지 렌더링 등
암호학	거대소수 찾기, 결함이 없는 암호 알고리즘의 설계를 위한 테스팅 등
인공지능	이동로봇의 시뮬레이션 등

[표 10-2]에서 볼 수 있듯이, 대표적으로 자연과학, 공학, 영상처리, 암호학, 인공지능 등 다양한 분야에서 병렬 처리 기술이 활용되고 있다. 자연과학 분야에서는 날씨 예측, 천문학 분야의 우주 천체 연구, 생명과학 분야의 바이오인포메티스, 화학분에서의 분자 모델링 등 복잡하고 거대한 문제를 해결하기 위해 활용되고 있다. 공학 분야에서는 몬테카를로 시뮬레이션, 유전자 알고리즘 시뮬레이션, 유체역학 시뮬레이션, 회로 설계 최적화 등에서 요구되는 복잡한 계산을 병렬 처리 기술을 적용하여 해결하고 있다. 영상처리 분야에서는 3D 이미지 렌더링, 암호학/수학 분야에서는 거대소수 찾기 등 다양한 분야에서 병렬 처리 기술이 또한 활용되고 있다. 더욱이, 최근의 인공지능 분야에서는 딥러닝 등의 학습 알고리즘의 복잡하고 거대한 계산을 보다 빠르게 처리하기 위해서 병렬 처리 기술이 활용되고 있다. 게다가 인공지능 전용 중앙처리장치나 병렬 처리에 특화된 그래픽처리장치(GPU: Graphic Processing Unit) 등이 출시되어 인공지능 연구의 활성화에 큰 도움을 주고 있다.

10.2.4 병렬 처리가 가능한 문제

앞서 살펴보았듯이, 병렬 처리 기술이 다양한 분야에 적용되어 왔음에도 불구하고 실생활의 모든 문제에 병렬 처리 기술이 활용되는 것은 아니다. 그 이유는 문제 자체가 너무나 복잡해서 부분 문제로 나눌 수 없는 문제들이 존재하기 때문이다. 이런 문제들은 단위 작업마다 서로 간에 의존성이 존재하여 문제 자체가 깔끔하게 나누어질 수 없기 때문이다. 예를 들어, 영상처리의 경우 각 영역별로 서로 독립적으로 작업이 수행된다면 병렬 처리의 적용이 가능하지만, 어떤 영역이 다른 영역의 계산 결과를 고려하여 수행해야 된다면 서로 간에 의존성이 존재하게 되고 한 순간에 여러 영역이 독립적으로 처리가 될 수 없어서 병렬 처리 자체가 복잡해진다. 더욱이 의존성이 높으면 높을수록 병렬 처리는 더욱더 불가능해진다. 반면, 벽에 하나의 색깔로 색을 칠하는 문제를 살펴보자. 이 문제는 벽을 여러 영역으로 나누어 서로 다른 인부가 동일한 색깔로 각 영역을 색칠한다면, 인부들 서로 간에 의존성 없이 독립적으로 색칠을 할 수 있으므로 병렬 처리가 가능하다.

그림 10-6 벽에 색칠하는 문제

자, 그러면 병렬 처리가 가능한 문제는 어떤 조건을 갖고 있어야 할까? 앞서 설명하였듯이, 병렬 처리는 하나의 거대 문제를 부분 문제로 나누고 각 부분 문제가 단위 작업들로 나누어져서 이들 단위 작업들이 동시에 처리되는 방식이다.

병렬 처리가 쉽게 되는 문제들은 주로 상호 간에 의존성이 없이 깔끔하게 단위 작업으로 분할될 수 있는 문제들이다. 예를 들어, 분자 모델링의 경우 수천에서 수백 개의 분자가 특정 물질과 반응하는 정도를 컴퓨터로 계산한다고 해보자. 수천에서 수백 개의 분자 각각에 대해서 이 물질과 반응 정도를 개별적으로 계산하면 되고, 분자 각각의 계산이 다른 분자의 계산에 영향을 끼치지 않기 때문에 병렬화가 쉽게 되는 문제로 볼 수 있다.

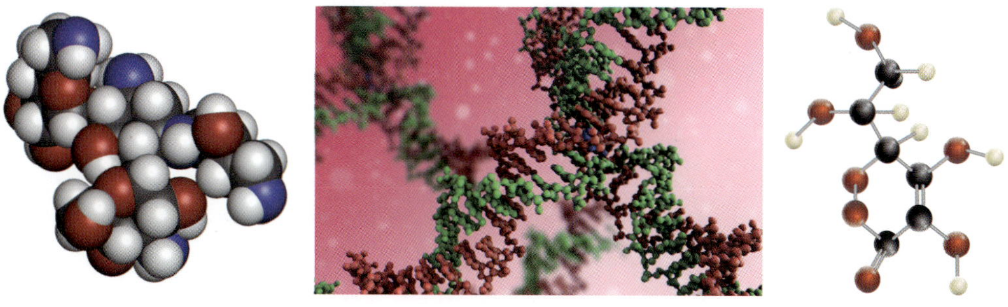

그림 10-7 분자 모델링

그러나 N!의 계산을 수행하는 다음 문제는 병렬 처리가 불가능한 문제로 볼 수 있다.

$$N! = N \times (N - 1)!$$

N!을 계산하기 위해서는 먼저 (N − 1)!을 계산해야 되기 때문에 병렬 처리가 어렵다. 그 이유는 N!을 구하기 위해서는 (N − 1)!의 결과를 활용해야 하는 의존성이 존재하기 때문이다. 이러한 의존성이 존재하면 병렬 처리가 힘들다.

10.2.5 파이프라이닝

이제 앞서 살펴본 병렬 처리 방식과 다른 방식의 처리 방식을 살펴보도록 하자. 컴퓨터에서 많이 사용되고 있는 기술 중에 하나가 파이프라이닝(pipelining) 기술이다. 기존의 중앙처리장치는 하나의 명령어가 끝나고 나서야 다음 명령어를 수행하는 구조였다. 중앙처리장치가 한 개의 명령어를 실행하는 전체 과정을 명령어 사이클(instruction cycle)이라고 하는데, 하나의 명령어 사이클은 크게 4가지 과정을 거치게 된다. 메모리에서 명령어를 읽어오는 인출(fetch) 과정, 어떤 명령어 인지를 해독(decode)하는 과정, 그런 다음 명령어를 실행(execute)하는 과정, 마지막으로 연산 결과를 메모리로 저장(store)하는 과정으로 이루어진다. 그래서 하나의 명령어는 인출, 해독, 실행, 저장이라는 4가지 과정을 거치게 된다. 그런데 문제는 각 과정 별로 동시 작업이 불가능하고 순차적으로 처리되어야 한다는 점이다. 즉 인출하면서 해독이 안 되고 실행하면서 저장이 안 된다는 것이다. 다시 말해, 인출이 끝나야 해독이 되고, 해독이 끝나야 실행이 되고, 실행이 끝나야 저장이 되는 구조이다. 그래서 각 과정이 동작하고 있는 동안에는 다음 과정의 동작은 쉬게 된다. 이런 구조 때문에 여러 개의 명령어를 처리할 때, 다음 그림과 같이 각 명령어의 4가지 과정이 순차적으로 처리되는 구조로 보이게 된다. 첫 번째 명령어의 4가지 과정이 끝나면, 그 다음 두 번째 명령어가 수행이 된다. 다음 명령어들도 마찬가지로 수행된다는 것을 그림을 통해 알 수 있다.

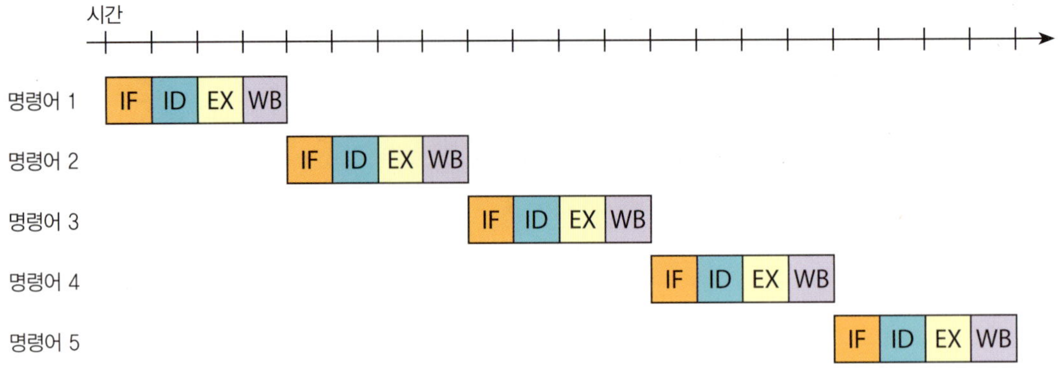

그림 10-8 명령어의 순차적 처리 방식

그런데 이런 순차적인 처리 구조에서 좀 더 시간을 단축시키는 방법을 고안해내기 시작했다. 이런 방법이 앞으로 설명할 파이프라인 기술의 핵심이다. 이제부터 그 방법에 대해서 살펴보도록 하겠다.

[그림 10-9]와 같이 명령어의 각 과정을 배치하게 되면 4가지 과정 모두를 중앙처리장치에서 활용하면서 명령어를 처리할 수 있다. 즉 명령어1의 인출이 끝났다고 하면 명령어1은 다음으로 해독 과정을 수행할 것이다. 명령어1의 해독 과정을 수행하는 동안에 중앙처리장치는 인출에 대해선 아무런 일을 하고 있지 않기 때문에 다음 명령어인 명령어2의 인출 과정을 수행할 수 있다. 그래서 중앙처리장치는 해독과 인출을 동시에 수행하게 된다. 다음으로 명령어1이 해독을 끝내고 명령어2가 인출을 끝내면, 명령어1은 실행 과정으로 명령어2는 해독 과정을 수행하게 한다. 이런 과정을 수행하는 동안 명령어3은 인출 과정을 수행할 수 있다. 그래서 중앙처리장치는 명령어3의 해독, 명령어2의 인출, 명령어1의 실행 과정을 동시에 수행하게 된다. 이런 과정을 연달아 수행하게 되면 앞서 순차적으로 수행하는 방법에 비해 수행 과정을 줄여서 전체 실행시간을 줄일 수 있다.

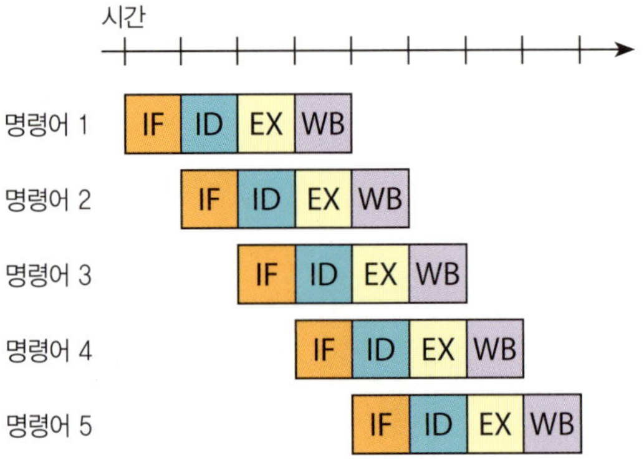

그림 10-9 파이프라이닝 방식을 적용한 명령어 처리

파이프라이닝 기술은 서로 간에 순차적 종속성이 있음에도 불구하고, 즉 하나의 명령어는 인출, 해독, 실행, 저장의 과정을 순서에 따라 수행해야 하는 종속성이 있음에도 불구하고, 병렬 처리를 할 수 있게끔 도와주는 기술이다. 그렇다고 해서 완전한 병렬 처리는 아니지만 전체 작업 시간을 줄일 수 있는 기술이다.

파이프라이닝의 실생활의 예로서 자동차 조립 생산라인을 들 수 있다. 어떤 자동차 공장에서 자동차를 대량으로 만들어달라는 주문이 들어왔다고 가정해보자. 이 공장에는 자동차 생산 공정에 필요한 모든 장비가 일렬로 늘어서 있어서, 처음부터 끝까지 모두 선반을 따라가면서 작업하도록 설계되어 있다. 우선 이 공장은 금속 가공이 이루어지고, 이 가공이 끝난 후 기계장치 제작, 그 후로 차체 제작, 차체 조립, 성능 테스트를 순서대로 모두 마쳐야 자동차를 출고한다고 가정해보자. 첫 번째 차량을 만들기 위해 금속 가공을 시작하고, 가공이 끝난 후 기계장치를 만들고, 그런 다음 차체를 만들고 이를 조립하여 성능을 테스트하고 출고한다. 그런데 문제는 한 대를 만드는데 온 정신이 팔려서 개별 작업을 마친 공정은 다음 공정에 작업물을 넘겨주고는 그냥 아무런 일도 하지 않고 놀고 있었다는 것이다. 그리고는 차가 완성되어 출고되고 생산라인이 완전히 텅텅 비워질 때까지 새로운 차량의 제작이 역시 시작되지 않았다. 이것은 매우 비효율적으로 볼 수 있다.

그래서 공장장은 이러한 비효율적인 운영을 피하기 위해서 각각의 공정에서 작업이 끝나는 대로 다음 공정으로 넘기고, 곧바로 이전 공정에서 작업을 받아 일을 하도록 시켰다. 이렇게 되면 모든 공정이 전부 착착 돌아가게 되어 보다 효율적으로 자동차가 만들어지게 된다. 이것이 파이프라이닝의 기본 개념이며, 과정 사이에 순차적 종속성이 존재하지만 병렬 처리를 통해 작업 시간을 줄이는 방법을 제공하고 있다. 따라서 파이프라이닝을 정의하면 마치 조립 생산라인처럼 어떤 작업들이 서로 중첩되어 실행되는 기술이라고 할 수 있다.

파이프라이닝을 좀 더 쉽게 이해하기 위해서 세탁소에서 세탁을 하는 절차를 컴퓨터에 비유하여 생각해보자. 세탁소에서 세탁을 하기 위해서는 먼저 [그림 10-10]과 같은 순서로 세탁물을 처리한다.

하지만, 실제로는 제시된 순서대로 하나하나 차례대로 일을 진행하지는 않을 것이다. 왜냐하면 앞서 자동차 조립 생산라인처럼 하나하나 차례대로 진행한다면, 시간 낭비가 너무 많게 되기 때문이다. 즉 세탁기가 다 돌아가기를 기다렸다가 세탁이 다 되면 젖은 옷을 건조기에 넣고 건조기가 다 돌아가면 다림질을 하는 일련의 절차들은 사실 각 단계를 담당하는 별도의 자원인 세탁기, 건조기, 다리미가 있는 한은 모두 동시에 처리될 수 있다.

1. 세탁기에 한 아름의 세탁할 옷을 넣는다.
2. 세탁기 작동이 끝나면 젖은 옷을 건조기에 넣는다.
3. 건조 작동이 끝나면 건조된 옷을 다리미를 이용하여 다림질을 한다.

그림 10-10 세탁 과정의 예

파이프라이닝 기술을 적용하여 이 작업을 수행한다면 다음과 같다.

1. 첫 번째 빨래가 다 돌아가면 건조기에 빨래를 넣고 다시 세탁기에 다른 옷을 집어 넣는다.
2. 건조기와 세탁기가 다 돌아가면 건조된 옷을 다림질 탁자에 올려놓은 뒤 세탁이 된 빨래를 건조기에 넣고 새로운 빨래를 세탁기에 넣는다.
3. 다림질이 다 되면 건조기에서 건조된 옷을 다림질 탁자에 올려놓은 뒤 세탁기에서 세탁된 옷을 건조기에 넣고, 새로운 빨래를 세탁기에 넣는다.

위처럼 동시에 처리 가능한 일들을 동시에 처리함으로써 작업 처리량을 올리는 것이 파이프라이닝 기술의 목적이다.

이 경우 중요한 점은 각 단계를 수행하는 속도가 빨라지지는 않는다는 점이다. 모든 단계는 원래의 동작 속도대로 일을 해나가지만 병렬적으로 처리함으로써 유휴 시간을 없애서 전체 작업 처리량을 올려 많은 작업을 빠른 시간 내에 처리할 수 있도록 하는 것이다.

파이프라이닝 과정에서 알 수 있듯이 할 일이 충분히 많다면 파이프라이닝에 의한 속도 향상은 파이프라인의 단계 수와 같다. 세탁의 예에서는 세탁, 건조, 다림질의 3단계로 파이프라이닝이 진행되므로 3배 빠른 시간에 작업을 처리하는 것이 가능하고, 작업 처리량은 약 3배 증가하게 된다.

만약에 [그림 10-11]과 같이 세탁이 50분, 건조가 40분, 다림질이 30분이 걸린다고 해보자. 파이프라이닝 없이 하나하나 차례대로 처리한다면 하나의 작업에 대해서 세탁, 건조, 다림질로 총 120분이 소요된다. 그러한 작업이 5개가 있다면 총 600분이 소요되고, 약 10시간에 해당하는 소요시간이 결과로 나온다.

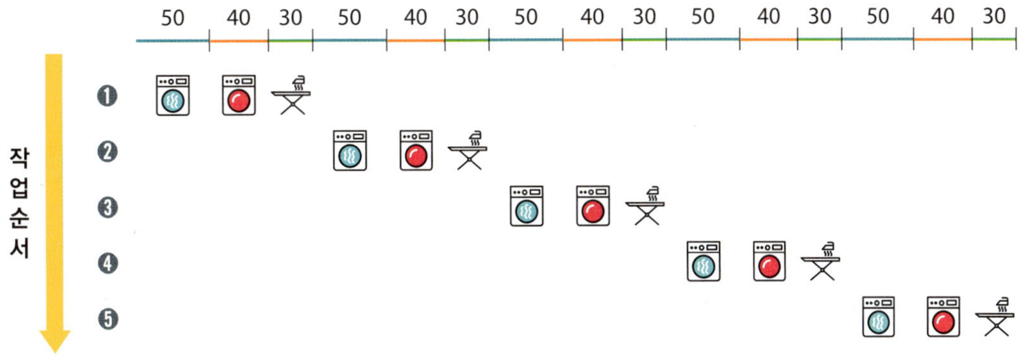

그림 10-11 실생활의 예: 세탁 과정(파이프라이닝을 적용하지 않았을 경우)

그러나 파이프라이닝을 적용하여 세탁, 건조, 다림질의 단계를 서로 중첩시켜 작업을 처리하도록 한다면, [그림 10-12]와 같이 50분짜리 단계 다섯 개와 40분짜리 단계 하나 그리고 마지막에 30분짜리 단계 하나를 거치면 모든 작업이 완료된다. 마지막에서 두 번째 단계는 50분이 걸리는 세탁 과정이 없으므로 남아 있는 건조와 다림질에서 걸리는 시간 중에 긴 시간을 작업 시간, 즉 건조 시간인 40분이 작업 시간이 된다. 마지막 단계에서는 세탁과 건조 과정이 모두 끝났고 다림질 과정만 남아있으므로 30분의 작업 시간이 된다. 결론적으로 파이프라이닝을 적용하면 총 320분으로 약 5시간 20분이 소요된다. 파이프라이닝 기술을 적용하지 않았을 때 10시간 걸리던 작업이 파이프라이닝 기술을 적용하여 5시간 20분으로 작업 시간이 많이 줄어들게 된다.

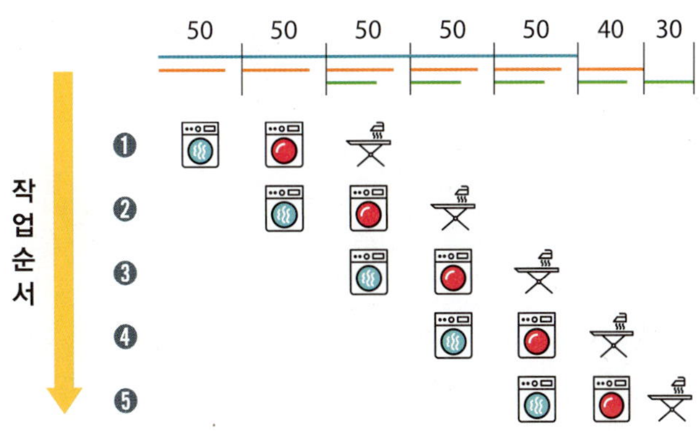

그림 10-12 실생활의 예: 세탁 과정(파이프라이닝을 적용한 경우)

여기서 유의 깊게 보아야 할 부분은 각 단계별 걸린 시간이다. 세탁, 건조, 다림질의 3가지 작업을 하는 각 단계별로 걸리는 시간이 전부 다르다. 세탁은 50분, 건조는 40분, 다림질은 30분으로 모두 다르지만, 파이프라이닝을 한 경우에 제일 빠른 단계의 작업이 끝나도 전체 작업이 다 끝나기를 기다렸다가 다음 단계로 넘어갈 수밖에 없다. 가령 건조가 40분 만에 빨리 끝나더라도 50분이 소요되는 세탁기가 아직 돌아가고 있으므로 세탁기가 다 돌아갈 때까지 기다려야 하는 것이다. 컴퓨터 시스템에서 이러한 한 단계를 처리하는 시간을 컴퓨터의 클럭 사이클(clock cycle)이라고 하며, 파이프라이닝에서 클럭 사이클은 전체 단계 중 가장 시간이 오래 걸리는 것을 기준으로 한다.

이처럼 이상적으로 파이프라이닝에서의 속도 향상은 파이프의 단계 수와 거의 같아야 하지만 이와 같은 문제 때문에 속도 향상률은 단계 수보다는 조금 적을 수도 있다.

10.2.6 슈퍼컴퓨터

이전 절까지 파이프라이닝 기술에 대해서 살펴보았다. 이제부터는 병렬 처리 기술을 활용한 실제 컴퓨터 시스템에 대해서 살펴보겠다.

병렬 처리 기술을 적용한 대표적 컴퓨터 시스템으로 슈퍼컴퓨터(supercomputer)가 있다. 슈퍼컴퓨터라 하면 일반 사람 대다수는 세계에서 제일 빠른 컴퓨터로 인식을 한다. 2019년 6월 기준으로 전 세계에서 가장 빠른 슈퍼컴퓨터는 미국 에너지부 오크리지 국립연구소가 보유하고 있는 서밋(Summit)이라는 슈퍼컴퓨터이다. 서밋의 이론상 성능은 143.5 페타 플롭스(petaFLOPS)이다. 여기서 페타플롭스라는 용어는 조금 후에 다시 살펴보겠다.

그림 10-13 서밋 슈퍼컴퓨터(미국 에너지부 오크리지 국립연구소 보유)

그런데 슈퍼컴퓨터가 이렇게 속도가 빠른 이유는 무엇일까? 바로 병렬 처리 기술을 활용하는 데 있다. 중앙처리장치에 해당하는 CPU를 한 개만 두는 것이 아니라 수백, 수천 개를 두고 이들을 서로 연결하여 동시에 작업을 처리하도록 하는 것이다. 서밋의 경우는 228만 2,544개의 IBM 파워9 코어와 209만 엔비디아 볼타 GV100 코어를 사용한다. 여기서 IBM 파워9는 중앙처리장치를 의미하며 엔비디아 볼타 GV100은 그래픽처리장치인 GPU를 의미한다. 따라서, 서밋은 병렬 처리 기술을 활용하여 동시에 400만 단위 작업 이상을 수행할 수 있음을 의미한다. 이것은 대략 PC 400만대가 서로 묶어져 있다고 보면 된다. 이렇듯 워낙 많은 수의 코어를 동시에 활용하다 보니 처리 속도가 빨라지는 것이다.

그러면 우리나라의 경우는 어떨까? 2019년 6월 발표된 전 세계 슈퍼컴퓨터의 순위를 살펴보면 우리나라는 한국과학기술정보연구원 국가슈퍼컴퓨팅센터에 있는 '누리온'이라는 슈퍼컴퓨터가 15위를 차지하고 있다. 그리고 기상청에 있는 '누리'와 '미리'라는 기상예측용 슈퍼컴퓨터가 각각 99위와 100위를 기록하고 있다.

그림 10-14 우리나라 슈퍼컴퓨터 누리온(한국과학기술정보연구원 보유)

이렇게 속도가 빠른 슈퍼컴퓨터는 일반적으로 계산량을 많이 필요로 하는 문제해결에 주로 사용되고 있다. 날씨 예측이나 기후 시뮬레이션, 복잡한 수학 문제의 해결, 우주 발사체 탄도 시뮬레이션, 핵 실험 시뮬레이션, 유전체 분석 시뮬레이션 등 복잡하고 어려운 과학적 문제를 해결하는데 주로 활용되고 있다.

최근 인공지능 기술의 급격한 발전으로 인하여 인공지능 기술을 본격 적용하기 위해서 슈퍼컴퓨터 자원을 적극 활용하고 있다. 2016년 구글의 바둑 인공지능 프로그램인 알파고(AlphGo)는 바둑의 다음 수를 놓기 위해 필요한 초당 10만 개 이상의 연산을 1,202여 개의 CPU와 176개의 GPU가 연결된 슈퍼컴퓨터를 활용하여 수행했으며, 이를 통해 이세돌 9단에게 4대 1로 승리하였다. 이러한 알파고의 상상하기 힘든 속도의 연산능력을 슈퍼컴퓨터를 이용하여 구현한 것이다.

그림 10-15 인공지능 프로그램, 알파고

한편 앞서 언급하였듯이, 전 세계 슈퍼컴퓨터 1위인 서밋의 성능은 143.5 페타 플롭스이다. 페타 플롭스에서 플롭스(FLOPS)는 "FLoating point OPerations per Second"의 약자이며, 초당 수행할 수 있는 부동소수점 연산 수를 의미한다(아울러, 부동소수점 연산이란 컴퓨터에서 수행하는 실수 연산이다). 플롭스는 주로 컴퓨터의 성능을 수치로 나타낼 때 사용되는 단위이다. 아래 표에서 볼 수 있듯이, 킬로 플롭스는 10^3인 1,000 플롭스를 나타내며, 메가 플롭스는 10^6 플롭스, 기가 플롭스는 10^9 플롭스, 테라 플롭스는 10^{12} 플롭스 그리고 페타 플롭스는 10^{15} 플롭스로서 1초당 1,000조 번의 부동소수점 연산을 수행한다는 의미이다. 1초당 우리가 상상할 수 없을 정도로 매우 많은 부동소수점 연산을 수행한다고 생각하면 된다. 슈퍼컴퓨터의 성능을 플롭스로 나타내는 이유는 슈퍼컴퓨터가 과학적 문제를 해결하는 데 활용되고, 이러한 과학적 문제들은 엄청난 양의 부동소수점 연산을 필요로 하기 때문이다.

표 10-3 플롭스

이름	약어	값
킬로 플롭스(kiloFLOPS)	kFLOPS	10^3 플롭스
메가 플롭스(megaFLOPS)	mFLOPS	10^6 플롭스
기가 플롭스(gigaFLOPS)	gFLOPS	10^9 플롭스
테라 플롭스(teraFLOPS)	tFLOPS	10^{12} 플롭스
페타 플롭스(petaFLOPS)	pFLOPS	10^{15} 플롭스

참고로, 슈퍼컴퓨터 이외의 다른 컴퓨터들은 주로 MIPS라는 단위를 사용하는데, "Millions of Instructions Per Second"의 약자로 초당 100만 개 단위의 명령어를 몇 개 실행하는지를 나타내는 단위이다.

10.2.7 GPU

최근 전 세계 슈퍼컴퓨터에서 특이할만한 사항은 연산 및 계산 역할을 하는 중앙처리장치만을 두는 것이 아니라 그래픽처리장치인 GPU를 함께 사용한다는 점이다. 두 장치 모두 동시에 여러 작업을 수행할 수 있는 병렬 처리의 구현을 위해 없어서는 안 될 장치이다. 그러면 CPU와 GPU가 역할은 비슷하지만 어떻게 다른지 살펴보도록 하자.

CPU는 디지털 컴퓨터가 탄생할 때부터 사용하던 고전적 스타일의 연산 장치로서, 순차적인 직렬 처리에 특화된 연산 장치였다. 즉 여러 작업이 있더라도 하나씩 차례대로 연산을 수행하는 구조였다. 그러다가 여러 개의 코어를 하나의 CPU에 넣어 두어 병렬 처리 연산이 가능하게 되었다. 반면, GPU는 컴퓨터 디스플레이에 그래픽 처리를 위해 고안된 장치이고, 빠른 그래픽 처리 연산을 위해 GPU 내에 수백에서 수천 개의 작은 코어들로 이루어져 있다. 최근에는 수백, 수천 개의 코어가 그래픽 처리 연산에만 사용되는 것이 아니라 CPU에서 하던 단순 연산을 받아서 처리해줄 수 있을 정도로 기술이 발전하였다. 그래서 코어 수가 많은 GPU에서의 계산 처리가 병렬 처리를 위해 좀 더 적극적으로 활용되고 있으며, CPU보다 훨씬 많은 수의 코어 덕분에 병렬 처리 측면에서 GPU가 CPU보다 훨씬 더 유용하게 활용되고 있다.

[그림 10-16]에서 볼 수 있듯이 CPU는 순차 처리를 위한 코어가 여러 개로 구성되어 있지만, GPU는 다수의 작업을 동시에 처리할 수 있는 수백 혹은 수천 개의 코어들로 구성되어 있다.

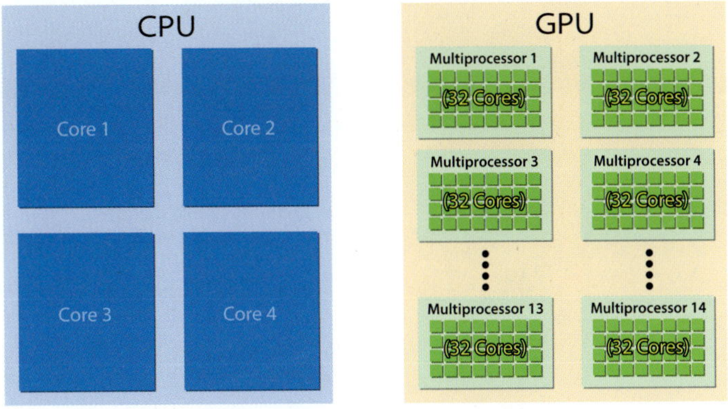

그림 10-16 CPU와 GPU의 아키텍처 비교

10.2.8 분산 컴퓨팅

병렬 처리 방식의 컴퓨팅 모델로 분산 컴퓨팅(distributed computing)이 있다. 분산 컴퓨팅은 네트워크에 연결된 다수의 컴퓨터들의 처리 능력을 거대 문제해결에 사용하는 컴퓨팅 모델을 의미한다.

분산 컴퓨팅의 일종으로 그리드 컴퓨팅(grid computing)이 2000년대 초반부터 연구되고 구축되기 시작하였는데, 그리드 컴퓨팅은 지리적으로 분산되어 있는 슈퍼컴퓨터를 초고속 네트워크로 묶어 하나의 가상의 초대형 컴퓨팅 공간을 구성한다는 의미에서 탄생하였다. 그래서 그리드 컴퓨팅은 슈퍼컴퓨터의 연산 능력을 뛰어넘는 초대형 과학 문제를 해결하는 데 주로 활용되어져 왔다.

한편, 전 세계로 분산된 슈퍼컴퓨터를 묶는 것이 아니라, 전 세계에 산재된 개인용 컴퓨터인 PC 자원을 하나로 묶어 가상 컴퓨팅 공간을 만들어 주는 PC 그리드 컴퓨팅(PC grid computing) 기술이 탄생하였다. PC 그리드 컴퓨팅 기술은 PC가 유휴 상태일 때 작업 서버로부터 인터넷을 통해 작업을 다운로드받아 계산을 수행한 후, 계산 결과를 다시 서버로 반환해주는 구조로 작업을 처리한다. PC 그리드 컴퓨팅의 대표적 예는 SETI@Home 프로젝트가 있다. 여기서, SETI는 Search for Extra-Terrestrial Intelligence의 약자이다. SETI@Home 프로젝트는 분산 컴퓨팅 기술을 활용하여 인터넷에 연결된 PC들을 이용해 외계의 지적 생명체를 탐구하는 프로젝트로서, 미국의 캘리포니아 대학교 버클리에서 1999년 5월 17일 일반에 공개되었으며, 전파 망원경에서 수집된 신호가 외계의 지적 생명체가 보낸 신호인지의 여부를 인터넷에 연결된 PC들에서 계산하도록 하는 구조로 되어 있다. 이외에도 PC 그리드 컴퓨팅은 신약 개발을 위한 단백질 접힘 계산, 지진 시뮬레이션, 기후 예측 등 다양한 분야에 활용되었다.

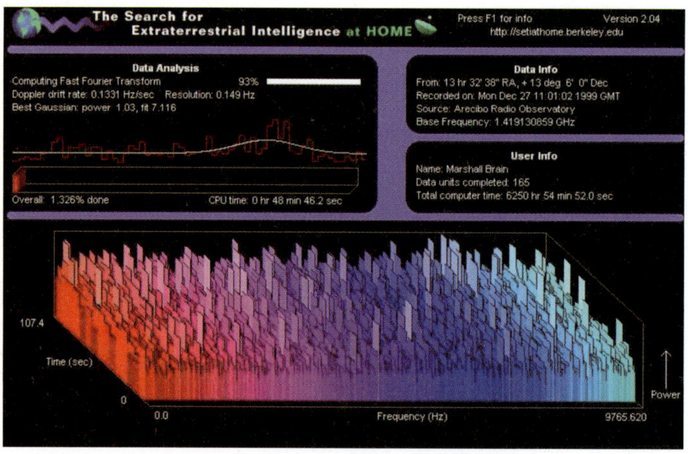

그림 10-17 SETI@Home 프로젝트

10.2.9 클라우드 컴퓨팅

최근에는 그리드 컴퓨팅 기술을 뛰어넘는 클라우드 컴퓨팅(cloud computing) 기술이 탄생하였다. 클라우드 컴퓨팅은 인터넷 기술을 활용하여 가상화된 IT 자원을 서비스로 제공하는 컴퓨팅 기술이다. 사용자는 이들 IT 자원을 필요한 만큼 빌려서 사용하고 사용량만큼 비용을 지불하는 구조이다. 주로 빅데이터 처리에 필요한 자원을 활용하기 위해 클라우드 컴퓨팅 기술을 사용하고 있다.

그림 10-18 클라우드 컴퓨팅의 개념도

[요약]

01. 자동화라는 것은 알고리즘이나 절차로 정리된 과정이 실제로 작동하도록 프로그래밍하는 과정이다.

02. 시뮬레이션은 자동화로 만들어진 프로그램을 모의로 흉내 내어 결과를 파악하고, 더 나아가 사람이 해결하기 힘들 문제까지 해결할 수 있도록 하는 과정을 말한다.

03. 시뮬레이션은 크게 아날로그 시뮬레이션, 디지털 시뮬레이션, 몬테카를로 시뮬레이션으로 나누어진다.

04. 병렬 처리란 여러 개의 작업을 동시에 실행해서 효율을 높이는 기술이며, 요리할 때 가스레인지에서 찌개를 끓이면서 동시에 전기밥솥으로 밥을 짓는 것 등이 일상생활 속에서의 예이다.

05. 병렬 처리는 하나의 거대 문제를 부분 문제로 나누고 각 부분 문제가 단위 작업들로 나누어져서 이들 단위 작업들이 동시에 처리되는 방식이며, 병렬 처리가 쉽게 되는 문제들은 주로 상호 간에 의존성 없이 깔끔하게 단위 작업으로 분할될 수 있는 문제들이다.

06. 파이프라이닝 기술은 서로 간에 순차적 종속성이 있음에도 불구하고, 즉 하나의 명령어는 인출, 해독, 실행, 저장의 과정을 순서에 따라 수행해야 하는 종속성이 있음에도 불구하고, 병렬 처리를 할 수 있게끔 도와주는 기술이다.

07. 병렬 처리 방식의 컴퓨팅 모델로 분산 컴퓨팅이 있다. 분산 컴퓨팅은 네트워크에 연결된 다수의 컴퓨터들의 처리 능력을 거대 문제해결에 사용하는 컴퓨팅 모델을 의미한다.

08. 클라우드 컴퓨팅은 인터넷 기술을 활용하여 가상화된 IT자원을 서비스로 제공하는 컴퓨팅 기술로서 IT자원을 필요한 만큼 빌려서 사용하고 사용량만큼 비용을 지불하는 방식이다.

[참고문헌]

01. 김대수, 소프트웨어와 컴퓨팅 사고, 생능출판사, 2016.

02. 김재현 외, 컴퓨팅사고력 향상을 위한 문제해결과 알고리즘, 성균관대학교 출판부, 2017.

03. 천인국, 문제해결과 컴퓨팅 사고, 인피니티북스, 2018.

04. 조선비즈, CPU · GPU가 뭐야? 인공지능 놓고 칩들의 '두뇌' 싸움, 2016.7.24.

05. 스크래치, http://scratch.mit.edu

06. 엔트리 교육연구소, 교과서와 함께 키우는 컴퓨팅사고력(교사용 지도서), 2015.

CHAPTER 11

다양한 데이터의 표현

이번 장에서는 다음과 같은 내용을 학습합니다.

- 컴퓨터상에서 표현하는 다양한 정보들의 기본적인 원리를 설명할 수 있다.
- 텍스트 데이터의 표현 원리를 설명할 수 있다.
- 사운드 데이터의 표현 원리를 설명할 수 있다.
- 이미지 데이터의 표현 원리를 설명할 수 있다.

본 장에서는 다양한 데이터 표현 기법에 대하여 학습한다. 컴퓨터를 활용한 다양한 작업을 수행하기 위해서는 처리하고자 하는 실생활의 다양한 정보를 컴퓨터상에서 표현할 수 있어야 한다. 이런 표현 기법은 컴퓨터상에 정보를 저장, 가공 시 활용 가능하여야 하며 변환 전 정보가 가지는 속성을 변환 후에도 지속적으로 유지할 수 있어야 한다. 본 장에서는 이러한 조건을 만족하는 표현 기법으로 활용되기 위한 필수 요건에 대한 학습 뿐만 아니라, 정보의 특성에 따라 문자, 오디오, 이미지 등의 표현 기법에 대한 학습을 진행한다.

11.1 데이터 표현

COMPUTATIONAL THINKING

데이터를 컴퓨터상에 표현하는 것은 컴퓨터를 활용한 다양한 작업을 진행하기 위한 선결 과제이며, 이를 통하여 사용자가 처리하고자 하는 데이터를 컴퓨터가 이해하게 된다. 이러한 과정은 다양한 입력장치를 통하여 진행되며, 컴퓨터에 저장된 정보들은 추후 사용자가 요청하면 출력장치를 통하여 사용자가 이해할 수 있는 형태로 출력되게 된다. 따라서 데이터 표현의 첫 번째 기본 원칙은 컴퓨터가 이해할 수 있으며, 출력 시 사용자들이 쉽게 이해할 수 있도록 저장 및 가공된 형태로 변환하여야 한다는 것이다.

두 번째 기본 원칙은, 컴퓨터의 기본적인 사용 언어를 활용하여 변환이 이루어져야 한다는 것이다. 컴퓨터 내부에서는 2진 체계의 숫자들이 사용되고 있으므로, 컴퓨터상에 표현하고자 하는 실생활의 정보들은 2진수를 활용한 표현으로 이루어져야 한다.

세 번째 기본 원칙은, 표현하고자 하는 정보의 특성을 충실히 가지면서도 저장 공간은 최소화할 수 있도록 데이터의 표현이 이루어져야 한다는 것이다. 특정 정보를 동일한 품질로 출력할 수 있도록 저장할 때, 데이터 표현 방법은 다양한 형태로 이루어질 수 있으나 최소화된 공간을 활용하는 표현 방식이 여러 가지 측면에서 유리하기 때문에 저장 공간을 최소화할 수 있는 형태의 표현 기법을 활용하여야 한다.

마지막으로 텍스트, 사운드, 이미지 등 다양한 형태의 멀티미디어 데이터의 표현이 가능한 방법이 활용되어야 한다. 특정 데이터 표현 방법은 정보의 종류에 따라 어떤 데이터에는 최적화된 표현 기법을 제공하지만, 또 다른 형태의 정보에는 적합하지 않은 표현 기법들이 존재할 수 있다. 이러한 표현 기법들은 범용화 될 수 없으며, 우리가 일상적으로 처리하는 정보의 종류(다양한 형태의 멀티미디어 데이터)를 반영하여 정보의 특성에 상관없이 범용적인 표현이 가능한 기법을 사용하여야 한다.

이러한 방식을 활용하여 정보를 표현할 때 사용자들은 일반적으로 다음과 같은 요구사항을 가질 수 있다.

1. 원 정보의 특성을 명확하고 충실하게 반영할 수 있을 것

원 정보의 특성을 명확하고 충실하게 반영한다는 것은 원 정보의 품질을 훼손하지 않아야 한다는 것과도 일맥상통한다. 다양한 형태의 정보들(멀티미디어 데이터)을 각 정보가 가지는 특성을 유지하면서도 원 정보의 상태에서 제공하던 품질을 훼손하지 않는 방향으로 표현 가능하여야 한다.

2. 원 정보의 품질을 훼손하지 않을 것

표현된 정보는 다양한 응용분야에서 출력되어지며, 이때 응용분야에 따른 최소한의 품질을 요구하게 된다. 컴퓨터상에서 데이터 표현을 위한 기본 방침은 응용분야에서 요구하는 품질을 충족시켜줄 수 있어야 한다.

3. 저장된 데이터와 출력된 데이터의 특성이 다를 시 변환 방법이 존재할 것

일반적으로 일상에서 볼 수 있는 다양한 형태의 정보는 아날로그 신호적 특성을 나타내고 있으나, 컴퓨터상에서 표현된 정보는 디지털 형태의 특성을 나타낸다. 이러한 차이점을 해결할 수 있는 변환 방법이 존재하여야 한다.

4. 저장 및 출력 시 지연 시간을 최소화할 것

정보의 표현을 통한 저장, 저장 후 필요 시 출력 과정에서의 연산량이 과다하지 않아서 최소한의 시간 이내에 변환이 가능하여야 한다.

COMPUTATIONAL THINKING

11.2 디지털 데이터

컴퓨터상에서 활용되는 디지털 데이터는 다음과 같은 중요한 특성을 지닌다.

11.2.1 압축 가능성

디지털 형태의 정보는 압축이 가능하며, 이러한 특성으로 대용량의 다양한 멀티미디어 정보를 저장할 수 있다. 압축은 응용분야에 따라 품질을 중시할지, 압축된 데이터의 저장 공간을 중시할지를 결정하게 된다. 우리가 사용하는 많은 압축된 정보들은 압축률을 높여주기 위해서 원 정보에 일정 정도 손실을 가하게 되며 이러한 압축 기법을 손실압축 기법이라 한다. 또한 저장공간의 크기보다는 정보의 품질을 중시하여 압축하는 경우, 원 정보에 손실을 가하지 않으며 다양한 알고리즘을 통한 압축을 진행하는데 이를 무손실압축 기법이라 한다. 압축률 측면에서는 일반적으로 손실압축 기법이 무손실압축 기법보다 높은 압축률을 나타내게 된다. 무손실압축 기법의 기본적인 원리는 동일한 패턴을 찾아 간략한 표기를 함으로써 동일한 정보를 보다 적은 저장공간에 저장이 가능토록 하며, 손실압축 기법의 경우 인간의 감각기관 특성을 고려하여 인간의 감각이 둔감한 영역의 정보를 제거함으로써 정보의 품질 저하를 최소화 하면서도 저장에 필요한 공간을 최소화 시켜주는 기법을 활용한다.

11.2.2 암호화 가능성

디지털 형식의 정보는 아날로그 형식의 정보에 비해 암호화 및 복호화가 용이하다. 디지털 형식의 정보는 간단한 연산만으로도 암호화가 가능하며, 암호화된 정보를 복호화하는 과정도 쉽게 구현이 가능하다. 이러한 점에서 디지털 정보는 사용자들에게 다양한 개인정보보호 방안을 제시하고 있다고 말할 수 있다.

11.2.3 수정 및 편집의 용이성

디지털 형식의 정보는 컴퓨터를 활용하여 수정 및 편집이 용이하다. 아날로그 형태의 데이터들은 수정 및 편집을 하기 위해서 많은 과정들을 거쳐야 되지만, 디지털 형식의 데이터는 저장된 컴퓨터 상에서 간단한 작업만으로도 수정 및 편집이 가능하다.

11.2.4 품질 열화 억제

디지털 형식의 정보는 시간의 흐름에 따른 품질 저하가 없으며, 복사, 편집 등에 따른 품질 열화도 발생하지 않는다. 물론 저장하는 매체에 따라서는 매체의 품질 저하가 발생 할 수도 있으나, 적정한 매체에 저장을 한 후 적정한 관리를 한다면 디지털 형식의 정보는 복사, 편집, 시간의 흐름에 따른 열화현상이 존재하지 않는다고 할 수 있다.

11.3 다양한 데이터 표현 시 고려사항

COMPUTATIONAL THINKING

11.3.1 저장 공간의 크기

컴퓨터상에서 다양한 형태의 멀티미디어 데이터들을 표현하고 사용하고 저장하기 위해서는 방대한 데이터 저장 공간을 필요로 한다. 멀티미디어 데이터의 경우 문자, 숫자 등의 단순 텍스트 위주의 데이터에 비해 매우 방대한 크기의 데이터 저장 공간을 필요로 한다. 예를 들면, "텍스트 위주의 백과사전 한권의 내용을 담는 데이터 저장공간"의 크기와 "1분짜리 음성 데이터가 필요로 하는 데이터 저장공간"의 크기를 비교하면 쉽게 알 수 있다.

텍스트 데이터에 비해서 오디오 데이터와 비디오 데이터는 저장하는 데 필요한 데이터 공간을 기하급수적으로 많이 차지하게 되는데, 이런 문제점들을 해결하기 위하여 압축과 관련된 다양한 기술들이 개발되고 있다.

11.3.2 연산 능력

다양한 멀티미디어 데이터의 저장 및 출력을 위해서는 고속의 연산 장치가 필요하며, 이러한 연산 능력이 뒷받침 되지 않을 시에는 원활한 입출력이 이루어지지 못함을 알 수 있다. 멀티미디어 데이터의 입력을 위해서는 아날로그 신호의 디지털화 및 디지털화 된 정보의 후처리 과정을 필요로 하게 되며, 출력을 위해서는 디지털 정보의 아날로그화가 이루어져야 한다.

이러한 처리 과정은 원 정보의 손실없이 고품질로 디지털화하여 저장하고자 할 때 더 많은 연산 처리를 필요로 하게 되며, 결론적으로 연산 능력에 영향을 미치는 것 뿐만 아니라 저장 공간 문제 등 다양한 문제가 발생하게 된다.

이러한 문제를 해결하기 위해서는 컴퓨터상에 표현하는 정보의 품질을 적정 수준의 품질(응용 분야가 요구하는 최소한의 품질)으로 만족시키거나 데이터 압축 기법 등을 활용한 저장공간의 최소화 등을 진행하여야 한다.

컴퓨터상에서 표현되는 정보에 대한 품질 수준이 높아지면 높아질수록 데이터의 저장공간을 많이 필요로 하며, 이는 본 장의 후반부에서 설명하게 될 '아날로그 신호-디지털신호'의 상호 변환과 밀접한 상관성을 가지게 된다.

따라서 우리가 디지털 형태의 정보로 다양한 멀티미디어 데이터를 컴퓨터상에서 표현하려면 응용 분야 및 인간의 감각기관 특성을 고려한 적절한 수준의 품질을 유지할 수 있도록 계획하여야 할 것이다.

11.4 다양한 데이터의 표현

COMPUTATIONAL THINKING

본 절에서는 컴퓨터가 활용하는 다양한 데이터에 대해 알아보도록 한다. 사용자들이 컴퓨터를 활용하여 일상적으로 사용하는 데이터에는 숫자, 문자 그리고 사운드, 이미지, 그래픽, 비디오 등이 있다. 이러한 데이터들은 각각의 표현 방법들을 가지고 컴퓨터상에서 표현되어지며, 이는 컴퓨터와 사람 간의 데이터 정의 및 약속이라고 생각할 수 있다. 사용자들은 컴퓨터가 이해할 수 있는 부호나 문자열을 제시하여 특정한 정보를 표시하도록 하며, 각 정보의 표시 방법은 정보의 특성에서부터 기인한다고 할 수 있다.

11.4.1 텍스트 데이터의 표현

컴퓨터상에서 정보를 표현할 때 각 정보가 가지는 데이터량은 표현하고자 하는 정보의 종류(수)에 따라 달라짐을 알 수 있다. 예를 들어서 두 가지 형태의 데이터를 구분하여 저장해야 할 경우, 2진수를 활용하여 한 가지 데이터는 0이라는 숫자를 할당하고 그리고 또 다른 한 가지 데이터는 1이라는 숫자를 할당해서 0, 1을 나열하여 첫 번째 데이터와 두 번째 데이터를 표현할 수 있다. 이런 표시 기법을 활용하여 000011이라고 표현된 정보가 있다면, 우리는 첫 번째 데이터가 4번 연달아 나타난 후 두 번째 데이터가 2번 연달아 나타나는 형태라고 인지하게 된다. 이 예에서 알 수 있듯이, 표현하고자 하는 정보가 두 가지 형태라면 2진수 1bit로 정보의 표현이 가능하다.

다음 예에서 표현해야 될 데이터가 중 · 고등학생들이 탑승한 수학여행 버스라 가정하고 함께 동행하는 버스가 16대가 있다고 한다면, 여러분들은 2진수 1bit만으로는 모든 관광버스를 표시할 수 없음을 알 수 있을 것이다. 이러한 경우 우리는 16종류의 버스를 표시하기 위하여 2진수 4bit가 필요함을 알 수 있다.

즉, 표현해야 될 데이터의 개수에 따라서 각각의 데이터를 표현하는 데 필요한 비트 수가 달라진다는 걸 이해했을 것이다. 이러한 원리를 확장하여 만약 표현해야 될 데이터의 종류가 N가지인 경우 $2^M = N$이라는 수식이 성립한다면 각각의 데이터를 표기하는데 Mbit가 필요함을 알 수 있다.

우리가 만일 8bit의 크기를 활용하여 데이터를 구분하게 된다면 256 종류의 데이터를, 16bit의 크기를 활용하여 데이터를 구분하게 된다면 65,536가지의 데이터에 대한 구분이 가능할 것이다. 또한 우리가 데이터의 저장공간을 고려치 않는다면 16가지의 종류를 구분하는 데 있어서도 16bit를 할당하여 구분이 가능하나, 이는 데이터 표현의 효율성 측면에서 합리적이지 않음을 알 수 있다.

텍스트 데이터를 표현하는 데 있어서도 이러한 기본적인 원칙이 적용된다. 우리가 나타내고자 하는 글자의 수에 따라 각각의 글자를 나타내는데 필요한 정보의 양이 달라짐을 알 수 있다.

대표적인 문자 표준코드인 아스키코드(ASCII, ANSI)는 영어 표기를 위한 표준 문자 코드로 7bit를 활용하여 각각의 문자를 나타낸다. 이는 표시할 수 있는 정보의 종류가 총 128개 보다 작음을 알 수 있으며, 각각의 코드 체계를 [표 11-1]에 나타내었다.

아스키코드로 표시할 수 없는 추가적인 문자들을 표기하기 위하여 확장 아스키코드가 만들어지게 되었으며, 확장 아스키코드는 기존의 아스키코드 7bit에 1bit를 추가하여 8bit를 사용한다. 8bit의 코드 체계를 사용함으로써 문자를 256개까지 표현이 가능하다. 또한 기존 7bit 기본 아스키코드와의 호환성을 가지기 위해 7bit를 사용하는 아스키코드에는 맨 왼쪽 bit에 0이라는 값을 삽입하여 8bit와 호환되도록 한다.

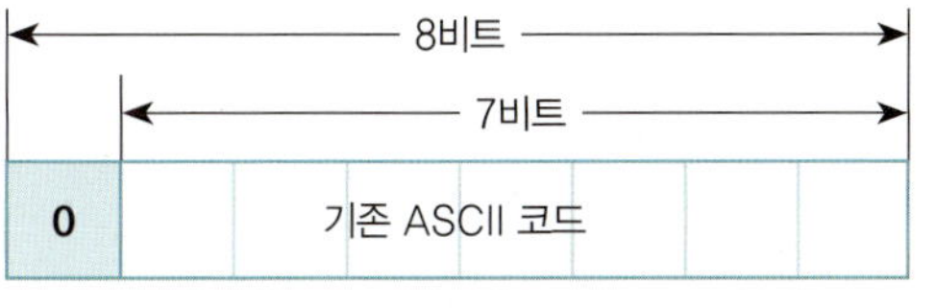

그림 11-1 확장 아스키코드 표현 방법

한글의 경우 영어와는 달리, 초성, 중성 및 종성 형태의 자음과 모음을 활용한 조합으로 이루어지므로 표시하여야 할 문자의 종류도 영어에 비해 증대하게 된다. 이에 한글을 표시하는 방법으로 완성형 한글코드(2,350자로 구성) 및 조합형 한글코드가 있으며 2byte(16bit)를 활용하여 표현한다. 하나의 문자를 표기하는 데 있어서 16bit를 활용한다는 것은 최대 65,536 종류의 표기가 이루어질 수 있음을 알 수 있다.

한글 표기와 영어 표기에서 보여지듯이 컴퓨터상에서 문자를 표기하기 위한 방법이 나라별로 상이한 형식을 가지고 있으며, 이러한 문제는 호환성 측면에서 문제가 발생하게 된다. 이러한 문제를 해결하기 위하여 유니코드가 만들어지게 되었다. 유니코드는 각 나라별 언어를 모두 표기하기 위하여 16bit로 문자를 표기한다.

표 11-1 아스키 문자 코드

0000000	NUL	0100000	Space	1000000	@	1100000	`
0000001	SOH (Start of Heading)	0100001	!	1000001	A	1100001	a
0000010	STX (Start of Text)	0100010	"	1000010	B	1100010	b
0000011	ETX (End of Text)	0100011	#	1000011	C	1100011	c
0000100	EOT (End of Transmission)	0100100	$	1000100	D	1100100	d
0000101	ENQ (Enquiry)	0100101	%	1000101	E	1100101	e
0000110	ACK (Acknowledge)	0100110	&	1000110	F	1100110	f
0000111	BEL (Bell)	0100111	'	1000111	G	1100111	g
0001000	BS (Backspace)	0101000	(	1001000	H	1101000	h
0001001	HT (Horizontal Tabulation)	0101001	)	1001001	I	1101001	i
0001010	LF (Line Feed)	0101010	*	1001010	J	1101010	j
0001011	VT (Vertical Tabulation)	0101011	+	1001011	K	1101011	k
0001100	FF (Form Feed)	0101100	,	1001100	L	1101100	l
0001101	CR (Carriage Return)	0101101	-	1001101	M	1101101	m
0001110	SO (Shift Out)	0101110	.	1001110	N	1101110	n
0001111	SI (Shift In)	0101111	/	1001111	O	1101111	o
0010000	DLE (Data Link Escape)	0110000	0	1010000	P	1110000	p
0010001	DC1 (Device Control 1)	0110001	1	1010001	Q	1110001	q
0010010	DC2 (Device Control 2)	0110010	2	1010010	R	1110010	r
0010011	DC3 (Device Control 3)	0110011	3	1010011	S	1110011	s
0010100	DC4 (Device Control 4)	0110100	4	1010100	T	1110100	t
0010101	NAK (Negative Acknowledge)	0110101	5	1010101	U	1110101	u
0010110	SYN (Synchronous Idle)	0110110	6	1010110	V	1110110	v
0010111	ETB (End of Transmission Block)	0110111	7	1010111	W	1110111	w
0011000	CAN (Cancel)	0111000	8	1011000	X	1111000	x
0011001	EM (End of Medium)	0111001	9	1011001	Y	1111001	y
0011010	SUB (Substitute)	0111010	:	1011010	Z	1111010	z
0011011	ESC (Escape)	0111011	;	1011011	[	1111011	{
0011100	FS (File Separator)	0111100	<	1011100	\	1111100	|
0011101	GS (Group Separator)	0111101	=	1011101	]	1111101	}
0011110	RS (Record Separator)	0111110	>	1011110	^	1111110	~
0011111	US (Unit Separator)	0111111	?	1011111	_	1111111	DEL

이러한 문자 체계에 따라 여러분이 키보드를 눌러 문자를 입력하게 되면 문자 자체가 컴퓨터로 전달되는 것이 아니라 각각의 코드값에 해당하는 0과 1의 값들이 전송되어진다. 예를 들어 A라는 글자를 입력하게 되면 01000001이라는 2진 패턴이 컴퓨터로 전달된다. 마찬가지로 여러분이 CAB이라는 단어를 입력할 때 컴퓨터 메모리로 전송되는 과정을 살펴보면 다음 [그림 11-2]와 같이 각각 C, A, B의 아스키코드 값들이 연달아서 전송되며, 컴퓨터는 이미 약속된 데이터 형식에 따라 구분하여 문자를 이해하게 된다.

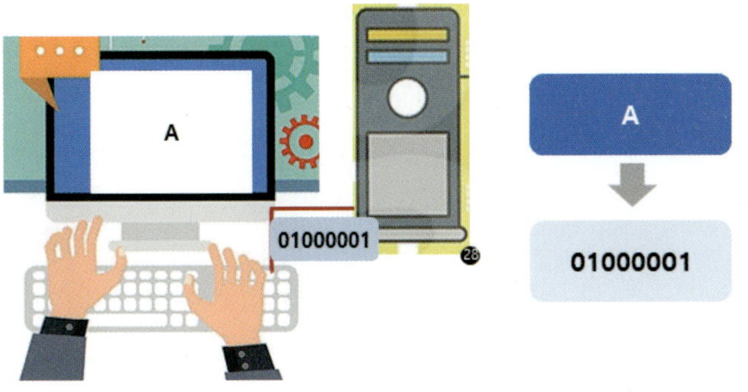

그림 11-2 문자가 컴퓨터 메모리로 전송되는 과정

11.4.2 사운드 데이터의 표현

사운드는 아날로그 신호로서, 컴퓨터상에서 정보를 표현하거나 저장하기 위해서는 디지털 신호로의 변환이 필요하다. 따라서 본 절에서는 아날로그 신호의 디지털 변환 과정에 대하여 알아본 후, 사운드 데이터가 표현되는 방법에 대하여 알아보도록 한다.

(1) 사운드 데이터의 디지털 변환 과정

실생활에서 접할 수 있는 많은 정보는 아날로그 형태의 신호임을 알 수 있다. 인간의 감각기관을 통하여 입력되어지는 오감(시각, 청각, 촉각, 후각, 미각) 정보 또한 아날로그 형태의 정보로서, 컴퓨터상에서 표현 저장을 위해서는 신호의 변환 과정을 필요로 하게 된다.

아날로그 신호를 디지털 정보로 변환하기 위해서는 아날로그 신호의 특성과 디지털 신호의 특성에 대하여 이해하여야 한다.

주변에 흔히 볼 수 있는 온도계의 경우 아날로그 온도계와 디지털 온도계가 함께 사용되고 있는데, 아날로그 온도계의 경우 수은주가 오르락 내리락 하며 모든 온도를 표시할 수 있도록 연속적인 값의 표현이 가능하다. 이에 반해, 디지털 온도계의 경우 표시할 수 있는 숫자와 표시하지 못하는 숫자가 존재하며 이산적인 값으로 표시된다.

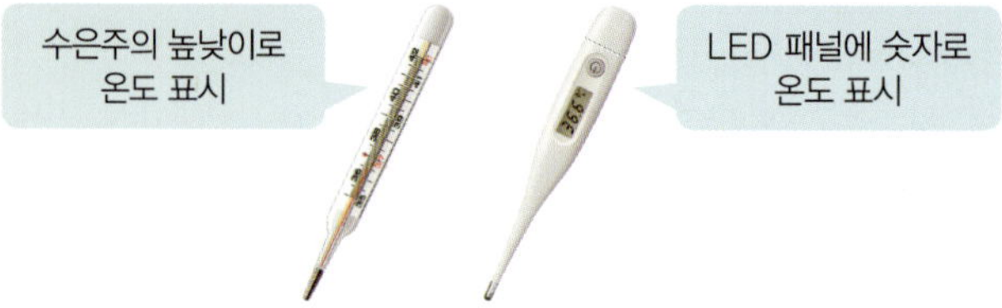

그림 11-3 아날로그 온도계와 디지털 온도계

아날로그 신호의 장점은 모든 값을 정확하게 표현하기 때문에 실제 값과 표시된 값 사이의 오차가 존재하지 않지만, 디지털 신호의 경우 표시하지 못하는 값들이 존재하여 실제 값과 표시된 값 사이에 오차값이 존재할 수 있다. 다만, 표시된 값을 읽어낼 때에는 디지털 신호의 경우 모든 사람들이 동일한 값으로 해석이 가능하지만, 아날로그 신호의 경우 신호를 읽어내는 사람에 따라 오차값들이 존재하게 된다.

예를 들어서 아날로그 신호가 아무리 정확한 신호를 표시를 하고 있더라도 그 값을 읽는 과정에서 사람에 따라 오차가 발생할 수가 있을 것이고 디지털 신호는 표시를 못 하는 숫자가 있다고 하더라도 이 정확도를 높이기 위해서 표시할 수 있는 패널들을 늘려주게 되면 정확도는 점차적으로 높아질 수가 있을 것이므로, 어떠한 형태의 정보가 더 정확한 정보인지를 단편적으로 이야기하기는 어렵다.

다시 한번 정리를 하면 아날로그 신호의 경우 신호 자체는 정확하게 표시가 되고 있지만 사람들이 그 값을 읽어내는 데 있어서 오차 값들이 포함될 수 있으며, 디지털 신호의 경우에는 표시하지 못하는 어떤 값들이 존재하기는 하지만 사람들이 읽어낼 때 발생하는 오차는 존재하지 않는 것으로 정리할 수 있다.

아날로그 신호를 디지털 신호로 변환하는 것은 전압 또는 온도와 같은 연속되는 신호를 주기적인 신호로 바꾸어주는 과정을 말한다. A/D 변환 방법에는 계수 방식, 비교 방식 등의 다양한 방식이 존재한다.

사운드와 같은 아날로그 신호들을 우리가 컴퓨터에 표현 및 저장하기 위해서는 디지털 신호로 변환을 해서 저장해야 하며, 이러한 아날로그 신호를 디지털 신호로 변환해주는 과정을 A/D 변환 과정이라 한다. A/D 변환 과정은 크게 3가지 단계로, 첫 번째 단계인 샘플링 과정, 두 번째 단계인 양자화 과정, 세 번째 단계인 부호화 과정으로 이루어진다.

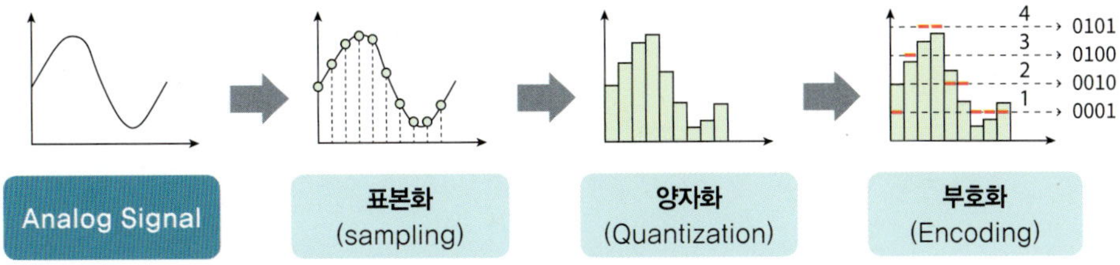

그림 11-4 아날로그 신호를 디지털 신호로 변환하는 과정

표본화

표본화(Sampling)는 어떤 대상물의 특성을 확인할 목적으로 대상물의 일부분을 꺼내는 것을 뜻하지만, 정보의 통신이나 처리를 위해서 연속되는 신호를 주기적인 간격의 값의 열로 대표시키는 것을 말한다.

표본화 간격이 조밀할수록 추출된 신호는 원 신호의 특성을 잘 반영하고 있으나 저장해야 할 데이터량이 증대하게 되며, 표본화 간격이 멀어질수록 저장해야 할 데이터의 양을 최소화할 수 있으나 원신호의 특성을 잘 반영하지 못할 수 있다.

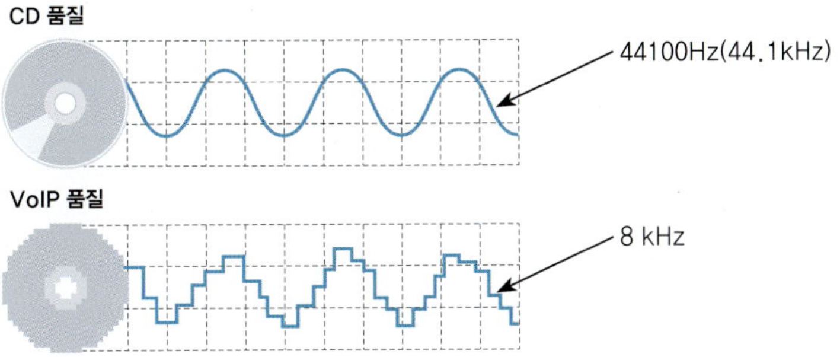

그림 11-5 표본화

사운드 신호의 경우, 1차원의 시계열 신호의 특성을 가지므로 샘플링 시 시간축으로 일정한 주기의 신호 값들의 추출을 진행하게 된다. 표본화와 관련한 이론으로는 「원신호에 포함된 최고 주파수의 2배 이상으로 표본화 하여야 한다」는 Nyquist 샘플링 정리(표본화 정리)가 있다.

오디오 CD의 경우 고음질을 유지하기 위하여 아날로그 형태의 오디오 신호로부터 초당 44,100번 표본화 추출 과정을 거치게 된다(Sampling rate = 44.1kHz).

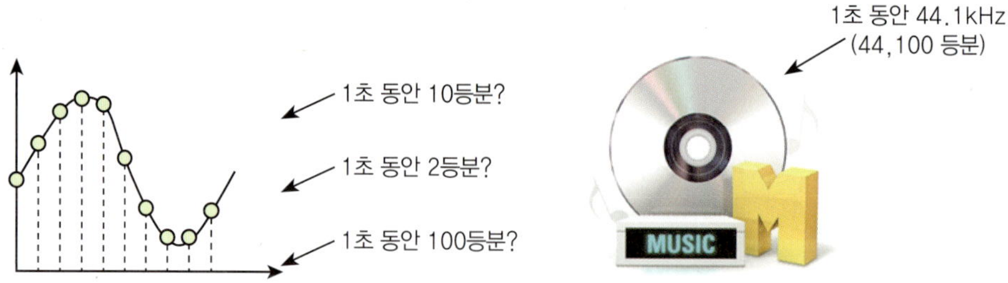

그림 11-6 사운드 신호의 표본화

양자화

표본화된 신호를 진폭 영역에서 이산적 값으로 변환하는 것을 양자화(Quantization)라고 한다. 양자화 과정을 거치고 나면, 전송 도중에서 발생하는 잡음의 영향을 억제할 수 있으며 신호의 열화를 방지할 수 있다. 그러나 입력 신호의 실제값을 유한개의 값으로 한정하여 할당하다 보면 신호에 왜곡이 발생하게 되며, 이 왜곡은 디지털 신호에 영원히 남겨지게 된다. 이러한 양자화에 따르는 잡음을 양자화 잡음(Quantizing noise)이라 하며, 이러한 양자화 잡음을 최소화하기 위해서는 유한 개로 한정한 할당 값을 세분화하여 조밀한 간격으로 실제 값을 할당하여야 한다. 다만, 유한 개로 한정한 할당 값을 조밀하게 유지하기 위해서는 하나의 샘플링된 신호가 가지는 정보의 bit 수가 늘어나게 된다.

오디오 CD의 경우 고음질을 유지하기 위하여 신호의 실제값의 최고값과 최저값 사이를 65,536 단계로 구분하였고 따라서 하나의 표본화된 신호는 16bit의 데이터량을 가지게 된다.

그림 11-7 양자화

부호화

부호화(Encoding) 과정이란, 양자화된 신호의 값들을 2진수를 활용한 문자열로 배치하여 아날로그 신호를 0과 1을 활용한 단위값으로 배치하는 과정을 말한다. 하나의 양자화 값을 표시하기 위하여 부호화 과정에서 사용되는 데이터량은 양자화 된 레벨의 수에 따라 달라지게 되며, 이때 진폭을 조밀하게 세분화하여 나누어줄수록 원신호의 값에 유사하게 되나 저장해야 할 데이터의 양은 증가하게 된다.

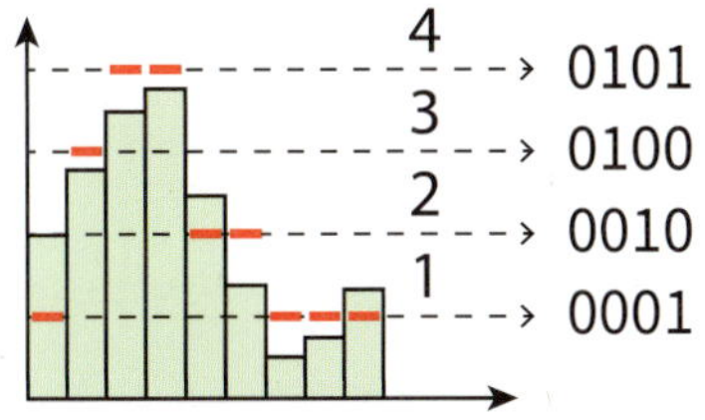

그림 11-8 부호화

11.4.3 이미지 데이터의 표현

컴퓨터상에서 이미지를 표시하기 위한 방법은 어렸을 때 모자이크라는 기법을 활용하여 그림을 완성했던것과 유사함을 알 수 있다. 모자이크는 색종이 조각을 오려붙임으로써 그림을 완성하는 것이며 사용되는 색종이의 크기에 따라 그림의 품질이 달라진다. 색종이의 크기가 큰 경우 자연스럽지 못한 그림이 완성되었으며, 색종이의 크기가 작을수록 우리는 더 자연스러운 그림을 볼 수 있었다.

컴퓨터가 이미지를 표현하기 위해서는 이미지를 작은 점으로 분해한다. 이때 사용되는 각각의 점을 픽셀이라고 부른다. 컴퓨터가 이미지를 만들 때 활용하는 픽셀의 사이즈가 클수록 그림은 부자연스러워지며, 픽셀의 사이즈가 작아질수록 그림은 자연스럽게 표시된다. 이렇게 점을 사용하여 이미지를 표현하는 방식을 래스터방식이라 한다.

그림 11-9 컴퓨터의 이미지 데이터 표현

래스터방식에서는 하나의 이미지를 완성하기 위해 찍어야 하는 점의 개수가 존재하게 되며, 점의 크기가 클수록 작은 개수의 점으로도 이미지를 완성할 수 있고 점의 크기가 작아질수록 하나의 이미지를 완성하기 위하여 더 많은 점을 필요로 하게 된다. 동일한 이미지를 표현하기 위해 더 많은 점을 필요로 하는 경우(점의 크기가 작은 경우) 우리는 이미지의 해상도가 높다고 하며, 그 반대의 경우 해상도가 낮다고 이야기 한다. 또한 모니터의 경우에도 마찬가지로, 해상도가 1920 × 1200이라는 말은 가로축에 겹치지 않게 연속하여 점을 찍을 경우 1920개의 점을 찍을 수 있는 사이즈로 표현이 가능하며, 세로축으로 겹치지 않게 점을 찍을 경우 1,200개의 점을 찍을 수 있는 점의 사이즈가 표현 가능하다는 의미이다.

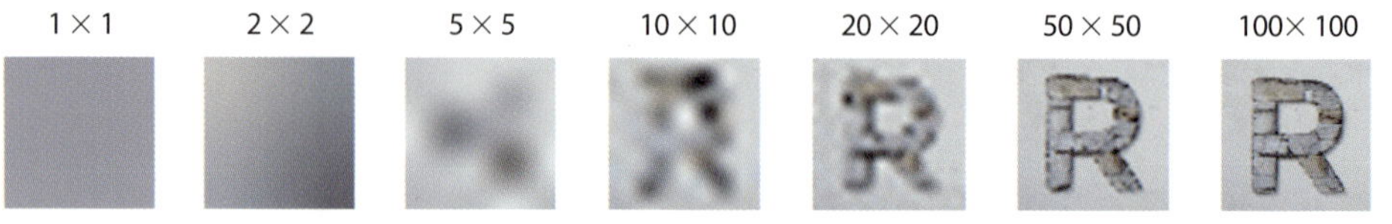

그림 11-10 래스터 방식의 해상도 차이

해상도와 픽셀

컴퓨터상에서 표현된 이미지의 데이터량은, 전체 이미지를 구성하는 데 사용된 점의 개수와, 각각의 점이 정보를 표현하기 위해 사용하는 bit수(색상 수)에 달려있다. 예를 들어 1,000만 화소로 촬영된 사진이 65,536 색상으로 표현된다면 압축 전 이미지의 데이터량은 1,000만 × 2^{16} bit가 됨을 알 수 있다.

따라서, 우리가 더 많은 색상으로 더 작은 점들을 이용하여 이미지를 표현하고자 한다면, 이미지를 표현하기 위한 데이터량은 그에 비례하여 증대될 것이라 예측할 수 있다.

그림 11-11 색상 수에 따른 데이터량 비교

픽셀의 색상 표현을 위한 기본 방법은 팔레트 색상을 활용하는 윈도우 기본 색상 표현 방식이 있으나, 현재는 이러한 방식을 활용하지 않고 RGB색상의 혼합을 통한 색상 표현이 이루어진다.

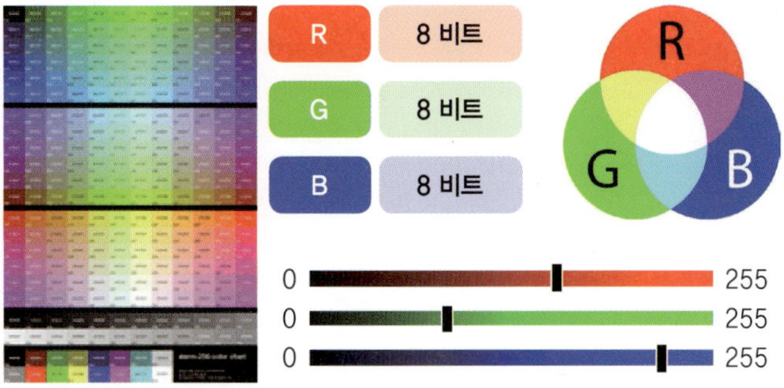

그림 11-12 RGB 색상 표현 기법

RGB색상 표현 기법은 빛의 삼원색을 활용하여 혼합한 후 색상 표현이 이루어지게 되며, 1개 픽셀의 데이터량(비트 수)이 정해지면 빛의 삼원색인 RGB(Red, Green, Blue)가 비트 수를 삼등분하여 각각의 색상 값을 표현하게 된다.

예를 들어 한 픽셀에 3바이트(24비트)가 할당되면 Red 적색 8비트, Green 녹색 8비트, Blue 청색 8비트를 할당하여 각각의 색상은 2^8인 256가지로 구분된다. 픽셀 하나의 색상은 각 삼원색이 조합된 색으로 표현되며, 각 색상 슬라이드는 0부터 255까지 변화한다.

이미지의 경우 사운드와 마찬가지로 아날로그 신호로 이해할 수 있으며, 이를 디지털화해 나가는 과정은 사운드와 마찬가지 과정을 거치게 된다. 즉 사운드에서의 표본화 과정은 이미지에서 격자 셀을 이용한 점들로 분해하는 과정으로 매칭할 수 있으며, 사운드에서 양자화 과정은 이미지에서 사용하는 색상수의 개념으로 이해할 수 있다. 또한 양자화 된 부호화 과정 역시 이미지와 사운드가 유사한 방식으로 진행됨을 알 수 있다.

COMPUTATIONAL THINKING

11.5 데이터 압축

다양한 형태의 멀티미디어 데이터를 컴퓨터상에서 활용하게 되면서, 정보를 저장하는 데 필요한 데이터 공간에 관한 문제가 대두되기 시작하였다. 이러한 문제는 하드웨어적인 기술 발전으로 대용량의 하드디스크 등이 개발되며 해결되는 듯 보여졌으나, 하드웨어의 지속적인 발전에도 불구하고 콘텐츠의 개발 속도가 급격히 증대되어 정보 저장에 필요한 하드디스크의 공간 최소화를 위한 노력이 진행되고 있다.

데이터 압축이란 동일한 정보를 표현할 수 있음에도 불구하고 저장에 소요되는 공간을 최소화 하여 효율적인 저장 공간의 사용이 가능토록 하는 기술이다.

데이터 압축 기법을 크게 분류하면 압축 효율을 우선시하여 원본 데이터의 품질에 다소 손실이 가더라도 압축 효율을 높여주는 손실압축 기법과, 원본 데이터에 손실이 가해지지 않는 범위 내에서 압축이 가능하도록 해주는 무손실압축 기법이 존재한다. 대표적인 손실압축 기법으로는 jpg, avi, mpg, mp3 등이 있으며, 대표적인 무손실압축 기법으로는 bitmap, zip 등이 있다.

다만, 손실압축 기법의 경우 원본 데이터의 특성을 고려하여 인간이 민감하게 반응하지 않는 영역의 데이터에 중점적으로 손실을 가하여 데이터량을 줄여주는 기법을 채택하고 있기 때문에, 원본 데이터의 손실이 이루어졌을지라도 인간이 체감하는 품질의 저하는 크게 발생하지 않는다는 특징이 있다.

손실압축	무손실압축
원본 데이터에 손실이 생기더라도 압축 시행	원본 데이터의 손실이 일어나지 않는 범위내에서 압축 시행
압축률이 높음	압축률이 낮음
인간의 감각기관 특성 활용 (품질의 저하는 최소화시키면서 데이터량은 압축)	

그림 11-13 손실압축과 무손실압축 비교

11.5.1 텍스트 데이터 압축을 위한 기법

텍스트 정보의 경우 데이터량이 크지 않아 저장공간에 대해 크게 구애를 받지 않지만, 특정 응용분야(통신분야 등)에서는 데이터량을 줄여주기 위하여 압축이 필요한 경우가 있다. 이때 사용되는 대표적인 방식으로 런렝스 부호화 방식과 허프만 부호화 방식이 있다.

(1) 런 렝스 부호화

런 렝스 부호화(Run Length Encoding)는 동일 패턴의 데이터가 자주 반복하여 연속되는 경우, 데이터값과 연속되어 있는 길이만으로 정보를 표현하여 정보량을 줄이는 부호화 방식을 말한다. 동일한 데이터가 연속되어 있는 것이 런(run)이며, 그 연속된 길이가 렝스(length)인데 이 데이터값과 길이만으로도 원래의 정보를 재현할 수 있다.

예를 들어 다음과 같이 과일이 나열되어져 있을 때, 일반적인 표기법으로는 apple, apple, apple, pear, pear, banana, orange, orange, apple로 표기하겠지만 이를 런 렝스 부호화 방식을 이용하면 3 apple, 2 pear, 1 banana, 2 orange, 1 apple로 표기한다.

그림 11-14 런 렝스 부호화로 표기한 예

텍스트뿐만 아니라, 아이콘이나 그림, 팩스 등의 그래픽 이미지는 동일 색의 연속이 많기 때문에 런 렝스 부호화(RLE)를 사용하면 정보량을 크게 줄일 수 있어 TIFF, BMP, PCX 등의 파일 포맷에 사용되고 있다. 런 렝스 부호화 방식의 단점으로는, 동일한 패턴이 반복되지 않을 시에는 압축이 진행되지 않고 오히려 데이터량이 증가하는 경우가 발생할 수도 있다.

(2) 허프만 부호화

허프만 코딩(Huffman coding)은 텍스트 압축 시 대부분의 압축 프로그램에서 사용하는 방법으로, 자주 사용되는 문자는 적은 비트로 된 코드로 변환해서 표현하고, 자주 사용되지 않는 문자는 많은 비트로 된 코드로 변환하여 표현함으로써 전체 데이터를 표현하는 데 필요한 비트의 양을 줄이는 방법이다.

허프만 코딩에서는 압축 대상이 되는 데이터마다 최대한 효율적으로 압축될 수 있게끔 코드를 생성하고 그 체계에 따라 압축한다. 그렇게 되려면 데이터마다 각 문자에 대한 특정 코드가 정해져야 하는데 이때 필요한 것이 허프만 트리(Huffman tree)이다(본 교재에서는 허프만 트리 작성과 관련된 내용은 논외로 한다).

예를 들어 특정 문장에서 문자의 출현 빈도가 다음과 같다면 허프만 코딩에서 할당하는 각 문자별 코드의 길이는 가변함을 알 수 있다.

표 11-2 문자의 출현 빈도에 따른 코드의 길이 변화

문자	출현 빈도	허프만 코드	코드의 길이(비트 수)
A	7	00	2
F	6	10	2
E	4	11	2
C	3	011	3
B	2	0100	4
D	1	01010	5
F	1	01011	5

자주 사용되는 A는 코드의 길이가 2bit이며, 자주 사용되지 않는 D와 G는 코드의 길이가 5bit로 할당되어짐을 알 수 있다.

11.5.2 사운드 압축과 이미지 압축을 위한 기법

사운드와 이미지 데이터는 텍스트 데이터에 비해 훨씬 더 많은 데이터량을 필요로 한다. 따라서, 압축이라는 관점에서 일정 정도의 목표 달성이 이루어지기 위해서는 원본 데이터의 손실이 가해지더라도 압축률을 높일 수 있는 기법들이 주로 활용되고 있다.

다만, 손실압축 기법을 사용하더라도 인간이 느끼는 품질의 저하가 최소화될 수 있도록 원본 데이터에서 손상이 가는 부분은 우리 감각기관이 둔감하게 정보를 받아들이는 영역으로 한정하고 있으며, 감각기관이 민감하게 반응하는 대역에서는 손실을 최소화하는 기법을 적용하고 있다.

예를 들면, 사운드 데이터의 경우 우리 귀가 둔감하게 반응하는 고주파 영역대의

사운드와 청각 특성 곡선상 둔감한 영역대의 사운드 데이터의 제거 및 압축을 수행하며, 이미지 데이터의 경우에도 시각 기관이 둔감하게 반응하는 고주파 영역대의 이미지 데이터에 손상을 가하며 압축률을 높여주고 있다.

텍스트 데이터의 압축에 활용된 무손실압축 기법과는 달리 손실압축은 원본 데이터에 손상을 가하더라도 압축률을 높이는데에 초점을 맞춘 압축 기법으로, 실질적으로 원본 데이터에 가해지는 품질 저하는 클지라도 인간이 인지하는 품질 저하는 최소화가 될 수 있는 기법을 활용한다. 또한 원본 데이터를 손실압축 기법을 활용하여 압축을 수행하게 되면 압축 이전의 상태로 100% 복구하기는 불가능하다.

대표적인 손실압축 기법으로는 jpg 파일, mp3 파일 등이 있다.

COMPUTATIONAL THINKING

CHAPTER 12

빅데이터 개요

이번 장에서는 다음과 같은 내용을 학습합니다.

- ▶ 빅데이터의 기본개념에 대해 설명할 수 있다.
- ▶ 4차 산업혁명과 빅데이터의 시대의 도래 배경을 설명할 수 있다.
- ▶ 데이터 패러다임의 변화에 대하여 설명할 수 있다.
- ▶ 데이터사이언스와 데이터사이언티스트에 대해 설명할 수 있다.
- ▶ 빅데이터를 이용한 문제해결의 가능성을 이해할 수 있다.

빅데이터 기본개념 12.1

제4차 산업혁명과 빅데이터 시대의 도래 배경 12.2

데이터 패러다임의 변화와 통찰력 12.3

데이터사이언스의 이해와 데이터사이언티스트의 역할 12.4

빅데이터를 통한 문제해결 사례 12.5

본 장에서는 빅데이터에 대한 이해를 위해 빅데이터의 기본개념, 4차 산업혁명 시대와 빅데이터 시대의 도래 배경, 데이터 패러다임의 변천과정 그리고 데이터사이언스 등에 대하여 살펴본다. 특히 사회적 문제나 차원 높은 문제해결을 위한 빅데이터의 활용가능성 등에 대해 예를 통해 다룬다.

12.1 빅데이터 기본 개념

COMPUTATIONAL THINKING

우리가 살고 있는 오늘날의 모습 중 가장 대표되는 하나는 카톡 등의 SNS 일상화와 구글이나 네이버를 통한 정보 검색일 것이다. 2012년 기준 카톡 메시지가 하루 30억 건 이상, 즉 초당 34,000여 건 이상 발송되고 있다. 네이버는 하루 12억 건 이상의 페이지뷰, 하루 1.3억 건 이상의 검색을 제공하고 있는 실정이다. 이러한 거대한 데이터의 발생과 함께 살아가는 우리들은 그야말로 빅데이터 세상을 실감나게 살고 있다. 이러한 빅데이터가 도대체 무엇이며 왜 이런 세상이 도래하였는지를 살펴보자.

그림 12-1 SNS와 검색의 일상화

먼저 빅데이터가 무엇인지 사전적 의미부터 알아보자.

12.1.1 빅데이터 기본 개념

국어사전에서는 빅데이터를 "기존 데이터에 비해 너무 방대해 이전 방법이나 도구로 수집, 저장, 검색, 분석, 시각화 등이 어려운 정형 또는 비정형 데이터 세트"라고 설명하고 있다.

또한 네이버 사전에서는 "디지털 경제의 확산으로 우리 주변에는 규모를 가늠할 수 없을 정도로 많은 정보와 데이터가 생산되는 '빅데이터(Big Data)' 환경이 도래하고 있다. 빅데이터란 과거 아날로그 환경에서 생성되던 데이터에 비하면 그 규모가 방대하고, 생성 주기도 짧고, 형태도 수치 데이터뿐 아니라 문자와 영상 데이터를 포함하는 대규모 데이터"라고 설명하고 있다.

한편 세계인들이 즐겨찾는 위키백과(WIKIPEDIA) 사전에서는 "기존 데이터베이스 관리도구로 데이터를 수집, 저장, 관리, 분석할 수 있는 역량을 넘어서는 대량의 정형 또는 비정형 데이터 집합 및 이러한 데이터로부터 가치를 추출하고 결과를 분석하는 기술을 의미한다"라고 설명하고 있다.

이런 빅데이터의 사전적 의미들을 종합하여 보면 규모의 방대함, 다양한 종류, 생성 주기의 신속성 등을 발견할 수 있으며 새로운 가치 창출의 엔진이라는 의미와 새로운 문제해결 방법으로써의 의미들도 발견할 수 있게 된다.

그림 12-2 빅데이터의 사전적 의미

글로벌 컨설팅 전문업체인 Mckinsey는 2011년 5월에 빅데이터를 설명함에 있어서 데이터의 규모에 초점을 맞추어 기존 데이터베이스 관리도구의 데이터 수집, 저장, 관리, 분석 역량을 넘어서는 데이터로 정의한 바 있다. 또한 IDC(Internet Data Center)는 업무수행 방식에 초점을 맞추어 다양한 종류의 대규모 데이터로부터 저렴한 비용으로 가치를 추출하고 데이터의 빠른 수집, 발굴, 분석을 지원할 수 있도록 고안된 차세대 기술 및 아키텍처로 정의하고 있다.

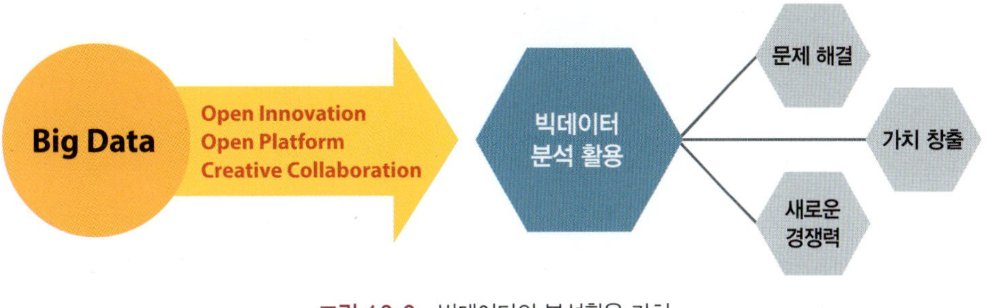

그림 12-3 빅데이터의 분석활용 가치

한편 미국 코네티컷주에 본사를 두고 있는 IT분야의 리서치 기업 Gartner는 데이터 크기(volume), 다양성(variety), 속도(velocity) 등의 3가지 관점에서 빅데이터를 정의하고 있다.

사전적 의미와 글로벌 기업들의 정의를 바탕으로 빅데이터를 정의하여 보면 빅데이터의 특징은 3V(크기, 다양성, 속도) 혹은 4V(크기, 다양성, 속도, 가치(value))로 요약될 수 있다.

그림 12-4 빅데이터의 정의

12.1.2 빅데이터의 특징

빅데이터의 첫 번째 특징인 크기(volume)에 대하여 살펴보자.

요즈음은 컴퓨터의 하드웨어적 발달에 힘입어 웬만한 개인용 컴퓨터의 하드디스크 용량이 500GB를 초과하고 있다. GB(giga byte)는 usb의 크기 단위로도 정착되어 64 혹은 128GB 용량의 작은 usb를 휴대하고 다니는 실정이다. 그러나 GB의 1024배에 해당되는 TB(tera byte)는 많은 사용자들이 사용하고는 있으나 아직까지 휴대하고 다닐 정도는 아닌 듯 하다.

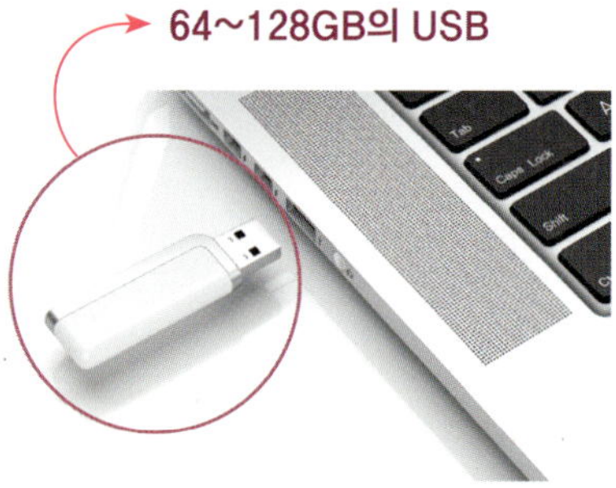

그림 12-5 기억 용량의 변화

이런 TB의 1024배에 해당되는 PB(peta byte), PB의 1024배에 해당되는 EB(exa byte), EB의 1024배에 해당되는 ZB(zetta byte), ZB의 1024배에 해당되는 YB(yotta byte) 까지는 현재를 살고있는 우리들이 다루어야 할 크기의 용량 단위들이라고 생각한다. 엄청 복잡해 보이지만 그다지 복잡하지는 않다.

큰 단위의 수를 읽을 때에는 세 자리씩 끊어 읽는 습관이 된 우리에게는 당황할 정도록 혼동스럽지만 네 자리씩 끊어 읽어 보면 쉽게 처리할 수 있다. 4자리 단위로 읽을 때의 단위 변화는 만, 억, 조, 경, 해, 자, 양, 구, 간, 정, 재, 극 등이며 극은 48개의 수가 뒤로 이어짐을 의미한다.

참고로 1YB는 1 2089 2581 9614 6291 7470 6176 바이트, 즉 1자2089해2581경9614조6291억7470만6176 바이트에 해당되며 1PB는 6GB dvd 영화 17만 4천편을 수록할 수 있는 용량 정도이다.

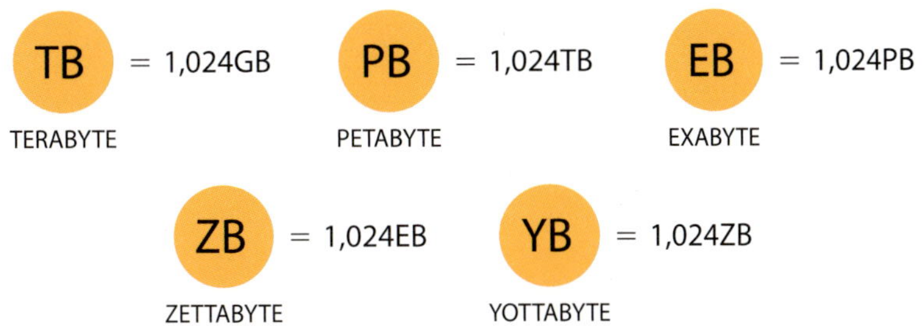

그림 12-6 크기의 이해

두 번째 빅데이터 특징인 다양성(variety)에 대하여 알아보자. 다양하다는 단어에서 알 수 있듯이 빅데이터에는 여러 가지 종류가 있다는 말이다. 사람의 목소리, 혹은 각종의학 영상 자료, 문자 자료 등과 같이 여러 가지 형태의 데이터들이 우리 주위에 산재한다. 이들 데이터들을 크게 두 가지로 구분하여 하나는 정형 데이터, 다른 하나는 비정형 데이터라고 부른다. 정형화된 데이터는 structured data라고 불리우며 그 형태와 구조가 일정한 데이터를 말한다. 숫자 데이터나 문자 데이터 등을 예로 들 수 있다. 비정형 데이터는 unstructured data라고 불리우며 형태와 구조 등이 없는 구조화되어 있지 않은 데이터를 의미한다. 책이나, 잡지, 음성 정보, 영상 정보, 사진, 메신저, 통화 내용, 그 외 예상할 수 없는 형태의 데이터를 예로 들 수 있다.

이와 같이 형태나 구조가 일정한 데이터든지 형태나 구조가 없는 데이터든지 모두 다 수용할 수 있는 데이터라는 점에서 다양성을 빅데이터의 특징 중의 하나로 고려하는 것이다.

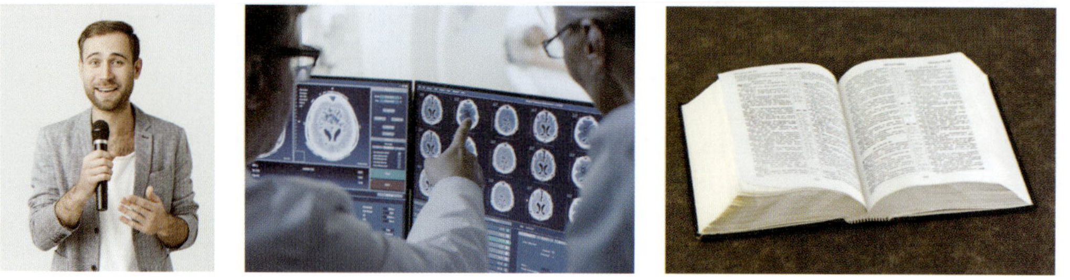

사람의 목소리　　각종 의학 영상 자료　　문자 자료

그림 12-7 빅데이터의 다양성

세 번째 빅데이터의 특징은 신속성(velocity), 즉 속도이다. 우리나라 사람들의 특징은 빨리빨리(ppali ppali)로 잘 알려져 있다. 모든 일에는 양면성이 있기 마련이다. 빨리빨리의 우리 국민성도 그러하다. 너무 빨리 해결하려다 많은 실패를 겪기도 했다. 삼풍백화점의 붕괴나 성수대교의 붕괴가 대표적인 부정적인 모습이라면 긍정적인 모습 또한 발견할 수 있다. 빨리빨리 국민성이 세계 최고의 IT강국을 만들었고 초고속 인터넷을 전국 어디에서나 사용할 수 있게 된 점 등은 좋은 측면의 결과로 해석할 수 있다. 이런 IT초강국의 인프라에 기반하여 빅데이터의 처리와 분석도 사용자가 원하는 시간내에 빠른 속도로 분석 결과를 제공할 수 있게 된 것이다. 그야말로 빅데이터 시대에 초스피드로 대량의 정보를 분석하여 실시간으로 제공할 수 있는 시대를 살고 있는 것이다. 오늘날의 디지털 세상에서 데이터는 매우 빠른 속도록 생성되기 때문에 데이터의 수집, 저장, 분석 등이 실시간으로 처리되어야 한다. 만약 검색시간이 많이 걸리는 어떤 포털사이트는 속도면에서 사용자들이 외면할 수 있으며 SNS등의 메신저도 실시간으로 빠르게 전달되지 않으면 사용자들이 불편해 할 수 있다. 또한 아무리 중요한 이슈라도 2~3시간이 아니라 2~3일을 넘겨야 결론 내릴 수 있는 경우라면 사용자들이 그다지 기다리지 않을지도 모른다. 이와 같이 속도라는 특징도 빅데이터의 중요한 요소임을 기억해야 할 것이다.

이용에 불편　　기다리지 않는 이용자

그림 12-8 데이터가 빠르게 처리되지 않을 경우의 예측 상황

12.1.3 빅데이터의 가치

한편 빅데이터의 가치 측면도 무시될 수 없는 중요한 요소이다. 빅데이터 시대에는 새로운 가치들이 많이 등장할 수 있다. 아날로그에서 디지털로의 전환에 따른 가치의 변화뿐만 아니라 패러다임의 변화, 제4차 산업혁명 시대로의 변화, 사회적 변화 등에 따른 가치의 변화는 빅데이터 시대에서 아주 중요한 역할을 한다. 빅데이터에서 이렇게 가치를 중요 특징으로 여기게 된 것은 앞에서 설명한 바와 같이 빅데이터의 대부분이 비정형적인 요소 등으로 이루어져 있고 이러한 데이터들이 시간이 지나면서 매우 빠르게 전파되기 때문인데 이러한 상황에서 데이터 속에 숨어있는 중요한 정보를 파악하고 일정한 패턴을 발견하기가 어렵게 되면서 가치 창출의 중요성이 강조되었기 때문이다. 오늘날의 데이터의 홍수 속에서 우리가 결코 간과해서는 안 될 부분이라고 생각한다.

넓은 의미에서의 빅데이터란 4V뿐만 아니라 대량의 데이터를 효율적으로 처리, 분석하기 위한 기술과 빅데이터로부터 의미 있는 정보를 도출하기 위한 인재(데이터 사이언티스트)나 조직 등을 모두 다 포함하는 의미로 사용될 수 있다. 데이터 축적 기술, 데이터 분석 기술, 데이터 분석 전문가 등과 함께 데이터를 포함하는 광의의 정의가 일반적이라 볼 수 있다.

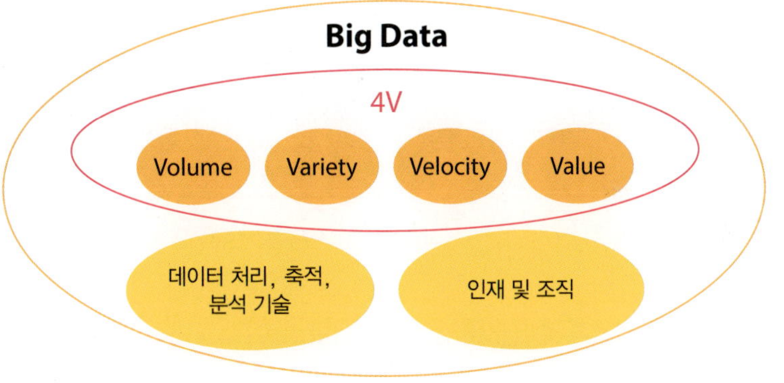

그림 12-9 광의의 빅데이터

12.2 제4차 산업혁명과 빅데이터 시대의 도래 배경

이제 제4차 산업혁명과 빅데이터 시대의 도래 배경을 살펴보자. 앞에서 설명하였듯이 제4차 산업혁명은 2016년 스위스의 다보스에서 개최된 세계경제포럼의 화두로 등장하여 전 세계로 확산되고 있는 최근의 이슈에서 빠지지 않고 등장하는 아주 굵직한 내용이다. 인류가 살아온 이래 4번째로 맞이하고 있는 혁명이기에 그리고 지금은 그 4번째 혁명의 시작 시기에 있기 때문에 더 많은 관심과 노력을 기울여도 아깝지 않을 것이다.

그림 12-10 제4차 산업혁명 용어의 등장

이러한 제4차 산업혁명 시대에서 빅데이터는 아주 중요한 역할을 하고 있다. 오늘날의 빅데이터 시대는 어떤 과정과 어떤 시대적 변화와 흐름을 따라 도래되었는지 그 배경을 살펴보자.

첫 번째 배경은 디지털화에 있다고 생각된다. 우리가 생활하고 있는 2019년 9월 지금은 벌써 이루어진 디지털 혁명과 소셜미디어(social media)의 발전 영향으로 데이터가 급증하고 있는 시점이다. 2011년 기준 인류로부터 생성된 데이터의 전체 규모, 즉 전 세계의 정보량은 약 1.8ZB로서 이는 1.8조GB 규모에 해당된다. 이 정보량은 2000억개 이상의 고화질 영화를 4700만년 동안 시청할 수 있는 엄청난 정도의 양이고 DVD에 저장하면 지구에서 달까지 두 번이나 쌓을 수 있을 만큼 방대한 양이다. 이러한 정보량은 2020년에는 더욱 엄청나게 증가할 것이다.

그림 12-11 2011년 전 세계 정보량

1985년~2000년 사이의 개인용 컴퓨터(PC)시대를 거치고 2010년까지의 인터넷/모바일 시대를 지나 우리가 지금 맞이하고 있는 오늘날은 가히 모바일 혁명의 시대로서 빅데이터 시대가 도래하고 있음을 여러 신문이나 방송 등의 매스커뮤니케이션을 통하여 확인할 수 있을 것이다. 모바일 시대에 따른 SNS의 발달과 이에 따른 데이터의 폭증이 빅데이터 시대를 초래하였다고 해도 틀린 표현은 아닐 것이다.

그림 12-12 디지털화에 따른 빅데이터 시대 도래

두 번재는 인공지능, 자율주행, 사물인터넷 등의 확산이다. 2016년에 등장했던 알파고를 기억할 것이다. 사람의 경우라면 잠도 자지 않고 3000천년 동안 연속적으로 바둑을 두어야 할 만큼의 엄청난 기보를 짧은 시간에 학습한 알파고와 이세돌과의 세기적 대결이 한국에서 열렸고 그 결과 알파고의 승리로 끝났다. 빅데이터를 다룬 대표적인 예로서 지구상의 인류는 물론 우리나라의 온 국민에게 빅데이터의 위력을 알릴 수 있었던 좋은 기회였다. 2019년 9월 지금 시점에서는 인공지능(Artificial Intelligence)이 제4차 산업혁명 시대의 대세를 결정짓고 있다고 보여진다. 인공지능 변호사를 넘어 IBM의 인공지능 의사 왓슨 등을 포함하여 우리 생활 구석구석까지 인공지능의 파고가 넘쳐나고 있다. 이런 추세는 당분간 지속적으로 확산될 것이다. 인공지능과 나란히 또 하나의 화두를 장식하고 있는 오늘날의 자율주행 이슈 역시 데이터의 양을 폭발적으로 증가시키고 있다. 차량에 부착된 각종 센서들로부

터 발생되는 실시간 데이터들을 기초로 운영되는 자율주행 시스템은 ZB시대를 뛰어넘게 하여 YB시대 진입을 촉진하게 될 것이다. 또한 사물인터넷의 폭발적 활용 및 사용 증가 등으로 인하여 디지털 정보량은 예측할 수 없을 정도로 큰 폭의 증가 국면을 맞이하게 될 것이다.

그림 12-13 인간과 인공지능의 세기의 바둑대결

세 번째는 데이터 유형과 특성의 변화를 들 수 있다. 데이터 규모의 변화뿐만 아니라 데이터의 유형도 정형에서 비정형으로 그리고 더 나아가서 주파수를 이용하여 물체를 식별하는 RFID(Radio Frequency Identification), 센서(Sensor), 사물통신 등에 따른 사물정보나 인지정보로 변화하고 있으며 데이터의 특성도 다양성을 넘어 현실성, 실시간성으로 변화하고 있다. 이런 변화들이 더욱더 많은 데이터를 생성하게끔 구조화 되어가고 있는 실정이다.

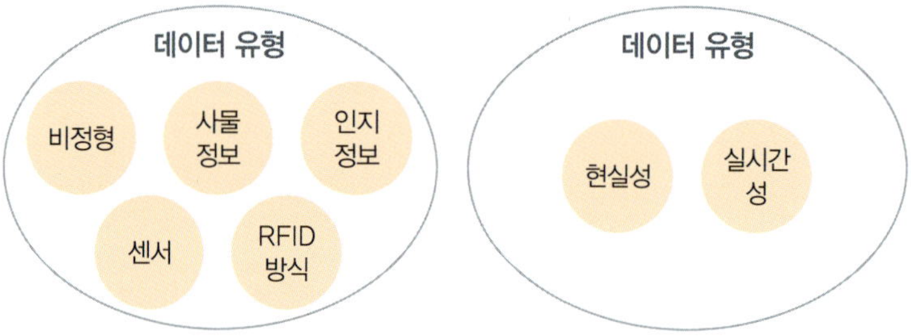

그림 12-14 데이터 유형과 특성의 변화

12.2.1 빅데이터 생성

IBM 보고서에 따르면 전 세계적으로 매일 2.5 퀸틸리온(quintillion, 1018, 100경) 바이트의 데이터가 생성되고, 존재하는 데이터의 90% 이상은 최근 2년 안에 생성되었다고 하며 지금도 계속해서 엄청난 빅뱅(Big Bang)이 계속되고 있다. 2010년의 100억 개 모바일 기기들이 2020년 7조 개의 무선 단말로 연결되는 디바이스 빅뱅이 예상되며 2010년의 800EB가 2020년 35ZB로 데이터 빅뱅이 이루어질 예정이며 모바일 트래픽은 6300%, SNS는 연간 47%이상 확대된다는 전망치들이 쏟아지고 있다. 또한 스마트폰의 확산으로 인한 새로운 앱(APP) 스토어 애플리케이션 증가와 앱 마켓의 급성장이 예상되며, 이메일도 2012년 10,411PB에서 2015년 44,091PB로 증가하였고 비정형 데이터의 양과 데이터베이스의 양도 계속하여 기하급수적으로 증가하고 있는 실정이다.

12.2.2 데이터의 발전과 패러다임 전환

IT의 일상화가 이루어지고 있는 오늘날의 스마트시대에 소셜(social), 사물(object), 라이프로그(life log) 데이터 등이 결합하여 빅데이터의 영향력이 갈수록 증대되고 있고 실시간 연결과 소통의 스마트 혁명은 데이터 폭증을 발생시키고 있으며 기존의 데이터 저장, 관리, 분석 기법은 한계와 도전에 직면하고 있다.

데이터는 정보사회를 움직이는 핵심 연료로 자리매김 되고 있다. 빅데이터로의 환경 변화는 정보사회의 패러다임을 견인할 정도의 큰 힘을 발휘하고 있다. 이와 맞물려 이렇게 급증한 대량의 데이터에서 새로운 가치를 뽑아내고 결과를 도출해낼 수 있는 분석 기술이 요구되고 있다. 이름하여 빅데이터 기술이라 부를 수 있을 것이다. 빅데이터의 개념도 더 확장되어 수십에서 수천 TB에 달하는 거대한 데이터 집합 자체만을 지칭하던 양적 개념에서 데이터 급증으로 인한 대용량 데이터를 활용하고 분석하여 가치 있는 정보를 추출하며 생성된 지식을 바탕으로 능동적으로 대응하거나 변화를 예측하기 위한 정보기술 용어로 정착되고 있다.

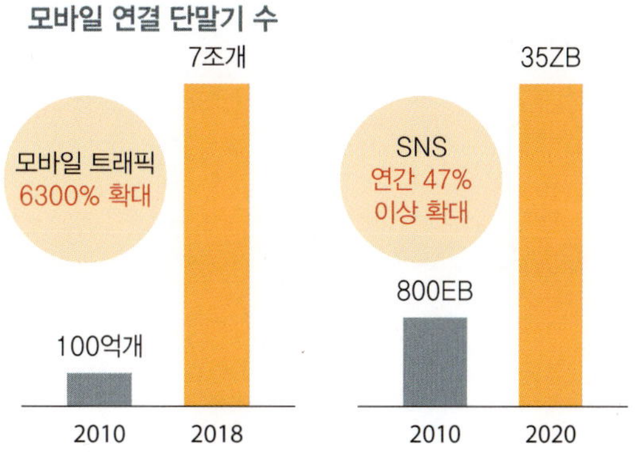

그림 12-15 데이터 빅뱅과 디바이스 빅뱅 예상

12.2.3 빅데이터 시장 급팽창, 신성장동력

데이터를 활용할 수 있게 하는 빅데이터 기술과 관련 서비스, 관련 장비 시장도 그 규모가 점증하여 2012년 47억 달러에서 2015년 169억 달러로 성장하였고, 2015년

까지 빅데이터와 관련한 정보기술 업계에 일자리 440만개가 생겨났으며 앞으로도 계속 성장하여 우리나라 청년 실업 해결의 실마리를 제공할 수도 있을 것이다. 이전까지 쓸모없이 쌓아두기만 했던 데이터가 새로운 시장을 창출하는 신성장동력으로 떠오르고 매일 전 세계에서 기하급수적으로 불어나는 데이터 더미가 이제 '금광', 즉 돈이 되고 있는 실정이다.

낱개로는 전혀 가치가 없던 데이터들이 모여 새로운 의미로 쓰이게 되면서 기업의 생산성 향상과 소비자 마케팅에 적극 활용할 수 있게 되었기 때문에 대부분의 기업들이 빅데이터를 분석하고 해석하는 기법을 배우는 데 열중하고 있다. 빅데이터 활용에 가장 적극적인 곳은 이윤 추구의 극대화를 목적으로 둔 기업들이다.

정부도 2014년 2월 보도자료를 통하여 우리나라의 미래성장동력의 분야 및 구조를 발표한 바 있다. 4대 기반 산업과 9대 전략 산업을 공표하면서 빅데이터와 지능형 사물인터넷을 4대 기반 산업의 중요한 구성요소로 정한 바 있다.

12.2.4 데이터는 경제적 자산

지능화와 개인화 등으로 대변되는 스마트시대에서 주요 패러다임을 선도하기 위해서는 빅데이터의 활용이 핵심이며, 그 수준이 경쟁력과 성패를 좌우한다. 빅데이터의 가공과 분석 방향에 따라 상황 인식이나 문제해결 그리고 미래전망 등이 가능해지고, 데이터가 경제적 자산과 경쟁력의 척도로 부각될 수 있다. 데이터의 폭발적 증가로 인한 혼돈과 잠재적인 가능성이 공존하는 빅데이터(Big Data) 시대가 도래된 것은 새로운 도전을 요구하면서 새로운 기회를 제공해주는 천군만마와 같은 역할을 할 것이다.

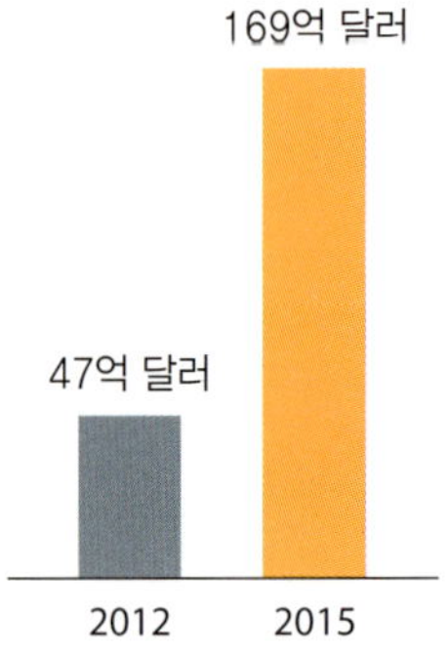

그림 12-16 빅데이터 기술 및 서비스 관련 장비시장 규모

앞으로 우리가 살아야 할 이 세상은 스마트 단말기의 확산, SNS의 활성화, 사물네트워크(M2M)의 확산, 인공지능의 생활화와 자율주행 등의 사용 증가로 데이터 폭

발이 더욱 가속화될 것이며 점차 빅데이터 기반이 확대될 것이 분명하다고 생각한다. 빅데이터를 향한 고급 분석 등의 관련 기술은 현재 기술 발생단계(Technology Trigger)이며 향후 2~5년 후에 성숙될 것으로 평가되고 있다. 이런 잠재적 가능성의 빅데이터 시대에 여러분들은 어떤 생각을 하고 있는지 궁금하다.

그림 12-17 빅데이터 관련 일자리 창출 규모

분명 시대는 바뀌고 있다. 제타바이트(ZB)시대를 넘어 요타바이트(YB)시대로 진입하고 있다. 디지털 정보량의 폭증으로 인하여 사용 가능한 저장공간을 초과한지 벌써 10여년이 지났고 2020년에는 엄청난 양의 데이터를 관리할 서버들이 필요할 것으로 많은 전문기관들이 예측하고 있다.

어쩌면 벌써 와버린 빅데이터 시대일 수도 있고 혹은 아직도 계속해서 엄청난 변화와 발전이 거듭될 빅데이터 시대일 수도 있다. 어느 쪽이든 현재로서는 감당하기 어려운 정도의 데이터 폭발이 이루어졌으며 앞으로도 계속 데이터의 폭증은 예견되고 있다. 데이터의 폭증이 두려운 것이 아니라 엄청난 양의 데이터로부터 우리에게 도움이 될, 우리의 삶을 더욱 풍요롭게 해줄 그 무엇을 발견하고 객관적이고 믿을 수 있는 결론이나 의사결정을 제시하는 것이 중요하다고 생각해본다.

스마트 단말기 확산

SNS 활성화

사물 네트워크 확산

인공지능 활성화

그림 12-18 빅데이터 기반의 확대

12.3 데이터 패러다임의 변화와 통찰력

지금부터는 데이터 패러다임의 변화와 통찰력에 대하여 살펴보도록 하자. 우리는 언제부터인가 패러다임이라는 단어를 자주 듣게 되었다. 패러다임(Paradigm)은 "한 시대의 사람들이 견해나 사고를 근본적으로 규정하고 있는 인식의 체계"로 위키백과는 설명하고 있다. 패러다임의 변화는 곧 인식의 체계 변화를 말한다. 오늘날의 빅데이터 시대도 다양한 패러다임의 변화와 함께 진행되었을 것이다. 여러 변화들을 차근차근 하나씩 알아보도록 하자.

12.3.1 데이터 패러다임의 변화

먼저 정보통신기술(Information Communication Technology)의 패러다임 변화를 살펴보자. 개인용 컴퓨터(PC) 시대를 거치고 인터넷 시대를 지나 모바일 시대를 뒤로하고 스마트 시대를 맞이하고 있는 시대의 패러다임 변화와 함께 정보통신기술의 패러다임 변화도 계속 진행되었다. PC 시대의 디지털화와 전산화를 거치고 인터넷 시대의 온라인화와 정보화를 지나 모바일 시대의 소셜화와 모바일화를 뒤로하고 지금의 스마트 시대의 지능화와 사물정보화의 정보통신 기술의 패러다임 변화를 정리해볼 수 있다. 또한 시대의 패러다임 변화와 함께 주요 이슈들도 PC통신과 데이터베이스를 거치고 초고속 인터넷과 웹서버를 지나 모바일 인터넷과 스마트폰을 뒤로하고 빅데이터와 사물인터넷 시대가 도래하였고 핵심서비스도 패러다임의 변화에서 예외일 수 없었다.

그림 12-19 시대의 변화와 패러다임의 변화

PC의 운영체제, 검색엔진, 앱 서비스를 지나 개인맞춤형 서비스로 계속 패러다임이 변해 왔다. 글로벌 리더 기업들도 시대의 패러다임의 변화와 함께 했다. 마이크로소프트와 IBM이 주도하다가 Google과 Naver로 그 중심이 이동되기도 했고 페이스북이나 트위터가 대세인가 싶더니 오늘날의 스마트 시대에는 급변하고 있어 리더 기업을 명확하게 말할 수는 없다. 애플인지, 삼성전자인지 혹은 다른 기업인지 이 시대를 지나면 알 수 있게 될 것이다. 중요한 사실은 시대나 정보통신기술의 패러다임 변화와 함께하는 변화들이 항상 동반되었다는 점이다.

그림 12-20 글로벌 리더 기업의 변화

또한 우리가 중요시 해야하는 패러다임의 변화는 데이터의 패러다임 변화이다. 데이터의 과거와 현재 그리고 미래를 살펴보면 패러다임의 변화는 더욱 확실하게 발견할 수 있다. 데이터의 축적 수준에 머물렀던 과거에는 데이터의 저장이 아주 중요했다. 그래서 눈부시게 데이터베이스가 발달했다. 그러나 축적이 만사가 아니듯 축적된 데이터의 활용이 중요해지면서 검색엔진이 발달하게 되었고 검색기능은 데이터의 저장 패러다임을 변화시켰다. 이에 만족하지 않고 데이터의 확산과 공유가 쟁점화되면서 데이터의 관리 기능과 웹상에서의 공유 패러다임이 인기를 누리다가 지금은 빅데이터의 분석과 추론을 통한 새로운 가치창출로 그 패러다임이 변화하고 있다.

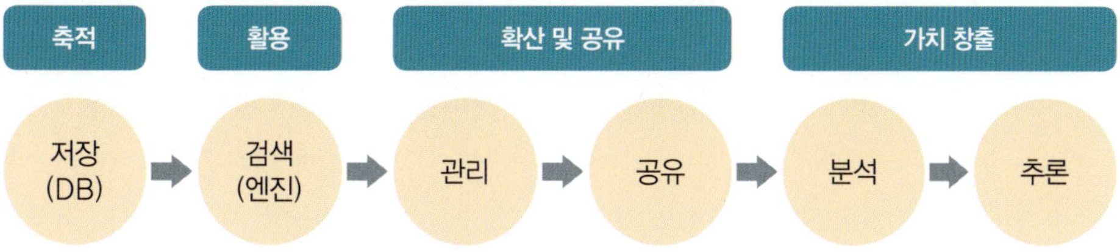

그림 12-21 데이터의 과거, 현재 그리고 미래 패러다임

12.3.2 새로운 통찰력의 필요성(니즈)

이런 시대와 정보통신 기술 그리고 주요 이슈와 서비스, 리더 기업들의 패러다임 변화와 데이터 패러다임 변화가 어우러져 최근 유행되고 있는 멋진 단어가 나타났다. 이름하여 통찰력(Insight)이다. 한국방송에서도 명견만리라는 프로그램을 통하여 통찰력의 중요성을 강조한 바 있다. 통찰은 한자로 꿰뚫을 통, 살필 찰자로 예리한 관찰력으로 사물을 꿰뚫어 본다는 의미이다. 이는 빅데이터 시대에서 마땅히 지녀야 할 능력으로 여겨진다. 특히 패러다임의 변화로 만들어진 새로운 빅데이터 시대에는 새로운 통찰력이 절대적으로 요구되고 있다. 번뜩이는 아이디어 하나가 평생의 부와 행복을 가져다 줄 수 있듯이 빅데이터 시대에는 새로운 통찰력 하나가 개인의 행복뿐만 아니라 국가와 지역사회에 크게 이바지 할 수 있는 기회가 될 수 있기 때문에 다양한 분야에서의 새로운 통찰력이 필요하다.

꿰뚫을 **통** 살필 **찰**(通察)

예리한 관찰력으로 사물을 꿰뚫어 본다

그림 12-22 통찰

12.3.3 데이터의 사회경제적 가치의 제고

앞서 설명하였듯이 데이터는 정보사회를 움직이는 핵심 연료이다. 폭증하는 데이터가 경제적 자산이 되고 가치창출의 원천이 되고 있다. 시간이 지남에 따라 지식 성숙도는 용량과 속도 중심의 하드웨어 중심에서 안정성과 편리성을 추구하는 소프트웨어 중심으로 변화되어 왔고 앞으로는 지식과 예측의 영역인 데이터 중심으로 이동되고 있다. 데이터 중심의 사고방식과 데이터 중심의 의사결정 습관등은 엄청난 경제적 이익을 제공해줄 것이다.

데이터 중심의 패러다임 변화는 홈페이지 서비스의 변화도 초래하게 될 것이다. 기존의 정보 전달 중심의 폐쇄형 홈페이지/게시판에서 참여와 소통 중심의 개방형 블로그를 지나 분석과 예측 중심의 지능화/지식 제공 웹으로 변화되고 있다.

또한 산업 경제성 측면에서 볼 때 데이터는 자본이나 노동력과 거의 동등한 수준의 경제적 투입 자본이고 비즈니스의 새로운 원자재 역할을 할 것으로 기대되며 데이터가 미래 경쟁의 우위를 좌우하는 요소로서 데이터 경제 시대에 대비하여 기업은 정보 고립을 경계해야 성공이 가능하다고 가트너는 설명하고 있다. 매킨지는 빅데이터는 혁신, 경쟁력, 생산성의 핵심요소이며 의료, 공공 행정등의 5대 분야에서 6천억 불 이상의 가치를 창출할 것으로 전망한 바 있다.

국가 경쟁력의 측면에서도 미국 대통령 과학기술자문위원회는 미국 정부기관들이 데이터를 지식으로, 지식을 행동으로 변환하는 전략에 집중하여야 함을 주장하였고 싱가포르는 데이터을 기반으로 싱가포르를 위협하는 리스크에 대한 평가와 환경 변화를 탐지한 바 있다.

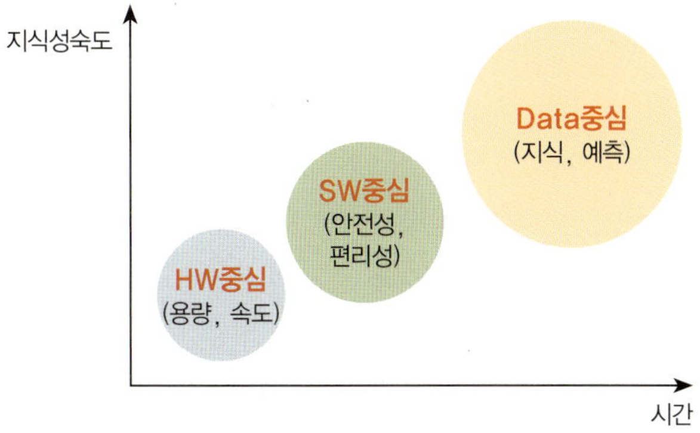

그림 12-23 데이터 중심으로의 이동

12.3.4 빅데이터로의 새로운 가능성

이제 빅데이터를 통한 새로운 가능성에 대하여 살펴보자. 계속해서 강조하지만 빅데이터는 새로운 가치창출의 엔진(원동력)이다. 정보통신 기술의 패러다임 변화와 데이터의 질적, 양적 팽창을 통하여 빅데이터가 생성되고 빅데이터 시대가 도래함에 따라 데이터의 활용에 있어서 역량과 기술이 필요하게 되었고, 사회적 문제해결이나 경제적 가치를 창출하고 신산업의 성장을 견인하는 핵심 자원으로서 빅데이터는 다양한 새로운 가능성을 제공하고 있다.

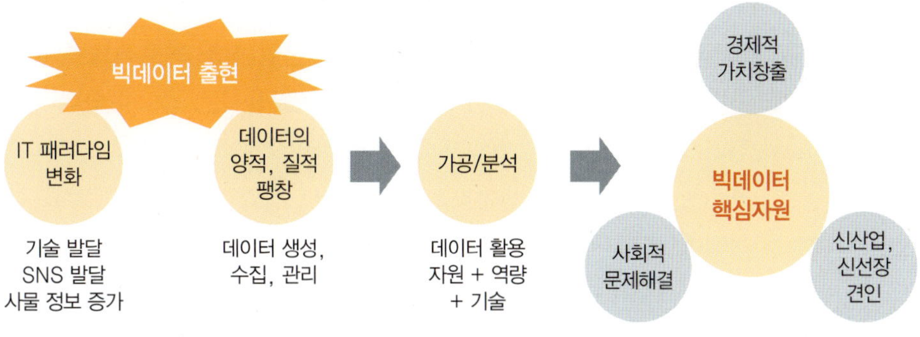

그림 12-24 빅데이터: 새로운 가치창출의 엔진

특히 융합(convergence)은 오늘날 정부나 기관 그리고 대학과 기업 등에서 아주 중요하게 여기고 있는 키워드로서 여러 분야에서 연구되고 있는 뜨거운 토픽이다. 이 융합 현실과 빅데이터의 만남이 또 다른 새로운 가능성을 만들고 있다.

선진국의 경우 다양한 융합 산업 테마를 형성하고 있다. 미국의 경우 테러 예방 감지시스템 산업, 나노 디자인 산업, 두뇌관련 소프트웨어, 하드웨어, 신항공 산업, 군사용 무인전투기 산업, 가상 모의실험 산업등에 큰 관심과 투자를 아끼지 않고 있으며 유럽연합은 언어 커뮤니케이션 프로세싱과 인텔리전트 주거, 초전도 기술등에 큰 지원을 하고 있다. 이웃 나라인 일본도 플레시블 디스플레이 산업, U-러닝, 두외인지력 멀티플랫폼 등의 개발에 박차를 가하고 있다. 이들 국가들의 공통점을 살펴보면 바이오디펜스분야, 차세대에너지 연료 산업, 로보틱스 산업, 나노 바이오 의류 서비스 산업, 오감형 센서, 인공안구 및 장기 사업 등과 같이 미래첨단 산업과 연결하여 투자하고 있음을 알 수 있다.

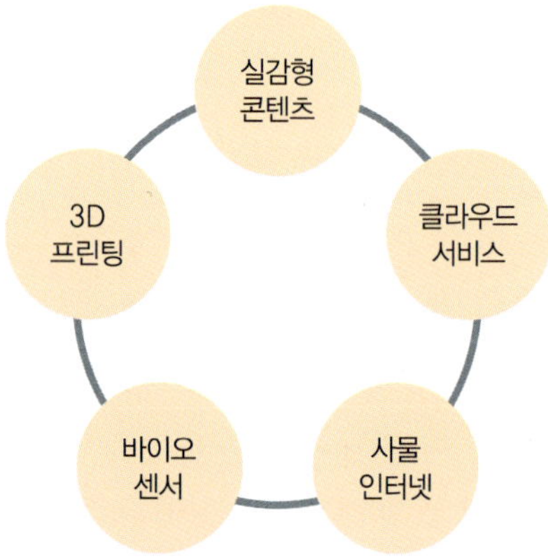

그림 12-25 미래창조과학부 신산업 창조 프로젝트 신규선정과제(2014)

우리나라도 2014년 미래창조과학부에서 신산업 창조 프로젝트 신규과제로 클라우드서비스(빅데이터)-손가락 PC 활용한 창조교육 플랫폼, 사물인터넷-배터리 교환형 전기버스시스템, 개방형 IOF 플랫폼, 바이오센스-신속고감도 알러지 진단 센서, 3D프린팅-체내 이식형 생분해성 의료제제 , 실감형 콘텐츠-심혈관 시뮬레이션 등을 선정한 바 있다.

융합을 통한 인간의 삶의 질 향상이 세상 변화의 본질일 것이다. 건강관련 기술, 지속 가능 사회, 인간을 위한 기술, 스마트/안전 환경 등을 통하여 빅데이터의 활용은 계속 진행되고 연구될 것이다.

COMPUTATIONAL THINKING

12.4 데이터사이언스의 이해와 데이터사이언티스트의 역할

지금부터는 데이터사이언스와 데이터사이언티스트에 대하여 살펴보자.

12.4.1 데이터사이언스

먼저 데이터사이언스에 대하여 알아보자. Data science란 무엇인가? 라는 질문에 버클리대학교 홈페이지에서는 다음과 같은 다섯 가지 내용을 통하여 설명하고 있다.

(1) 새롭게 등장한 분야(A new field emerges)

첫 번째는 새롭게 등장한 분야와 관련한 내용이다. 회사나 공공기관 혹은 비영리단체 등에서 데이터 지식 전문가들의 수요가 의미 있는 증가를 나타내고 있다. 데이터를 효과적으로 다룰 수 있는 전문가의 공급은 제한적이기 때문에 데이터 과학자, 통계학자, 데이터 분석가 등의 급격한 급여 상승에 반영되고 있는 실정이라는 점이다. 맥킨지 보고서를 인용하면서 빅데이터의 대부분을 유의하게 만들고 시급한 도전으로 만들 수 있는 분석적, 관리적 능력의 부족을 지적하고 2018년도까지 요구되는 데이터분석가의 수를 4백만 명에서 5백만 명으로 추정하고 있다. 또한 150만 명 이상의 수준높은 고급 빅데이터분석가와 관리자가 필요할 것으로 예측하고 있다. 깜짝 놀랄만한 숫자가 아닐 수 없다.

데이터 지식 전문가 수요 증가

전문가들의 급격한 급여상승

그림 12-26 데이터사이언티스트 수요 증가

(2) 데이터사이언티스트에 대한 최근 통계(Recent statistics for data scientist)

두 번째는 데이터과학자에 대한 2016년 통계 내용이다. 수요 많은 고소득군 순위 16위, 구인 수 3433명, 평균년봉 105,395 달러, 미국 2016년 구직선호도 1위 등의 통계를 제시하며 데이터사이언티스트에 대한 유의미한 수요증가를 뒷받침하고 있다.

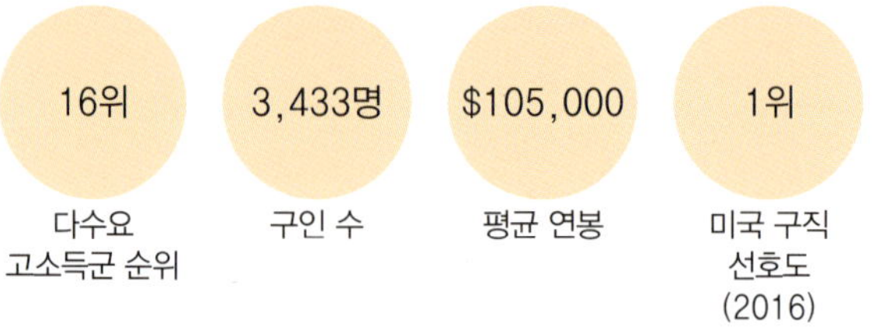

그림 12-27 데이터사이언티스 2016년 통계

(3) 데이터의 폭발(An explosion of data)

세 번째는 데이터의 폭발과 관련한 내용이다. 수세기 동안 생성되었던 데이터들을 디지털화하고 웹로그나 이동기기들 혹은 여러 가지 센서들로부터 만들어지는 무수히 많은 종류의 데이터들을 수집하고 있으며 지금까지 생성된 모든 데이터들의 90%가 최근 2년안에 만들어 졌다는 IBM 보고서를 설명하면서 데이터는 도처에서 발견될 정도로 폭발적임을 설명하고 있다. 동시에 이러한 데이터 사태를 의미 있게 하고 조직하는 새로운 기술들이 나타나고 있으며 인간의 조건을 개선시키고 상업적, 사회적 가치를 만들어 낼 수 있는 데이터 속에 내재하는 패턴이나 규칙을 식별해 낼 수 있다고 설명하고 있다.

그림 12-28 데이터의 폭발

(4) 인정된 도전(A challenge identified)

네 번째는 인정된 도전관련 내용이다. 사실 오늘날의 경제의 모든 부분들은 10년전에 상상할 수 있었던 것보다 훨씬 더 데이터에 접근하고 있다. 오늘날의 사업은 중요한 정보를 추출하기 위해서 그들이 할 수 있는 역량을 넘어설 정도로 새로운 데

이터를 축적시키고 있다. 모든 조직들이 직면하고 있는 문제는 그들이 가진 자료의 사용이 아니라 가용할만한 관계있는 데이터들을 어떻게 효율적으로 사용할 수 있는가이다.

(5) 대대적인 산업 혁신 (Revolutionize industries from business to government)

마지막으로 다섯 번째는 기업으로부터 정부에 이르기까지 산업의 혁명화와 관련된 내용이다. 이 뜨거운 새롭게 떠오르는 분야는 기업으로부터 정부에 이르기까지 또 건강 관리에서 학교에 이르기까지 망라되는 산업을 혁신시킬 것으로 보인다고 설명하고 있다.

그림 12-29 데이터의 홍수와 새로운 데이터 축적

(6) 데이터를 통한 통찰력의 필요성(Turning data into insight)

네트워크로 연결된 글로벌 사회는 누구도 혹은 어느 그룹도 충분히 빠르게 처리할 수 없을 정도의 데이터 홍수를 만들어내고 있다. 이 데이터 홍수는 지금까지 수행되었던 회사의 사업 방식을 바꾸거나 정부나 건강 관리 등을 변환시킬 잠재적 능력을 가지고 있다. 새롭게 등장하는 데이터사이언스의 규율 등은 잠재 가치를 해결할 수 있는 열쇠를 지니고 있으며 대량의 데이터를 분석할 수 있는 자동화 방법을 사용한다. 데이터사이언스는 컴퓨터사이언스와 응용수학 그리고 통계학의 내용들의 부분들을 혼합하여 구성된다. 정부, 사회적 네트워크 그리고 전자상거래 사이트에서부터 센서, 스마트 기기들, 이동기기들에 이르기까지 데이터들은 전례 없는 규모와 속도로 수집되고 있으며 데이터사이언스는 이 빅데이터들을 사용한다.

12.4.2 데이터사이언스의 영역

이제 데이터사이언스에서는 어떤 내용들을 다루는지 살펴보자. 데이터사이언스는 통계학(Statistics), 확률 모형(Probability models), 기계학습(Machine learning), 통계적 학습(Statistical learning), 시각화(Visualization), 데이터 공학(Data engineering), 컴퓨터 프로그래밍(Computer programming), 신호 처리(Signal processing), 불확실성 모형화(Uncertainty modeling), 데이터 저장(Data warehousing), 고성능 컴퓨팅(High performance computing), 패턴인식 학습(Pattern recognition and learning), 인공지능(Artificial intelligence), 데이터베이스(Database), 데이터마이닝(Data mining) 등의 내용을 다룬다.

이들을 조금 큰 차원에서 살펴보면 통계학과 컴퓨터과학의 영역으로 생각할 수 있으며 여러 학문 분야 - 기계학습, 인공지능, 뉴로컴퓨팅, 데이터마이닝, 패턴인식, 통계학, 시각화, 데이터베이스, 데이터 프로세싱 - 들이 융합되어 있는 특징을 보여준다고 설명할 수 있겠다.

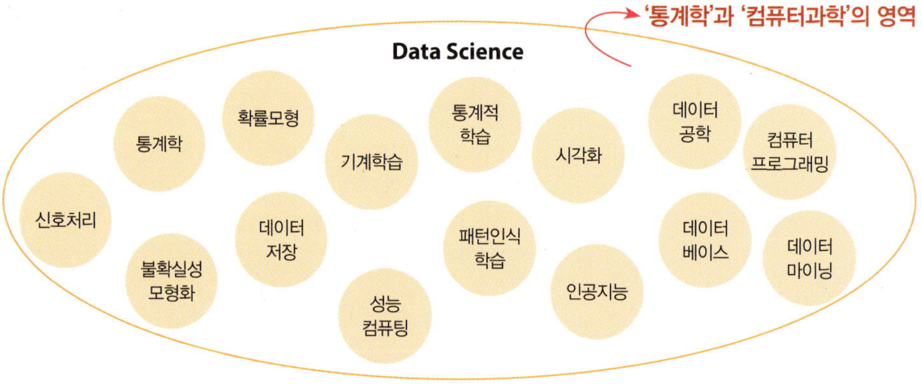

그림 12-30 데이터사이언스의 영역

12.4.3 데이터사이언티스트

이제 데이터사이언티스트에 대하여 살펴보도록 하자. Data Scientist란 Data Science를 하는 사람, 즉 데이터를 수집, 정리, 조사, 분석, 시각화 등을 할 수 있는 전문가를 말한다. 빅데이터(Big Data)의 세계에서 의미 있는 발견을 할 수 있도록 훈련된 전문가를 통칭한다. 유능한 프로그래머이기도 하며 쉽게 통계적 분석을 수행할 수 있는 통계 전문가이기도하면서 수학적 능력이 기본적으로 잘 갖추어진 수학자이면서 사업에 있어서도 두각을 나타낼 수 있는 사람이 데이터사이언티스트이다.

구글의 수석 경제학자 할 베리언은 "데이터를 얻는 능력, 이해하는 능력, 처리하는 능력, 가치를 뽑아내는 능력, 시각화하는 능력, 전달하는 능력이야말로 앞으로 10년간 엄청나게 중요한 능력이 될 것이다"라고 말한 바 있다. 이 의미 있는 발언을 기억하면 좋겠다.

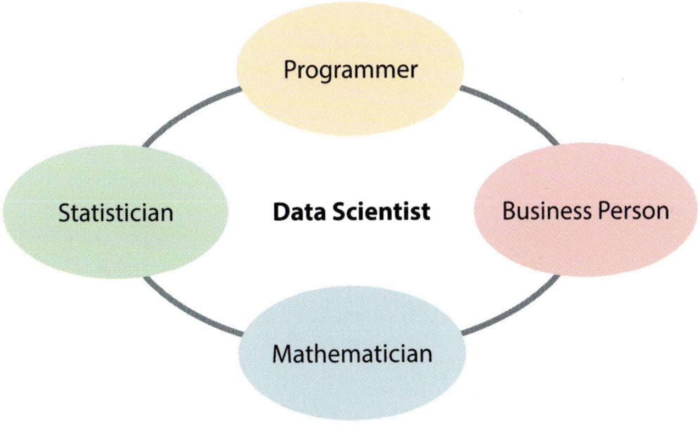

그림 12-31 데이터사이언티스트의 영역

(1) 데이터사이언티스트의 삶

데이터사이언티스트는 빅데이터 카우보이라 할 수 있다. 데이터사이언티스트들은 정형이나 비정형과 같은 지저분하고 방대한 데이터들을 만지며 그들이 소지하고 있는 가공할만한 수학적, 통계적, 프로그래밍 능력을 적용하여 정제하고 주무르고 조직하게 된다. 이후 사업상의 도전을 위하여 알려져 있지 않은 해결 방법을 찾기 위하여 그들이 할수 있는 분석적 힘 - 산업적 지식, 문맥적 이해, 가정의 회의 등-을 적용한다.

데이터사이언티스트의 책임을 나타내는 재미있는 문구를 소개한다. "데이터사이언티스트는 어떤 소프트웨어 공학자보다 통계학 능력이 우수해야 하고 어떤 통계학자보다도 유능한 소프트웨어 공학자여야 한다."

(2) 데이터사이언티스트가 지녀야 할 역량

데이터사이언티스트가 지녀야 할 핵심 8가지 기술은 R과 SQL 등의 기본 기술, 기초통계학, 기계학습, 다변량 분석기술, 데이터시각화 기술, 데이터 변환기술, 소프트웨어 엔지니어링, 데이터사이언티스트처럼 생각하기 등이다.

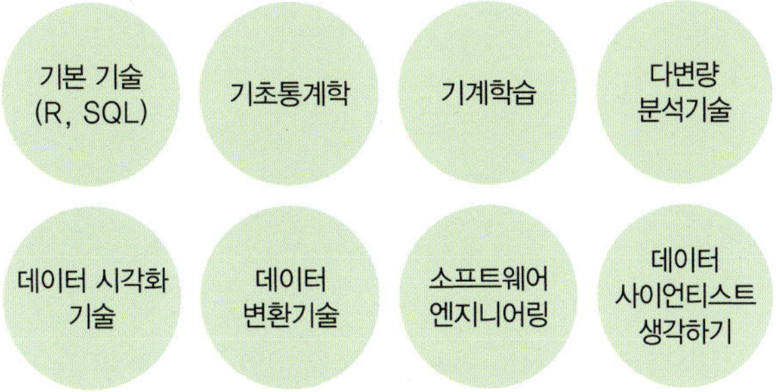

그림 12-32 데이터사이언티스트 핵심 역량

데이터사이언티스트의 역량을 다른 차원에서 설명하면 빅데이터에 대한 이론적 지식의 숙지와 빅데이터 분석기술의 숙련으로 요약된다. 설득력있는 전달능력과 통찰력을 동원한 분석 그리고 다분야와의 협업 능력 등이 요구된다고 할 수 있다.

(3) 데이터사이언티스트의 수요와 전망

끝으로 데이터사이언티스트의 수요와 전망에 대하여 살펴보자. 많은 언론과 전문가들이 데이터사이언티스트의 수요가 급증할 것이라 보도하고 있다. CNN은 2012년 최고 유망 신규 직종으로 데이터사이언티스트를 선정하였으며 하버드 비즈니스 리뷰(Harvard Business Review)도 21세기의 '가장 매력적인' 직종으로 데이터사이언티스트를 선정한 바 있다. 맥킨지 보고서에서는 2018년까지 미국에서만 140,000~190,000명의 데이터 분석 전문가가 추가로 필요할 것이고, 1,500,000명의 데이터 분석 기반의 관리자가 필요할 것이라고 분석하고 있다고도 설명한 바 있다. 현재 데이터사이언티스트의 역량을 갖춘 인재는 매우 부족한 실정이다. EMC의 글로벌 조사 결과, 향후 5년 동안 데이터사이언티스트의 수요가 공급을 뛰어넘어 인재 부족이 심화될 것으로 예측하고 있다. 기업 내에서도 중요한 역할을 담당하는 데이터사이언티스트는 21세기 유망 직업 중 하나로 부각되고 있으며 데이터 처리와 분석능력을 갖춘 인력은 IT 분야뿐만 아니라 대부분의 기업과 조직에서 필수적으로 확보해야 할 핵심 인력이다. EMC의 조사결과에 따르면 데이터사이언티스트를 채택할 때 방해가 되는 요인으로 스킬 또는 훈련의 부족이라는 답변이 가장 높았다고 보고하고 있다.

이와 같이 데이터사이언티스트의 수요와 전망에 관한 언급이 많은 이유는 데이터사이언티스트가 쏟아지는 방대한 데이터 속에서 의미를 발굴하고 그것을 비즈니스 가치로 연결하는 사람들이기 때문이라고 생각된다.

12.5 빅데이터를 통한 문제해결 사례

통찰력은 예리한 관찰력으로 사물을 꿰뚫어 보는 능력을 의미한다. 즉 감추어진 내용을 직관적으로 파악하는 능력을 지칭한다. 1998년 타임지 선정 20세기 가장 영향력 있는 인물 100명에 선정된 월마트 창업자 샘 월튼(sam walton)은 "부족한 건 돈이 아니라 미래에 대한 통찰력이다"라고 말한 바 있다. 재산이 20조원이 넘는 세계적인 갑부가 통찰력의 중요성을 강조한 것이다다.

빅데이터 혹은 빅데이터의 분석 영역에도 통찰력은 절대적인 역할을 한다. 빅데이터와 통찰력은 패키지로서 한 세트라 생각해도 좋다. 통찰력 없는 빅데이터는 새로운 가치를 창출하기 어렵고 빅데이터 없는 통찰력은 그저 기존의 통찰력에 불과할 것이다. 새로운 통찰력은 디지털 데이터에 기초하고 그 데이터 속에 숨어있는 가치있는 정보를 꿰뚫어 볼 수 있는 능력을 말한다.

빅데이터에 새로운 통찰력을 이용하여 새로운 가치를 창출하는 것은 아주 중요하다. 빅데이터 분석을 이용하여 공익적 차원의 사회적 문제를 해결할 수도 있고 신산업과 신성장을 견인하는 신융합 시장의 원동력을 제공할 수도 있으며 지금까지는 없었던 4차 산업혁명 시대의 새로운 가치를 만들어낼 수도 있다. 때로는 현실세계의 데이터에 기반하여 여러 가지 패턴을 분석함으로써 미래를 전망할 수도 있고 환경데이터나 소셜데이터의 분석을 통한 이상 징후를 감지하거나 인공지능 기반의 신규 서비스를 제공할 수도 있으며 국가나 기업경영의 비용을 절감할 수도 있을 것이다.

문제해결을 위한 빅데이터의 활용사례는 아주 많다. 여러 분야에서 또는 여러 나라에서 다양하게 활용되었으며 앞으로도 계속 많은 활용이 이어질 것으로 예상할 수 있다. 대표적인 사례들로만 구성해서 이들을 살펴보고 새로운 문제해결을 위한 빅데이터의 활용을 생각해보도록 하자.

(1) 구글 독감경보 예측 시스템

대표적인 문제해결 빅데이터 활용사례로서 먼저 구글의 독감경보 예측 시스템을 살펴보자. 2009년 신종 인플루엔자가 전 세계를 강타했다. 전 세계적으로 8만명 이상의 환자가 발생했던 대형 사건이었다. 그러므로 효과적 방역이 필수적이었고, 이를 위해서 이러한 질병의 진행상황을 실시간으로, 효율적으로 모니터링 하는 것이 필요했다. 하지만 이러한 일반적인 질병의 전파속도는 매우 빠른 반면, 정부당국의 모니터링은 실시간으로 이루어지기 힘들어서 대부분의 보건기구들이 일주일에 한 번 정도 예상 수치를 업데이트함으로서 실제 진행상황과는 상당한 차이를 보이게 되었다. 그런데 이러한 상황에서 구글이 미국 각 주의 독감 진행상황을 실시간으로 알려주는 방법을 고안해낸 것이다. 오늘날 Google 독감 트렌드 경보 기존의 시스템을 보완하여 18개 국가를 대상으로 매일 업데이트되고 있다.

구글의 예측 방법은 빅데이터를 매우 잘 활용한 것으로서, 사람들이 인터넷을 검색하는 독감 관련된 특정 검색어들이 독감이 유행될 때 검색 순위에서 상위를 차지할 것이라는 통찰력에 기반을 두고 있다. 이러한 독감 관련 검색어들을 찾아내기 위해서 구글은 먼저 2003년부터 2008년 사이의 검색 순위를 바탕으로 해서 상위 5천만개의 검색어를 먼저 뽑고, 그 5천만개의 검색어 중 독감 발생 지역에서 그 당시 검색 순위 상위였던 검색어를 다시 추리고 이 검색어들의 빈도수를 바탕으로 예측 모형을 만들었다. 사실 이러한 시도는 예전에도 있었지만 구글처럼 엄청난 양의 자료와 처리능력 그리고 분석기술을 가질 수 없었기 때문에 성공할 수 없었던 것이다. 하지만 구글이 뛰어난 기술로 빅데이터를 적절히 활용해 현재 구글 독감 예측은 세계 많은 나라로 확대되어 시행되고 있다. 그야말로 새로운 통찰력을 적용한 대표적 예로 여겨질 수 있을 것이다.

(2) 범죄 예방

두 번째 빅데이터 활용사례로 범죄 예방 및 치안 분야에서 문제해결의 활용을 들 수 있다. 2002년 7월 개봉된 영화 마이너리티 리포트(Minority Report)는 범죄가 발생하기 전 범죄를 예측해 미래의 범죄자를 찾아내는 내용이다. 최첨단 컴퓨터 시스템과 미래의 예언가가 연결된 치안 시스템으로 범죄가 일어날 시간과 장소 그리고 범행을 저지를 사람까지 예측하고 이를 바탕으로 특수 경찰이 미래의 범죄자를 체포하는 내용이다. 그런데 이와 비슷한 사례가 현실로 나타나고 있으며 미국의 주요 도시에서 이미 적용되고 있다. 제안된 예산과 인력으로는 대도시 범죄 예방이 쉽지 않기 때문에 미국 산타크루즈라는 도시에서는 2011년부터 차량 도난, 주거침입과 같은 범죄에 대한 시간대와 장소를 예측하면서 범죄 예방에 효과를 보고 있다. 빅데이터를 기반으로 범죄가 일어날 확률이 높은 시간대와 지역을 선정해 중점적으로 순찰을 하고 있다. 지난 8년간의 범죄 데이터를 바탕으로 범죄 발생 가능성이 높게 예측되는 우범지역(핫스팟)을 뽑아내고 집중적으로 관리하고 있다고 한다.

범죄예측 시스템의 정확도는 71% 정도를 보이고 있으며 이 예측방법은 큰 성공을 거둬 미국의 다른 도시로도 전파되어 범죄예방에 좋은 성과를 보이고 있다. 빅데이터를 활용한 범죄지도가 작성되고 이 지도에 기반하여 범죄를 효율적으로 예방할 수 있는 세상이 도래되었으니 빅데이터가 정말로 세상을 바꾸고 있다고 생각된다.

(3) 유전자 색인 시스템

세 번째 빅데이터 활용사례로 유전자 색인 시스템을 살펴보자. 여러분들 모두 FBI를 잘 알고 있을텐데 FBI는 Federal Bureau of Investigation의 약자로서 미국연방수사국을 통칭한다. 미국 법무부 산하의 수사기관이자 정보기관으로서 범죄수사와 미국내의 정보수집 업무를 담당하고 있다. FBI는 범죄발생 1시간 내에 범인 DNA 분석을 위한 주정부 데이터 연계 및 빅데이터 실시간 분석 솔루션을 확보하였고 내장된 DNA 분석정보를 활용하여 2007년 45500건의 범인 DNA를 적중시킨 바 있다. DNA 빅데이터 자료를 효율적으로 활용한 좋은 예로 생각된다.

(4) 탈세방지 시스템구축

네 번째 빅데이터 활용사례는 탈세방지 시스템구축이다. 납세와 관련된 다양한 정부데이터와 소셜데이터를 연동시켜 종합적으로 분석함으로서 빅데이터 기반 통합형 탈세(정부사기 방지)시스템을 통해 연간 3450억 달러 규모의 탈세를 적발하여 수입으로 변화시키고 있다. 세금 탈루 등 사기 행동의 패턴화 및 대조, 감시 체계 확충 및 사기범죄의 미연 방지등에 아주 효과적으로 활용되고 있는 좋은 예로서 탈세방지 시스템을 통한 국가재정 강화에 큰 도움을 제공하고 있다.

(5) 의료기술

다섯 번째 빅데이터 활용사례는 의료기술 관련 내용이다. 유전자 데이터 공유를 통한 질병치료 체계를 마련하여 국립보건원과 75개 기업 및 기관들로부터 1000유전체 프로젝트를 수행하여 난치병 치료 및 신약개발에 박차를 가하고 있다. 약 검색서비스를 통한 다양한 질병에 대한 통계데이터 활용하여 질병의 분포 및 추세를 예측하고 의약품 정보서비스 “Pillbox”를 통해 수집된 빅데이터를 활용하여 후천성면역결핍증 등 관리대상 주요질병 분포, 연도별 증가 등에 대한 통계를 확보하고 있다.

(6) 인공지능

여섯 번째 빅데이터 활용사례는 우리나라 국민 모두가 잘 알고있는 알파고와 관련된 인공지능 사례이다. 인공지능 슈퍼컴퓨터로 인류의 창조성과 혁신을 촉진시키고 의료, 금융 등의 분야에서 활용되어 인류의 건강사회의 큰 역할을 하고있으며 금융 등의 분야에서는 큰 수익을 기대할 수 있을 정도로 광범위하게 활용되고 있다. 특히 인공지능 알파고가 이세돌 9단과의 대결에서 승리할 수 있었던 것은 딥러닝 기술에 기초했기 때문이다. 딥러닝은 다층구조 형태의 신경망을 기반으로 하는 기계학습(컴퓨터가 스스로 학습할 수 있도록 하는 알고리즘과 기술을 개발하는 분야)의 한 분야로서 비선형 변환 기법의 조합을 통해 대량의 데이터나 복잡한 데이터들 속에서 핵심적인 내용 또는 기능을 요약하는 방법이다. 요즈음의 인공지능은 딥러닝 기반에서 이루어지고 있다.

(7) 구인, 구직

일곱 번째 빅데이터 활용사례는 구인, 구직에 활용하는 사례이다. 빅데이터를 이용하여 원하는 직종, 원하는 급여 수준, 근무 형태, 근무 장소, 필요 인원, 채용 분야, 기본 자격 조건 등의 구체적이고도 정확한 구인자와 구직자의 빅데이터들을 종합하여 눈으로 볼 수 있게 비쥬얼 구직, 구인 지도를 작성하고 안내한다. 이렇게 제공되는 비쥬얼 맵을 이용하여 보다 쉽고 보다 정확하게 그리고 보다 편리하게 취업할 수 있게 함으로서 사회적, 경제적으로 아주 큰 문제인 실업률을 극복할 수 있게 될 것이다. 창의적, 실용적 차원의 통찰력들이 이용될 수 있는 좋은 사례로 생각해본다.

(8) 선거

여덟 번째 빅데이터 활용사례는 우리나라와 미국의 선거에의 활용이다. 2014년 6월 4일 전국 동시 지방선거에서 빅데이터 분석으로 선거 당선자를 예측하였다. 이를 통하여 빅데이터의 활용 가능성을 확인할 수 있었다. 사실은 이보다 앞서서 2012년의 미국 대선에서 오바마 대통령이 빅데이터를 활용한 선거 전략을 통하여 재선된 좋은 예가 있었다. 오바마 대통령이 사용한 전략은 페이스북을 이용한 전략이었다. 2012년 선거 당시 미국 페이스북 사용자 수는 1억 6천만명 이상이었고, 오바마 페이스북 친구의 숫자가 무려 2500만 명 정도였다고 한다. 이는 미국 투표 등록자 수가 2억 천만 명인 점을 고려한다면 엄청난 숫자이다. 오바마 선거 캠프에는 100명 이상의 데이터사이언티스트들이 있었다. 이들은 주로 통계학자, 데이터마이닝전문가, 수학자, 인터넷 광고 전문가들이었다. 이들은 페이스북을 이용한 효율적인 선거 전략을 수립하였다. 당시 오바마 캠프가 갖고 있던 또 다른 1억 9천만 명의 데이터베이스, 즉 투표 기록, 나이, 직업 등이 기록된 데이터베이스를 페이스북 자료와 매치한 후에 페이스북에서 왕성한 활동을 하고 있는 그룹을 선정하고 이 그룹을 대상으로 집중적으로 선거 캠페인을 펼쳤다. 이는 빅데이터를 활용해 오바마의 대선을 성공으로 이끈 대표적인 선거 전략 성공 사례로 여겨지고 있다.

[요약]

01. 빅데이터의 특징은 크기, 다양성, 속도 등과 가치를 추가하여 요약될 수 있다.

02. 빅데이터의 다양성은 정형 데이터와 비정형 데이터를 포함한다.

03. 빅데이터 시대의 주된 도래배경은 디지털화, 인공지능, 자율주행, 사물인터넷 등의 확산과, 데이터유형의 패러다임 변화와 특성의 패러다임 변화를 들수 있다.

04. 데이터의 패러다임의 변화는 PC시대, 인터넷 시대, 모바일 시대, 스마트 시대 등으로 정리될수 있으며 각 시대별 특징은 전산화, 정보화, 모바일화와 사물 정보화 등으로 정리된다.

05. 글로벌 리더 기업들도 시대의 변화의 패러다임과 함께 변화하고 있다. 각 시대별 대표 기업으로 PC시대에는 IBM, 인터넷 시대에는 구글과 네이버, 모바일 시대에는 페이스북과 트위터 등을 들 수 있다.

06. 정보통신 기술, 서비스 그리고 리더 기업들의 변화와 함께 새로운 통찰력의 중요성과 필요성이 대두되었다.

07. 데이터의 사회경제적 가치는 빅데이터 시대를 맞이하여 더욱 증대되고 있다. 특히 데이터 중심의 사고방식과 데이터 중심의 의사결정의 중요성이 부각되고 있다.

08. 문제해결을 위한 빅데이터의 새로운 가능성이 강조되고 있다. 빅데이터 분석을 통한 경제적 가치창출, 사회적 문제해결과 신산업, 신성장 견인 등의 새로운 가치창출의 엔진역할을 하고 있다.

09. 데이터사이언스의 중요성이 날로 증가되고 있다.

10. 데이터사이언스의 영역은 통계학의 영역과 컴퓨터과학의 영역을 포함하며 인공지능, 기계학습, 시각화 등의 내용을 다룬다.

11. 데이터사이언스를 수행하는 데이터사이언티스트의 역량을 설명할 수 있으며 데이터사이언티스트의 미래사회의 수요에 대하여 이해할 수 있다.

12. 문제해결을 위한 빅데이터 활용사례를 통하여 또 다른 사회문제나 생활, 건강 등의 제반 영역에 빅데이터를 이용하여 문제해결을 위한 생각을 할 수 있다.

[참고문헌]

01. 김현곤, “빅데이터 시대전망과 국가미래전략”, 2012, TTA, 빅데이터 교육

02. 이유택 외, “알기쉬운 공공부문 빅데이터 분석.활용 가이드 1.0”-빅데이터분석 따라하기, 2012

03. 김성태, “새로운 미래를 여는 빅데이터 시대”, 한국정보화진흥원, 2013

04. https://www.youtube.com/watch?v=sFTQRpcXqgU

05. https://www.youtube.com/watch?v=U3f7YBJRBe0

06. https://www.ebs.co.kr/tv/show?courseId=BP0PAPB0000000005&stepId=01BP0PAPB0000000005&lectId=3124556

07. 고한석, "빅데이터 승리의과학", 이지스퍼블리싱, 2013
08. 권재명, "따라 하며 배우는 데이터과학", JPUB, 2017
09. 조완섭 외, "빅데이터거버넌스:빅데이터 활용의 전제조건", 홍릉과학, 2014
10. 김성재 역, "빅데이터의 충격: 거대한 데이터의파도가 사업전략을 바꾼다!", 한빛미디어, 2013
11. 박태성 외, "빅데이터와 데이터과학:4차 산업혁명 시대의 연금술", 자유아카테미, 2018
12. 천인국, "문제해결과 컴퓨팅 사고", INFINITYBOOKS, 2018
13. 김화종, "데이터사이언스 개론", 홍릉과학, 2014

CHAPTER 13

정보보호

이번 장에서는 다음과 같은 내용을 학습합니다.

- 정보보호의 필요성 및 개념을 이해한다.
- 스테가노그래피의 개념 및 암호와 차이점을 이해한다.
- 고전 암호 원리 및 분석 방법에 대해 이해한다.
- 현대 대칭키 암호 개념 및 장단점을 이해한다.
- 현대 공개키 암호 개념 및 장단점을 이해한다.

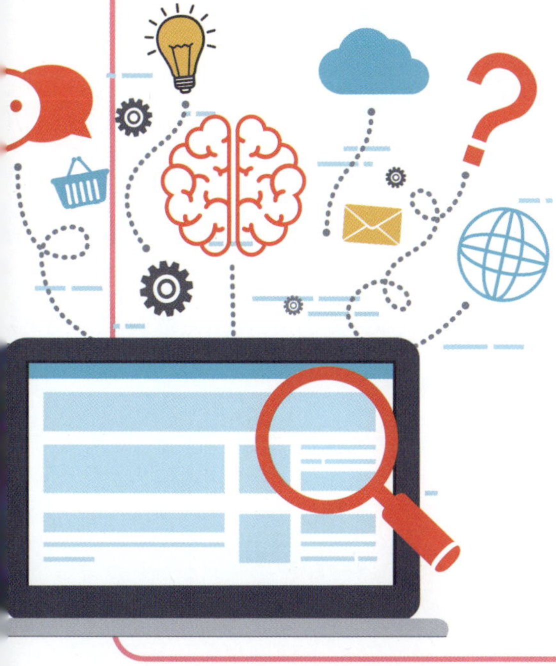

본 장에서는 정보보호의 기본 개념과 구성 요소를 살펴본다. 특히, 다양한 정보보호 요소 중 정보의 기밀성(confidentiality)을 달성하기 위해 가장 널리 활용되는 암호 기술에 대해 학습한다. 먼저, 존재를 숨기는 방식으로 정보를 보호하는 스테가노그래피(steganography)에 대해 살펴보고, 암호 기술과의 차이점을 알아본다. 다음으로 다양한 고전 암호를 시대 순으로 살펴보고, 이를 바탕으로 암호 설계 및 분석의 발전 과정을 이해한다. 마지막으로 대칭키 암호와 공개키 암호로 대표되는 현대 암호의 개념과 특징에 대해 학습한다.

13.1 정보보호의 개념

COMPUTATIONAL THINKING

13.1.1 정보보호 필요성

(1) 개인정보 유출 사건

최근 개인정보가 대규모로 유출되었다는 기사를 자주 접하게 된다. 여기서 말하는 개인정보란 각 개인의 민감한 사적 정보를 의미한다. 주민등록번호, 주소, 전화번호, 성별, 나이, 의료기록 등이 이에 해당한다. 개인정보 유출의 문제는 단지 정보가 유출된 것에 그치지 않는다. 사실 더 큰 문제는 유출된 정보를 이용한 또 다른 형태의 공격에 의한 2차 피해이다. 당사자만이 알 수 있는 은밀한 정보를 이용해 보이스피싱(Voice Phishing)을 하는 경우 이를 알아차리지 못할 가능성이 매우 높아진다.

그림 13-1 개인정보 노출

(2) 금융 보안

2011년 농협 은행의 전산망이 며칠이나 마비되는 초유의 사태가 발생한 적이 있었다. 당시 많은 사람들의 은행 업무가 정지되었고, 해당 사건으로 인해 발생한 금전적인 손해 역시 막대한 것으로 보고되고 있다. 최근에는 가상화폐에 대한 거래가 활발해지면서 아직까지 안전성을 제대로 확보하지 못한 거래소들이 줄줄이 해킹되는 사건이 연이어 발생하여 많은 고객들이 피해를 입기도 하였다. 이처럼 정보보호를 제대로 지키지 못해서 발생하는 피해는 단순히 개인의 정보가 유출되는 정도를 넘어 사람들에게 안전하다고 인식되는 금융 영역까지도 직접적인 악영향을 미치고 있다.

(3) 기반 시설 피해

가장 안전하게 보호되어야 하는 국가 시설은 어떤 것이 있을지 생각해보자. 대표적으로 원전이 떠오른다. 하지만 이런 원전조차도 정보보호가 제대로 지켜지지 않는다면 언제든지 공격 대상에 포함될 수 있다. 보안에 관심이 있는 독자라면 스턱스넷(Stuxnet)이라는 컴퓨터 바이러스의 이름을 한번쯤은 들어보았을 것이다. 이것은 윈도우를 통해서 감염되고 특정 회사의 소프트웨어나 장비를 공격하는 웜(Worm) 바이러스의 일종으로, 해외 원전들이 해당 바이러스로 인해 몇 차례 피해를 받은 사실이 있다. 다행히 아주 큰 사고로 이어지지는 않았지만 가장 안전하게 관리되어도 지나치지 않을 원전조차 안전할 수 없다는 사실이 알려지면서 당시 많은 사람들에게 공포감을 주었다. 다수의 원전을 보유하고 있는 우리나라 역시 무조건 안전하다고 이야기할 수는 없을 것이다. 우리는 이미 원전이 잘못되었을 때 얼마나 큰 피해를 발생시키는 지 과거 체르노빌 또는 후쿠시마 사태를 통해 이미 잘 알고 있다.

그림 13-2 기반 시설 해킹

(4) 정보보호의 필요성

위에서 살펴본 세 가지의 정보보호 피해 사례는 그 어느 것 하나 가볍게 지나칠 수 있는 것이 없다. 물론 정보보호를 당장 하지 않는다고 해서 곧바로 피해가 발생하는 것은 아니다. 하지만 이를 지키지 않아 한번 피해가 발생하게 되면 그 규모를 예측하기 힘들 정도의 엄청난 피해를 발생시키는 것이 바로 이런 정보보호 피해의 특징이다. 이러한 이유로 최근에 세계 유수한 기업들이 앞다투어 정보보호 분야에 많은 인력과 예산을 투입하는 것은 이제는 너무나 자연스러운 현상이 되었다.

13.1.2 정보보호 의미

정보는 필요에 의해 수집되고 사용자의 요구에 따라 의미 있는 정보로 가공된다. 또한 필요에 의해 저장이 되거나 검색이 되고, 특정 요구에 따라 송신 혹은 수신이 되기도 한다. 정보보호란 이와 같은 일련의 정보처리 과정 중에서 의도치 않은 정보의 훼손, 변조, 유출을 방지하기 위한 수단을 폭넓게 일컫는 말이다. 단순히 기술적인 수단뿐만 아니라 관리적 혹은 정책적 수단까지도 포괄하는 폭넓은 개념으로 정보보호라는 용어를 사용하고 있다.

13.1.3 정보보호 3대 요소

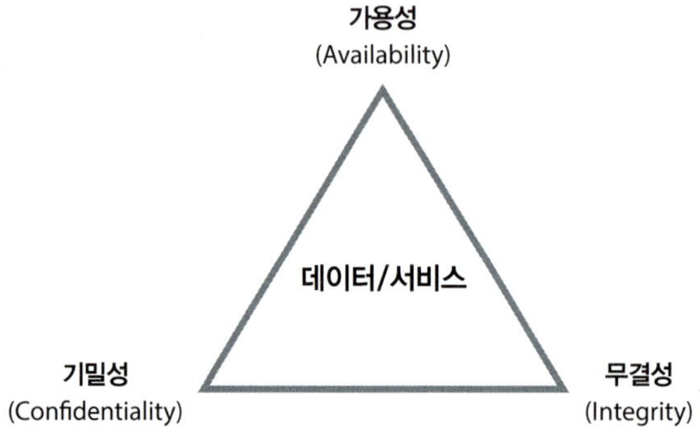

그림 13-3 정보보호 기본 3요소

(1) 기밀성

'기밀성(Confidentiality)'이라는 말에서 알 수 있듯이 정보를 원치 않는 대상으로부터 숨긴다는 의미이다. 좀 더 자세히 말하면 접근 권한이 있는 사용자만이 해당 정보에 접근할 수 있고 그렇지 않은 사용자는 해당 정보에 접근할 수 없어야 한다는 것을 의미한다. 암호화 등의 기술적인 방법을 통해서 정보의 기밀성을 확보할 수 있다.

(2) 무결성

'무결성(Integrity)'라는 말에서 알 수 있듯이 정보가 의도치 않게 변조되거나 혹은 훼손되지 않는 것을 의미한다. 사실 정보는 언제든지 사용자의 요구에 의해 가공되고 변조될 수 있지만 여기서 말하는 무결성이란 인가되지 않은 정보 변경에 대한 방지를 의미한다. 또한 우연치 않게 정보가 변경되는 것을 포함하는 개념이다. 이러한 무결성은 해시함수라고 하는 암호학적인 기술을 통해서 확보할 수 있고 접근통제, 즉 권한이 없는 사용자에 대해 데이터 접근방지 정책을 적용함으로써 확보할 수도 있다.

(3) 가용성

정보의 '가용성(Availability)'이란 사용자가 필요한 시점에 원하는 정보에 항상 접근이 가능해야 한다는 것을 의미한다. 예를 들면, 수강신청 기간에 학생들이 한꺼번에 몰려 학교 서버가 다운되는 현상을 생각해볼 수 있다. 이는 서비스의 가용성을 제대로 확보하지 못해 발생한 하나의 사례라고 볼 수 있다. 가용성을 확보하기 위해서는 해당 서비스에 알맞은 충분한 네트워크 대역폭을 확보를 한다거나, 혹은 외부 공격으로부터 서비스를 더 이상 제공할 없게 되는 현상을 방어하기 위해서 방화벽을 설치하는 등의 조치를 생각해볼 수 있다.

13.1.4 정보보호 추가 요소

현대의 복잡한 정보 환경에서 위의 제시한 정보보호 3대 요소만 가지고 안전성을 확보하는 것은 불가능하다. 이외에도 다양한 추가 요소들을 고려해볼 수 있지만 본 교재에서는 전자상거래에서 필수로 요구되는 인증과 부인방지 요소에 대해서만 추가적으로 살펴보고자 한다.

(1) 인증

인증(Authentication)은 데이터에 대한 인증과 객체에 대한 인증 크게 두 가지로 나누어 볼 수 있다. 하지만 본질적으로 의미하는 바는 같다. 그것은 데이터 혹은 객체가 원래 의도한 대상인지 확인할 수 있어야 한다는 것이다. 예를 들어, 친구로부터 정보를 수신 했을 때 이것이 정말로 그 친구로부터 온 것인지 확인할 수 있어야 한다는 것이다. 또 다른 예로, 인터넷 뱅킹을 이용할 때 서버는 접근한 사용자가 계좌의 실제 소유주와 동일인인지 확인할 수 있어야 한다.

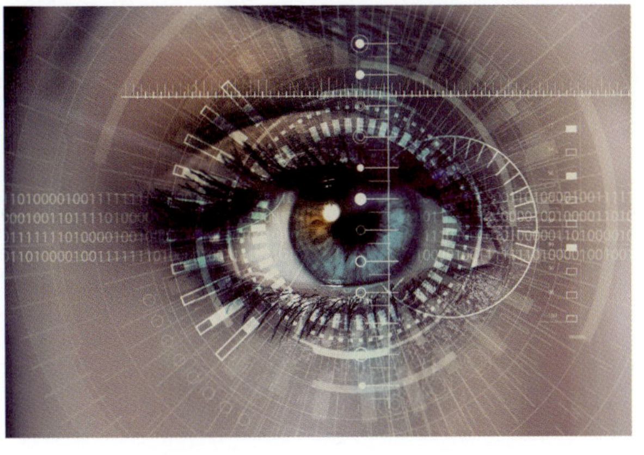

그림 13-4 생체 정보를 이용한 인증

(2) 부인 방지

부인 방지(Non-Repudiation)란 정보를 처리한 다음에 그 사실을 사후에 증명함으로써 처리한 사실을 부인하는 것에 대해 방지하는 기능이다. 예를 들어, 인터넷 뱅킹을 통해 일정 금액을 특정 계좌로 송금하는 것을 승인했다고 가정하자. 부인 방지 기능이란 시간이 지나고 이러한 사실을 본인은 하지 않았다고 주장하는 것이 불가능해야 한다는 것이다. 따라서 이러한 부인방지 요소는 전자 상거래가 보편화된 현대 사회에서 반드시 고려되어야 하는 필수 정보보호 요소 중 하나이다.

13.2 스테가노그래피

13.2.1 스테가노그래피 개념

우리는 앞에서 여러 가지 정보보호 요소들에 대해 살펴보았다. 앞으로는 그 중에서도 정보보호의 핵심 요소인 기밀성을 달성하기 위한 몇 가지 기술에 대해서 살펴보고자 한다. 가장 먼저 살펴볼 기술은 정보를 은폐하는 방식으로 정보의 기밀성을 확보하는 스테가노그래피(Steganography)이다. 이는 숨기고자 하는 정보, 즉 데이터를 일반적인 데이터 내부에 추가 또는 삽입함으로써 해당 정보의 존재 자체를 숨겨 기밀성을 달성하는 기술이다. 따라서 일반적으로 기밀성을 달성하기 위해서 정보를 변형하는 암호 또는 인코딩 등의 방식과는 개념이 다르다.

13.2.2 스테가노그래피 예제

(1) 기본 예제

정 말입니다!
보 자 마자 눌러주세요.
보 석같은 아름다움
호 화스러운 여행이 눈앞에! 클릭 즉시
최 대 할인가 적용
고 민하지 마세요!

그림 13-5 스테가노그래피 기본 예제

다음은 스테가노그래피 개념을 이해할 수 있는 가장 간단한 예제이다. 마치 하나의 광고처럼 보이지만 유심히 살펴보면 "정보보호 최고"라는 문장을 발견할 수 있다. 또한 고전 영화를 보거나 소설을 보게 되면 오른쪽 그림과 같이 일반적인 편지처럼 보이지만 열처리하거나 특수한 용액에 담갔을 때 비밀 메시지가 나타나는 장면을 접하게 된다. 이러한 방식 역시 스테가노그래피의 예라고 할 수 있다. 이처럼 스테가노그래피의 기본 개념은 일반적인 정보에 보호하고자 하는 정보를 알아차리기 힘들게 숨기는 것이다. 따라서 숨기는 방식을 알고 있는 사람만이 해당 정보에 접근할 수 있도록 한다.

(2) 현대의 스테가노그래피 예제

디지털 정보 시대에서는 스테가노그래피 역시 디지털 방식에 적합한 형태로 진화하여 활용된다. 아래의 그림은 가장 널리 활용되는 그래픽 정보를 이용한 방식에 대한 간단한 예제이다. 두 그림 중 위쪽의 그림을 보면 빨강, 파랑, 노랑, 검정 4가지의 그래픽 데이터가 비트 정보로 표현되어 있는 것을 확인할 수 있다. 우리는 이미 그래픽 데이터 역시 0과 1의 디지털 정보로 표현되어 저장된다는 것을 앞에서 배워 알고 있다. 여기서 사용한 방식은 이미지를 표현하는 데이터 비트열의 마지막 2비트에 비밀 정보를 삽입하는 것이다. 삽입된 아래의 이미지를 보면 마지막 2비트 부분이 빨간색으로 표시된 것을 확인할 수 있다. 해당 정보를 문자열로 변환해보면 "CAT" 이라는 비밀 정보를 확인할 수 있다. 이처럼 마지막 2비트에 대해서 정보를 삽입하는 경우 전체 이미지 색에 미치는 영향이 거의 없기 때문에 사람의 눈으로는 이미지가 변경된 것을 구분하기 어렵다. 따라서 데이터를 숨긴 이후에도 여전히 동일한 이미지로 보이게 될 것이다. 이처럼 스테가노그래피는 숨기고자 하는 정보 그 자체를 알아볼 수 없게 변형하는 것이 아니라 일반적인 정보에 삽입 또는 추가함으로써 보호하는 방식이라고 할 수 있다. 따라서 숨기는 방식이 노출되는 경우 더 이상 해당 스테가노그래피를 사용할 수 없게 된다는 단점이 있다.

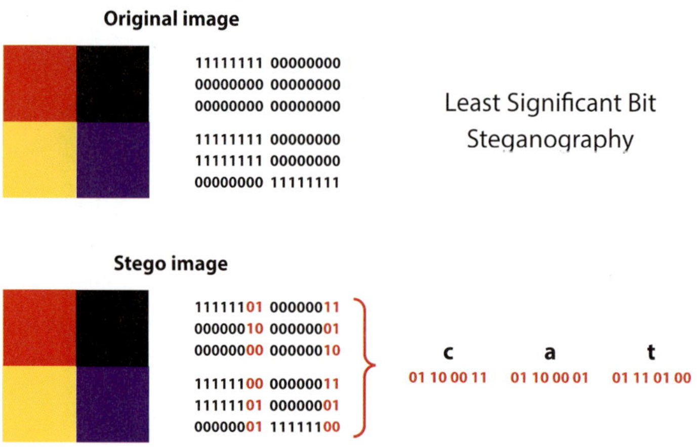

그림 13-6 그래픽 정보를 이용한 스테가노그래피

13.3 고전 암호

13.3.1 암호 개념

(1) 암호 구성 요소

이제부터는 기밀성을 달성하기 위해 가장 보편적으로 널리 활용되는 암호 기술에 대해 살펴보고자 한다. 암호 기술은 다음과 같이 총 5가지의 구성요소로 이루어진다.

평문 (PlainText)	보호하고자 하는 일반적인 메시지
암호문 (CipherText)	비밀키를 소유한 사용자만이 평문에 접근한 수 있도록 설정된 무의미해 보이는 메시지
비밀키 (Key)	암/복호화 과정에 사용되는 인가된 사용자만이 알고 있는 비밀값으로 기밀성 유지의 핵심 요소
암호화 (Encryption)	비밀키를 이용해 평문을 암호문으로 변환하는 알고리즘
복호화 (Decryption)	비밀키를 이용해 암호문을 평문으로 변환하는 알고리즘

그림 13-7 암호 구성 요소

'평문'은 보호하고자 하는 정보, 즉 메시지를 의미한다. '암호문'은 권한이 있는 사용자만이 해당 정보에 접근할 수 있도록 평문을 일정한 규칙에 따라 변형한 데이터를 의미한다. 따라서 권한이 없는 사용자에게는 무의미한 정보처럼 보이게 된다. 정보의 기밀성을 제공한다는 측면에서 스테가노그래피와 암호 기술은 비슷해 보인다. 하지만 암호 기술에서는 스테가노그래피에는 없는 '비밀키'라는 요소가 추가적으로 사용된다. 암호 기술에서는 평문에 대해 비밀키를 사용하여 일정한 규칙에 따라 암호문을 생성하게 되고, 해당 비밀키를 알고 있는 사용자만이 암호문으로부터 평문을 볼 수 있도록 하는 구조이다. 암호 알고리즘은 평문과 비밀키를 입력받아 일정한 규칙에 따라 암호문을 생성하는 알고리즘이다. 반대로 복호화 알고리즘은 암호문과 비밀키를 입력으로 받아 일정한 규칙에 따라 원래의 평문을 복구한다. 따라서 비밀키를 소유한 사용자만이 복호화 알고리즘을 통해 평문을 볼 수 있는 구조이다. 이처럼 암호 기술은 총 3가지의 입 · 출력값과 2가지의 알고리즘으로 구성된다.

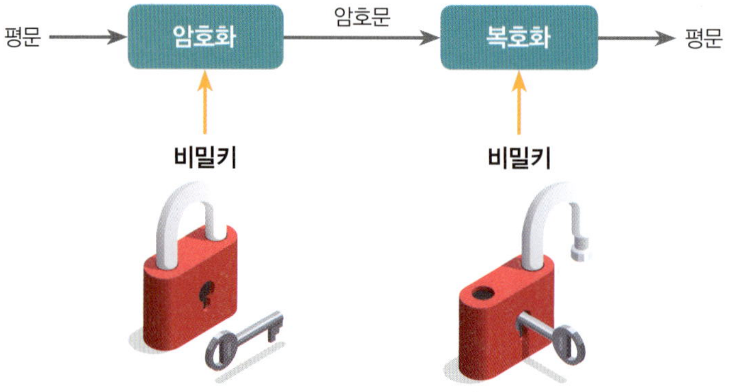

그림 13-8 암호 기술 개요

위의 그림은 암호 기술에서 암호화와 복호화 알고리즘의 입력에 따른 출력값을 보여준다. 암호 알고리즘은 평문과 비밀키를 입력받아 암호문을 생성하고, 반대로 복호화 알고리즘은 암호문과 비밀키를 입력받아 초기 평문을 다시 복원한다.

(2) 스테가노그래피와 암호 기술의 차이

암호의 큰 특징 중 하나는 암호화 알고리즘과 복호화 알고리즘을 공개하는 것이다. 즉 평문과 비밀키를 이용해 암호문을 생성하는 방법과 이를 복원하는 방법은 공개되어 있다고 가정한다. 다만 암호 기술에서는 비밀키에 대한 정보만을 비밀로 취급한다. 앞장에서 살펴본 스테가노그래피의 경우 정보를 숨기고 이를 복원하는 방법 그 자체를 비밀로 하여 안전성을 확보한다. 따라서 정보를 숨기는 방법이 노출되게 되면 더 이상 해당 스테가노그래피는 사용할 수 없게 된다. 생각해보면 이는 매우 불편한 특징이다. 예를 들어, 사용자 A와 B가 스테가노그래피 방식을 가지고 비밀 통신을 하고 있다고 가정해보자. 이후, A가 C라는 새로운 사용자와 비밀 통신을 하고 싶다면 또 다른 스테가노그래피를 개발해서 사용해야 한다. 만일 똑같은 스테가노그래피 방식을 사용하는 경우 B가 해당 정보를 볼 수 있기 때문이다. 따라서 스테가노그래피를 사용하여 다수의 사용자와 비밀 통신을 하려면 상당한 수의 스테가노그래피를 개발해야 한다는 단점이 있다. 하지만 암호 기술에서는 이러한 문제가 발생하지 않는다. 모두 동일한 암호화와 복호화 알고리즘 사용하면서 비밀키만 서로 다르게 적용함으로써 여러 사용자가 안전하게 비밀 통신을 할 수 있도록 한다. 이는 자물쇠의 원리와 비슷하다. 우리는 이미 자물쇠가 어떤 방식으로 잠기고 열리는지 그 원리를 알고 있다. 즉 암호화와 복호화 알고리즘이 공개된 것과 같은 이치라고 볼 수 있다. 하지만 각각의 자물쇠는 서로 다른 열쇠를 사용함으로써 안전성을 확보한다. 또한 비밀키가 노출된 경우라도 암호화와 복호화 알고리즘에 문제가 발생한 것이 아니라면 해당 비밀키만 다른 것으로 교체하여 사용하면 되기 때문에 스테가노그래피에 비해 암호 기술은 유리한 점이 많다.

13.3.2 시저 암호

(1) 시저 암호 개요

첫 번째로 살펴볼 고전 암호는 기원전 100년경 로마 카이사르 장군이 자신의 동맹군과 정보를 주고받기 위해 만들었다고 알려진 시저 암호(Caesar Cipher)이다. 매우 단순한 형태의 암호 기술이지만 우리가 배운 5가지 요소들이 아주 잘 나타난다.

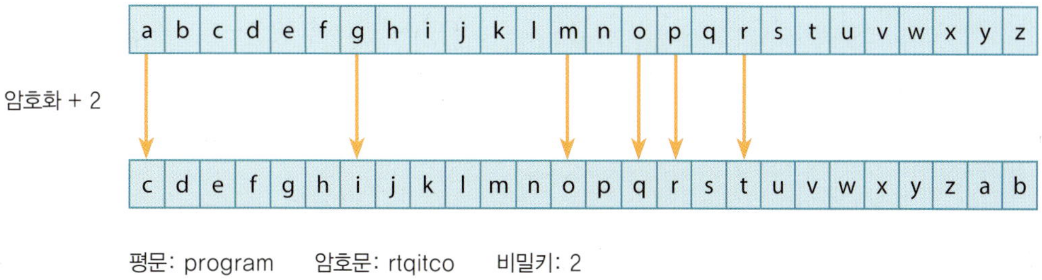

그림 13-9 시저 암호 개요

시저 암호는 알파벳을 단순히 일정 숫자만큼 평행이동시켜 암호화를 진행하는 방식이다. 예제에서는 2만큼 평행이동하여 암호화하는 과정을 보여주고 있다. 평문 x는 암호문 z로 변환이 되고, z 다음에는 다시 a로 순환하여 변환하는 방식으로 이루어진다. 이러한 변환 방식을 사용하면 평문 "program"은 "rtqitco"로 암호화 된다. 또한 해당 변환 방식을 반대로 적용하면 우리는 간단히 암호문으로부터 평문을 복구할 수 있게 된다. 이제 시저 암호에서 암호 기술의 5가지 요소들이 각각 어떤 부분을 의미하는지 한번 살펴보자. 먼저, 평문은 "program"이고 암호문은 "rtqitco"가 된다. 0-25사이(26만큼 이동하면 자기 자신이 됨)에서 무작위로 선택한 2가 바로 비밀키가 된다. 또한 평문을 입력받아 비밀키만큼 오른쪽으로 평행이동시켜 알파벳을 변환하는 과정이 암호화 알고리즘이며, 암호문으로부터 이번엔 왼쪽으로 비밀키만큼 평행이동하여 알파벳을 변환하는 과정이 복호화 알고리즘이다.

(2) 시저 암호 분석

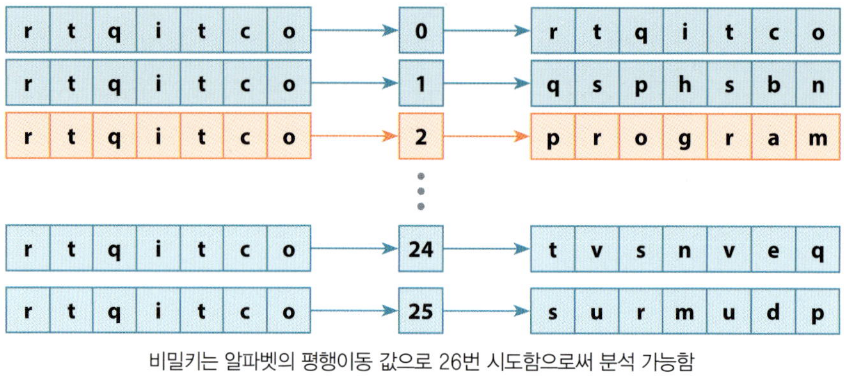

그림 13-10 시저 암호 분석

모든 가능한 비밀키 후보를 다 적용하여 분석하는 전사 공격(Brute Force Attack)은 가장 쉽게 생각해볼 수 있는 암호 분석 방법 중 하나이다. 위의 그림은 시저 암호에 대해 전사 공격이 어떤 방식으로 이루어지는지 보여준다. 암호문 "rtqitco"에 대해 모든 가능한 비밀키를 적용하여 평문을 계산한다. 모든 경우에 대한 평문을 탐색하기 때문에 이러한 과정에서 평문 "program"은 반드시 나타나게 된다. 위의 예제에서는 2를 적용한 경우 "program"이라는 단어가 나오는 것을 확인할 수 있고 따라서 비밀키가 2인 것이 노출된다. 이러한 공격이 가능한 이유는 시저 암호가 사용하는 전체 비밀키 개수가 전사 공격을 수행할 수 있을 만큼 충분히 작기 때문이다.

13.3.3 단일치환 암호

(1) 단일치환 암호 개념

치환이라고 하는 것은 임의의 문자를 특정한 다른 문자로 변환하는 것을 의미한다. '단일치환'이라는 말에서 유추할 수 있듯이 단일치환 암호란 어떤 하나의 알파벳을 다른 고정된 하나의 알파벳으로 대체하는 방식으로 암호화를 하거나 또는 반대 방향으로 복호화를 하는 암호 기술을 의미한다.

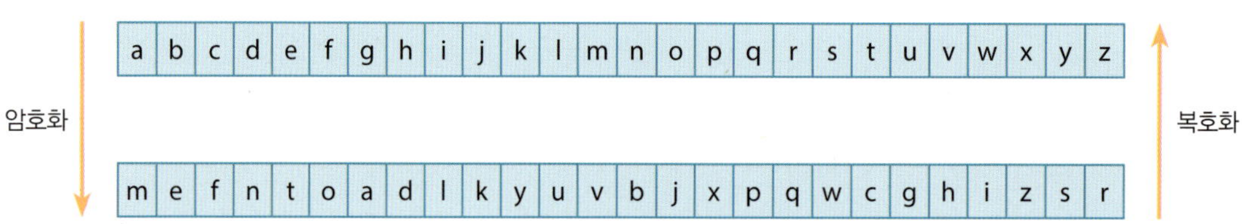

그림 13-11 단일치환 암호 예제

위의 그림을 보면 a부터 z까지 알파벳 리스트가 있고 그 밑에 무작위로 섞인 또 다른 알파벳 리스트가 있다. 단일치환 암호에서는 이러한 변환표를 이용해 윗줄의 알파벳을 아래의 같은 열에 위치한 다른 알파벳으로 변환하여 암호화를 수행하고, 반대 방향으로 알파벳을 변환하여 복호화를 수행한다. 예를 들어, 평문 "program"에 대한 암호문은 "xqjaqmv"이 되고, 이러한 변환 테이블이 비밀키 역할을 수행하게 된다. 따라서 시저 암호 역시 단일치환 암호의 일부분으로 볼 수 있다. 단일치환 암호가 전사 공격이 가능한지 살펴보기 위해 생성 가능한 전체 치환 테이블의 개수를 조사해보자. 먼저 알파벳 a가 변환될 수 있는 모든 가능한 알파벳 수를 생각해보면 a부터 z까지 총 26가지이다. a에 대응하는 알파벳이 하나 정해지고 나면, 그 다음 b에 대응할 수 있는 알파벳의 총 경우의 수는 a에 의해 선택된 1개를 제외한 25가지가 된다. 이와 같은 논리는 총 가능한 비밀키의 개수가 $26! = 26 \times 25 \ldots \times 1$로 충분히 크기 때문에 전체 비밀키를 탐색하는 전사공격에 대해 안전하다.

(2) 단일치환 암호 분석

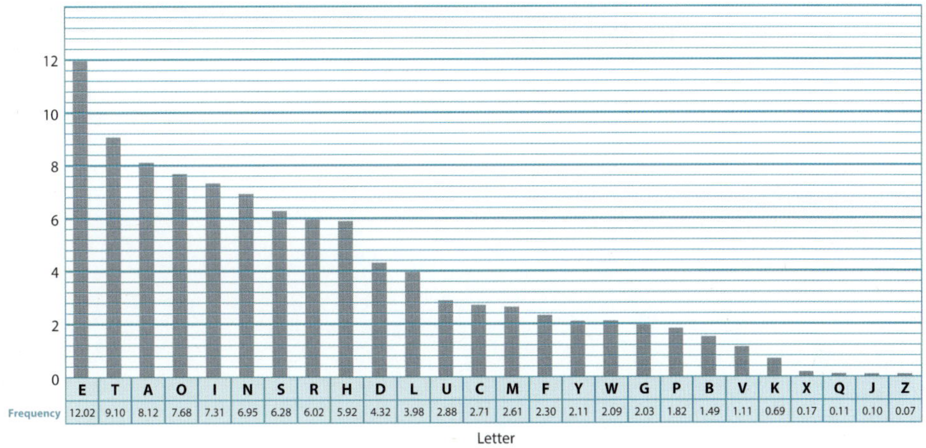

그림 13-12 알파벳 출현 빈도

단일치환 암호로 생성된 암호문으로부터 평문의 어떠한 정보를 얻을 수 있을지 생각해보자. 암호문에서 어떤 특정 알파벳이 10번 나왔다고 가정하자. 이로부터 우리는 평문에는 해당 알파벳에 대응하는 평문 알파벳 역시 정확히 10번 나올 것이라는 사실을 쉽게 유추해볼 수 있다. 즉 평문의 각 알파벳 빈도를 암호문에서 그대로 발견할 수 있다는 의미이다. 위의 [그림 13-12]는 영어 문장에서 각 알파벳이 얼마나 자주 등장하는지 분석해놓은 것이다. 알파벳 e가 가장 자주 등장하고 t, a, o 순으로 등장하는 것을 확인할 수 있다. 이로부터 우리는 암호문에서 가장 자주 등장하는 알파벳이 높은 확률로 평문 e이라고 유추할 수 있고 그 다음으로 자주 등장하는 알파벳은 t, a, o 중 하나일 확률이 매우 높다는 것 또한 알 수 있다. 이러한 방식으로 평문을 복원하는 분석 방법을 '빈도분석'이라 한다. 따라서 단일치환 암호는 전사 공격에 대해서는 안전성을 보장하지만 이와 같은 빈도분석에 대해서는 안전성을 제공하지 못한다.

13.3.4 다중치환 암호

(1) 다중치환 암호 개념

우리는 단일치환 암호가 평문의 각 알파벳에 대한 빈도를 암호문에서 그대로 노출하기 때문에 빈도분석에 안전하지 않음을 살펴보았다. 이는 동일한 평문은 동일한 암호문으로 암호화되기 때문에 발생하는 문제이다. 이러한 문제를 해결하기 위해 등장한 암호가 바로 다중치환 암호이다. '다중치환'이라는 말에서 알 수 있듯이 하나의 평문이 다른 여러 가지의 암호문으로 암호화될 수 있는 방식을 의미한다. 예를 들어 단일치환 암호에서 알파벳 a는 다른 하나의 고정된 알파벳으로만 암호화가 되지만, 다중치환 암호에서는 평문 a가 c로 암호화될 수 있고 j 또는 s로도 암호화될 수 있다. 따라서 평문 알파벳의 빈도를 암호문에서 발견할 수 없기 때문에 빈도 분석에 대해 안전성을 보장한다.

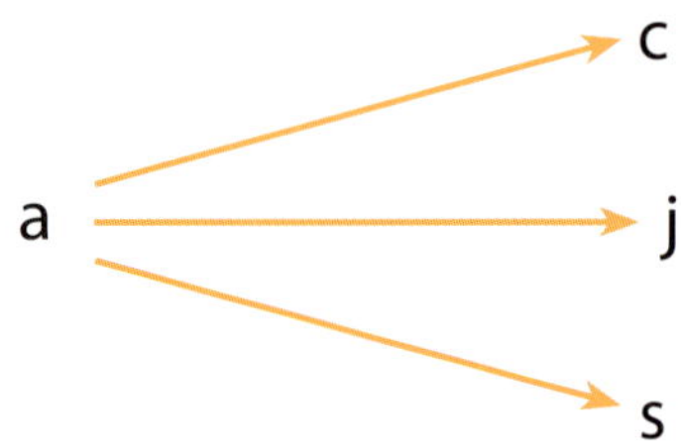

그림 13-13 다중치환 암호 개념

(2) 다중치환암호 예

에니그마(Enigma)는 2차 세계대전 중 독일군이 군사기밀 정보를 암호화하는 용도로 사용했던 암호로 독일어로 수수께끼라는 뜻이기도 하다. 오른쪽 그림의 타자기와 유사한 모양의 기계가 바로 에니그마이다. 아래쪽의 알파벳 버튼을 누르면 위쪽에 대응하는 알파벳에 불이 켜지는 방식으로 암호화와 복호화를 수행한다. 주목할 점은 버튼을 누를 때마다 기계 내부에 설치되어 있는 여러 개의 톱니바퀴들이 서로 맞물려 회전을 하면서 계속해서 내부 전선 배치를 변화시킨다. 따라서 같은 알파벳을 눌러도 내부 구조가 계속해서 달라지기 때문에 서로 다른 알파벳에 대응하게 되는 원리이다. 만일 2대의 에니그마 기계의 초기 내부 상태를 동일하게 설정한다면,

한 대는 암호화 용도로 다른 한 대는 복호화 용도로 사용할 수 있게 된다. 따라서 초기 내부 상태가 바로 비밀키 역할을 수행하게 된다. 왼쪽 사진은 에니그마를 해독했던 앨런 튜링, 오른쪽 사진은 바로 독일군이 사용했던 에니그마(Enigma)이다.

그림 13-14 에니그마(Enigma)

13.4 현대 암호

13.4.1 대칭키 암호

(1) 대칭키 암호 개념

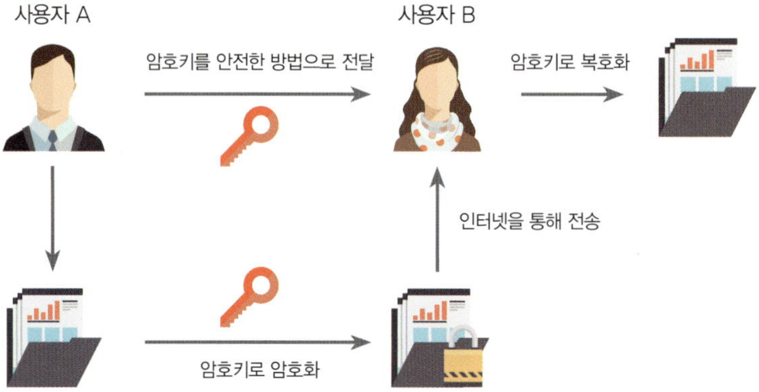

그림 13-15 대칭키 암호 흐름도

현대 암호는 암호화 및 복호화에 사용되는 비밀키의 특징에 따라 대칭키 암호 방식과 공개키 암호 방식으로 구분된다. 이미 앞장에서 배운 바와 같이 평문은 비밀키와 함께 암호 알고리즘의 입력으로 사용되어 암호문을 생성하고, 그 암호문은 다시 비밀키와 함께 복호화 알고리즘의 입력으로 사용되어 평문을 복원한다. 즉 암호화 과정에서 비밀키가 사용되고 복호화 과정에서 비밀키가 다시 한번 사용된다. 대칭키 암호화 방식은 암호화 과정에서 사용되는 비밀키와 복호화 과정에서 사용되는 비밀키가 서로 동일한 경우를 의미한다. 즉 비밀키가 "대칭으로 동일하다"라는 의미로 대칭키 암호 방식이라고 부른다. 위의 그림에서와 같이 사용자 A와 사용자 B가 대칭키 암호 방식으로 정보를 교환한다고 가정하자. 이를 위해서는 사전에 서로 동일한 비밀키를 공유하는 절차가 강제된다. 이후 사용자 A는 해당 비밀키를 이용해 보내고자 하는 정보를 암호화하여 B에게 전달한다. 그러면 B는 사전에 공유한 동일한 비밀키를 이용해 A가 보낸 암호문으로부터 평문을 얻게 되는 방식이다. 통신 중간에 도청을 하더라도 암호문만 노출되기 때문에 비밀키를 모르는 공격자는 평문 정보를 얻을 수 없다.

(2) 대칭키 암호 특징

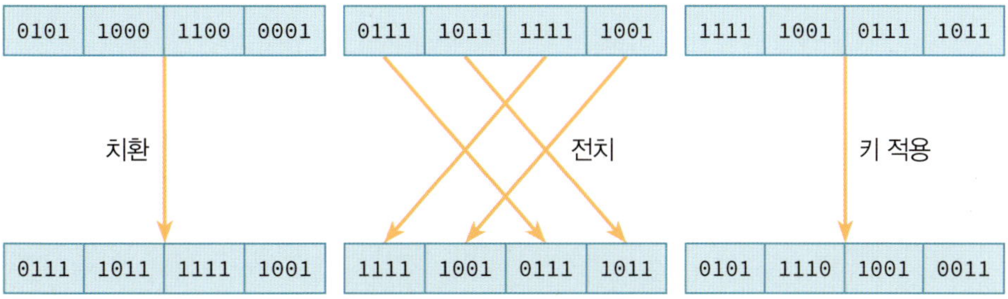

그림 13-16 대칭키 암호 연산 종류

컴퓨터는 데이터를 0과 1의 2진수로 저장하고 처리한다. 대칭키 암호는 컴퓨터에 저장된 평문 정보를 그림에서와 같이 비트의 블록 단위로 처리하기 때문에 블록암호라고 부르기도 한다. 비트열을 다른 비트열로 변경하는 치환 연산, 비트열의 위치를 변경하는 전치 연산, 기밀성을 확보하기 위한 비밀키 적용 연산을 복합적으로 사용하여 원본 데이터를 변형하는 방식을 사용한다. 각각의 연산은 보안 강도가 높지 않기 때문에 위의 3가지 연산을 하나의 라운드(Round)로 구성해 보통 수십 번 반복하여 최종 암호문을 계산함으로써 분석을 어렵게 하는 것이 특징이다. 여기서 주목할 점은 비록 많은 라운드를 수행해야 하지만 대부분 비트 연산이기 때문에 연산 속도가 상당히 빠르다는 것이다. 하지만 이런 대칭키 암호에서는 비밀키를 사전에 공유해야 한다는 문제가 발생한다. 비밀키를 안전한 방법으로 공유해야 한다는 것은 실제로 상당히 까다로운 조건이고 시스템에서 구현하기 어려운 부분이기도 하다. 비밀키를 안전하게 온라인으로 전달할 수 있는 방법이 있다고 가정하면 그 방법으로 비밀 통신을 수행하면 되기 때문에 사실상 온라인으로 비밀키를 전달할 수 없다고 가정하는 것이 논리적으로 타당하다.

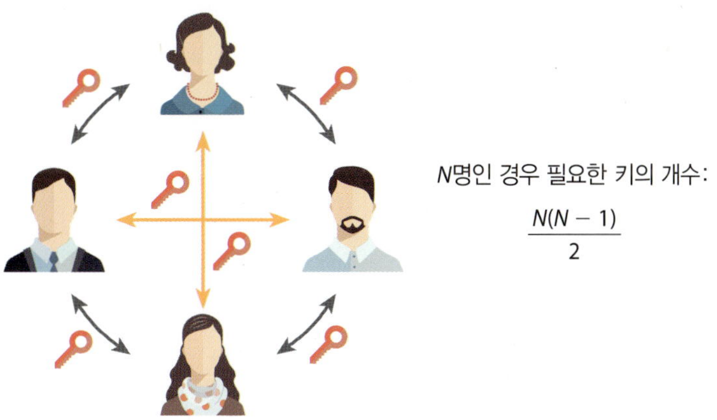

그림 13-17 대칭키 암호에서 키 관리 문제

흔히 쉽게 생각해볼 수 있는 방법 중 하나는 직접 만나서 비밀키를 전달하는 것이다. 이러한 불편을 개선하기 위해 현대 암호에서는 다양한 비밀키를 공유하는 기술이 개발되었지만, 그래도 여전히 키를 사전에 공유해야 한다는 것은 상당히 까다로운 과정으로 여겨지고 있다.

대칭키 암호의 또 다른 문제는 바로 비밀키 관리이다. 그림에서 보듯이 네 명의 비밀 통신을 원하는 사용자가 있다고 가정하자. 이러한 경우 안전한 통신을 위해서는 총 6개의 서로 다른 비밀키가 필요하다는 것을 알 수 있다. 이를 일반화시켜 생각해보면 N명이 각각 서로 안전한 통신을 수행하기 위해서 필요한 비밀키의 개수는 N명 중 중복을 허용하지 않고 임의로 2명을 뽑는 경우의 수 ${}_NC_2 = N \times (N - 1)/2$와 같다. 따라서 사용자 수의 제곱에 비례하여 필요한 비밀키의 개수가 증가한다는 것을 의미한다. 대칭키 암호에서는 이처럼 많은 비밀키를 사전에 어떻게 공유할 것이며 어떻게 저장하고 관리할 것인지가 상당히 까다로운 문제로 남는다.

13.4.2 공개키 암호

(1) 공개키 암호 개념

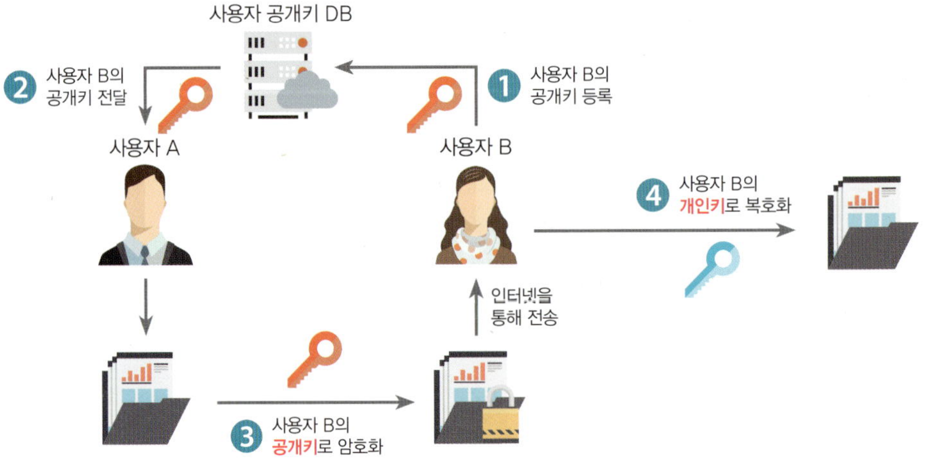

그림 13-18 공개키 암호 흐름도

대칭키 암호에서 발생하는 여러 가지 문제를 해결하기 위해 나온 개념이 바로 공개키 암호이다. 공개키 암호는 암호화 시 사용되는 비밀키(공개키)와 복호화 시 사용되는 비밀키(개인키)가 서로 다른 구조를 갖는다. 공개키라고 불리는 이유는 암호화에 사용되는 키를 공개하여 누구나 접근할 수 있게 하기 때문이다. 하지만 공개키에 대응하는 복호화 키는 공개하지 않는다. 따라서 누구든지 공개된 공개키를 수집해 암호화를 진행하고, 암호문을 해당 사용자에게 전달하면 복호화 키를 소유한 사용자만이 해당 암호문으로부터 평문 정보를 얻게 되는 구조이다. 그림을 통해 보다 자세하게 살펴보도록 하자. 사용자 A가 사용자 B에게 비밀 정보를 전달하고 싶다고 가정해보자. 대칭키 암호를 사용한다면 사용자 A와 B는 먼저 동일한 비밀키를 사전에 공유해야 할 것이다. 하지만 공개키 암호 방식에서는 다음과 같은 과정으로 비밀 통신이 이루어진다. 먼저, 사용자 B는 자신의 개인키와 그것에 대응하는 공개키 한 쌍을 생성하고 자신의 공개키는 공개를 한다. 예를 들어서 공개된 데이터베이스에 저장을 하는 방식으로 공개한다고 가정을 해보자. 그러면 누구든지 해당 DB에 접속해서 사용자 B의 공개키를 검색할 수 있게 된다. 따라서 사용자 B에게 비밀 정보를 보내고 싶은 사용자 A는 B의 공개키를 검색하여 얻어낸 다음에 이것을 암호화 과정에서 비밀키로 사용하여 보내고자 하는 정보를 암호화한 뒤 B에게 보낸다. 누구든지 암호화할 수 있는 키는 얻을 수는 있지만 복호화할 수 있는 키는 모르기 때문에 암호문으로부터 평문 정보는 얻을 수 없는 구조이다.

(2) 공개키 암호 특징

가장 널리 활용되고 있는 RSA 공개키 암호의 간단한 예제를 통해 현대 공개키 암호가 어떤 특징을 갖는지 살펴보자. 사실 해당 예제를 제대로 이해하기 위해서는 정수론 및 대수학에 대한 기본 지식이 필요하다. 하지만 본 교재에서는 이러한 내용들은 생략하고, 단지 RSA에서 암호화와 복호화가 어떤 방식으로 진행되는지만 간략히 살펴보고자 한다.

공개키: (n. e) = (55, 7)
개인키: d = 23
평문: m = 8
암호문: c = 2

암호화: $m^e \bmod n = 8^7 \bmod 55 = 2$
복호화: $c^d \bmod n = 2^{23} \bmod 55 = 8$

그림 13-19 RSA 암호 예제

먼저 두 개의 소수 p와 q를 선택한다. 예제에서는 5와 11로 선택한 것을 확인할 수 있다. 그리고 그 두 소수를 곱한값 55를 n으로 설정한다. 다음으로 p-1과 q-1을 곱한 값 40을 계산한다. 그리고 n과 서로소가 되도록 정수 e를 하나 선택한다. 예제에서는 7로 선택하였다. 그리고 e과 d를 곱한값을 p-1과 q-1을 곱한 값 40으로 나눈 나머지가 1이 되도록 하는 d를 계산한다. 예제에서는 23으로 계산된 것을 알 수 있다. 즉 7 × 23을 한 다음에 40으로 나누게 되면 나머지가 1이 나오는 것을 확인할 수가 있다. 위와 같이 계산된 (n, e)는 공개키로 공개하고 d는 개인키로 사용된다.

그러면 지금부터는 암호화와 복호화 과정을 살펴보자. 우선 암호화 하고자 하는 메세지를 하나 선택한다. 예제에서는 8을 선택하였다. 암호화는 평문을 공개키 e만큼 반복해서 곱하고 n으로 나눈 나머지로 계산된다. 즉 8의 7승을 55로 나눈 나머지인 2가 암호문이 된다. 복호화 과정 역시 매우 간단하다. 단순히 암호문을 개인키 d만큼 반복해서 곱하고 n으로 나눈 나머지를 계산한다. 즉 암호문 2의 23승을 55로 나눈 나머지를 계산하면 신기하게도 평문 8이 복구되는 것을 확인할 수 있다. 예제에서 mod n이라고 기술된 수식이 바로 n으로 나눈 나머지를 의미한다. 이처럼 RSA 암호는 간단한 정수 연산으로 이루어져 있어 어렵지 않게 해당 과정을 이해할 수 있다. 하지만 이것은 이해를 위한 매우 간단한 예제로, 만일 이처럼 작은 정수에서 RSA를 수행하면 안전하지 못하다. 따라서 실제 사용할 때는 매우 큰 정수를 사용하게 된다.

RSA-2048 =
25195908475657893494027183240048398571429282126204032027777137836043662020707595556264018525880
78440691829064124951508218929855914917618450280848912007284499268739280728777673597141834727026
18963750149718246911650776133798590957000973304597488084284017974291006424586918171951187461215
15172654632282216869987549182422433637259085141865462043576798423387184774447920739934236584823
82428119816381501067481045166037730605620161967625613384414360383390441495263443219011465754445
41784240209246165157233507787077498171257724679629263863563732899121548314381678998850404453640
23527381951378636564391212010397122822120720357

그림 13-20 2048 비트 크기 정수

다음은 현재 여러분들의 공인인증서 등에서 실제 사용되고 있는 RSA-2048의 n값에 대한 예제이다. 실제로는 이처럼 큰 숫자를 사용함으로써 안전성을 확보하게 된다. RSA가 왜 안전한지 생각해보자. 공개키 n = 55과 e = 7는 누구든지 볼 수 있는 정보이다. 그렇다면 이러한 정보를 이용해 비밀키 d = 23를 계산할 수 있을까? 사실 d 값을 계산하기 위해서는 n을 인수분해 해야 한다. 즉 n이 소수 p와 q가 곱해진 값인데, n이 주어졌을 때 소수 p와 q를 계산해야만 개인키 d를 알 수 있도록 설계되어 있다. 하지만 인수분해 문제는 현재 풀기 어려운 문제로 알려져 있다. 여기서 "풀기 어렵다"라는 의미는 숫자가 매우 커졌을 때 이를 빠르게 풀 수 있는 방법이 아직까지 발견되지 않았다는 것을 의미한다. 따라서 RSA는 인수분해 문제의 풀기 어려움에 기반하여 안전성을 확보하고 있음을 알 수 있다. RSA는 매우 큰 정수에서 지수승 연산과 나머지를 계산하는 연산으로 이루어져 있기 때문에 비트 연산이 주를 이루는 대칭키 암호에 비해 상대적으로 암호화와 복호화에 많은 시간이 요구되는 단점이 있다.

[요약]

01. 정보보호란 정보의 수집, 가공, 저장, 검색, 송신, 수신 중에 정보의 훼손, 변조, 유출 등을 방지하기 위한 관리적, 기술적 수단 또는 그러한 수단으로 이루어지는 행위를 의미한다.

02. 정보보호의 3대 요소는 기밀성, 무결성, 가용성이며, 현대 사회에서는 인증과 부인방지 등을 포함한 다양한 추가 요소가 필요하다.

03. 스테가노그래피는 정보의 기밀성을 제공하는 기술 중 하나로 숨기고자 하는 데이터를 다른 일반적인 데이터에 은닉하는 방식이다.

04. 암호 기술은 평문, 암호문, 비밀키, 암호화 알고리즘, 복호화 알고리즘의 5가지 요소로 이루어진다.

05. 시저 암호는 기원전 100년경에 로마의 카이사르 장군이 사용했던 암호로 알파벳을 비밀키 만큼 평행이동시켜 암 · 복호화를 진행한다.

06. 시저 암호는 전체 비밀키의 개수가 적기 때문에 전사공격에 안전하지 않다.

07. 단일치환 암호는 시저 암호의 일반화된 형태로 26!개의 알파벳 순열을 비밀키로 사용하여 암 · 복호화를 진행한다.

08. 단일치환 암호는 동일한 평문을 동일한 암호문으로 암호화하기 때문에 빈도 분석을 이용한 암호 분석 방법에 안전성을 제공하지 못한다.

09. 다중치환 암호는 동일한 평문이라도 서로 다른 암호문으로 암호화하는 방식으로 제2차 세계대전에서 독일군에 의해 개발된 에니그마가 대표적이다.

10. 현대 암호는 크게 대칭키 암호 방식과 공개키 암호 방식으로 분류된다.

11. 대칭키 암호 방식은 암호화 키와 복호화 키가 동일한 경우로 빠른 연산 속도를 보장하지만 키 관리의 문제가 있다.

12. RSA로 대표되는 공개키 암호 방식은 암호화 키는 공개하고 복호화 키를 이용해 평문을 복원하는 방식을 사용하기 때문에 키 관리 문제에서 자유롭지만, 큰 정수 연산을 수행하기 때문에 상대적으로 대칭키 암호 방식에 비해 느리다.

[참고문헌]

01. 천인국, "문제해결과 컴퓨팅 사고", 인피니티북스, 2018.

02. 히로시 유키, "알기 쉬운 정보보호개론 3판", 인피니티북스, 2017.

03. Douglas R. Stinson, Cryptography Theory and Practice (Third Edition), 2006.

04. Caesar Cipher Simulation, http://practicalcryptography.com/ciphers/caesar-cipher/

05. Enigma Simulation, http://enigmaco.de/enigma/enigma.html

06. Steganography Introduction, Examples and Tools, https://www.commonlounge.com/discussion/4bc16dbc2c7145ff87ad0f0d5401a242

07. Youtube, https://www.youtube.com/watch?v=G2_Q9FoD-oQ, https://www.youtube.com/watch?v=wXB-V_Keiu8

COMPUTATIONAL THINKING

CHAPTER 14

인공지능

이번 장에서는 다음과 같은 내용을 학습합니다.

- 인공지능(Artificial Intelligence)의 정의에 대해 설명할 수 있다.
- 게임트리에 대해 설명하고, 간단한 게임에 대해 게임트리 기법을 적용할 수 있다.
- 기계학습의 정의와 기계학습의 종류에 대해 설명할 수 있다.
- 인공신경망의 정의와 그 동작 방식에 대해 설명할 수 있다.
- Deep Neural Networks에 대해 설명할 수 있다.

본 장에서는 요즘 많은 관심을 받고 있는 인공지능(AI, Artificial Intelligence)에 대해 학습한다. 인공지능은 컴퓨터가 만들어지면서 그 개념이 나오기 시작했고, 시대가 바뀌면서 인공지능을 위한 기술에도 많은 변화가 있었다. 최근 딥러닝(Deep Learning)과 Deep Neural Networks 기술이 개발되면서 수많은 분야에서 가시적인 성과를 내고 있다. 현재 인공지능 분야에서는 많은 기술이 개발되어 있지만, 본 장에서는 인공지능의 기본 개념과 대표되는 몇가지 기술에 대해서만 알아보도록 한다. 게임트리 기법은 바둑과 같은 게임에서 사용할 수 있는 인공지능 기술이다. 기계가 배울 수 있다는 개념은 인공지능의 발전에 많은 영향을 주었다. 이와 관련된 기계학습 기술, 인공신경망, Deep Neural Networks 기술에 대해 살펴본다.

14.1 인공지능의 개념

14.1.1 인공지능의 정의

그림 14-1 밤 거리의 가로등

인공지능은 인간의 지능과 비교되는 관점에서 기계가 보여주는 지능을 의미한다. 기계나 컴퓨터가 인간의 지능을 가진 것처럼 동작하면 그것을 인공지능이라고 할 수 있다. 학습이나 문제해결과 같은 것을 지능적인 기능이라고 하는데, 전문적으로는 이러한 학습이나 문제해결과 같은 기능을 가진 기계나 컴퓨터를 인공지능이라고 부르기도 한다.

어두우면 자동으로 켜지는 가로등을 보고 인공지능이라고 하지는 않는다. 물론 24시간 켜져 있는 가로등보다는 좀 더 지능적으로 보일 수 있다. 사람이 없을 때는 가로등이 약간 어둡게 빛나다가, 사람이 다가오면 조금씩 그 빛이 밝아진다면 그 가로등은 좀 더 지능적으로 보일 수 있다. 그렇다고 완전히 인간과 같은 지능을 발휘했다고 볼 수는 없다.

다른 예로는 은행의 ATM기를 들 수 있다. 우리가 은행의 ATM기에 지폐를 입금하면 모든 지폐에 대해 검사를 실시한다. 그 지폐가 얼마짜리인지 정당한 지폐가 맞는지 등을 검사하는 이 기능은 지능적인 요소를 가지고 있다. 만약에 지폐에 낙서가 되어 있다면 어떻게 될까? 그 지폐는 정당한 지폐로 인식되지 않을 수도 있다. 하지만, 사람은 낙서가 되어 있다고 그 지폐를 지폐가 아니라고 생각하지는 않는다.

그림 14-2 은행의 ATM기

ATM기의 지폐 검사 기능을 조금만 더 지능적으로 만든다면 낙서가 있는 지폐도 정당한 지폐로 인식할 수 있다. 이 예와 같이 지능적이라는 것은 조금은 상대적인 개념이다.

14.1.2 인공지능의 분류

인공지능은 지능의 정도에 따라 강인공지능과 약인공지능으로 분류된다. 영화에서 주로 등장하는 인공지능은 강인공지능에 해당한다. 강인공지능은 인간의 개입 없이 문제들을 스스로 잘 해결할 수 있다. 강인공지능은 자의식이 있어서 자기 자신이 누구인지에 대한 철학적인 사고까지 할 수 있다. 그리고 자기 자신을 지킨다는 개념을 알아 자기 자신을 지키기 위한 조치도 취할 수 있다. 영화 터미네이터 시리즈의 스카이넷은 자기 자신을 지키기 위하여 인간에 대항해 전쟁을 일으킨다. 영화 아이언맨 시리즈의 자비스는 주인의 지시에 따라 어려운 문제들을 알아서 해결하는 모습을 보여준다. AI라는 영화의 데이빗은 자기 자신을 인지하여 자신의 근원을 찾아다닌다. 이러한 영화들은 강인공지능을 염두에 두고 만든 영화이다.

이러한 강인공지능에 비해 약인공지능은 특정 영역의 주어진 문제만 해결할 수 있다. 그리고 약인공지능은 자의식이 없어서 자기 자신에 대한 철학적인 사고를 한다거나, 자기 자신을 지킨다거나 하는 일은 일어나지 않는다. 몇 년전 우리나라의 이세돌 바둑기사를 이긴 알파고 같은 시스템이나, CCTV 화면으로부터 안면인식을 통해 범죄자를 찾아내는 시스템들은 약인공지능이라고 할 수 있다. 약인공지능에 해당하는 시스템은 이미 많은 분야에서 개발이 되어 실생활에 사용되고 있다. 하지만, 아직 강인공지능에 해당하는 인공지능 시스템은 개발되지 못하고 있다

14.1.3 인공지능의 역사

인공지능은 1940년대에 그 아이디어가 나타나고 정리되기 시작했다. 하지만 그 당시에는 지금과 같이 좋은 컴퓨터가 없었기 때문에 수학적인 인공지능 모델을 만들거나, 간단한 실험적인 인공지능 시스템만을 만드는 수준이었다. 그 결과로 아주 작은 성과만을 이루었는데 그것만으로도 인공지능의 미래에 대한 사람들의 인식은 아주 낙관적이 되었다. 그로 인해 미국과 같은 나라에서는 많은 투자가 이루어졌다. 하지만, 많은 투자에도 불구하고 그 성과가 좋지 않아 인공지능에 대한 낙관은 비관으로 바뀌고, 인공지능을 연구하던 사람도 많이 줄어들게 되었다. 그 후로 인공지능 연구의 명맥만을 이어오다가, 컴퓨터 성능의 발전으로 1990년대 말부터 가시적인 성과가 나타나기 시작했다.

1997년 IBM의 딥 블루는 체스 시합에서 기존 세계 챔피언이었던 카스파로프를 상대로 승리하였다. 체스에서 컴퓨터가 챔피언을 상대로 승리한 것은 그때가 처음이었다. 2011년에는 IBM의 왓슨이 미국의 퀴즈쇼 제퍼디에서 기존 챔피언들을 상대로 우승을 차지하여 많은 상금을 받았다. 이 왓슨은 현재 금융, 의료, 방송, 교육, 쇼핑 등 여러 분야에 도입되어 활용되고 있다. 2016년 3월에는 알파고가 우리나라 바둑기사 이세돌 9단과 경기를 치러 4대 1로 승리하면서 많은 관심을 받은 적이 있다. 이 알파고는 구글의 자회사인 딥마인드에서 개발하였으며, 현재는 더 우수한 버전이 개발되어 있다.

14.1.4 인공지능의 분야와 응용

인공지능의 주요 분야 중 전문가 시스템은 특정 문제 영역에 대해 전문가 수준의 해법을 제공할 수 있는 기술이다. 이 전문가 시스템을 구축하기 위해서는 실제로 해당 분야의 전문가로부터 지식을 제공받아 시스템을 만들게 된다. 물론 진짜 전문가만큼의 능력을 가지기는 힘들지만 일정 수준 이상의 성능은 제공할 수 있다.

데이터마이닝은 컴퓨터에 저장된 대용량의 데이터로부터 잠재적으로 유용할 것 같은 지식을 이끌어 내는 기술을 의미한다. 요즘은 빅데이터를 활용한 데이터마이닝도 이루어지고 있다.

패턴인식은 데이터에 있는 패턴이나 규칙성을 찾아내는 기술이다. 대표적인 처리 대상은 문자, 음성, 영상, 텍스트, 신호 같은 것들이다. 문자 인식은 인쇄된 문자뿐만 아니라 사람이 쓴 필기체도 인식한다. 필기체 인식은 미리 쓰여진 문자를 인식하는 오프라인 인식과 현재 쓰여지고 있는 문자를 인식하는 온라인 인식으로 나눌 수 있다.

자연어 처리는 사람이 사용하는 일반 언어, 즉 자연어로 작성된 문서를 처리하는 기술이다. 정보 검색이나 문법 오류 검사, 데이터마이닝, 챗봇 같은 분야에 많이 사용되는 기술이다. 요즘은 뉴스기사를 자동으로 작성하는 로봇 기자에 활용되기도 한다.

컴퓨터 비전은 컴퓨터를 이용해서 시각 기능을 가지도록 하는 기술이다. 카메라를 통해서 들어온 영상을 처리하여 특정 사물을 인식하거나 특정 환경을 인식하기도 한다. 자율주행 자동차 중에 이러한 컴퓨터 비전 기술을 활용하는 경우도 있다. ATM기에서 입금된 지폐를 인식하는 것도 컴퓨터 비전 기술이다.

음성인식은 사람의 음성을 입력받아 문장으로 변환하는 기술이다. 사람의 음성은 말하는 사람마다 독특한 특성이 있어서 인식이 어렵다. 그리고 소음과 같은 주변 환경 때문에 음성인식에 오류가 많이 발생하기도 한다. 요즘은 음성인식, 음성합성, 자연어 처리 기술들을 통합한 통역 시스템, 대화 시스템 등이 개발되고 있다.

에이전트는 사람으로부터 위임받은 일을 자율적으로 수행하는 시스템이다. 이러한 에이전트는 데이터의 단순 처리가 아니라 지능적인 서비스 제공을 목표로 하고 있다. 요즘 각 통신사에서 판매하고 있는 음성인식 비서 같은 것이 대표적인 예가 되겠다.

여기에 나열된 분야 외에도 많은 인공지능 분야들이 있으며 현재 많은 연구와 개발이 진행되고 있다.

그러면 이런 인공지능 기술들이 개발되면 어디에 사용될 수 있는지 알아보자.

먼저 인간이 편하게 생활할 수 있도록 도와줄 수 있다. 자율주행 자동차는 인간을 대신하여 운전을 해줄 수 있고, 음성인식 비서는 사용자의 지시대로 생활에 편의를 제공할 수 있다.

그리고 인간의 업무를 보조해줄 수 있다. 위에 기술된 IBM의 왓슨은 의료 정보용 인공지능으로 개발되어 병원에서 의료 정보 제공과 진단에 사용되고 있다. 또한 법률 정보를 제공하는 인공지능, 특허 정보를 제공하는 인공지능 등이 개발되어 사용되고 있다.

궁극적으로 인공지능은 무인자동화를 지원할 수 있다. 운전자의 운전을 보조해주는 자율주행에서 운전자가 필요없는 무인 택시로 기술이 발전할 수도 있고 의사가 필요없는 의료 진단이 이루어 질 수도 있다.

이러한 인공지능을 활용하는 시스템은 지금도 계속 개발되고 있다.

14.2 게임트리

COMPUTATIONAL THINKING

우리는 바둑이나 장기 같은 게임을 할 때, 게임판에서의 현재 상황만을 생각하지는 않는다. 적어도 몇 수 앞을 내다보며 다음 수를 생각한다. 내가 놓는 수에 대해서 상대방이 어떻게 대응할 것인지 생각을 하게 된다. 컴퓨터도 같은 방식으로 동작하게 만들 수 있는데, 이때 필요한 것이 게임트리이다. 지금 당장 놓을 수 있는 수는 몇 개 되지 않더라도 게임이 진행되면서 놓을 수 있는 경우의 수가 기하급수적으로 늘어나게 된다. 이것을 컴퓨터 내에 표현한 것이 게임트리이다. 컴퓨터는 빠른 속도로 사람보다 더 많은 수를 미리 볼 수 있다. 하지만 바둑같은 게임은 경우의 수가 너무 많아서 모든 수를 미리 볼 수는 없다.

게임트리는 게임의 상태를 나무 형태로 표현한다. 나무의 줄기에서 여러 가지가 뻗어 나가듯이 게임도 한 상태에서 여러 상태로 변화할 수 있다. 그래서 게임의 상태 변화를 나무 형태로 표현하고 이길 수 있는 최적의 수를 찾아가게 된다.

게임트리를 설명하기 위하여 먼저 간단한 게임 하나를 알아보자. 바둑이나 장기같은 게임은 너무나 복잡해서 게임트리를 설명하는 데는 적합하지 않다. 물론 컴퓨터가 바둑이나 장기를 두기 위해서는 게임트리를 이용하지만, 여기서는 틱택토(Tic-Tac-Toe)라는 간단한 게임을 알아보고 이 게임에서 게임트리를 어떻게 이용하는지 알아보자.

틱택토 게임은 아래 [그림 14-3]과 같이 3×3 크기의 게임판을 사용한다. 게임 참가자 두 명이 번갈아 가며 각각 ○와 ×를 빈칸에 채워 간다. 이때 가로, 세로, 대각선 중에 하나라도 연속해서 ○나 ×를 채우면 승리하게 된다.

그림 14-3 틱택토 게임의 한 가지 예

이 그림에서는 먼저 ×를 오른쪽 상단에 그렸다. 그 다음에 ○는 왼쪽 상단에 그렸다. 차례대로 ×와 ○를 그려가다가 마지막에 ×가 셋째 줄 가운데 칸에 채워지면서 × 3개가 한 줄로 만들어졌기 때문에 ×가 이기게 되었다.

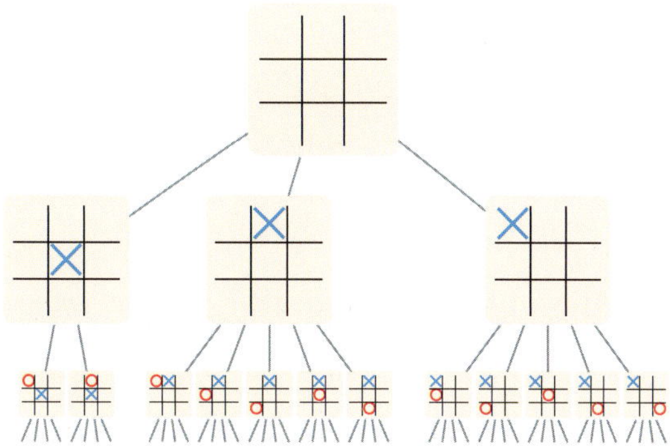

그림 14-4 틱택토 게임의 경우의 수

그러면 이 틱택토 게임에서 게임트리가 어떻게 그려질 수 있는지 알아보자. 게임트리는 나무를 거꾸로 세워놓은 형태이다. 따라서 위쪽이 뿌리(root, 루트)라고 불려진다. 루트는 게임판의 초기 상태를 나타낸다. 게임의 초기 상태에서 ×를 표시하면 그로부터 다른 상태의 게임판이 만들어진다. ×를 놓을 수 있는 칸이 9개이므로 게임판 상태의 경우의 수는 9가 된다. 이 각각을 루트의 아래에 차례대로 그려준다. 이렇게 그려진 각각의 게임판 상태를 노드라고 한다. 따라서 게임의 초기 상태인 루트 노드에서 시작하여 게임이 진행되는 각각의 상태들이 루트 노드의 아래쪽에 그려지게 된다. 아래 그림은 게임트리의 극히 일부만을 나타내고 있다.

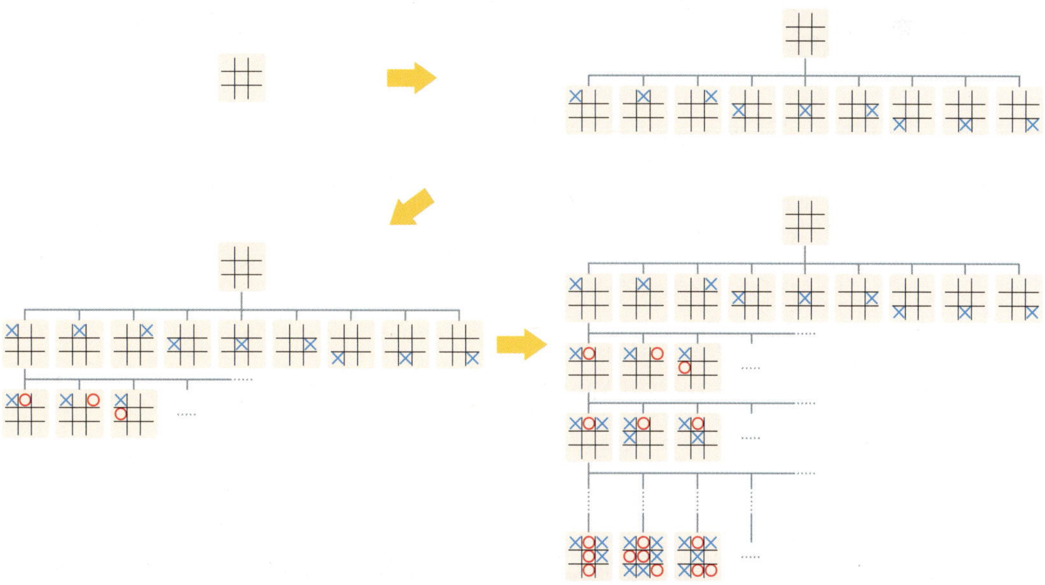

그림 14-5 틱택토 게임의 게임트리가 그려지는 과정

그러면 이제 게임트리를 이용해서 어떻게 게임을 이길 수 있는지 알아보자. 컴퓨터가 ×이고 사람이 ○를 놓는다고 가정하자. 게임을 시작하는 처음에는 게임의 초기 상태를 나타내는 루트 노드만 존재한다. 컴퓨터가 먼저 수를 놓는다고 하면, 컴퓨터는 9개의 자리 중 한 곳에 ×를 놓을 수 있다. 이 모든 경우를 컴퓨터 내부에 데이터로 만들어둔다. 그러면 [그림 14-5]와 같이 게임트리가 만들어진다.

컴퓨터가 놓은 각각의 수에 대해 사람은 8개의 자리에 ○를 놓을 수 있으므로, 사람이 놓을 수 있는 모든 자리에 ○를 놓는 것으로 데이터를 만들어둔다.

이렇게 마지막 단계까지 컴퓨터가 놓는 수와 사람이 놓는 수를 반복하며 게임트리를 만들어 갈 수 있다. 가능한 노드의 수를 계산해보면 처음에는 9가지 수가 가능하고 그 다음에는 9가지 상태 각각에 대해 8개의 수가 가능하다. 이런식으로 계산하면 최대 9!개의 가능한 노드가 나온다. 물론 루트에서 시작해서 끝까지 가보지 않고 중간에 게임이 종료될 수 있으므로 이 노드의 수는 조금 줄어 들 수는 있지만 그래도 적은 개수는 아니다. 사람은 이렇게 많은 계산을 하려면 시간이 걸리지만, 컴퓨터는 빠른 시간에 계산을 할 수 있다.

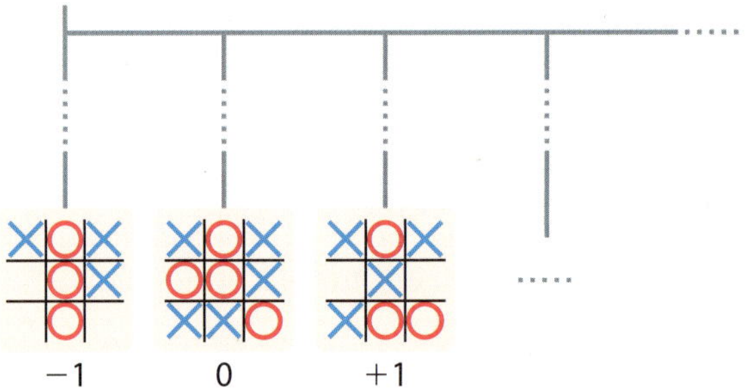

그림 14-6 점수가 지정된 노드

아직까지 컴퓨터는 게임에서 한 수도 두지 않았으며, 내부적으로 계산만 해둔 상태이다. 게임트리가 완성되면 아래 노드에서부터 어떤 수가 좋을지 계산해 올라와야 한다. 게임트리를 만들어가는 과정에서 이 가상적인 게임이 종료되는 경우도 있다. 위 그림에서 볼 수 있듯이 각 노드에 대해 컴퓨터(×)가 이기면 1점, 비기면 0점, 지면 −1점을 지정한다. 이렇게 게임트리 내에서 게임이 종료된 노드들을 터미널 노드라고 한다. 각 터미널 노드들의 값들을 더해서 상위 노드의 값을 구한다. 그 상단의 노드의 값은 레벨에 따라 구하는 방법이 달라진다. [그림 14-7]의 게임트리에서 두 번째 레벨의 값들을 보자. 이 값은 그 수를 놨을 때 이기는 판과 지는 판의 차이를 나타내게 된다. 값이 크면 그 수를 놨을 때 이기는 경우가 많은 것이고, 값이 작으면 그 수를 놨을 때 지는 경우가 많은 것이다. 따라서 두 번째 레벨에서는 당연히 가장 큰 값인 40으로 표시되어 있는 노드의 수를 선택하는 것이 유리하다.

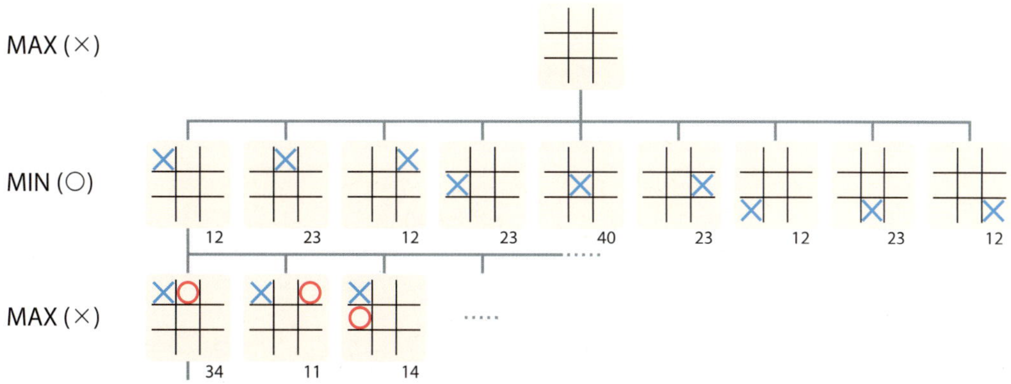

그림 14-7 두 번째 레벨과 세 번째 레벨의 값

세 번째 레벨의 값에서 두 번재 레벨의 값을 구하는 경우에는 반대의 방법을 사용한다. 세 번째 레벨은 ○를 놓으면서 만들어지는 노드인데, 이 수는 컴퓨터가 선택하는 것이 아니라 사람이 놓는 수를 선택하는 경우이다. 사람도 이 게임에서 이기기 위하여 최선을 다해서 수를 선택할 텐데, 이때는 세 번째 레벨의 여러 값들 중에 제일 작은 값을 선택해야 한다. 왜냐하면 각 노드의 값은 컴퓨터가 이기는 판과 사람이 이기는(컴퓨터가 지는) 판의 차를 표시하고 있으므로, 사람 입장에서는 작은 값을 가지는 노드를 선택하는 것이 유리하다. 이런 식으로 어떤 레벨에서는 최댓값을 선택하고 어떤 레벨에서는 최솟값을 선택한다는 의미로 왼쪽에 MIN, MAX가 표시되어 있다.

만들어진 게임트리의 각 노드의 값들이 모두 계산되면 이제 가장 좋은 수를 찾아서 게임을 진행할 수 있다. 게임이 진행되면서 게임트리를 다시 만들 필요없이 만들어진 게임트리에서 아래쪽 레벨로 따라 내려오면서 가장 좋은 수를 선택하기만 하면 된다.

하지만 바둑에서는 이 게임트리 전체를 그릴 수 없다. 일반적인 바둑판의 크기는 $19 \times 19 = 361$칸을 가지고 있다. 각 칸에 놓을 수 있는 돌은 검은 돌과 흰 돌, 두 가지이며 돌이 없는 칸도 있을 수 있다. 그리고 돌을 놓다가 놓여진 돌을 따낼 수도 있다. 바둑 경기 한판에 200여 수를 둔다고 가정 했을 때 가능한 경우의 수는 약 3.2×10^{511}이다.

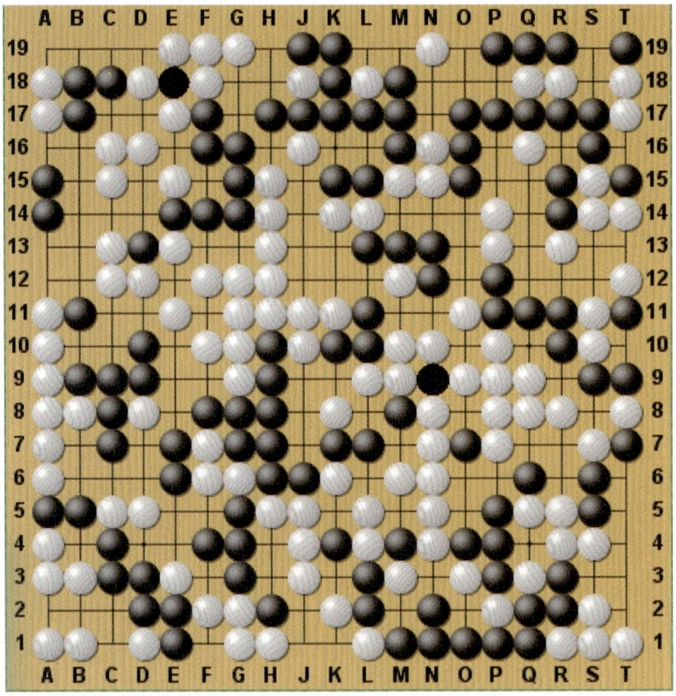

그림 14-8 게임 중인 바둑판

우주에 존재하는 원자의 개수가 10^{78}에서 10^{82} 정도 된다고 한다. 이 수가 얼마나 큰 수인지 상상하기도 어렵다. 이렇게 많은 경우의 수는 컴퓨터도 처리가 불가능하다. 그래서 바둑 같이 복잡한 게임은 게임트리에 조금 다른 방법들을 추가로 사용해야 한다.

14.3 기계학습

14.3.1 기계학습의 개념

인간은 학습을 할 수 있으며 이 학습을 통해서 좀 더 똑똑해지고 좀 더 어려운 문제를 해결할 수 있게 된다. 인공지능 시스템을 만들 때도 인공지능이 동작하는 방법을 모두 프로그램으로 작성하는 것이 아니라, 인공지능이 알아서 학습을 한다면 좀 더 쉽게 더 똑똑한 인공지능을 만들 수 있을 것이라는 개념을 적용한 것이 기계학습이다.

기계학습은 컴퓨터가 데이터로부터 특정 문제해결을 위한 모델을 추출해서 사용할 수 있게 하는 기술이라고 정의할 수 있다. 여기서 모델은 데이터로부터 학습된 어떤 지식을 의미한다. 데이터에 따라 다양한 형태의 모델이 만들어질 수 있다. 그리고 이 모델은 인공지능 시스템을 만드는 데 사용된다.

기계학습을 위해서는 학습에 사용될 학습 데이터가 필요하다. 데이터는 해결할 문제에 따라 다양한 형태를 가질 수 있다. 이미지 인식 문제라면 학습 데이터가 이미지 형태를 가지고 있어야 하고, 주가 예측 문제라면 학습 데이터가 주가 데이터 형태를 가지고 있어야 한다.

그리고 학습에 사용되는 데이터는 고도로 정제되어 있어야 한다. 만약 여러분들이 공부를 하기 위해 사용하는 교과서가 오탈자 투성이고, 내용도 오류가 많다면 제대로 공부할 수 없을 것이다.

이러한 학습 데이터로부터 모델을 추출하는 다양한 알고리즘들이 개발되어 있는데, 이러한 알고리즘을 학습 알고리즘이라고 한다. 해결해야 하는 문제와 학습 데이터의 형태, 종류에 따라 다양한 학습 알고리즘이 개발되어 있다. 요즘은 여러 가지 학습 알고리즘 중에 인공신경망, 특히 Deep Neural Networks이 많이 사용되고 있는 추세이다. 인공신경망과 Deep Neural Networks에 대해서는 다음 절에서 자세히 설명하도록 한다.

그러면 기계학습을 이용해서 인공지능 응용 시스템을 만드는 절차에 대해 알아보자. 이 절차는 크게 두 단계로 나누어진다. 첫 번째 단계는 문제해결을 위한 모델을 만드는 단계이다. 앞서 설명한대로 학습 데이터로부터 기계학습을 하게 되면 모델을 만들 수 있다. 이때 기계학습을 위한 학습 알고리즘을 사용해야 한다.

다음 단계로 앞 단계에서 구축된 모델을 사용하여 인공지능 응용 시스템을 개발한다. 이 인공지능 응용 시스템은 학습 데이터와는 다른 새로운 실제 데이터를 입력으로 받아 주어진 일을 하게 된다. 주가 예측시스템이라면 오늘까지의 주가를 바탕으로 내일의 주가를 예측할 수 있는 것이다.

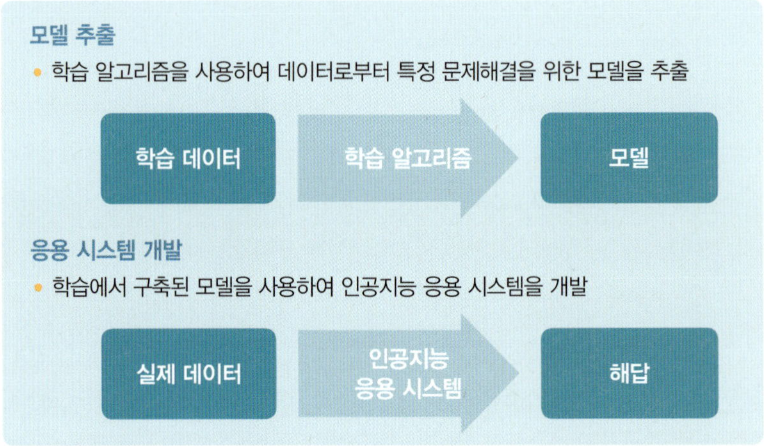

그림 14-9 기계학습을 이용해서 인공지능 응용 시스템을 만드는 절차

이렇게 기계학습을 이용해서 인공지능 응용 시스템을 만드는 사례를 살펴보자. 여기서는 바둑을 두는 알파고 시스템을 만들기로 하자. 먼저 필요한 것이 학습 데이터와 학습 알고리즘이다. 바둑을 두는 것이 목적이므로 바둑을 두는 것에 대한 데이터, 즉 바둑 기보 데이터가 필요하다.

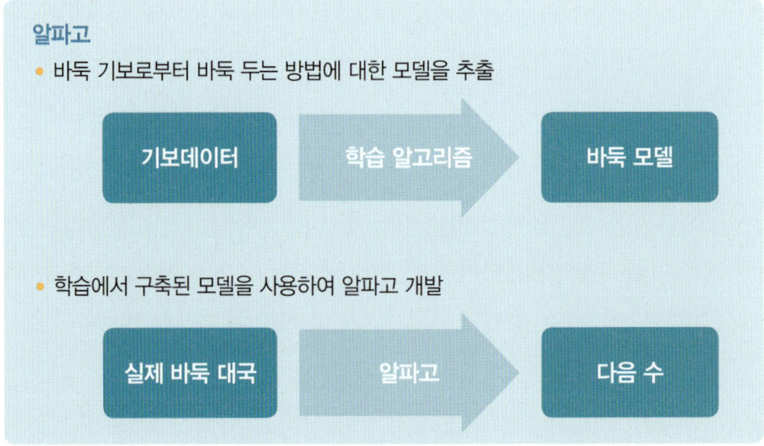

그림 14-10 기계학습을 이용해서 알파고 만들기

바둑 기보 데이터는 바둑 기사들이 바둑을 둘 때 바둑 돌을 둔 기록을 의미한다. 학습 알고리즘은 응용 문제에 따라 선택하게 되는데, 알파고에는 Deep Neural Networks와 Deep Learning이 사용되었다고 한다. 학습 데이터와 학습 알고리즘이 준비되었으면 학습을 진행한다. 학습에는 학습 데이터의 양과 학습 알고리즘에 따라 몇 시간에서 며칠이 걸릴 수도 있다. 그래서 학습 단계에서는 슈퍼컴퓨터 또는 높은 성능의 컴퓨터를 사용한다. 만들어진 모델이 좋지 않으면 학습 알고리즘을 수정하거나 학습 데이터를 보강하여 학습을 다시 수행해야 할 수도 있다.

학습이 모두 끝나면 학습 단계에서 만들어진 바둑 모델을 사용하여 알파고를 개발한다. 이때 바둑 모델은 알파고 시스템 내에 포함되지만 교체하기 쉽게 구성이 된다. 그래야 새로운 바둑 모델이 학습되었을 때 교체가 가능하다. 최종적으로 개발된 알파고 시스템은 새로운 바둑 기사와 새로운 바둑 시합을 둘 수 있게 된다.

14.3.2 기계학습의 종류

기계학습의 주요 종류에는 지도학습, 비지도학습, 반지도학습, 강화학습이 있다. 해결해야 하는 문제와 학습 데이터의 특성에 따라 이 중에서 선택해서 사용하게 된다.

지도학습은 학습 데이터의 입력과 출력 사이의 일반적인 관계를 학습하는 방법이다. 지도학습을 위해서는 학습 데이터가 입력과 출력 쌍으로 이루어져 있어야 한다. 학습 데이터가 입력과 출력 쌍으로 이루어져 있어야 한다는 제약이 있어서, 이러한 제약을 만족하는 학습 데이터 확보가 어려운 경우에는 지도학습의 사용이 불가능할 수도 있다.

그림 14-11 지도학습에 사용되는 학습 데이터 사례

위 그림에서 보는 것처럼 주어진 이미지가 어떤 종류의 이미지인지 분류를 하는 문제가 있을 때, 학습 데이터에 포함된 이미지는 이 이미지가 무엇을 표현하고 있는지 미리 분류가 되어 있어야 한다. 이 학습 데이터에서는 10가지 종류의 이미지가 수천장씩 포함되어 있다. 이 학습 데이터에 대해 학습이 잘 되었다면, 카메라로 찍은 새로운 이미지를 입력으로 제시했을 때 미리 정한 10가지 종류 중의 하나로 인식할 수 있을 것이다.

비지도학습은 학습 데이터 자체에 내재되어 있는 패턴을 발견하는 학습 방법이다. 그래서 학습 데이터가 굳이 입력과 출력 쌍으로 이루어질 필요가 없다. 이런 이유 때문에 지도학습보다는 비지도학습의 학습 데이터를 수집하기가 쉬운 편이다. 비지도학습을 많이 사용하는 사례로는 군집화가 있다. 군집화는 이미지들 간의 유사도를 보고 유사한 것들을 집단으로 묶는 것이다. [그림 14-12]는 다양한 사각형과 삼각형, 원형 그림들을 주고, 군집화시키는 것을 보여주고 있다. 실제 응용에서는 고양이 사진, 강아지 사진들을 분류없이 주고, 비지도학습으로 군집화하는 사례도 있다.

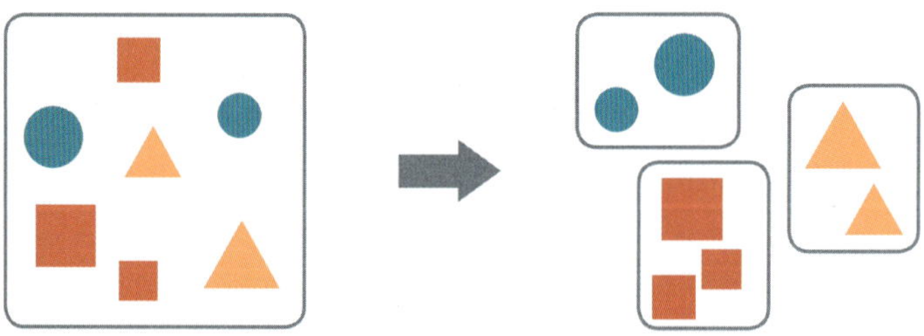

그림 14-12 비지도학습이 필요한 사례(군집화)

다음은 반지도학습이다. 반지도학습은 지도학습과 비지도학습의 중간에 해당하는 학습 방법이다. 응용문제에 따라서 꼭 지도학습을 해야 하는 경우가 있는데, 지도학습을 위한 학습 데이터가 부족하면 성능이 떨어지게 된다. 지도학습을 위한 학습 데이터는 수집하기가 쉽지 않지만, 비지도학습을 위한 데이터는 상대적으로 수집하기가 쉽다. 그래서 지도학습용 학습 데이터를 사용하여 지도학습을 진행하고, 그 결과로 나온 모델을 비지도학습으로 성능을 개선할 수 있도록 하는 방법을 사용한다. 비지도학습에서는 학습 데이터의 분포 특성 정보를 이용하게 된다.

마지막으로 강화학습이 있다. 강화학습은 특정 환경에서 시스템의 행동과 이에 대한 보상의 경험을 통해서 보상이 최대가 되도록 상황별로 취할 행동을 결정하는 방식이다. 동물들을 훈련시킬 때 많이 사용하는 방법이기도 하다. 강아지를 훈련시킬 때 강아지가 바람직한 행동을 하면 상을 주고, 바람직하지 못한 행동을 했을 때 벌을 주면 강아지의 행동에 변화가 나타난다. 이처럼 응용 시스템이 특정 입력에 대해 바람직한 결과를 출력하면 보상이 되도록 만들어 두고, 보상이 최대가 되도록 시스템을 자동으로 수정하면서 훈련하는 방법이다.

14.3.3 기계학습의 응용 분야

이제 응용 시스템의 출력 형태에 따라 기계학습을 이용해서 해결할 수 있는 문제의 주요 분야 세 가지에 대해 알아보자.

첫 번째는 분류 문제이다. 분류는 입력 데이터에 대해 미리 정해진 몇 개의 부류로 대응시키는 문제이다. 주요 사례로는 아래 그림에서 보는 것처럼, 주어진 이미지가 10가지 종류 중 어떤 종류에 속하는 이미지인지 분류하도록 하는 시스템을 들 수 있다.

그림 14-13 분류 문제 사례

두 번째 문제인 회귀 문제는 입력된 값에 대해 출력값이 실수 값인 함수를 찾는 지도학습 문제이다. 어제까지의 주가를 바탕으로 오늘의 주가를 예측하는 문제를 예로 들 수 있다. 여기서 오늘의 주가는 어떤 부류가 아니라 실수 값으로 나타나게 된다.

그림 14-14 회귀 문제 사례

세 번째는 데이터들의 유사성에 따라 군집으로 나누는 군집화 문제이다. 주요 사례는 이미지 도형의 유사도를 보고 유사한 것들을 집단으로 묶는 것이다.

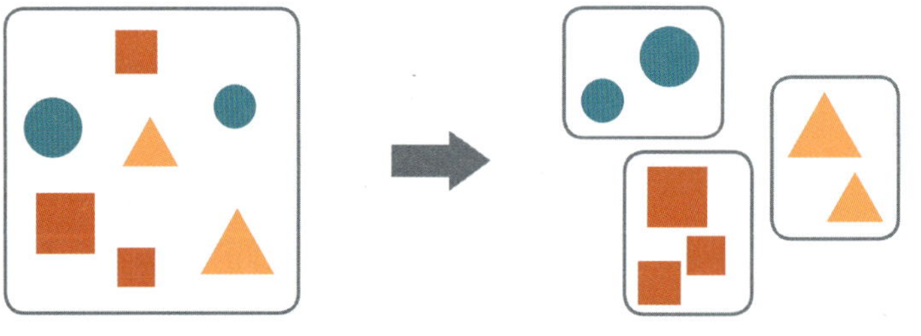

그림 14-15 군집화 사례

14.4 인공신경망

14.4.1 퍼셉트론

현재 인공지능 기술 중에 가장 각광을 받고 있는 인공신경망에 대해 살펴보자. 인공신경망은 인간 두뇌의 생리적 활동에 기반한 계산적 모델을 사용한다. 즉 인공신경망은 우리 머리 속에 있는 신경세포가 동작하는 방식을 모방해서 만든 수학 계산식이다. 그래서 인공신경망을 간단하게 신경망이라고 부르기도 한다.

우리 두뇌는 신경세포라고 하는 세포로 이루어져 있는데 그 수가 8.6×10^{10}개나 된다고 한다. 상당히 많은 숫자인데, 이 신경세포들은 주변의 신경세포와 서로서로 연결되어 있다. 이러한 연결을 통해 물질을 주고 받으며 정보를 전달한다.

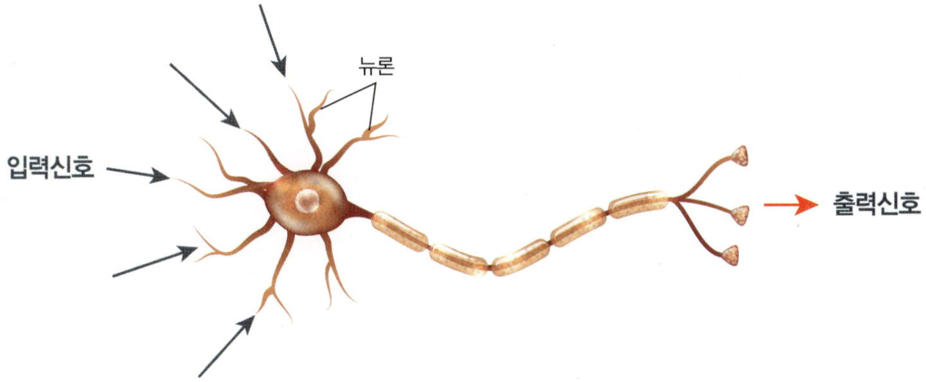

그림 14-16 신경세포

이렇게 신경세포들이 서로 연결되어 물질을 주고 받는 것을 모방하여 다음 그림과 같은 퍼셉트론을 고안하였다. 퍼셉트론은 입력과 출력을 담당하는 부분이 있으며, 중간 부분에서는 입력으로 들어온 값을 합성하고 평가하는 일을 한다.

[그림 14-17]의 왼쪽이 입력이고 오른쪽이 출력이다. 이 그림에서 입력 개수는 n개인데, 이 의미는 여러 데이터가 입력될 수 있다는 의미이다. 응용에 따라 입력이 2개가 될 수도 있고 천 개가 될 수도 있다. 입력하는 곳 바로 위에 1이라고 쓰여진 부분이 있는데, 여기서는 1이라는 값이 입력으로 들어오게 된다. 이 값은 가중치 w_0와 곱하여 편차항 역할을 하게 된다. 일종의 기준점을 잡는 데 사용될 수 있다.

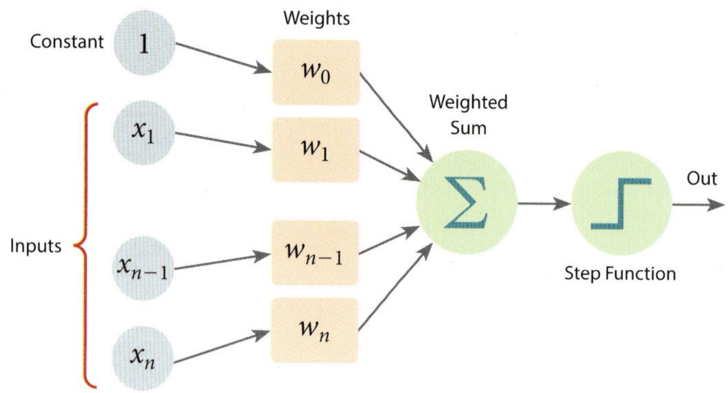

그림 14-17 퍼셉트론 구성도

w_0부터 w_n의 값은 가중치이다. 입력으로 들어오는 값들에 곱해지는 값이다. 입력값과 대응되는 가중치 값이 곱해지고, 그 곱한 결과를 모두 더해서 합성값을 만들게 된다. 이 수식에 따라 입력값과 가중치가 합성된다.

$$S = \sum_{i=1}^{n} x_i w_i + w_0$$

그림 14-18 합성값 수식

이 합성된 값은 활성화 함수를 통과하게 되는데, 그 결과로 출력값을 얻을 수 있다. 현재 이 그림에서 활성화 함수로 계단함수를 사용하고 있지만, 계단함수 외에도 다양한 활성화 함수가 사용되고 있다. 계단함수의 동작방식은 이 수식에서 볼 수 있듯이 합성된 값이 0보다 작으면 출력으로 0이 나가게 되고, 합성된 값이 0보다 크면 출력으로 1이 나가게 된다. 활성화 함수의 역할은 우리가 원하는 값의 범위로 출력값을 조정하는 것이다.

$$y(S) = \begin{cases} 0, & \text{if } S < 0 \\ 1, & \text{if } S \geq 0 \end{cases}$$

그림 14-19 계단함수 수식

퍼셉트론에서 입력의 개수는 n개였는데, 해결해야 하는 문제에 따라 입력의 개수가 정해진다. 하지만 하나의 퍼셉트론에서 출력의 개수는 하나뿐이다.

퍼셉트론을 활용하기 위해서는 가중치의 값을 결정하는 것이 중요한 문제이다. 가중치에 따라 입력에 대한 출력 값이 결정되므로, 이 가중치 값이 잘못 지정되어 있으면 퍼셉트론은 아무 일도 할 수가 없다.

그러면 이러한 퍼셉트론이 어떻게 동작하게 되는지 예를 살펴보자. 수학과 컴퓨터 분야에서 사용되는 논리곱(AND) 연산이라는 것이 있다. 덧셈이나 곱셈이 두 개의 숫자를 입력으로 받아서 하나의 연산 결과를 만들어 내듯이, 논리곱(AND) 연산도 두 개의 숫자를 입력으로 받아서 하나의 결과를 만들어 낸다. 단지 차이점은 입력과 출력에 0과 1만 가능하다는 점이다.

표 14-1 논리곱(AND) 연산

x_1	x_2	y
0	0	0
0	1	0
1	0	0
1	1	1

0과 1만 있는 디지털 세상에서 사용되는 연산이다. 위 표에서 볼 수 있듯이 x_1과 x_2는 입력값이다. 이 입력값에 대해 y라는 출력값이 결정된다. 일반적인 곱셈과 비교해보자. 첫 줄에서 x_1은 0, x_2는 0이다. 곱셈에서 0과 0을 곱하면 0이 되듯이 논리곱(AND) 연산에서도 출력 결과 y가 0이다. 두 번째 줄에서 0과 1을 곱하면 논리곱(AND) 연산 결과는 여전히 0이다. 그 다음 줄에서는 1과 0을 곱한다. 1과 0을 곱해도 결과는 0이다. 마지막 줄은 x_1입력이 1이고 x_2입력이 1로 지정되어 있다. 1과 1을 곱하면 그 결과는 1이 되고 논리곱(AND) 연산 결과도 1이 된다. 논리곱(AND) 연산은 디지털 세계의 곱셈과 그 연산 결과가 동일하다.

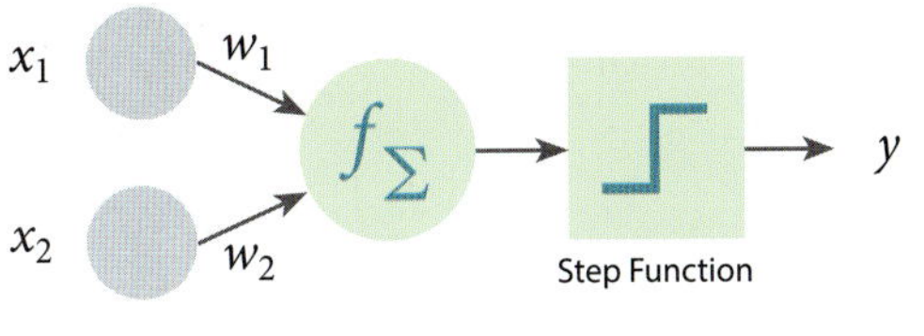

그림 14-20 논리곱(AND) 연산을 위한 퍼셉트론

그러면 이 논리곱(AND) 연산을 퍼셉트론으로 구현해보자. 입력으로 들어오는 값은 0과 0, 0과 1, 1과 0, 1과 1, 이 네 가지 경우밖에 없다. 이 네 가지 경우에 이 표처럼 원하는 결과가 만들어 질 수 있도록 가중치 값을 미리 조정하여 합성하는 계산식에서 기준값이 되는 w_0는 −1.5, x_1과 곱해지는 w_1은 1, x_2와 곱해지는 w_2도 1로 지정해 두었다.

표 14-2 논리곱(AND) 연산의 결과

x_1	x_2	$x_1w_1 + x_2w_2$	w_0	S	y
0	0	0 x 1 + 0 x 1 = 0	−1.5	−1.5	0
0	1	0 x 1 + 1 x 1 = 1	−1.5	−0.5	0
1	0	1 x 1 + 0 x 1 = 1	−1.5	−0.5	0
1	1	1 x 1 + 1 x 1 = 2	−1.5	0.5	1

이제 이 4가지 경우의 입력값에 대해 어떻게 결과가 계산되는지 [표 14-2]를 보자. x_1과 x_2가 각각 0, 0 일 때는 그 합성값이 −1.5가 된다. 그래서 계단함수에 의해 출력이 0으로 결정된다. x_1과 x_2가 각각 0, 1 또는 1, 0 일 때는 그 합성값이 −0.5가 된다. 그래서 이번에도 계단함수에 의해 출력 y는 0으로 결정된다. 마지막으로 x_1과 x_2가 각각 1, 1 일때는 그 합성값이 0.5가 된다. 이번에는 계단함수에 의한 출력값 y가 1로 결정된다. 이 퍼셉트론은 논리곱(AND) 연산과 동일한 결과를 만들 수 있는 것이다.

하지만 이 퍼셉트론은 한계가 있다. 논리곱(AND) 연산과 더불어 배타적 논리합(XOR) 연산이라는 것이 있다. [표 14-3]에서 보는 것처럼 배타적 논리합(XOR)연산은 두 개의 입력 중에 하나만 1이 될 때 출력이 1이 된다. 이러한 배타적 논리합(XOR) 연산을 만들기 위해 퍼셉트론의 가중치를 아무리 조정해도 배타적 논리합(XOR) 연산은 구현할 수 없다. 배타적 논리합(XOR) 연산은 논리곱(AND) 연산과는 달리 조금 더 복잡한 선형분리 불가능 문제이기 때문이다.

표 14-3 배타적 논리합(XOR) 연산

x_1	x_2	y
0	0	0
0	1	1
1	0	1
1	1	0

퍼셉트론으로 배타적 논리합(XOR) 연산을 못 풀게되자 인공신경망을 연구하던 과학자들은 많은 실망을 했고, 1970년대에는 신경망 연구가 침체기에 접어들었다. 그러다가 퍼셉트론 여러 개를 연결한 다층신경망이 개발되었다.

14.4.2 다층신경망

다층신경망은 아래 그림처럼 퍼셉트론으로 이루어진 층 여러 개를 쌓아서 만든 인공신경망이다. 퍼셉트론이 여러 층 쌓여 있어서 다층퍼셉트론이라고도 한다. 이 그림에서 제일 왼쪽의 동그라미 세 개는 입력층이다. 입력층은 퍼셉트론이 아니라 그냥 단순히 입력을 전달해주는 역할만 한다. 가운데의 동그라미 네 개는 은닉층에 해당하는 퍼셉트론이다. 각각 앞에서 설명한 퍼셉트론처럼 동작한다. 오른쪽의 동그라미 두 개는 출력층에 해당하는 퍼셉트론이다.

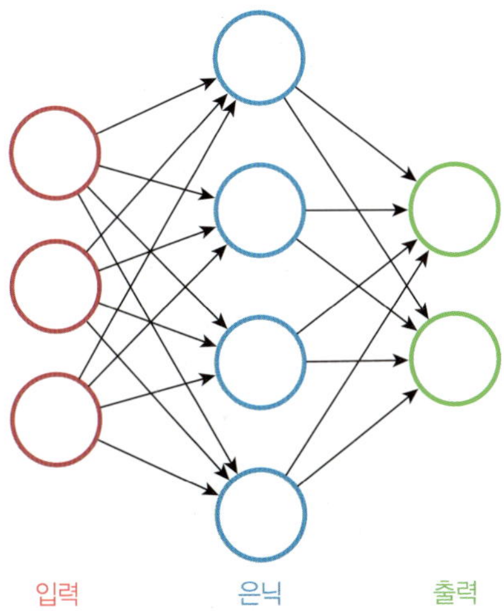

그림 14-21 다층신경망

이렇게 다층으로 구성된 퍼셉트론은 배타적 논리합(XOR) 연산 뿐만 아니라 은닉층의 퍼셉트론만 추가하면 더 복잡한 문제들도 해결할 수 있다.

에러 역전파 알고리즘(Error Backpropagation Algorithm)

❶ 먼저 각 학습 데이터의 입력값을 다층퍼셉트론에 집어 넣어 출력을 계산한다.
❷ 출력값의 오차를 줄이도록 은닉층과 출력층 사이의 가중치를 수정한다.
❸ 은닉층에나타나는 오차를 줄이도록 은닉층과 입력층 사이의 가중치를 수정한다.
❹ 오차가 충분히 줄어들 때까지 반복한다.

그림 14-22 에러 역전파 알고리즘

다층퍼셉트론은 수십 개에서 수천개의 퍼셉트론으로 이루어져 있기 때문에 그 안에 포함된 가중치를 결정하는 것은 아주 어려운 일이다. 사람이 하기에는 너무나도 어려운 작업이었기 때문에 우리가 원하는 대로 가중치를 조정할 수 있는 학습 알고리즘을 개발하게 되었다. 이를 에러 역전파 알고리즘(Error back-propagation algorithm) 또는 간단하게 역전파 알고리즘이라고도 한다. 에러 역전파 알고리즘을 사용하여 가중치를 조정하는 과정을 간략하게 설명하면 [그림 14-23]과 같이 진행된다. 먼저 각 학습 데이터의 입력값을 다층퍼셉트론에 집어넣어 출력을 계산한다. 초기에는 당연히 출력에 에러가 많을 것이다. 이 출력값의 오차를 줄이도록 은닉층과 출력층 사이의 가중치를 수정한다. 다음으로 은닉층에 나타나는 오차를 줄이도록 은닉층과 입력층 사이의 가중치를 수정한다. 한 번의 가중치 조정만으로는 다층 신경망은 충분한 성능이 나오지는 않으므로, 오차가 충분히 줄어들 때까지 1번부터 3번 단계를 계속 반복한다. 이 반복 횟수는 응용에 따라 다르지만 보통 수십 회에서 수백 회에 걸쳐 가중치를 조정하게 된다.

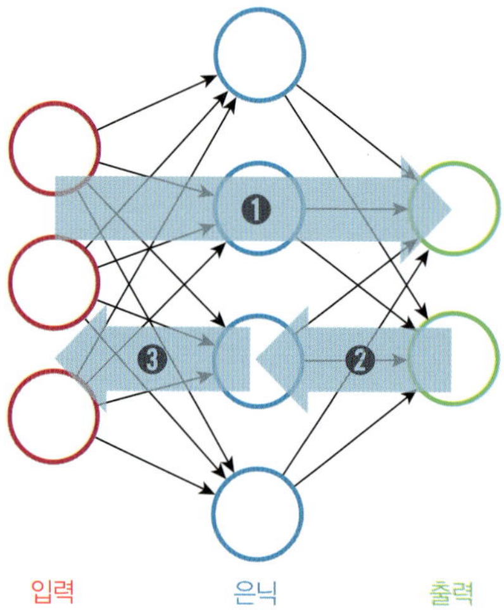

그림 14-23 에러 역전파 알고리즘 적용 순서와 방향

출력층의 에러가 은닉층을 거쳐 입력층으로 전파되면서 가중치를 수정하므로 에러 역전파 알고리즘이라고 한다. 그리고 이런 과정을 거쳐 가중치를 조정하는 작업을 학습이라고 한다. 당연히 학습 데이터도 필요한데, 이 학습 데이터는 많으면 많을수록 좋다.

다음 절에서 배울 Deep Neural Networks이 나오기 전까지 다층퍼셉트론은 문자인식을 비롯한 많은 응용 시스템에 사용되었다.

COMPUTATIONAL THINKING

14.5 Deep Neural Networks(DNN)

이제 최신 인공신경망 기술인 Deep Neural Networks(DNN)에 대해 알아보자. Deep Neural Networks을 대신하여 DNN이라고 부르기도 하고, 학습 방법인 딥러닝을 붙여서 딥러닝신경망이라고 부르기도 한다. 우리는 여기서 DNN이라고 하겠다.

DNN은 은닉층의 개수가 많은 다층신경망을 의미한다. 여기서 deep이 은닉층이 많다는 의미이다. 은닉층이 많을수록 복잡한 문제들을 더 잘 풀 수 있게 된다. DNN에서는 각 은닉층들이 추상적인 개념들을 학습하게 된다. 하지만 은닉층이 많다고 무조건 좋은 것이 아니라, 은닉층이 많아지면 학습해야 하는 가중치의 수가 기하급수적으로 늘어나게 된다. 그래서 컴퓨터가 느린 경우에는 학습 자체가 불가능할 수도 있다. 하지만 딥러닝이라는 학습 방법이 개발되어 DNN을 비교적 빠르게 학습시킬 수 있게 되었다.

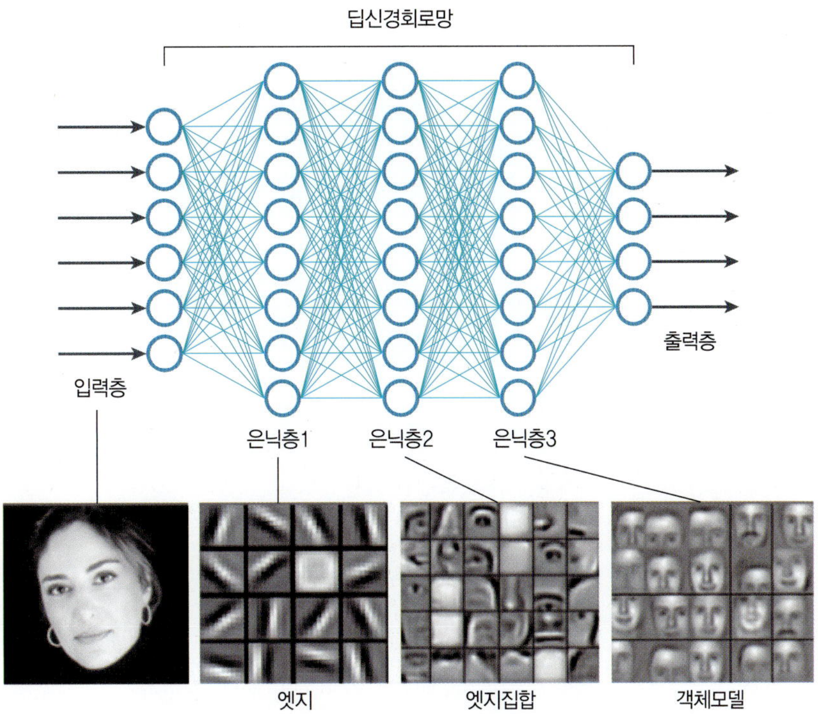

그림 14-24 얼굴인식을 하는 DNN

[그림 14-24]는 얼굴인식을 하는 DNN을 간단하게 표현한 것이다. 입력층과 출력층, 3개의 은닉층을 볼 수 있다. 그리고 각 은닉층에서 처리되는 데이터를 아래쪽에서 볼 수 있는데, 각 은닉층마다 서로 다른 특징들을 처리하고 있다. 여기서 각 은닉층은 이미지의 추상적인 개념들을 학습하고 있다. 1번 은닉층은 이미지의 에지에 대해 학습이 되어 있다. 2번 은닉층은 이미지 에지의 조합을 학습했다. 3번 은닉층은 전체 얼굴 형태를 학습한 것으로 보인다.

이런식으로 얼굴을 인식하도록 DNN을 만들기 위해서는 많은 학습데이터로부터 DNN을 학습시켜야 한다. 이때 학습해야 하는 가중치의 개수가 엄청나게 많으므로 딥러닝을 사용해야 한다. 딥러닝은 DNN에 특화된 학습법이다. 입력으로 주어진 데이터에서 적합한 특징을 추출하면서 동시에 학습을 진행한다. 이전의 전통적인 신경망에서는 데이터로부터 특징을 추출하는 부가적인 과정이 더 필요했고, 이렇게 추출된 특징이 인공신경망의 입력으로 사용되었다. 하지만 딥러닝에서는 아래 그림처럼 특징에 대한 추출 없이 데이터를 바로 학습해버린다. 요즘은 그래픽카드에 포함된 다수의 GPU를 사용하여 좀더 빠르게 학습을 진행하고 있다.

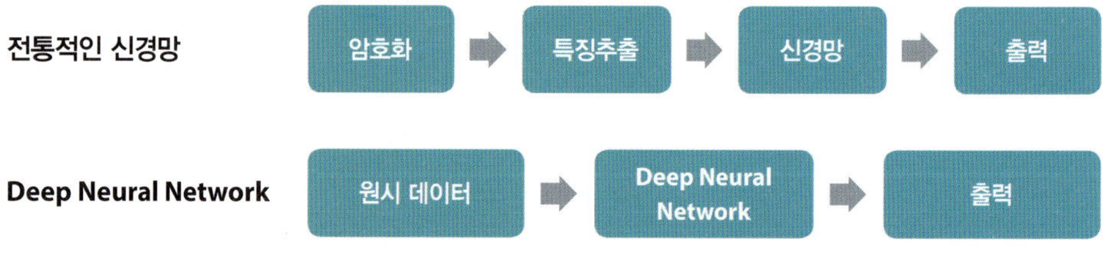

그림 14-25 전통적인 신경망과 DNN의 학습 비교

DNN의 또다른 형태인 Convolution Neural Networks는 간단하게 CNN이라고 부르기도 한다. 이 CNN은 동물의 시각 피질 구조에서 영감을 얻어서 만들어진 DNN이다. 시각피질의 각 신경세포는 특정 시각 영역의 자극만 받아 들이고, 해당 영역의 특정 특징에 대해서만 반응한다고 한다. 이러한 특징를 반영하여 CNN을 구성하였으며 입력으로 들어온 이미지는 CNN의 앞쪽 은닉층들을 통과하면서 특징이 추출된다. 그리고 뒤쪽 은닉층에서는 추출된 특징을 사용하여 분류 등의 작업을 담당하게 된다.

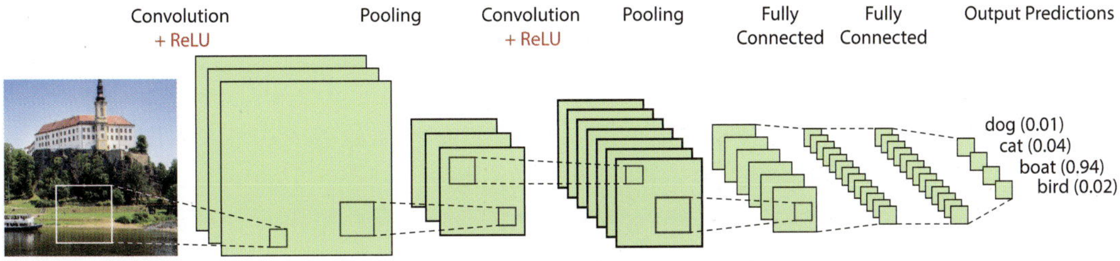

그림 14-26 콘볼루션 신경망 사례 도식

다층신경망이나 DNN처럼 각 층의 모든 노드들이 서로 연결되는 것이 아니라, 은닉층의 일부분이 다른 은닉층의 일부분만으로 연결되고 있다.

CNN은 특별히 이미지 처리에 적합하다. 은닉층 중에는 특징 추출을 위한 필터 역할을 하는 은닉층도 있다. CNN은 이미지 분류, 이미지 내 사물 인식 등 다양한 이미지 처리에 활용되고 있다.

[요약]

01. 인공지능은 인간의 지능과 비교되는 관점에서 기계가 보여주는 지능을 의미한다. 기계나 컴퓨터가 인간의 지능을 가진 것처럼 동작하면 그것을 인공지능이라고 할 수 있다. 전문적으로는 학습이나 문제해결과 같은 것을 지능적인 기능이라고 하는데, 학습이나 문제해결과 같은 기능을 가진 기계나 컴퓨터를 인공지능이라고 부르기도 한다.

02. 인공지능은 지능의 정도에 따라 강인공지능과 약인공지능으로 분류된다.

03. 게임에서 지금 당장 놓을 수 있는 수가 몇 개 되지 않더라도 게임이 진행되면서 경우의 수는 기하급수적으로 늘어나게 된다. 이것을 컴퓨터 내에 표현한 것인 게임트리이다.

04. 기계학습은 컴퓨터가 데이터로부터 특정 문제해결을 위한 모델을 추출해서 사용할 수 있게 하는 기술이라고 정의할 수 있다. 여기서 모델은 데이터로부터 학습된 어떤 지식을 의미한다. 데이터에 따라 다양한 형태의 모델이 만들어질 수 있다. 그리고 이 모델은 인공지능 시스템을 만드는데 사용된다.

05. 기계학습의 주요 종류에는 지도학습, 비지도학습, 반지도학습, 강화학습이 있다.

06. 인공신경망은 인간 두뇌의 생리적 활동에 기반한 계산적 모델을 사용한다. 즉 인공신경망은 우리 머리 속에 있는 신경세포가 동작하는 방식을 모방해서 만든 수학 계산식이다.

07. 다층신경망은 퍼셉트론으로 이루어진 층 여러 개를 쌓아서 만든 인공신경망이다. 퍼셉트론이 여러 층 쌓여 있어서 다층퍼셉트론이라고도 한다.

08. Deep Neural Networks(DNN)는 은닉층의 개수가 많은 다층신경망을 의미한다.

[참고문헌]

01. 마이클 네그네빗스키 저/김용혁 역, "인공지능 개론", 한빛아카데미, 2013

02. 천인국, "문제해결과 컴퓨팅 사고", 인피니티북스, 2018.

찾아보기

ㅅ

ㅇ

ㅈ

COMPUTATIONAL THINKING

저자소개

길준민 대구가톨릭대학교 IT공학부 교수
김기성 대구가톨릭대학교 IT공학부 교수
김대영 대구가톨릭대학교 IT공학부 교수
김대학 대구가톨릭대학교 빅데이터공학과 교수
김미혜 대구가톨릭대학교 IT공학부 교수
김병창 대구가톨릭대학교 IT공학부 교수
변태영 대구가톨릭대학교 IT공학부 교수
서동만 대구가톨릭대학교 IT공학부 교수
신정훈 대구가톨릭대학교 IT공학부 교수
이종혁 대구가톨릭대학교 빅데이터공학과 교수
피수영 대구가톨릭대학교 프란치스코칼리지 교수

문제해결과 컴퓨팅 사고

인 쇄 2019년 12월 16일
발 행 2019년 12월 19일

저 자 길준민, 김기성, 김대영, 김대학, 김미혜, 김병창
변태영, 서동만, 신정훈, 이종혁, 피수영
발 행 인 채희만
출판기획 안성일
영 업 한석범
관 리 이승희
편 집 최은지, 한혜인
발 행 처 **INFINITY**BOOKS
주 소 경기도 고양시 일산동구 하늘마을로 158
대방트리플라온 C동 209호

대표전화 02)302-8441
팩 스 02)6085-0777

도서 문의 및 A/S 지원
홈페이지 www.infinitybooks.co.kr
이 메 일 helloworld@infinitybooks.co.kr

I S B N 979-11-85578-56-9
등록번호 제 25100-2013-152호
판매정가 **20,000원**